STRATEGIC POLICY THEORY
OF "THE BELT AND AREA"

STUDY ON ANTI-GRADIENT DEVELOPMENT STRATEGIES OF INDUSTRIALIZATION

刘茂松◎著

『一带一部』

战略策论

——工业化反梯度推移发展
战略专题研究

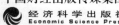

中国财经出版传媒集团

经济科学出版社
Economic Science Press

图书在版编目（CIP）数据

"一带一部"战略策论：工业化反梯度推移发展战略
专题研究/刘茂松著 . —北京：经济科学出版社，2019.1
ISBN 978 - 7 - 5218 - 0263 - 4

Ⅰ.①一… Ⅱ.①刘… Ⅲ.①地方工业经济 – 经济
发展战略 – 研究 – 湖南 Ⅳ.①F427.64

中国版本图书馆 CIP 数据核字（2019）第 027894 号

责任编辑：孙怡虹　赵　岩
责任校对：隗立娜
版式设计：齐　杰
责任印制：李　鹏

"一带一部"战略策论
——工业化反梯度推移发展战略专题研究
刘茂松　著
经济科学出版社出版、发行　新华书店经销
社址：北京市海淀区阜成路甲 28 号　邮编：100142
总编部电话：010 - 88191217　发行部电话：010 - 88191522
网址：www. esp. com. cn
电子邮件：esp@ esp. com. cn
天猫网店：经济科学出版社旗舰店
网址：http://jjkxcbs. tmall. com
北京季蜂印刷有限公司印装
787×1092　16 开　22.75 印张　460000 字
2019 年 3 月第 1 版　2019 年 3 月第 1 次印刷
ISBN 978 - 7 - 5218 - 0263 - 4　定价：78.00 元
（图书出现印装问题，本社负责调换。电话：010 - 88191510）
（版权所有　侵权必究　打击盗版　举报热线：010 - 88191661
QQ：2242791300　营销中心电话：010 - 88191537
电子邮箱：dbts@ esp. com. cn）

实施"一带一部"战略 以深入的工业化推进湖南经济集约发展[*]

（代序一）

专家点评：该成果有前沿性的理论创新。提出新经济地理是先进生产力观点并据此研究"一带一部"优势区位战略内涵，独创性设计了以提高全生产要素为主要目标的集聚、集群、集约的湖南空间经济新增长方式。

有先导性的战略创新。深刻剖析湖南经济结构性分化矛盾及其主要表现，在全省率先提出以创新、集约和包容为发展路径的深入的工业化战略，对湖南省工业化中后期发展具有很强的预期导向性。

有可操作性对策创新。将产业、空间、主体三位一体，构思了新经济主导、空间经济集聚和混合经济包容发展三大深入推进新型工业化的对策，既有战略穿透力，又有很现实的针对性和可操作性。

有决策咨询显著效果。所提出的"一带一部"战略构思、建设"飞鹰形结构"增长极体系、打造内陆开放经济高地和世界级装备产业智能制造基地等建议已被湖南省"十三五"规划采纳。提出的三大集聚发展战略新区建议为湖南省省委城市工作会议报告提供了重要参考。曾获全省"为改革攻坚献策"特等奖，通过《湖南日报》、湖南卫视、湖南经视、《新湘评论》、人民网和红网等媒体及社科《成果要报》《送阅件》等内刊多次报道报送，产生了广泛的社会影响。

——秦国文　湖南省委全面深化改革领导小组办公室专职副主任

发展经济学认为，工业化是经济发展的中心内容和基本轨迹，无论从第一产业为主发展到第二产业为主，还是从第二产业为主发展到第三产业为主，都是工业化不断演进的结果，这是一个客观经济规律。基于此，深入的工业化就是以创新、集约和包容发展的路径，提高全要素生产率，实现高度的工业化，特别是发展中地区在已有一般工业化的基础上再用较长时期，向更新、更密、更广的领域推进新型工

---

*　本书 2016 年入选为第一届湖湘智库研究"十大金策"。

业化，以跨越中等收入陷阱，最终实现经济社会的现代化。

当前，湖南省经济总量已跃入全国前十，工业化率也接近40%，有先进轨道交通装备和工程机械两张闪亮全球的"名片"，装备制造行业已成为湖南省首个万亿级产业。但发展并不协调，尤其是工业行业结构性分化矛盾比较突出，如全省七大工业支柱产业大多属于高能耗、高排放的资源密集型传统产业，六大高耗能行业增加值占全省规模工业增加值的比重高达30.3%，比全国水平高1.9个百分点，而高技术产业增加值占规模工业增加值比重仅为10.5%，比全国水平低1.3个百分点。且工业经济效益较低，2015年全省规模工业主营业务收入利润率为4.41%，比全国平均水平低1.35个百分点，排全国第24位、中部六省第5位。综合起来看，湖南工业化在总体上尚处于粗放发展阶段。因此，在新常态下，实施"一带一部"战略推动湖南省新一轮发展，势必以集聚、集群、集约的新增长方式，通过深入的工业化突破结构性分化障碍，建设绿色化、集约化和智能化大工业体系，打造高端装备智造强省和经济发达的新湖南。为此，建议采取三大战略对策。

1. 实施新经济主导发展战略

新经济是由新技术革命和新工业革命所催生的新产业、新业态、新模式的综合，是实现湖南新一轮发展的强省重器。首先，狠抓高科技创新，以长株潭国家自主创新示范区①为主要载体，集中突破一批支撑产业发展的关键共性技术和基础性、前沿性技术，抢占产业技术制高点。根据制造强省的目标，当前应重点推进工业互联网技术、增材制造技术、新材料技术、新能源汽车技术、生物医药技术、新一代信息技术等关键技术创新工程，申报建设国家制造业创新中心。其次，分类做好新兴产业集群，一是着力打造新兴超级产业链，全面提高工程机械、轨道交通、海洋工程、环保机械、农业机械、节能与新能源汽车、电工电器及新能源装备、航空航天装备、高档数控机床与机器人等高端装备产业的"工业4.0"水平，发展"系统设计""流程再造"新业态，推进核心基础零部件、先进基础工艺、关键基础材料和产业技术基础的产业化发展，建设世界级高端装备产业集群和中国智能制造示范引领区；二是加速开发新材料、新能源、生物产业、装配式建筑、新一代信息技术产业、文化创意、康养产业等新兴优势产业，以长沙为中心集中发展新材料、移动互联网和文化创意三大产业链集群，培育国家级生物产业和分布式新能源产业基地；三是向制造业文明深度拓展，加快发展研发设计、工业软件、智能物流和绿色金融等工业化服务业，延伸高端价值链。其重中之重是推动工业设计与湖南装备制造业融合发展，以提供新的品质价值和市场竞争优势。最后，拓展新兴产业

---

① 根据国务院《关于同意支持长株潭国家高新区建设 国家 自主创新示范区的批复》设置，"长株潭"指长沙、株洲、湘潭，全书同。

的带动功能，采取产业链重组和技术改造升级等措施淘汰落后产能，改造有色、钢铁、石化、建材、食品等传统优势产业，开拓国内外市场。同时用工业化方式发展专业化基地农业、标准化品牌农业、工厂化制成品农业和多功能化跨界农业，打造第一、第二、第三产业融合的可持续农业全产业链，促进城乡一体化县域经济快速发展。

2. 实施空间经济集聚发展战略

随着全国交通设施的现代化，湖南经济地理版图已形成"三纵三横"大通道铁路网、"五纵六横"高速公路网和"一江一湖联四水"水运网大格局，"一带一部"新区位集聚优势全面凸显。有鉴于此，全省上下应确立新经济地理是先进生产力的观念，以"鹰形结构"增长极体系构架，立足大通道，实现基础设施互联，全力打造三大集聚发展战略区。一是多层级一体化大都市区。以国家中心城市为建设目标，做大做强长沙特大城市，打造以高端装备超级产业链为支撑并直联娄底和益阳的长株潭大都市区，建设岳阳、衡阳、怀化枢纽性都市区和郴州、常德、邵阳门户性城市群，通过产业链、交通链和信息链联结市、县、核心镇，形成湖南多层级集聚发展的新型城镇化体系。二是内陆开放大功能区。全面对接"一带一路"和长江经济带，以内陆开放经济高地为目标，以长江洞庭湖黄金水道开发为抓手，推动岳阳长江口岸与长沙高铁、空港枢纽组合配套，打造我国中部大型立体综合交通枢纽，创建"长株潭岳"内陆开放功能新区，开拓海外新兴市场，建设境外经贸园区，着力推动产能出海，扩大工业品出口。三是分工配套产业园区。按特色化、规模化、信息化、绿色化要求，对全省产业园区进行差异化重组，挖掘自身优势，进行中高端招商，做特色、做标准、做品牌；鼓励主机企业以资金、技术和信息等作支撑聚集配套企业，形成品牌产业链；建立"循环经济"和"飞地经济"机制，从源头实现节能降耗减排和资源集约利用；创建完备的新兴服务业平台，促进标志性、特色化全产业链集群发展。

3. 实施混合经济包容发展战略

发展混合经济的本质是实现不同经济成分的优势互补，公平共享，包容发展。湖南民营经济发展空间很大，三一重工、蓝思科技、山河智能、泰富重装、唐人神、步步高等在国内外已形成市场竞争优势，民营经济提供的地区生产总值、税收、投资、就业均超过全省总量的50%，特别是在工业生产中已成为超过70%占比的主体。同时国有参股、控股的股份制企业发展势头良好，如中联重科已跻身本行业世界前列。总之，混合经济是深入推进工业化的主体，对湖南省实现制造强省具有重大战略意义。第一，建立促进非公经济发展的大格局、大机制，全面放开市场准入，在产业发展、能源电力、投资融资、财税政策、土地使用等方面，对非公企业和其他所有企业实施同等待遇,在公用事业、社会事业、基础设施领域、自然垄断行业以及 PPP 项目上,对非公企业和公有企业执行同样的标准和政策。第二,深化混合所有制的产权制度改革,积极鼓励非公企业通过并购和参股、控股等多种形式,参与国有企业和集体企业的改组改制,再造几个类似"三一重工""中联重科""蓝思科技"式的国际化产业链集团,加快提升湖南经济的开放度。第三,发挥企业创新经营的主体作用,建立完备的企业法人治理结构,实行企业资产契约化经营和企业经理人社会化选聘,发挥职业企业家创造力,科学组合和运营企业生产要素,提高企业资产增值率,以促进整个湖南经济快速、高效、健康发展。

刘茂松

2016 年 10 月

顶天立地，济政为民[*]

（代序二）

　　智库是以公共政策为研究对象，以影响党和政府决策为研究目标，以公共利益为研究导向，以社会责任为研究准则的专业研究机构。智库作为重要的智囊团或思想库，是国家思想创新的泉源，也是一个国家软实力和国际话语权的重要标志。智库的这个历史使命必然要求将各学科的专家学者聚集起来，运用他们的智慧和才能，为决策者献计献策，判断运筹，诊断现实，寻找症结，提出各种设计。同时，还要从不同的角度科学预测未来，提出多种预期方案供决策者选用。智库功能发挥得好不好，智库产品生产的质量高不高，智库的专家学者是关键。

　　这些年来，湖南省人文社科专家开展决策咨询研究，为湖南发展出谋划策，作出了重要贡献。我作为一名经济学工作者，近 20 年来也一直在研究改革与发展的理论和战略问题，特别是针对湖南的现实进行对策研究，先后提出了"打造体量过千亿级的工程机械超级产业的建议""湖南农业工业化战略思路及对策""湖南发展两型产业和创建两型企业的对策""湖南发展低碳化消费品产业的战略对策""湖南整体经济发展战略思路的建议""洞庭湖生态经济区绿色工业化发展战略""湖南省加快培育'鹰形结构'重要增长极体系的对策建议"和"湖南'十三五'发展战略思路"等，以上这些对策建议有的被湖南省委、省政府主要负责同志批示并采纳、有的被湖南省第十次党代会报告采纳、有的被湖南省"十二五"规划采纳、有的被省委经济工作务虚会议采纳、有的被洞庭湖生态经济区规划采纳、有的为湖南省委、省政府作出相关决定提供了参考，发挥了一定的决策咨询作用。我深深体会到，专家学者要做好决策咨询研究工作，应始终坚持"八个字"的原则，这就是"顶天立地，济政为民"。

　　首先，决策咨询的研究成果要有高新的学理支撑，从这个意义上讲，智库研究要"顶天"。做到这一点十分不易，这要求智库专家把理论研究的功夫做足、做实、做新，要联系中国实际学习和研究马克思主义理论，要联系湖南实际学习和研究党的路线、方针和政策，要把握本专业领域的学术前沿，有原创性的学理思维和

---

[*] 本书是作者在 2015 年湖南省推进新型智库建设工作座谈会上的主题发言，载于《湖南工作》。

研究方法，有强有力的逻辑说服力。那种认为对策研究不需要多少理论的看法是完全错误的！对策研究如果不揭示新的本质、新的规律、新的范式，就肯定提不出有高度、有深度、有新意的且科学价值和应用价值很大的战略对策。例如发展中地区如何搞工业化？是只能跟着发达地区背后亦步亦趋，还是可以另辟蹊径跨越发展？我们通过深入研究发展经济学的非均衡增长理论和后发优势理论，把区域经济与产业经济结合起来，从培育后发竞争优势产业的新视角创造性地提出工业化反梯度推移发展的理论体系。因为地区间资源禀赋存在差异，后发地区尽管总体落后但也有某些特定的优势资源或产业，完全可以集中优势兵力把它做大做强，还可以通技术引进创新，做成有竞争优势的产业，反超发达地区。2008年我们向湖南省委建议打造工程机械超级产业，就是运用这个理论并通过实证分析后提出的。当时这个建议不仅被湖南省委主要负责同志的报告采纳，而且还引申出了湖南省委、省政府关于实施"四千工程"的决定，为推进湖南新型工业化加快发展起了重要作用。可见，理论研究要顶天是极为重要的。

其次，决策咨询的研究成果必须直面发展改革的实践，从这个意义上讲，智库研究要"立地"。也就是说，决策咨询要有现实的问题意识，要从象牙塔里走出来，深入到现实发展的主战场中去，调查研究，了解民情，"解剖麻雀"，揭示矛盾，诊断原因，把理论及党和政府的上位政策同本地实际紧密地结合起来，提出具有可操作性的选择方案，为地方政府的科学决策服务。总之，决策咨询成果只有接地气，才会真正开花结果。例如，对洞庭湖生态经济区发展战略的研究，我们先后三次深入到岳阳、常德、益阳三市和所属主要县市区实地调查，摸清实情，寻找优点，抓准痛点，突出重点。在调研中发现洞庭湖的特色在水、优势在水、现在的难点和痛点也在水。据此，我们从洞庭湖区人民的长远利益出发，提出了以开发水土资源为主体的湖区腹地绿色工业化战略模式、以创建国家级现代农业示范区为主攻目标的发展思路，为制定洞庭湖生态经济区规划提供了重要参考。其他的对策建议，也都是在调查研究和比较分析的基础上提出的。如我主持的湖南省社科规划重大招标项目"湖南农业工业化战略研究"，就曾带领学术团队成员先后到长沙、望城、宁乡、浏阳、湘阴、华容、株洲、桃源、凤凰、双峰等县市进村入户入企访谈调研，摸清农户的实情，反映农民的呼声，总结农业企业的经验，研究国家农业发展战略和政策在湖南省的落地情况，发现新苗头和新现象，做到有的放矢，不放"空炮""假炮"和脱离实际的"高炮"，使对策建议的设计既来于实际，又高于实际，能有效地指导实践。

最后，决策咨询专家要有高度的社会责任感和公益心，从这个意义上讲，智库研究要"为民"。这是一个非常重要的立场和出发点。因为智库是政府的帮手，智库产品是对政府决策的补益，尽管它有某种商品性，但它毕竟是由政府收购的公共产品，是面对整个社会的，归根结底是为增进民生福祉服务的。所以，智库专家必须是具有独立公正性的"社会设计者"，而不是某个利益集团或某个地方的代言人，更不可为寻求一己私利而损坏决策咨询产品的公共性。这些年我们在做决策咨询项目或参加各类专家咨询会提建议时，总是要求自己必须恪守"济政为民"的原则，反映民情民意，符合客观规律，努力提高决策咨询成果和对策建议的参考价值和公信力。例如，2014 年我承担湖南省社科重大委托项目"打造湖南中部崛起增长极的思路与对策研究"，在对全省增长极的选择和布局上，没有凭个人好恶感或其他因素来取舍，而是依据"通道枢纽性、市场接近性、环境可容性、产业集群性和民众受益度"的原则，基于湖南省经济地理的新变化，提出以长株潭城市群为首、岳阳与衡阳为两翼、怀化为尾翼的"鹰形结构"重要增长极体系。做到遵循规律，符合实际，民众支持，引领未来，发挥了较好的咨询作用。

总之，湖南新型智库的建设，要求专家学者充分发挥好智库产品生产的主体作用，聚知兴智，共同努力，助推湖南又好又快发展，实现"三量齐升"，在全面融入长江经济带建设中，把湖南打造成绿色化高密度经济的"长江脊梁"。

经济学研究要坚持"顶天立地"的方法论[*]

（代序三）

进入 21 世纪以来，湖南省经济学学会组织全省经济学工作者研究中国特色社会主义政治经济学理论和发展中地区经济发展战略，为湖南经济发展作出了显著贡献。2015 年 10 月 16 日湖南省召开"推进新型智库建设工作座谈会"，刘茂松教授作为优秀社会科学专家和省经济学学会理事长在大会做了题为"顶天立地，济政为民——关于做好决策咨询研究的几点体会"的发言，中共湖南省委主办的《湖南工作》刊登了这一发言，产生了重要的影响。最近，笔者就经济学研究的方法论问题对刘茂松教授进行了采访。

弘扬湖湘学派经世致用治学传统

林峰：刘教授，湖湘文化十分强调经世致用的治学理念，对湖南经济学界产生了哪些重要影响？

刘茂松：湖湘文化是中国传统文化的重要组成部分。在哲学思想上强调经世致用或称通经致用，主张从现实的政治、经济、生产活动出发，问天事、问地事、问人间事，立足于现实而有所作为。纵观历史，湖湘学派的这种治学理念对湖南经济学的发展确实产生了重大影响。早在明末清初大哲学家王夫之就提出了市场"自发秩序""农耕为本""亦工亦商"等商品经济思想，清代思想家魏源提出了"师夷长技以制夷"的开放经济思想和主张。在今天看来，上述王夫之和魏源的经济思想仍不乏借鉴意义。湖南早在 20 世纪 50 年代中期就建立了经济学学会，组织全省经济学工作者聚焦现实问题开展经济学理论和经济发展对策的研究，特别是聚焦改革开放发展中的难点、热点和疑点问题，如农村家庭联产承包责任制、国有企业产权制度改革、社会主义市场经济和发展中地区经济发展战略等，组织专家学者深入讨论分析，帮助人们科学地认识社会主义市场经济体制，对推进湖南改革和发展起到了重要的思想"清道夫"和决策"智囊团"作用。这里特别值得一提的是，以省经济学学会专家为主发起成立的湖南省洞庭湖区域经济社会发展研究会，多次

＊ 作者林峰载于《中国社会科学版》2016 年 4 月 21 日。

组织专家调查了解洞庭湖在三峡大坝建成蓄水发电后出现的新情况和新矛盾,并分专题研究发展战略和对策措施,编辑出版《洞庭湖生态经济研究丛书》和举办"洞庭湖发展论坛",向中央有关部委和省委省政府提出了创办以现代农业为主体的国家级洞庭湖生态经济区的战略思路和建设方案,被中央和省决策部门采纳,2014年4月国务院正式批复洞庭湖区为国家生态经济建设示范区。

林峰: 在我国进入经济发展新常态之际,习近平总书记到湖南视察时作出了湖南要发挥"一带一部"区位优势的指示,请问您对此重大战略布局有何研究和思考?

刘茂松: 习近平总书记希望湖南发挥作为东部沿海地区和中西部地区过渡带、长江开放经济带和沿海开放经济带结合部的区位优势,将过渡带与结合部整合为一体,对产业与空间配置结构进行优化升级,大大提升发展的战略坐标。尤其是国家全面启动长江经济带建设,湖南作为长江中游的腰脊地区,构成了长江流域中部经济发展的战略要地。同时,以沪昆高铁和高速公路为标志的大通道全线贯通并与京广大通道在长沙交汇,使湖南成为南中国纵横联通的大枢纽。由此,我们向省委省政府建议,充分发挥新经济地理优势,实施"一带一部"战略,依托京广线、沪昆线、包柳线三路交集大通道,长江及洞庭湖与湘资沅澧四水交汇大枢纽,黄花机场与长沙高铁交融大空港,构建"纵横交集、点线连接、枢纽主导"空间经济新版图,以装备制造、新型材料、电子信息、食品工业、现代服务、文化创意等为主导产业,打造以长株潭城市群超级核心增长极为首、衡阳湘南湘西南大枢纽和岳阳长江口岸枢纽为南北两翼、怀化黔渝大走廊为尾翼的湖南"飞鹰形结构"重要增长极体系,以联结贯通长株潭、洞庭湖、大湘南、大湘西四大经济圈,全面融入国家建设长江经济带和"一带一路"倡议。这个建议已列入湖南省"十三五"经济社会发展规划。

林峰: 湖南经济总量规模现已进入全国十强,基本实现了后发赶超发展,这是否和您提出的工业化反梯度推移理论的实践相吻合?

刘茂松: 是的。1978年后我国沿海地区率先开放发展、在这种情况下内地如何加快发展、缩小同发达地区的差距成为我们思考的问题。由此,我们运用后发优势和竞争优势理论进行分析,发现在"中心—边缘"二元结构中,发展中地区基于经济利益的压力和追求会具有寻找后发优势进行跨越发展的需求和冲动,试图改变某些产业经济流程梯度式转移的常规方向,以赶超发达地区。为此我通过系统研究撰写出版了《反梯度推移发展论》专著,提出了工业化反梯度推移战略的三大机理:一是资源禀赋差异机理,依托自身某些优势集中发展"纵横联系度大"或"引致投资最大"的重点产业,进而辐射带动全域快速发展;二是后发竞争优势机理,基于赶超发展的意识和目标,主动学习吸取发达地区的经验教训,引进先进技术和资本,推进支柱产业做大做强做优,形成核心竞争力;三是需求创造原理,运用新技术和新的商业模式,根据市场的潜在需求创造新的产品和新的消费模式,为工业化反梯度推移发展提供市场条件和效益基础。2008年,我们运用这个理论研究湖南新型工业化跨越式发展路径，提出打造量级规模跨千亿元的超级产业链战略，并具体建议在长株潭城市群培育千亿级的工程机械超级产业集群，被湖南省委省政府采纳，作出了发展千亿级产业和千亿级产业园区的决定，为加快推进湖南新型工业化发展发挥了积极作用。同时，这个理论在我国经济理论界和实际部门也曾产生广泛影响。

以敢为人先的湖南精神探求学理

林峰：刘教授，您在湖南新型智库座谈会中曾提出要发扬湖南人敢为人先的创新精神，请您谈谈学者在经济学研究中开风气之先的情况。

刘茂松：湖南在历史上曾长期偏居蛮荒之地，恶劣的生存条件迫使湖南人穷则思变、奋发求新，一旦接受了某种新知，认准了某种真理，往往能敢为人先、引领风潮。湖南经济学界继承发扬敢为人先的精神，勇于探索现代经济发展的新规律和新范式，提出新理论和新战略。例如，在扩大社会再生产理论方面，湖南师范大学的尹世杰教授及其团队对消费经济现象进行了开创性的系统探索，其《社会主义消费经济学》一书获得首届孙冶方经济科学奖。又如在区域经济发展方面，以张萍研究员为首的湖南省社科院学术团队首创性提出"长株潭经济一体化战略"，为申报国家级长株潭城市群"两型社会"建设试验区提供了支撑材料。再如在微观经济学学科结构方面，湖南经济学界也进行了原创性的探索。1998 年我主持自选国家社会科学规划基金课题，突破以往把家庭作为单纯消费者的定位，根据市场经济运行的结构状态，把家庭生产、家庭投资和家庭消费作为综合性经济实体进行研究，以家庭经济活动中利他主义新经济人假定，提出家庭及其活动是以婚姻、血亲和供养为基石而形成的一个具有特殊利益关系的社会经济实体组织，2002 年出版了国内首本以"家庭经济实体"为主题的学术专著——《家庭经济行为论——我国市场经济条件下家庭经济行为研究》，为完善微观经济学研究对象作出了一定贡献。

林峰：您早在 20 世纪 90 年代就开始研究国有企业产权制度，请结合当前我国供给侧结构性改革谈谈深化国有企业改革问题。

刘茂松：1993 年我主持湖南省社会科学基金项目，运用马克思所有制理论和现代产权经济学工具，研究社会主义国有企业法人制度，尔后出版了《国有企业产权制度创新论》一书。我们的研究结论是，在现实经济活动中所有制反映的是客观经济关系总体，而所有制形式则表现为财产的交往形式，所有权与占有、经营、使用等权能分离，使财产可以在不同主体间流动，以达到资源优化配置。这在经济学范式上就形成了旨在节约交易成本的产权经济，也就是马克思说的经济所有权概念。由于财产权利的界定对社会资源的有效配置起决定性作用，所以产权明晰就构成了市场经济的首要规则。对于深化国有企业改革来说，其要害是构建合理的产权结构，即将财产所有权的权能分离出来，重组为法人财产权制度，以责任主体的条件交由经营者独立地占有，达到权、责、利关系的对等和明确，以提高国有资本配置和运营效率，实现国有资产的保值增值。

既然要建立合理的产权结构，这里就有一个国有企业产权界定问题。对此，我曾提出国有企业两重性与产权界定两层次理论，对目前深化国有企业改革仍有参考价值。所谓国有企业两重性，是以产权经济学交易成本范式所进行的分析，一方面，国有企业本身是界定社会范围内"共同财产"的产物，即交易成本 I；另一方面，国有企业作为众多个体一起进行协作生产的群体，又容易产生企业内部的"共同财产"，即交易成本 II。这样，国有企业产权界定的合理状态是交易成本 II 小于交易成本 I。据此，国有企业产权界定的第一个层次应根据不同的行业性质，分别采取不同的国有企业产权制度模式，如公益型、垄断型、竞争型等；第二个层次要根据第一个层次产权界定模式的内在要求，建立规范的公司法人治理结构，实行所有权、占有权、经营权的相互制衡，将企业的外部性行为内在化，以最大限度地减少企业内部的"道德风险"。同时，在宏观层面处理好政府与国有企业的关系，实行政企分开和政资分离，改革国有资本授权经营体制，加强国有资产监管，提高国有资本运营效率。

林峰：刘教授，国有企业在发展混合所有制经济的过程中如何建立具有自生能力、创新能力和市场竞争能力的公司治理结构？

刘茂松：混合所有制经济的实质是市场化和社会化，因而构成市场经济条件下深化国有企业改革的重大举措。然而，这里的前提是国有企业必须具有市场独立主体地位，国有资产必须通过资本市场实现股份化，而制度的核心则是建立职业企业家经营占有制。1994 年 6 月，我在《培育职业型企业家阶层》一文中提出：企业家是市场经济条件下以企业资产增值为经营目标，通过产权市场竞争的过程将自己的知识财产与企业的物质财产结合在一起，从而在经营中占有企业的整体资产，独立、创造性地组织和指挥企业，根据市场需要开展商品经济活动，并承担经营风险的专门经营者阶层。所以，企业家经营占有制的本质就是以高端人力资本要素为核心，形成社会化大生产所要求的社会财产形式，构建以经营者为主导的公司多边治理结构，达到所有与占有激励相容，使企业各类要素合理配置和高效运营，以确保企业和社会都能获取满意的经济效益。

由于企业家是企业整体资产的经营性占有者，因而对企业家的社会评价一般都奉行发展准则。企业家活动只有以事业扩张为中心，创造性地谋求企业长远发展，才能提高企业家的职业地位及经济收益。为此，企业家面对激烈的市场竞争，就必然要对旧的、落后的企业生产要素组合方式进行创造性变革，把市场变化作为成功的机会进行开发利用，以新技术、新产品、新产业、新市场和新的商业模式来转化经营风险，不断提高需求创造的核心竞争力，以获取持久稳定的经济效益。所以，企业家的本质是创新，是市场竞争人格化的主体，构成了现代公司治理结构的灵魂。

林峰：刘教授，企业提高竞争力一般都会形成市场垄断，那么，应该如何科学处理竞争与垄断的关系？

刘茂松：随着市场机制运行条件的变化，竞争和垄断的关系正在发生新的变化。根据我们的研究，20 世纪 80 年代末的信息技术革命和全球化的发展，产生了知识经济、规模经济、范围经济和网络外部性效应，使产业组织形式逐渐由产业纵向分工一体化向产业链横向分工一体化转变，实现企业要素边际报酬递增。其主要表现是以模块化的企业组织方式，打破空间和组织的界限，通过"共赢"的风险分担机制和利益共享理念，以巨大合作剩余预期为共同利益目标而聚合在同一柔性契约框架内，形成多点空间分工协同的全产业链组织，在更大空间范围获取更多各具特殊功能的比较优势。同时，这种模块化的全产业链组织还通过建立信任与声誉治理、财务激励约束、耦合合作博弈和"淘汰赛"式协同创新等机制，形成可竞争市场压力以防范垄断结构向垄断行为逆转，以高端竞争力获取垄断结构利润。由于这种垄断结构利润是凭借新知识、新技术和新组织方式，在满足消费者需求并大幅度增加消费者剩余的基础上所实现的企业效益最大化，因而是企业先进生产力的标志。正是基于此，我们建议中国加入世界贸易组织后，应积极培育企业垄断结构优势，提高国际市场竞争力，以促进经济效率和公平。

林峰：您在 10 多年前提出农村劳动力就业深化和农业工业化理论，对当前我国农业供给侧改革有何参考作用？

刘茂松：在农业生产力要素中，劳动者操作劳动工具作用于劳动对象，是起决定性作用的要素。因此，农村劳动力就业的程度和方式，决定农业劳动生产率的高低，最终影响农业供给侧改革的成效。历史已经证明，传统的小农经济是落后的生产方式，其就业领域窄，就业层次浅，劳动生产率低，是造成整个农业低效、农民贫穷、农村落后的终极原因。对这个问题，我在 1990 年前后展开系统的调查研究，出版了《中国农村过剩劳动力转化的战略与对策》著作，全面阐述了农村劳动力就业深化理论，被评为湖南省优秀社会科学成果一等奖。该书提出在实现国民经济现代化过程中，必须彻底摆脱"将农村（农业）作为城市（工业）发展的一个工具"的二元思维定式，重视农业本身的发展潜力，拓展农业发展领域，增加农村劳动力就业，全面提高农业全要素生产率。

目前我国进入工业化中期，农业同工业之间相互依存的关系，需要我们从整个国民经济系统大逻辑关系来认识农业供给侧改革。因为农业生产率的高低优劣，一方面涉及国家的粮食安全、食品安全和农民的收入水平；另一方面又涉及工业化和城市化发展所必需的土地与劳动力等基本要素。基于此，中国农业现代化应该以马克思"把农业和工业结合起来，促使城乡对立逐步消灭"的重要论述为指导，走农业工业化的路子，即培育新型农业生产经营主体，运用专业化、标准化、机械化、规模化、信息化的工业化生产方式，推进第一、第二、第三产业融合，发展专业化基地农业、标准化品牌农业、工厂化制成品农业和多功能化跨界农业，如休闲农业、观光农业、创意农业、生态农业等，构建现代农业全产业链，以全面提高我国农业的质量效益。

坚持教行化美造士以传道济斯民

林峰： 历史上湖南的书院教育很发达，造就了"惟楚有材"，请您谈谈研究生教育的心得。

刘茂松： 中国教育史上的书院，其研修学问的方式，类同于现代研究生培养。王夫之曾对书院办学提出过"教行化美""造士成材""身先作范"和"以传道而济斯民"的精彩论述，我作为一名大学教师，受此教益很大。如果说本科教育是大学教育的基础，重在传授知识即"教行"，那么研究生教育则是大学教育的升级版，重在学术研究即"化美"，二者的融合才是"造士成材"的"传道"。具体从研究生教育来说，我认为主要应从以下三个方面下功夫。

第一是要深耕专业理论。学术研究要建立在学习的基础上。学习的一个重要目的是研究能力的训练，而能力要素中最为关键的是理性思维的确立。所以，进行系统的专业理论教育是研究生教育的基本功，其实质是指导研究生掌握开展学术研究的工具和武器。1999 年，我在担任经济学硕士研究生专业基础理论课教学时，为适应社会主义市场经济体制改革的需要，在全省首开"新制度经济学"这门现代经济学理论课。采取"课前深读经典原著—课间共同研讨交流—导师系统阐释归纳"的方式进行教学，指导研究生研读了马克思《资本论》和《政治经济学批判》两部巨著中有关所有制理论的重要章节和亚当·斯密、科斯、诺斯、威廉姆森、舒尔茨、青木昌彦等制度经济学家的有关经典著作，分"制度本质、制度变迁、制度安排、产权理论、交易成本理论、国家理论、制度与经济增长、制度经济学渊源、中西制度比较和中国制度经济学"等十大专题进行学习研究，从而使该专业的研究生比较系统和扎实地掌握了制度经济学的分析方法，产生了比较好的教学效果。

第二是要立足学术前沿。世界上的事物总是不断变化的，这就要求研究生教育提高预见性，突出对前沿性问题的探讨。例如，前面我谈到的模块化垄断结构企业范式问题，就是我组织和指导研究生联合攻关所完成的一项重要成果。那是 2001 年我国加入世界贸易组织后，当时全球化正在向纵深发展，跨国公司已成为全球资源配置的组织者，取得了很高的市场效率，同时也推动了技术进步。如何看待这种垄断结构现象，正确实施反垄断政策？这是经济学专业不能回避的一个前沿性理论问题。为此，我从 2002 年开始，以我指导的产业经济学专业两个年级研究生为团队，先后设置八个方面的专题，全方位研究信息化全球化条件下模块化垄断结构企业范式问题。在前后 5 年多的时间里，我们通过深入学习，潜心研究，反复论证，同时还组织成员多次参加中国工业经济学会和山东大学、东北财经大学、首都经贸大学、南开大学召开的产业组织理论研讨会进行学术交流，最后产生了研究论文、专著和学位论文等成果。总之，这种教学方式既培养了研究生创新能力，又产出了高档次研究成果，达到了"造士成材"的目标。

第三是要直面现实问题。中国是个发展中国家，无论是深化改革，还是加快发展，都面临许多矛盾和难题，因此经济学专业的研究生教育要从"象牙塔"里走出来，深入到现实发展的主战场中去调查研究，以克服大而空的"虚脱现象"。如 2006 年和 2009 年我主持湖南省和国家关于农业现代化发展理论及战略研究的课题，将项目研究同培养研究生解决实际问题能力相契，先后组织 10 多名博士和硕士研究生深入到湖南省的 12 个县市区，对农林部门、农业企业、专业合作社、农村信用社进行调查研究，而且还对 500 多个农户的生产经营情况进行入户调查，掌握一手资料，了解我国"三农"实情。我们不仅在湖南省内调研，还组织博士生到浙江省金华市金东区和北京市顺义区、通州区、密云县进行调研，了解发达地区的农业发展模式。在调研中我们深深感到，传统的小农生产方式在中国这样一个人多地少的国度里，是难以解决好中国人的粮食安全和食品安全问题的，也无法解决农民致富和农村脱贫的问题，必须立足于技术和制度创新，组织农民联合起来发展现代大农业。在调研的基础上，我进一步组织大家以马克思"农业同工业结合"理论作指导，系统研究"农业工业化理论和战略"，其成果被评选为湖南省优秀学术著作并由"湖南省哲学社会科学成果文库"出版。同时向湖南省委、省政府报送题为《湖南农业工业化战略的思路与对策》的研究报告，为湖南省制定农业现代化发展战略与规划提供了重要的决策参考。同时，博士生和硕士研究生也分别写出了 12 篇高质量学位论文，较好地达到了培训目标。

前 言
PREFACE

　　2013 年 11 月，习近平总书记来湖南视察，对湖南经济社会的发展作出了要发挥湖南作为东部沿海地区和中西部地区过渡带、长江开放经济带和沿海开放经济带结合部的区位优势（即"一带一部"）的重要指示。当时我认为这是党中央从空间经济的角度对湖南在我国长江经济带建设中战略区位的新定位。进一步学习研究后更感到这也是党中央在全国发展空间格局中对湖南发展地位的新提升，是新时期国家战略布局的重要组成部分。在习近平总书记来湘作出重要指示一个月之后即 2013 年 12 月 20 日湖南省委召开的经济工作务虚会议上，我作为专家在大会发言中郑重提出以做好"结合部"和"过渡带"为战略抓手，着力突出创新驱动发展的对策建议，得到了会议的肯定和采纳。之后我一直从多角度将"一带一部"作为湖南整体发展战略进行研究，多个建议被湖南省"十三五"规划和湖南省第十一次党代会报告采纳，较好地发挥了前瞻性的决策咨询作用。

　　作为一个经济学理论工作者，这些年在研究工作中我由衷地感到理论研究归根结底是为社会发展服务的，经济理论的研究尤其应该把文章写在祖国大地上。因此，自 1985 年我从常德实际工作部门调入中共湖南省委理论研究室（讲师团）以来，一直注重理论研究和理论宣传紧密联系实际，坚持跟踪研究湖南经济发展战略和对策问题。1992 年以湖南这个农业和人口众多的大省为标本，通过较为系统和全面的调查研究，出版了《中国农村过剩劳动力转化的战略与对策——农村劳动力就业深化论》，为解决我国农业、农村、农民问题提供了具有学理性、前瞻性、战略性和可操作性的对策建议，1994 年此书荣获湖南省委、省政府颁发的湖南省社会科学优秀成果一等奖。一份大奖就是一份社会责任，此后，我一直专注农业大省经济现代化发展问题的研究。1995 年 8 月 28 日，湖南省委宣传部安排我在中共湖南省委常委学习中心小组集中学习会上做题为《关于社会主义市场经济理论与实践的几个问题》的理论辅导讲座，在这个讲座中我探索性地概括阐述了邓小平社会主义市场经济理论体系的逻辑结构以及现代市场经济运行的一般规律，并就加快湖南经济发展提出建议：在市场经济条件下，湖南作为一个农业大省要解决传统农业先天性弱质产业的缺陷，应该走"区域经济产业化，产业经济高度化（高加工度化＋高服务业化）"的路子，推行科教兴农、工业兴农和制度兴农的战略，实现由传统农业大省向现代工业强省的转变。这个建议当时得到了湖南省委常委学习会议的高度肯定，在一定程度上起到了发展观念更新和发展战略转型的先导性作用。1999年世纪之交时刻，根据21世纪知识经济的新特点和湖南工业化的新要求，我运用现代产业经济学和区域经济学理论对湖南经济跨越发展问题进一步深入研究，比较系统和全面地揭示了后发地区在充分发挥比较优势的基础上提升竞争力，坚持改革开放，实现经济赶超发展的基本规律和战略路径，2000年底由湖南省委宣传部组织的"湖南省优秀社会科学专家丛书"出版了我著述的《反梯度推移发展论——湖南经济超越发展的经济学思考》，提出以制度创新为动力，实现"区域倾向"同"产业倾向"相结合的工业化反梯度推移赶超发展的理论范式和战略对策，在湖南省内外产生了广泛的学术影响，为发展中地区经济实现可持续的跨越发展提供了学理支撑和战略参考。

为更好发挥专家咨询作用，自2006年我从湖南师范大学商学院院长职位上退下来后，便集中精力继续联系现实深入研究和运用工业化反梯度推移发展理论，先后主持完成了国家社会科学规划基金课题、湖南省社会科学规划基金重大课题、湖南省经济社会发展规划前期研究重大课题、长株潭"两型"社会建设研究重大课题，以及湖南省财政厅、湖南省经济与信息化委员会、株洲市委等有关厅局地市委托的研究课题近30项，多角度研究21世纪湖南经济发展战略，先后提出了湖南"一带一部"新区位战略、湖南经济赶超发展与呼应中部崛起战略、湖南空间经济重塑与增长极体系战略、湖南融入长江经济带发展战略、湖南经济转型升级与包容发展战略、湖南经济"两型"绿色发展战略、湖南推进深入的工业化战略对策、湖南超级产业发展战略对策、湖南消费品工业发展战略、湖南农业工业化发展战略、洞庭湖区腹地生态经济及绿色工业化发展战略、长株潭行政体制一体化模式及对策、长株潭积蓄释放发展新动能对策等建议，发挥了较大的决策咨询作用。由此，我先后被湖南省委、省人民政府聘选为湖南省院士专家咨询委员会首届委员、中共湖南省第十次党代会报告起草组顾问、湖南省人民政府"十二五"和"十三五"规划专家委员会委员、中共湖南省委重大决策咨询智囊团专家。2015年10月16日被湖南省委宣传部遴选参加了"全省新型智库建设工作座谈会"，并代表社科专家在大会做了《顶天立地，济政于民——关于做好决策咨询研究的几点体会》的主题发言。近十年来，我先后6次获得为改革发展献策的湖南省社会科学界学术年会论文特等奖，2016年10月，湖南全省开展向省第十一次党代会集智献策的活动，由我提出的《实施"一带一部"战略，以深入的工业化推进湖南经济集约发展》的对策建议荣获湖南省委宣传部颁发的湖湘智库研究"十大金策"奖。

为使上述重大课题研究成果进一步为发展中地区实现经济高质量发展、为建设富饶美丽幸福新湖南发挥建言献策的咨询作用，特精选 2010 年以来完成的十个重大课题研究报告并附录主要成果转化材料，即我参加湖南省委、省政府主要领导主持召开的重要决策专家座谈会议发言稿，以《"一带一部"战略策论》书名结集出版。这里附带说明，2009 年前完成的《湖南超级产业发展战略研究》《湖南农业工业化发展对策研究》课题成果已于 2008 年编入我主著的《湖南崛起论》，本书未编入，但其成果要报系笔者参加湖南省委主要负责同志主持的专家座谈会的发言稿，这次列入本书附录 2 的附件发表，以反映历史原貌，并供读者系统参阅。

刘茂松

2018 年 10 月

目　录
CONTENTS

第一章

实施"一带一部"区位新战略

——实施"一带一部"战略,推进湖南新一轮发展的思路与对策研究

成果简介: 本章内容为 2016 年湖南省社科基金重大委托项目（批准号 16WTA08）,成果要报《实施"一带一部"战略 以深入的工业化推进湖南经济集约发展》发表于中共湖南省委宣传部《社科成果要报》2016 年第 15 期。此文作为集智献策湖南省第十一次党代会的对策研究成果,被评为 2016 年湖南智库研究"十大金策",受到中共湖南省委宣传部的表彰。另湖南省委刊物《新湘评论》2016 年第 13 期发表了成果论文,湖南省省政策研究室《送阅件》2016 年第 15 期发表了成果摘要。上述主要观点和对策建议被湖南省第十一次党代会报告采纳转化,发挥了重要的对策咨询作用。《湖南日报》、湖南卫视、红网、《三湘都市报》《潇湘晨报》都对此进行了专题采访报道,产生了重要的理论影响和广泛的社会影响。

2013 年 11 月习近平总书记来湘视察工作时提出湖南应发挥作为东部沿海地区和中西部地区过渡带、长江开放经济带和沿海开放经济带结合部的区位优势,抓住产业梯度转移和国家支持中西部地区发展的重大机遇,提高经济整体素质和竞争力,加快形成结构合理、方式优化、区域协调、城乡一体的发展新格局。我们研究认为,过渡带是指湖南作为发展中地区同沿海发达地区间产业与要素梯度转移的关联,呈现大过道、大容量、大承接的特征,打造沿海产业梯度转移的腹地,这一直是湖南区域经济发展的常态;而结合部则是国家提出长江经济带建设新战略后,处于长江中游的湖南具有了融合长江内陆流域开放带同沿海国际开放带的功能,具有大通道、大极化、大都市的特征,呈现出打造内陆沿江沿河开放高地的新常态。以前湖南只是立足中部崛起进行谋划,"一带一部"的提出,改变了湖南的战略坐标,将自然地理的过渡带与新经济地理的结合部整合为一体,进而把湖南放到了国家全方位纵深推进开放型经济的大战略中。所以,"一带一部"是党中央对湖南在我国深化改革和经济转型时期打造中国经济升级版大格局中的经济战略区位新定位,更是对湖南在新常态下依托长江建设中国经济新支撑带的经济发展地位新

提升。

"十三五"时期是湖南省实施"一带一部"战略推动湖南新一轮大发展的关键时期。为此,应抓住全国实施"一带一路"倡议和建设长江经济带的重大战略机遇,以现代空间经济为主导,将区位优势转换为新经济优势,全面突破结构性分化的陷阱,推动湖南经济集群发展、开放发展、创新发展,建设富饶美丽幸福新湖南。

一、湖南新一轮发展的结构性分化障碍

自"十一五"以来,湖南实施新型工业化带动战略,经过 10 年的努力,湖南经济总量已跃入全国前十,工业化率也达到了 38.18%,特别是"十二五"期间全省工业对经济增长的年均贡献率上升到 46.1%,且长株潭已成为闻名全球的高端装备制造之都,这是一个重要的社会变革,说明湖南已由农业社会初步进入到工业社会。但同时也应看到,目前湖南经济社会发展中结构扭曲和分化的矛盾还比较尖锐,总体上仍处于工业化低端发展阶段。根据《湖南省国民经济和社会发展统计公报》数据分析,其主要表现:

(一) 总体经济结构分化

2015 年湖南省国内生产总值(gross domestic product,GDP)总量达到 29 047.2 亿元,在全国排第 9 位,进入十强,而人均 GDP 只有 43 114.65 元,没有达到全国平均水平(49 228.73 元),在全国排第 18 位,这说明湖南省劳动生产率尚处于低端水平。另外,湖南省高附加价值门类的产业产品少,生产经营成本和消耗水平高,导致全省总体经济效益水平很低,如 2015 年全省税收收入只完成 3 021.08 亿元,占 GDP 的比重仅为 10.4%,比全国平均水平低 6.3 个百分点。

(二) 经济动能结构分化

投资、消费与调出结构失衡,拉动经济增长的引擎动力消费偏弱,主要靠投资。"十二五"时期,投资对湖南经济增长的贡献率一直高于 62%,而消费率只有 46%,仅列全国第 22 位,比全国消费率低 5.3 个百分点。此外,净流出贡献率在"十二五"期间一直为负数,在 -2.6% ~ -2.3% 之间波动,2014 年和 2015 年有所扩大,分别为 -3.6% 和 -3.5%,对全省经济增长产生了较大的抵减效应。

(三) 区域经济结构分化

2015 年长株潭地区生产总值 12 548.3 亿元,占湖南省总量的 43.2%,接近"半壁江山"。而湘南地区、洞庭湖地区和大湘西地区却相差甚远,其总量占比分

别只有 20.8%、23.9% 和 16.9%，均落后 20 个百分点以上。当然，长株潭地区作为湖南的核心增长极，其总量占比高于全省应属正常，但问题在于长株潭未能形成真正具有辐射带动作用的核心增长极。从人均数据分析，2015 年长沙人均 GDP 为 116 393.76 元，而株洲和湘潭的人均 GDP 分别只占长沙的 50.7% 和 52%。同极内三个地区的生产率反差如此巨大，说明这三个地区在产业、技术和消费等方面尚未形成协同发展的极核，故对湖南省内其他地区缺乏供应链式的辐射带动能力，地区间发展差距越来越大。

（四）产业经济结构分化

2015 年，湖南省三次产业结构为 11.5∶44.6∶43.9，同中部地区其他省份相比，第一产业和第三产业比重分别居第 1 位和第 2 位，而第二产业比重居中部地区第 5 位，而且工业层次不高，非金属矿物制品业、化学原料和化学制品制造业、烟草制品业、有色金属冶炼和压延加工业、农副食品加工业、计算机通信和其他电子设备制造业、专用设备制造业 7 个行业的增加值占全省规模工业增加值的比重在 5% 以上，为全省工业的支柱行业，这大多属于高能耗、高排放的资源密集型传统产业。2015 年全省规模工业六大高耗能行业综合能源消费量占全省规模工业企业的比重为 79.3%，所提供的工业增加值占全省规模工业的比重达到 30.3%，而高技术产业增加值占规模工业增加值的比重仅为 10.5%。医药制造和汽车制造等新兴行业主营业务收入规模 2015 年分别居中部地区六省第 4 位和第 5 位，也显得相对落后。工业发展的低端落后还影响了生产服务业的发展，2015 年湖南省第三产业比重比全国平均水平低 6.6 个百分点。

（五）经济体制结构分化

当前的主要矛盾是基本经济制度在实践中被扭曲，作为社会主义基本经济制度重要组成部分的非公经济，2015 年实际提供的增加值、税收、固定资产投资、劳动力就业份额和企业数量，分别占到了湖南省总量的 60%、50%、70%、80% 和 90%，特别是在工业生产中已成为超过 70% 占比的主体。但它获得的银行贷款只占银行贷款总量的 25% 左右，而仅占企业总数 5% 的国有企业却获得了 70% 多的银行贷款。正是由于这种歧视性的贷款体制，阻碍了湖南省非公经济的快速发展，成了湖南经济发展的短板。此外，在收入分配体制上，湖南省 2015 年城乡居民收入差距仍高达 2.64 元，全省还有 596 万贫困人口尚未整体脱贫，扶贫攻坚的任务相当艰巨。

上述经济结构分化的实质是传统落后经济同现代先进经济的摩擦和掣肘，表明湖南工业化总体上尚处于传统的低端发展阶段，其症结仍然在于几千年的小农经济意识及其小生产方式，大面积分散生产和粗放经营依旧是其病根。所以，实施

"一带一部"战略推动湖南新一轮发展,一定要抓住目前我国经济地理重塑的战略机遇,发挥空间经济新优势,采取集群、开放、创新发展方式,进一步深入发展湖南新型工业化。对于发展中地区来说,经济发展的中心内容和基本轨迹就是工业化,无论从第一次产业为主发展到第二次产业为主,还是从第二次产业发展到第三次产业为主,都是工业化不断深入的结果。因此,所谓深入的工业化,就是工业化持续的时间比较长,并以高端制造业为主体,组织专业化和规模化大生产,提高效率,创造储蓄(资本积累),增加就业,扩大出口,支撑农业和服务业发展,提高整个国民经济技术水平。概括起来讲,就是"发扬三种精神,推进三大革命",即发挥科学家精神,推进技术革命;发挥企业家精神,推进产业革命;发挥工匠精神,推进品质革命。湖南推进深入的工业化应充分发挥市场经济的决定作用,以提高工业化质量和效益为中心,以供给侧结构性改革为主线,以协同创新、集群集约、智能融合、绿色安全为导向,通过创新体制机制,巩固提升已有优势,加快培育发展新动能,不断增强湖南工业产业的核心竞争力,构建从培育、创建、提升到打造卓越示范基地体系,推动传统工业产业向新型工业产业链集聚升级,实现由制造大省向制造强省的根本性转变。

二、发挥"一带一部"空间经济新优势

空间经济是从物流和人流的角度减少对空间和时间的占用,进而达到节省资源消耗和减少排放的目的。所以,空间经济学就是在区位理论的基础上发展起来的多门学科的总称。它研究的是空间的经济现象和规律,研究生产要素的空间布局和经济活动的空间区位。空间经济学的渊源可以追溯到德国传统的古典区位理论如杜能的"孤立国"理论和韦伯的工业区位论理论等。1999 年由麻省理工学院出版的、由日本京都大学的藤田昌久、美国普林斯顿大学的保罗·克鲁格曼和英国伦敦政治经济学院的安东尼·J. 维纳伯尔斯三位国际著名经济学大家合作完成的《空间经济学:城市、区域与国际贸易》(*Spatial Economy:Cities,regions and international economy*)一书,是当代空间经济理论的标志性成果。这些年来,在经济全球化、信息化和区域经济一体化的背景下,经济活动的空间区位对经济发展和国际经济关系的重要作用已经引起人们的高度重视,赋予了空间经济学崭新的生命力。

空间经济学研究经济活动的空间差异,主要是基于节约资源和减少排放的目的,解释现实中存在的各种经济活动的空间集中现象。其核心思想:一是经济系统内生循环累积因果决定经济活动的空间差异。追逐市场接近性优势(节省产品运输成本)的微观经济的主体的行为产生了聚集力,由这种聚集力的市场拥挤效应所产生的扩散力决定了最终经济活动的空间模式。二是经济系统的内生力量也可以促使经济活动的空间差异。聚集力和分散力随贸易成本的升降而变化,在空间贸易

成本较大的情况下,分散力会相对大一些,这时市场拥挤效应占优势,而当空间贸易成本下降到某一临界值时,聚集力超过分散力,市场的接近性优势超过了市场拥挤劣势,随之初始均衡分布结构演变为非均衡分布结构。三是空间经济具有区位粘性即"路径依赖"。一旦选择了某种产业分布模式或发展路径后,那么在较长的历史过程中,各种经济活动便会不断适应并紧紧地"粘上"这种模式或路径,要改变这种模式或路径需支付很大的成本。四是人们预期的变化对发展路径产生深刻影响。空间经济学告诉我们,人们将根据变化后的预期,选择不同的产业分布模式或发展路径,即每个个体都认为大多数人选择的某种经济模式是有效的,于是每个个体都选择大多数人选择的经济模式,这样人们预期的变化将把原有的经济系统推向另一种经济系统。五是产业聚集带来聚集租金(规模经济效应),是产业集中的红利。当产业聚集区形成后,可流动要素能够得到集聚租金。空间经济学的这个区位模型是研究城市层级体系演化的理论工具。在单一地理中心中,由制造业集聚而形成孤立城市,四周被农业腹地包围。但当人口发展达到一定程度时,此时孤立城市中某些制造业基于降低运输等成本的需要会向城市外迁移,从而导致新城市形成。人口的进一步增长又会生成更多的城市,如果经济中有大量规模各异和运输成本不同的行业,经济的发展将最终形成以多极城市群结构为构架的大都市区,即由大、中、小城市圈、城市群、城市带组成的,具有强大极化力和辐射力的多极化、网络化、一体化的空间经济体系,通过经济互补、经济辐射、经济渗透、经济交流、经济密集和经济效率,实现城市与农村、农业与非农产业以及中心区与外围区的统筹发展。上述分析表明,空间经济是基于市场接近效应、成本指数效应和环境容量效应的相互作用,由生产要素在大区域范围内的流动而形成的聚集型、开放型、效率型的经济核心及其多层级经济圈带,这对湖南省改造传统"散、小、差、闭"的经济结构,提高全要素生产率具有重大的现实意义。

进入21世纪以来,我国大力推进交通设施现代化,全国已基本形成了普通铁路"八纵八横"、高速铁路"五纵五横十联"新体系和国家高速公路"7918"网的新交通版图。正是在此基础上,党和国家在"十二五"后期提出了"一带一路""长江经济带"与"京津冀协同发展"三大顶层区域战略,把发达地区和发展中地区链接到同一个平台上,全面整合国内和国际区域资源,培育新的区域经济带和核心增长极,由此在全国范围内发动了一场新经济地理革命。"十三五"期间,我国经济地理重塑还将进一步深化,国家规划到2025年,全国铁路网规模达到17.5万公里,其中高速铁路3.8万公里,比2015年底翻一番,将构建以"八纵八横"主通道为骨架、区域连接线衔接、城际铁路补充的高速铁路网。同时,在"十三五"期间长江经济带建设全面启动,依托长江黄金通道,带动中上游腹地大发展,形成我国沿海战略轴线与沿江主体轴线相交的"T型"空间经济大战略格局。

随着全国经济地理的大重组,湖南经济地理版图也发生了深刻变化。2015年末，全省铁路营业里程4 521.10公里，其中高速铁路1 110公里，比2010年末增加503.71公里，翻了近一番，居全国第一位；高速公路通车里程达到5 653公里，打通了出省通道24个，覆盖全省98%的人口，稳居全国"高速大省"行列；水路运输建设奋力赶超，到2015年末，全省内河航道总长12 000公里，居全国第一位。其中千吨级以上航道里程达878公里，千吨级以上码头泊位106个，船舶总运力达462.4万载重吨，较2010年末增长86.7%。在铁路、公路、水路建设快速推进的同时，湖南的机场建设也取得显著成绩，2015年年末全省共有民用航空航线189条，国内航线159条，国际航线40条，正在建成"一枢纽一干多支"为支撑的联通国内外的航空运输网。

湖南省交通设施建设的大发展，全面改变了以往东、中、西三线南北纵向分散布局旧格局，京广线、包柳线、沪昆（成）线三大主动脉通道在湖南省全面联通，特别是省内以沪昆高速铁（公）路和长江经济带为标志的横向大通道与京广纵向大通道交汇，形成了湖南"三纵三横"大通道铁路网、"五纵六横"高速公路网和"一江一湖联四水"的水运网，全面联通长株潭、洞庭湖、大湘南、大湘西等四大空间经济域面（经济圈），使湖南形成了作为东部沿海地区和中西部地区过渡带、长江开放经济带和沿海开放经济带结合部的"一带一部"大流域、大通道、大枢纽、大市场的新区位。由此，湖南进入了面向全球、纵横联通、集聚创新发展的新时代，使以往在全国自然地理的中心空位转化成了我国新经济地理的中心枢纽，同时也成为了国内市场半径最短、商圈市场规模最大的中心区位，具有巨大的商圈辐射优势和产业投资价值，其意义之大对于湖南来说是划时代的。在这种新的历史条件下，实施"一带一部"战略，必将推动湖南全面对接国家三大顶层战略，以大产业链、大增长极、多中心大都市区为主导，以技术和制度创新为动能，开拓新经济增长点，实现湖南工业化深入发展。

三、抢抓新机遇构建新经济的发展模式

新经济是伴随着新一轮科技革命和产业变革产生的经济形态，具体说来，新经济是指在经济全球化条件下，由新一轮科技革命和产业革命所催生的新产品、新服务、新产业、新业态、新模式等的综合。新经济发展的根本动力是新技术革命，尤其是信息技术、生物技术、制造技术、新材料技术的革命。而技术革命的核心基础是互联网、大数据、云计算、物联网、智能化等技术。新经济当前已经从技术变革层面拓展到企业运行、产业融合、社会生活人类交往的各个维度，正在展现它推动产业融合、经济转型升级和社会变迁进步的巨大能量。由此可见，新经济的实质，是通过互联网、物联网、移动智能终端等信息技术，借助云计算能力，把无限多的供给与需求、无限多的生产要素和无限广阔的市场实时地结合与对接，从而产生新

的产品、新的服务、新的业态、新的模式。这里的关键是供给和需求的实时对接，生产要素和市场的实时对接。

新经济具有如下一些基本特征：一是以信息技术突破应用为主导形成的物理技术、数字技术、生物技术相互渗透的新一代高新技术簇，构成了新经济的技术基础。国家出台的关于促进技术发展的政策中罗列了 12 种改变未来的颠覆性技术，影响产出达到 40 万亿美元。如果把这些技术作为一个系统，从技术层面推广到经济增长，其实质就是一个内涵丰富的多层次的新工业革命。二是以信息数据为核心要素提高社会经济运行效率。这些信息技术产生了被我们忽略的信息和数据因素。由于这些信息和数据可以单独拿出来，它的独立性、流动性日益增强，不仅逐步成为社会生产活动的独立投入产出要素而还可以借助信息物理系统等大幅度提高边际效率贡献，成为社会经济运行效率和可持续发展的关键决定因素。藤本隆宏曾经提出产品等于信息加载体的概念，这样可以改变第一、第二、第三产业的分类。研发是设计创造，将信息传达更多消费者。生产制造是把信息写到某个媒介上，让消费者接受这个媒介。这样可以把所有产业都归为广义的信息产业。三是以追求范围经济和集聚经济为导向不断创造社会分工形态和商业模式。以专业化分工为基础的传统分工强调的是规模经济，以数据为核心要素，以云网为基础设施的新一轮科技和产业革命进一步拓展服务经济的作用。以前我们强调最多的是规模经济，但新业态、新模式、新产业却给我们带来了新型的范围经济模式。由于信息的可获得性和流动性提高了，信息不对称问题大幅度降低，通过数据驱动工业生产，使以前的设备专用性改造为社会通用性设备，形成一套可以生产多个品种的柔性生产系统，生产品种多，效率大幅度高。另外，生产要素在空间上的集中产生集聚效果，吸引经济活动向优势区位靠近产生极化力，形成经济中心，实现资源共享，提高资源利用效率。四是以智能制造为先导融合构造现代产业体系。这种新的产业体系打破了第一、第二、第三产业的分类，界限日趋模糊，互相融合，其根本就是智能制造。它代表了制造业的发展方向，新材料、新工艺、新装备，通过工厂内部生产、企业间的生产实现智能制造。个性化定制、智能化生产、网络化协同、服务化转型是制造业的发展方向。以前互联网的发展是以门户为主导，现在互联网发展到以电子商务为主导的第二个阶段，接下来的方向肯定是制造业与互联网的融合。互联网的前景应该是工业互联网，无论是德国"工业4.0"也好，信息物理系统（CPS）也好，"中国制造2025"也好，这些都是未来发展的方向。生产环节、销售环节、研发环节、消费环节跟互联网融合，带来新经济的产业主导。

综上所述，在新常态下，湖南实施"一带一部"战略推动全省新一轮发展，势必抢抓新科技革命和产业革命的新机遇，以集聚、集群、集约的新增长方式，通过深入的工业化突破结构性分化障碍，建设绿色化、集约化和智能化大工业体系，打造高端装备智造强省和经济发达的新湖南。为此，建议采取三大战略对策。

（一）实施新兴产业主导发展战略

新经济当前已经从技术变革层面拓展到企业运行、产业融合、社会生活、人类交往的各个维度，正在展现它推动产业融合、经济转型升级和社会变迁进步的巨大能量。对于湖南来说，新经济是深入推进工业化，实现湖南新一轮发展的强省"重器"。

首先，狠抓高科技创新。以长株潭国家自主创新示范区为主要载体，集中突破一批支撑产业发展的关键共性技术和基础性、前沿性技术，抢占产业技术制高点。根据制造强省的目标，当前应重点推进工业互联网技术、增材制造技术、新材料技术、新能源汽车技术、生物医药技术、新一代信息技术等关键技术创新工程，申报建设国家制造业创新中心。在发展路径上，一是积极承担国家科技重大专项，以创新示范区为主体，制定技术创新路线图，集成资源积极承接新药创制、水体污染治理、油气田、航空发动机等国家科技重大专项，加快 IGBT 及 SiC 等新一代电力电子器件、生物新品种培育、重金属污染防治等技术研发与产业化。二是以新材料、电子信息、生物健康等领域为重点，建设一批科研基础设施和平台，强化国家超级计算长沙中心、亚欧水资源中心、国家计量检测研究院长沙分院等重大创新平台功能，加快建设一批重点（工程）实验室、工程（技术）研究中心、企业技术中心、检验检测中心、技术创新示范企业、院士工作站，组建长株潭公共科技服务平台和技术创新中心，夯实解决重大科技问题的物质技术基础。三是依托企业、高校院所、产业技术研究院等创新资源，围绕工程机械、先进轨道交通、航空航天、风力发电、海工装备、先进电池材料、北斗卫星导航、生物健康、节能环保、新材料、汽车及零部件等产业建立技术创新战略联盟等若干专业创新平台，提供科技研发、技术服务、设备共享、检验检测等服务，提高全省新兴产业的核心技术水平。

其次，分类做好新兴产业集群。一是着力打造新兴超级产业链，全面提高工程机械、轨道交通、海洋工程、环保机械、农业机械、节能与新能源汽车、电工电器及新能源装备、航空航天装备、高档数控机床与机器人等高端装备产业的"工业4.0"水平，发展"系统设计""流程再造"新业态，推进核心基础零部件、先进基础工艺、关键基础材料和产业技术基础的产业化发展，建设世界级高端装备产业集群和中国智能制造示范引领区。二是加速开发新材料、新能源、生物产业、装配式建筑、新一代信息技术产业、文化创意、康养产业等新兴优势产业，以长沙为中心集中发展新材料、移动互联网和文化创意三大产业链集群，培育国家级生物产业和分布式新能源产业基地，培育湖南新型工业发展的新动能。三是向制造业文明深度拓展，着力推动生产性服务业与制造业融合发展，是实现湖南制造强省的战略途径。当前，应加快发展研发设计、工业软件、智能物流和绿色金融等工业化服务业，延伸高端价值链。其重中之重是推动工业设计与湖南装备制造业融合发展，以提供新的品质价值和市场竞争优势。引导和推动制造业企业通过管理创新和业务流程再造,将发展重点集中于研发、市场拓展和品牌运营。以大型企业为重点抢占制造产业高端,引导先进制造企业进入与本制造行业关联度大的服务业,成为本行业品牌、设计、策划、专利、金融、营销网络等关键性服务的供应商。

最后,拓展新兴产业的带动功能。采取产业链重组和技术改造升级等措施淘汰落后产能,改造有色金属、钢铁、石化、建材、食品等传统优势产业,开拓国内外市场。这里尤其要高度重视中低碳消费品工业的发展。消费品工业主要包括轻工、纺织、食品、医药、烟草五大工业门类,既是直接满足人们生活消费需求的产品制造业,又具有能源消耗水平较低的明显优势。据有关资料,消费品工业产品的碳排放强度一般在 0.1 吨标煤/万元 GDP 以内,最高的也没有超过 0.3 吨标煤/万元GDP;而资本品工业产品的碳排放强度普遍都在 0.5 吨标煤/万元 GDP 以上,其中最高的黑色金属冶炼及压延加工业达到 1.4175 吨标煤/万元 GDP 普遍比消费品工业的碳排放强度至少高一倍以上。以上分析可见,消费品工业的发展对于满足居民消费需求和节能减排保护大气环境,实现湖南工业化模式向低碳化转变具有重要意义。为此,应实现资源深度开发与需求有效创造这两个"车轮"同步运行,走产业化、信息化和低碳化的发展路子,推动农产品加工向农产品制造深化和现代生物医药产业赶超发展以及家电产业的复兴。同时全力推进农业供给侧结构性改革,用现代工业化方式发展专业化基地农业、标准化品牌农业、工厂化制成品农业和多功能化跨界农业,打造第一、第二、第三产业融合的可持续农业全产业链,促进城乡一体化县域经济快速发展。

(二)实施空间经济集聚发展战略

经济学认为,集聚经济是指各种产业和经济活动在空间上集中产生的经济效果以及吸引经济活动向一定地区靠近的向心力,是导致城市形成和不断扩大的基本因素。而经济地理学也认为集聚效果产生经济集聚,集聚效果是指在社会经济活动中,有关生产和服务职能在地域上集中产生的经济和社会效果。一般说来,集聚经济效益的主要来源,一是某些指向性相同或前、后向关联的工业企业集中配置,可以节约生产成本。二是相关工业在地理上集中于某一特定地区,可以共同利用某些辅助企业以减少投资,降低成本,并保证质量。三是工业的地理集中可以利用城市公共基础设施,包括公路、铁路、机场、站场、仓库、给排水与供电设施、邮电通信设施、教育与科研设施、商业饮食设施、文化陈设施以及一些其他的服务设施。四是人口和工业的大量集中会扩大本地市场的潜在规模人口和工业在城市地区的大量集中,增加了城市自身的需求,为当地的工商业扩大了潜在市场。五是人口和工业的集聚有助于熟练劳动力、经营家和企业家市场的形成,从而节约工人培训费用,增强企业革新的竞争能力。六是大城市一般是区域性的金融中心,拥有各种金融机构，这为企业筹措资金提供了方便。七是工商业的集中，必然会引起竞争，促进技术和管理创新。同时，地理集中有助于在商品生产者与顾客之间产生一种更为自由的情报传播，使企业迅速了解到国内外市场信息的变化，及时改进旧产品，大力开发新产品。

随着全国交通设施的现代化，湖南经济地理版图已形成"三纵三横"大通道铁路网、"五纵六横"高速公路网和"一江一湖联四水"水运网大格局，"一带一部"新区位集聚优势全面凸显。有鉴于此，全省上下应确立新经济地理是先进生产力的观念，立足大通道和大枢纽，实现基础设施互联，全力打造三大集聚发展战略区。

一是长株潭一体化大都市区。国内外的实践证明，任何一个大都市区都需要有一个首位度很高的核心极城市。为此，建议以国家中心城市为建设目标，做大做强长沙特大城市，并从经济与行政体制上整合株洲、湘潭，把"一带一路"结点城市——长沙打造成为都市人口超千万、生产总值超万亿元的高首位度超级特大城市，形成湖南高速快车的"火车头"。在具体的运作路径上，我们在以往研究提出的思路基础上按新经济地理原理进一步升华，建议重组为六个大建制区：大芙蓉区（由现芙蓉区、雨花区、天心区组成）、大岳麓区（由现岳麓区、望城区、宁乡县、先导区组成）、大开福区（由开福区与湘阴县组成）、大星沙区（由长沙县与汨罗市组成）、大株洲区、大湘潭区（韶山市划为省直管特区）。此外，将现株洲市中除株洲市城区和株洲县以外的其他县市再加现浏阳市和平江县组合成新醴陵市，打造湘东门户性枢纽城市群，对接"苏沪杭"长江三角洲（以下简称"长三角"）地区。通过以上行政区划的调整，最终建成可与大武汉相对应的多中心超级大都市，以在世界级的长江中游城市群中占据重要的战略地位。

二是内陆开放大功能区。按照全国主体功能规划，中央把武汉城市群和长株潭城市群同步定为"两型"社会建设实验区，其战略意图是联合组成长江中部的特大型都市区，强化长江腰部空间经济聚合极化能力。如果这个判断成立的话，那么处于武汉城市群和长株潭城市群中间的岳阳在长江腰部经济就占有重要地位。从湘阴进入洞庭湖到岳阳城陵矶至陆城一带，是湖南的大水面、大排放口、大码头、大交通口，也是湖南环境容量最大，唯一适宜于摆放大运量、大消耗、大进出的高端绿色制造产业的一块优等地，同时还是长株潭城市群的腹地和联结武汉城市群的枢纽，可弥补长株潭城市群在这方面的功能缺陷。所以，要以内陆开放经济高地为目标，以湘阴作为接口（建议把湘阴县划入长沙市）使长株潭全面对接长江经济带，以长江洞庭湖黄金水道开发为抓手，推动岳阳长江口岸与长沙高铁、空港枢纽组合配套，打造我国中部大型立体综合交通枢纽，创建"长株潭岳"内陆开放功能新区，形成现代大工业、大农业、大服务业、大资本、大市场的集聚中心，全面开拓海外新兴市场，建设境外经贸园区，着力推动产能出海，扩大湖南工业品出口。同时长岳新区通过"产业链网""交通链网"和"信息链网"三网联通全省县城、核心镇等基础结点城镇和各地级市中介结点城市群,即"三结点三网链构架",最终形成能释放巨大内需潜力、吸纳农业剩余劳动力就业、破解城乡二元结构、促进社会公平和共同富裕的湖南新型城镇化体系。

三是分工配套产业园区。产业园区作为增长极实现产业集群的载体和平台,是区域"两型"经济发展的产业空间聚集形式,其基本功能是组织生产要素的空间集中和生产分工配套,通过共享资源、克服外部负效应,带动关联产业的发展,从而有效地推动产业集群的形成,实现资源合理配置,降低消耗排放,获取规模效益与协作效益。湖南省产业园区当前存在重"地"轻"产"的倾向,优势产业集群少,技术水平较低,产业规模偏小且同质化现象较普遍。尤其是与中部地区其他省份对比,其规模质量、集聚水平和技术创新等方面明显落后。根据这几年的调查研究,我们建议湖南产业园区的发展应按特色化、规模化、信息化、绿色化要求进行差异化重组,由搭平台的粗放扩张阶段全面转向调结构的"两型"提升阶段,推广长沙市宁乡县"项目立园,平台提质"的集群发展经验,下功夫抓好以下四件事情:第一是做特色产业。项目是产业园区的生命线,要挖掘自身的特色和优势,进行中高端招商,不搞同质化的恶性竞争,做专业、做特色、做品牌;第二是做专业产业链。分为"高新技术产业""先进制造业产业""工业加工业产业""现代服务业产业"等类型,鼓励重点企业、品牌企业在园区内以资金、技术、管理和信息等作支撑,聚集配套生产和服务的中小企业,形成相对完整的专业产业链条和配套协作体系;第三是做循环经济。引导企业建立"轻型经济""循环经济""环保经济"机制,从产品生产源头实现节能降耗减排和资源再利用。推广宁乡"飞地产业园"模式,鼓励高排放项目向大环境容量异地转移,促进县内乡镇工业集中生产营运;第四是做服务平台。在空间布局上园区应与城镇配套,发展工业设计、金融保险、信息服务、科技服务、策划咨询、服务外包、第三方物流、文化创意、现代商贸等新兴服务业平台,以对产业结构调整升级发挥重大促进作用。通过采取这些措施,争取在三五年内湖南省所有国家级的产业园区要建成经济总量与经济效益同步倍增、能耗和排放达到先进标准的产业园区,促进标志性、特色化全产业链集群发展。

(三)实施混合经济包容发展战略

发展混合经济的本质是实现不同经济成分的优势互补,公平共享,包容发展。湖南民营经济发展空间很大,三一重工、蓝思科技、山河智能、泰富重装、唐人神、步步高等在国内外已形成市场竞争优势,民营经济提供的地区生产总值、税收、投资、就业均超过全省总量的50%,特别是在工业生产中已成为超过70%占比的主体。同时国有参股、控股的股份制企业发展势头良好,如中联重科已跻身本行业世界前列。总之,混合经济是深入推进工业化的主体,对湖南省实现制造强省具有重大战略意义。第一，建立促进非公经济发展的大格局、大机制，全面放开市场准入，在产业发展、能源电力、投资融资、财税政策、土地使用等方面，对非公企业和其他所有企业实施同等待遇，在公用事业、社会事业、基础设施领域、自然垄断行业以及PPP（Public-Private-partnership）项目上，对非公企业和公有企业执行同样的标准和政策。第二，深化混合所有制的产权制度改革，积极鼓励非公企业通过并购和参股、控股等多种形式，参与国有企业和集体企业的改组改制，再造几个类似"三一重工""中联重科""蓝思科技"式的国际化产业链集团，加快提升湖南经济的开放度。第三，发挥企业创新经营的主体作用，建立完备的企业法人治理结构，实行企业资产契约化经营和企业经理人社会化选聘，发挥职业企业家创造力，科学组合和运营企业生产要素，提高企业资产增值率，以促进整个湖南经济快速、高效、健康发展。

（四）实施智力资本优先发展战略

人才是创新的母体，是创新的"智力矿藏"，是现代生产力中最终起决定作用的要素，必须优先发展。湖南融入长江经济带，实施"一带一部"战略，推进深入的工业化，归根到底都要靠人的积极性和创造性才能的发挥。这其中科技创新家、风险投资家、企业经营家和高级技工、职业农民等"三家两工"智力资本（白领人口和高端蓝领人口红利）更起着极为关键的作用。实施"一带一部"新战略，推进深入的工业化，为湖南人力资本的培养和发展提出了高标准、大目标、新要求，紧紧抓住这个重要机遇，科学决策，精准施力，充分发扬"三种精神"，全面推进"三大革命"即发挥科学家精神，推进技术革命；发挥企业家精神，推进产业革命；发挥工匠精神，推进品质革命，为实现"湖南制造"向"湖南智造"的转变，建湖南智造强省作出重大贡献。

四、选准突破口深化经济社会体制改革

党的十八届三中全会决定提出：全面深化改革的总目标是完善和发展中国特色社会主义制度，推进国家治理体系和治理能力现代化。更加注重改革的系统性、整体性、协同性，加快发展社会主义市场经济、民主政治、先进文化、和谐社会、生态文明，让一切劳动、知识、技术、管理、资本的活力竞相迸发，让一切创造社会财富的源泉充分涌流，让发展成果更多更公平惠及全体人民。经济体制改革是全面深化改革的重点，现实目标是要跨越"中等收入陷阱"，而要做到这一点的核心问题是必须真正处理好政府和市场的关系，使市场在资源配置中起决定性作用和更好地发挥政府作用，为实现湖南"十三五"战略目标提供强大动力。总的看，湖南深化改革要抓住以下几大突破口。

（一）积极发展混合所有制，建立现代产权经济制度

产权是指有关财产的一切权利的总和，即由所有权派生的权能（如经营权、支配权、使用权、收益权等）的分离与重组所形成的行为规则，是市场交易中获得财产的新方式。因此，产权是市场经济的第一原则，是完善基本经济制度的核心，也是提高经济效益的前提。湖南建立现代产权制度的重点是要着力发展混合所有制经济，国有资本、集体资本、非公有资本等交叉持股、相互融合，这有利于各种所有制资本取长补短、相互促进、共同发展。特别是有利于湖南民营经济的健康发展，能使民营经济真正发挥主人翁的精神，为湖南发展作出更大更好的贡献。

（二）推动国有企业分类改革，健全现代公司治理结构

国有企业是指国家中央政府和地方政府投资参与控制的企业法人，分为营利法人和公益法人两类。营利性国有企业体现为追求国有资产保值和增值，有追求利润的目标，是市场的主体，应接受市场调控。因此目前湖南省直属省直厅局的200多家国有企业必须"断奶"真正进入市场；公益性国企体现国有企业的设立是为了实现国家调节经济的目标，起着调和国民经济各个方面发展的作用和社会保障作用，由政府直接管理。不论哪一类国有企业都要建立健全归属清晰、权责明确、监督严格的现代企业治理结构，使国有企业在湖南省产业发展特别是在装备制造等超级支柱产业发展中发挥主力军的作用。

（三）推动农地依法流转，实现农户土地承包权物权化

土地承包经营权主体同经营权主体发生分离，这是我国农业生产关系变化的新趋势。总的指导思想应该是使农民（农户）对承包土地具有完整的、长久的经营性产权，全面实现土地承包权的物权化和农村土地资本化。应启动《土地管理法》和《物权法》中对农民土地权益保障相冲突条款的修改，尤其要注意上述两部法律与《农村土地承包法》在农民土地权益保障上的无缝对接，健全农村土地承包经营权登记制度，全面完成实际确权登记工作，以强化对农村耕地、林地等各类土地承包经营权的物权保护，确认农民承包地的长久经营权，且这种经营权可以转让、抵押和出租，允许社会资本（泛指非农业经营主体及其资本）进入农业领域承租农地进行现代农业的集约化经营；要完善农民承包地的地籍普查和确权登记制度，统一颁发法定承包地的地权证，以便于农地流转和抵押，实现规模农业经营，发展湖南现代农业和推进城乡一体化。

（四）推进市场体系建设，发挥市场的决定性作用

完善城乡各类商品和要素市场，实行统一的市场准入制度，积极推行负面清单

管理，取消制约民间投资发展的各种歧视性规定，鼓励民间资本进入市政公用、社会事业、金融服务等领域，对经营性基础设施允许多种形式的融资创新。理顺市场监管机制，整合部门监管职能，清理和废除妨碍市场公平竞争的各项规定，加大对地方保护、垄断经营和不正当竞争行为的执法力度。构建信用激励与惩戒机制，大力推进政务诚信、商务诚信、社会诚信和司法公信建设。健全优胜劣汰的市场化退出机制，完善企业破产制度。完善市场定价机制。坚持把市场决定价格作为价格形成的常态性、普遍性机制。推进发电企业、燃气供应企业、自来水生产企业与用户直供改革。完善农产品价格形成机制。逐步建立城乡统一的建设用地市场。完善农村集体经营性建设用地流转和增值收益分配制度，扩大集体建设用地基准地价试点范围，允许农村集体经营性建设用地出让、租赁、入股，实行与国有土地同等入市、同权同价，发挥金融市场作用。鼓励境内外金融机构在湖南省设立区域总部和专业机构，加强与国际性金融机构合作。整合区域金融资源，加快长株潭城市群金融改革创新，健全促进经济发展方式转变、支持实体经济发展的地方金融体系。支持民间资本依法发起设立中小型银行、村镇银行，深化农村信用社改革，规范发展小额贷款公司、融资性担保公司等准金融机构和金融中介。

（五）创新政府管理经济方式，改进社会治理

建立健全以落实中央宏观调控目标为目的，以区域发展战略、各类规划和财政政策为主要手段的省级管理机制。深化投资体制改革，确立企业投资主体地位。优化发展成果考核评价体系，强化考核结果运用。做好经济核算工作，组织编制地方资产负债表。整合不动产、信用信息平台，推动部门信息共享。建立统一、透明、规范的公共资源产权交易市场。改进社会治理方式。坚持系统治理、依法治理、综合治理、源头治理，促进社会治理科学化、现代化。创新基层群众自治制度，实现民事民议、民事民办、民事民管。试点推进基层治理模式改革，探索建立新型社区服务管理模式。完善重大决策社会稳定风险评估制度。激发社会组织活力，加快推进政府与社会组织在机构、职能、经费、人员等方面分开，制定实施行业协会商会与行政机关脱钩办法，促进社会组织健康发展。

主要参考文献

[1] 罗斯托著，郭熙保、王保松译：《经济增长的阶段：非共产党宣言》，中国社会科学出版社2001年版。

[2] 泰勒尔著，马捷译：《产业组织理论》，中国人民大学出版社1997年版。

[3] 肖琛：《新经济求索与应对》，北京大学大学出版社2005年版。

〔4〕姚洋:《深入的工业化是跨越中等收入陷阱的关键》,新华网2016年6月3日。

〔5〕林跃勤:《着力营造制度与政策环境推动新经济稳健发展》,中国社会科学网2016年7月24日。

〔6〕湖南省统计局:《湖南"十二五"经济社会发展报告》,载于《决策咨询》2016年第17期。

第二章

建设内陆开放崛起新高地

——经济发展新常态下湖南战略定位与湖南"十三五"发展思路研究

成果简介：本章内容为2015年湖南省政府"十三五"规划前期研究重大课题。其研究报告《湖南"十三五"发展战略研究》被湖南省政府"十三五"规划领导小组办公室和湖南省发展和改革委员会评为优秀成果。课题负责人刘茂松教授分别参加了由时任湖南省委书记徐守盛主持召开的"湖南省'十三五'规划专家座谈会"、时任湖南省委常委省政府常务副省长陈肇雄主持召开的"湖南省政府关于'十三五'规划基本思路专家座谈会"，提出了"实施'一带一部'战略 推进湖南多层级一体化集聚发展""湖南'十三五'发展战略思路的建议"等对策建议，被湖南省"十三五"规划采纳，发挥了重要的决策咨询作用。

随着我国交通基础设施现代化，以江河湖海沿岸沿线都市经济区为支撑，以沿岸水陆交通物流体系为纽带，推动沿岸沿线流域经济集聚发展，已成为工业化中后期经济发展的必然过程，也是当前中国经济地理重组的大趋势。我国依托长江黄金水道交通运输体系，推动长江流域经济集聚发展，打造中国经济新支撑带，极大地拓展了长江流域各省市发展的战略空间。湖南地处长江中游，有洞庭湖及163公里长江岸线，并以洞庭湖连接湘、资、沅、澧四水通江达海，是长江流域经济集聚发展的重要阵地。所以，长江经济带建设打破了内陆封闭屏障，对重组优化湖南经济地理，发挥大交通、大通道、大枢纽优势，培育经济活动的畅通便利性空间和持续性盈利空间，打造湖南绿色化高密度经济的"长江脊梁"，推动湖南经济在"十三五"实现多层级一体化集聚式高效发展，具有全局性的重大意义。

一、经济发展新常态与湖南经济新挑战

后金融危机时代世界经济进入全面转型阶段，我国经济面临巨大挑战，处在"三期叠加"阶段，即经济增速"换挡期"、结构调整"阵痛期"、前期刺激政策"消化期"叠加，对社会各个层面冲击极大，追求高速增长和规模扩张的粗放发展

方式难以为继,中国经济进入增长速度下行期。其本质就是由单纯数量增长转向以质量提升为主的结构增长新阶段,这是经济增长方式的根本性转换,是经济发展新常态的基本要求。由此可见,经济发展新常态是适应中国潜在经济增长率变化的结果。一般而言,决定潜在经济增长率的因素主要有技术与生产率、资源与资本增长率、人口结构与劳动供给以及自然生态环境的约束。中国潜在增长率下降,最核心的问题是中国人口结构发生了明显变化,劳动年龄人口的增长速度逐年减慢,而人口抚养比则由下降转为提高,不可避免地导致中国国民储蓄率趋于下降,使依靠投资主导的增长模式难以获得有效的资本供给。与此同时,技术进步又是一个周期较长的过程,技术创新供给不足。而且由于粗放式增长导致自然生态环境严重透支,自然再生产的增殖能力大幅度下降,已经无法支撑低质高速的增长。再加之资源及产业在区域间配置不均衡,极大地影响潜在生产率的充分发挥。这就意味着,新常态是经济发展变化所必然导致的供给面变化和政府政策取向主动适应潜在经济增长率变化的结果。目前我国的现实情况以及历史经验表明,中国经济在其自身潜在供给能力上实现7%~8%的增长,一般不会出现严重的就业压力和高通胀率,是一种符合经济周期运行规律的合理增长。

在世界经济进入全面转型时期,中国经济发展进入新常态的大背景下,湖南经济也进入了工业化中期以结构为主导的新增长阶段,结构优化已成为湖南经济能否实现持续健康发展的决定性因素。湖南发展在这个时期最突出的矛盾已经不是单纯的数量增加,而是在数量增长的基础上着力寻求经济质量和效率的全面提升。自"十一五"时期以来,湖南采取新型工业化带动战略,湖南经济社会发展进入快车道,反映经济总量的GDP已连续多年位列全国前十以内,经济结构也在不断提升。2014年全省地区生产总值达到27 048亿元,增长了9.5%,三次产业结构从2010年的14.5∶45.8∶39.7调整为11.6∶46.2∶42.2,六大高耗能行业增加值占规模工业的比重比2010年下降了3.6个百分点,七大战略性新兴产业增加值占GDP的比重提高1.9个百分点,高新技术产业增加值占规模工业的比重提高7.8个百分点。城镇化率达到49.28%,也比2010年提高5.98个百分点。另外,作为传统农业大省,湖南的工业化率已近40%,2014年全省以工业为主的第二产业对经济增长的贡献率达到47.5%,拉动全省地区生产总值增长4.51个百分点。[①] 这说明湖南已由一个传统的农业社会进入了工业社会,这是一个根本性的社会变革。而且伴随着工业化进程加快,整个湖南的经济结构、消费结构、技术结构、思想观念等都在发生变化,湖南已进入工业化中期的经济社会快速发展黄金期。但是,从总体上看湖南省新型工业化发展战略及其实践,是一种以要素投入为主的库兹涅茨总量增长模式,尽管这对湖南新型工业化的起飞和发展是一个必经的重要阶段,但总量扩张总是受资源、环境、资本等多

---

① 《湖南省2014年统计公报》。

种要素制约的，是有一定限度的。实际上在总量扩张的同时，湖南发展不充分、不全面、不协调、不持续的问题已经非常突出，很难适应我国经济发展新常态的新目标和新要求。这说明，湖南经济单纯追求数量增长和规模扩张的时代已成过去，调结构转方式已成必然，湖南已进入经济新常态下依靠结构优化实现经济增长的新阶段，创新驱动和结构升级已成为湖南能否实现持续健康发展的决定性因素。

二、新常态时期湖南发展的大逻辑关系

在我国经济发展进入结构调整的新常态时期，如何适应新常态，引领新常态，迈出新步伐。近期，以习近平同志为核心的党中央在提出重点实施"一带一路"、京津冀协同发展、长江经济带三大国家区域战略的基础上，又提出了"全面建成小康社会、全面深化改革、全面依法治国、全面从严治党"的四大战略布局。这是我国"十三五"发展的基本指导思想和主要任务。在这样一个新的发展大格局下，湖南"十三五"发展面临新的形势、新的要求和新的机遇。如何抓住抓准抓好这个极为重要的战略机遇期，充分发挥湖南省"一带一部"新区位优势，着力推进湖南在新常态下全面融入长江经济带建设并紧密对接"一带一路"倡议，实现可持续有质量的快速发展，打造低碳化高密度经济的"长江脊梁"，建设内陆沿江、沿河、沿路开放高地，当前要深入研究和正确把握好以下四大逻辑关系。

（一）大湖经济与大江经济关系

这集中表现为湖南打造通江达海黄金水道体系与全域融入长江经济带建设的关系。随着工业化的发展，以大江大河大湖沿岸沿线城市经济为支撑点，以沿岸水陆交通物流体系为基础和纽带，推动沿岸沿线经济综合发展为使命的流域经济开放开发，是当代世界经济发展的重要趋势。密西西比河流域的发展推动了美国崛起，莱茵河流域发展促进了法国、德国和荷兰的繁荣。因此，我国依托长江黄金水道，高起点高水平建设综合交通运输体系，推动长江流域经济的大发展，将成为新常态下实现中国经济持续快速增长的重要支撑。

长江是中国第一、世界第三大河流，目前长江干线货运量约 20 亿吨，位居全球内河第一，分别为密西西比河、莱茵河的 4 倍和 10 倍。长江经济带覆盖上海、江苏、浙江、安徽、江西、湖北、湖南、重庆、四川、云南、贵州 11 个省市，既包括中国农业、工业、商业、文化教育和科学技术等方面最发达的地区，也连接着中国十分贫困的地区，总面积约 205 万平方公里，人口和生产总值均超过全国的 40%。世界发展历史表明，从沿海起步先行、溯内河向纵深腹地梯度发展，是世界经济史上一个重要规律，也是许多发达国家在现代化进程中的共同经历。长江横贯东中西，连接东部沿海和广袤的内陆，依托黄金水道打造新的经济带，有独特的优势和巨

大的潜力。建设长江经济带，是党中央、国务院审时度势，谋划中国经济新棋局作出的既利当前又惠长远的重大战略决策。其主要任务是提升长江黄金水道功能，建设综合立体交通走廊，创新驱动促进产业转型升级，全面推进新型城镇化，培育全方位对外开放新优势，建设绿色生态廊道，创新区域协调发展体制机制。这对于有效扩大内需、促进经济稳定增长、调整区域结构、实现中国经济升级具有重要意义。

湖南地处长江经济带中游，有 163 公里长江岸线资源，并以岳阳为湖南对接长江中游的"桥头堡"。在长江经济带 11 个省市中，湖南 GDP 排第 5 位、人均 GDP 排第 6 位；按 2014 年价格计算，改革开放以来 GDP 增长速度排第 7 位，近 5 年 GDP 增长速度排第 5 位、人均 GDP 增长速度排第 6 位。因此，湖南在长江经济带中扮演着"大腹地"和"硬脊梁"的重要角色，是长江经济带深入推进新型工业化的重要力量和扩大开放的重要阵地。而且湖南的城镇化对长江经济带人口城市化也将产生重大影响。作为长江水系重要组成部分的洞庭湖跨湘鄂两省，直接连接湘资沅澧四水贯通长江，流域湖南全省，其突出特点是江湖联结、交汇与缓冲。对于湖南来说，目前的这种江湖关系实际上是国家战略层面的洞庭湖生态经济区建设与全面融入长江经济带建设的关系，这对湖南发展的全局是至关重要的。从目前的现实情况分析，洞庭湖生态经济区与长江经济带的关系主要包括外江湖关系和内江湖关系两个层面。

一是外江湖关系是长江与洞庭湖的关系。长江同洞庭湖是一体的，洞庭湖是长江不可或缺的重要组成部分。洞庭湖位于湖南省北部、长江中游南岸，是我国第二大淡水湖，也是长江中下游重要的调蓄湖泊，北纳长江分支松滋、太平、藕池、调弦（1958 年堵塞）四口，南接湖南湘、资、沅、澧四水，东接汨罗江和新墙河，江河来水进入洞庭湖后经湖泊调蓄，由城陵矶注入长江。所以，洞庭湖是长江之肾，对于天然行洪、蓄洪和泄洪，保护长江中游地区的防洪安全和长江流域的生态安全发挥了重大的作用。同时，长江来水也是支撑洞庭湖区物质生产和居民生活的战略资源，是湖区发展不可替代的客观条件，是建设洞庭湖生态经济区的生命线。

但举世瞩目的三峡工程建成蓄水发电以来，历史形成的洞庭湖与长江之间旧的平衡被打破，传统的江湖关系（尤其是洞庭湖的调蓄功能）发生了新的重大变化，一个基本的事实是受三峡水库蓄水及清水下泄河道冲刷影响，干流水位下降，加之三口洪道淤积，减少了三口洪道的分流作用，导致长江来水大幅减少，洞庭湖由以往的水患变为水旱，出现经常性的干旱枯水危机。据湖南省水利厅提供的三口水系变化的数据，淞滋河东支沙道观 2002 年以前平均断流 150 天，而三峡工程正常运行后的 2003～2007 年平均断流骤增至 205 天；虎渡河弥陀寺断流由 2002 年前的 127 天增加到 155 天，而南闸以下一般断流时间达到 280 天以上；藕池河西支进康家岗断流由 241 天增加到 255 天，其中 2006 年断流长达 338 天，是有记载以来最长断流记录。洞庭湖区是湖南最重要的商品粮主产区，但由于缺水干旱，南县、华容、安乡等地区出现大面积灌溉困难，导致农作物改种甚至绝收，这在洞庭湖历史上极其罕见。由于洞庭湖蓄水量减少,湖水体自净能力降低,使洞庭湖区部分地区目前内河水体富营养化、干涸现象十分普遍。这不仅容易发生突发性的环境污染事件,而且导致了湖区居民饮水不安全。所以,解决好长江来水的问题,从根本上解除目前洞庭湖区的干旱枯水危机,是国家级洞庭湖生态经济区建设的命脉,同时也是长江经济带建设的重要条件。

此外,长江与洞庭湖的关系还有一个如何发挥岳阳"桥头堡"作用的问题。岳阳港作为连接湖南长江黄金水道的枢纽,扼湘、资、沅、澧、洞庭湖与长江交汇之咽喉,已逐步发展成为以能源、原材料、外贸物资、粮食、纸品、化工、建材等物资为主,水陆中转,兼有客运旅游等多功能综合性外向型港口,年完成货物吞吐量超亿吨,居"湖南第一港位置",列全国 28 个主要内河港口第 7 位,是湖南省唯一的长江对外口岸,也是国家一类开放口岸。在发挥长江黄金水道功能,建设立体交通过程中岳阳港口城市功能发挥着不可替代的重要作用,是湖南融入长江经济带的关键节点。港口城市功能发挥将影响湖南在长江经济带中的地位。根据国家相关规划,长江经济带建设黄金水道,需要形成立体、综合、密集的交通网,满足运输便利性和可靠性需要,实现不同交通方式之间良好配合。与国家立体交通网络规划相比,湖南水运基础设施落后,洞庭湖枯水危机频发,内河经济航道短,航道吨级水平不高,航道通航能力不足,目前可满足经济性标准的三级以上航道比重仅占全省通航总里程的 5.8% 。而且铁路网络与公路网络与水路网络衔接不到位,交通线密度和可靠性不足,基础设施完善程度与国家长江立体交通网络规划的区域经济一体化之间还存在较大差距。2013 年,湖南铁路营业里程密度排名全国第 19,铁路货运周转量排全国第 9 位;内河航道里程密度排全国第 4,但水运货运周转量只排全国第 14 位;公路密度排全国第 9,公路的货运周转量排全国第 8。湖南公路运输在地区经济中发挥主导作用,而水运在综合交通运输中地位与作用比较薄弱,再加之岳阳港自身港口基础设施薄弱,港口通过能力不足,这就极大地制约了岳阳港通江达海水运枢纽作用的发挥和大容量产业的集群发展,以岳阳为代表的港口城市在湖南经济中影响较小,2013 年岳阳市 GDP 仅全省 GDP 的 9.9% ,洞庭湖经济区GDP 占全省 GDP 的 22.8% ,还低于长沙市占全省 GDP 比重 29.3% ,岳阳和洞庭湖经济区的经济实力,与岳阳作为洞庭湖区域经济核心和洞庭湖经济区作为湖南长江流域港口城市群的发展要求相比,经济总量和对外开放重要窗口功能发挥都存在较大差距。当然,这同时也是发展的潜力。据此分析,以岳阳及城陵矶港为龙头,建设好以港口码头为重点水运设施和高吨级水路网络,发挥湖南长江黄金水道功能,建设通江达海的大物流体系,这是湖南对接长江经济带的关键。

二是内江湖关系是洞庭湖与湘、资、沅、澧四水的关系,实际上是湖南全域通过洞庭湖融入长江经济带建设的问题。湖南整体融入长江经济带建设存在"线、湖、域"的三环关系,即湖南境内 163 公里长江岸线和洞庭湖通过内河航道联结湘、资、沅、澧四水流域的问题。在这里，长江岸线一体两面，既是长江在湖南境内重要的码头港口资源，可布局大交通物流和大环境容量产业，且又是洞庭湖与长江联结的纽带，而洞庭湖则是四水与长江联通的枢纽，决定着湖南全域对接长江经济带的功效。所以长江岸线和洞庭湖体是一个地理整体，是长江经济带在湖南的重要支撑平台，也是两大国家战略区的交集域，具有"大交通、大港口、大容量"的经济地理优势和国家战略区叠加的宏观政策优势，同时又具有联通省内湘、资、沅、澧四水流域的大平台优势。

湖南河网纵横，几乎全为洞庭湖水系，长度5公里以上的河流5 341条，尤以湘江、资江、沅水和澧水四条河流水系为最大，链接了全省80%的县市。其中源自广西东北部海洋山西麓的湘江全长856公里，流经湖南省永州市、衡阳市、株洲市、湘潭市、长沙市，至岳阳市的湘阴县注入长江水系的洞庭湖，流域面积94 660平方公里，为湖南流量最大、经济价值最高、流域最广的河流。在湖南，湘江流域人口最稠密、城市化水平最高、经济社会文化最发达，整个流域地区生产总值占全省的60%以上，地方财政收入占全省的50%。而这其中长沙的地区生产总值和财政收入又占整个流域的一半以上。湘江流域是湖南重要的农林牧渔生产基地和工业文明的发源地。工业历史悠久，特别是有色金属工业已有上千年历史，到21世纪初已形成了以工程机械、轨道交通、汽车、化工、有色金属冶炼、电子信息、生物医药和现代服务业等为主的特色产业集群，其工业总产值占全省的70%以上。湘江流域还集中了优势科教文卫资源，约占全省的60%。基于此，洞庭湖带四水的内江湖关系，其重中之重是洞庭湖与湘江的关系，其核心又是作为长江岸线的港口城市岳阳与湖南核心增长极长株潭城市群的直接联姻，实现长江经济带与京广经济带（联京津冀）的交汇联通。这里的一个重大战略谋局是，在建设长江经济带，构建沿海与中西部地区相互支撑、良性互动的新棋局，实现长三角地区、长江中游城市群和成渝经济区三个"板块"的产业和基础设施连接集聚发展中，提升湖南长株潭城市群的战略地位和竞力。以长江中游城市群中的武汉城市圈同长株潭城市群的比较，2013年武汉城市圈地区生产总值达到14 956亿元，而长株潭城市群只有10 539亿元，只占武汉城市圈总量的70.83%，其经济实力和竞争力明显弱小。而湖南省东轴线三大经济圈地区生产总值达到21 802亿元，超过武汉城市圈总量的45.77%，其比值由0.7：1提高到1.45：1。其中处于长江经济带结点的北端洞庭湖生态经济区与长株潭城市群的地区生产总值达到16 839亿元，大于武汉城市圈总量的12.59%。① 总之，无论从湖南东轴线大经济区总量来比较还是从东轴线中北端地区总量来比较都大于武汉城市圈总量，其在长江中游城市群中的战略地位将大幅度提高。同时，这也多倍数地强化了对江西昌九一体经济区（2013年经济

---

① 《湖南省2013年统计公报》

总量4 900亿元）的极化力，实现对长三角地区跳跃式高位承接与融合，更充分地发挥结合部功能。

综上所述，对于湖南来说，大湖经济与大江经济的关系在当前就是国家战略层面的洞庭湖生态经济区建设与湖南全面融入长江经济带建设的关系，特别是国家全力打造长江黄金水运的大通道，这对湖南发展来说是事关全局的新战略机遇。湖南163公里长江岸线和洞庭湖体是长江经济带在湖南的重要支撑，具有联通省内湘、资、沅、澧四水流域的大平台优势，其重中之重是长江岸线港口城市岳阳与核心增长极长株潭城市群的直接联姻，推进长江经济带与京广经济带（联京津冀）的交汇联通，实现"大交通、大港口、大容量"新经济地理同"大产业、大园区、大增长极"现代生产力优势互补重组，打造湖南的超级产业集群。目前在"后三峡"时代，长江与洞庭湖地理关系还有一个重大现实问题，这就是必须解决好长江来水和洞庭湖保水的问题，从根本上解除目前洞庭湖区的干枯危机和四水航道吨级水位偏低问题，发挥湖南长江黄金水道功能，建设通江达海的大物流体系，这是洞庭湖生态经济区建设的命脉，也是长江经济带建设的关键。

（二）国家三大顶层战略与湖南"一带一部"关系

这集中表现为我国经济地理重组与湖南重要增长极互联互通大格局的关系。当前全球经济仍然疲弱，中国经济下行压力骤增，面对如此巨大的压力和矛盾，以习近平同志为核心的党中央以沉着的战略定力，及时擘画"一带一路"、京津冀协同发展与长江经济带三大战略，强势撬动新的增长版块和空间，为中国乃至周边国家带来全新的带状机遇。改革开放以来，中国经济发展经历了由点到面，进而点面结合的发展过程，先后实施了沿海经济特区大开放、西部大开发、振兴东北老工业基地和中部崛起等四大板块的区域发展战略，激发了中央地方两个积极性，为中国经济的持续高速发展注入了强大的动力。然而，随着国内国际形势的变化，中国进入经济发展新常态，以往那种"自扫门前雪"式的块状式发展模式对缩小地区及城乡差别、合理配置以及充分利用资源已显现出很大局限。而且全国分四个大板块分割式发展，面积大、类型多、差异大，齐头并进的推进难度大、时间长。所以，中国亟待升级既有战略，突出重点、集中力量、集中项目、联线联动、牵动全局，打破块状发展模式造成的地区封锁和利益藩篱，在国际（尤其是周边国家及地区）和国内两个层面上实现区域协同发展，这便是中央将"一带一路"、京津冀协同发展与长江经济带并列为国家三大战略的重要背景。

在三大国家战略之中，"一带一路"是中国经济发展的一个重大战略性选择，它突破了原有区域政策甚至区域研究囿于国内的局限，强调国内外联动，在更大的经济发展空间格局内，调动国际国内两个市场两种资源。京津冀协同发展、长江经济带与"一带一路"均有空间上的交叠，前者地处政治文化中心，国土面积约为

12 万平方公里，覆盖人口约 1 亿人。后者则横跨东中西三大区域，人口和生产总值超过全国的 40%，具有独特优势和巨大发展潜力。可以说，这三大战略的联动实施，有望盘活中国全境与周边，乃至"一带一路"沿线国家经济协同发展的"一盘棋"。进一步来看，三大国家战略绝不仅是简单地解决区域协同发展问题，而是以市场为基础，从更高的层次、更广的空间，构建跨区域大交通、大流通、大市场，进一步扩大对外开放，推动东中西部、沿海与内地、国内与国外联动发展，促进资源的优化配置和要素的自由流动，推动中国经济发展实现新跨越。因此，"三大国家战略"必将成为引领中国经济发展新常态的最强大动力之一。

　　基于上述分析，国家三大顶层战略与湖南"一带一部"关系的核心是以"一带一路"为统领，以京津冀协同发展和长江经济带等为着力点并以增长极领衔的国家区域协同发展"大棋局"同湖南空间经济"重要增长极体系"水陆双联双通的关系。2013 年 11 月习近平总书记来湘视察工作时提出湖南应发挥作为东部沿海地区和中西部地区过渡带、长江开放经济带和沿海开放经济带结合部的区位优势，抓住产业梯度转移和国家支持中西部地区发展的重大机遇，提高经济整体素质和竞争力，加快形成结构合理、方式优化、区域协调、城乡一体的发展新格局。研究认为，过渡带是指湖南作为发展中地区同沿海发达地区间产业与要素梯度转移的关联，呈现大过道、大容量、大承接的特征，打造沿海产业梯度转移的腹地，这一直是湖南区域经济发展的常态；而结合部则是国家提出长江经济带建设新战略后，处于长江中游的湖南具有了融合长江内陆流域开放带同沿海国际开放带的功能，具有大通道、大极化、大都市的特征，呈现出打造内陆沿江沿河开放高地的新常态。以前湖南只是立足中部崛起进行谋划，"一带一部"的提出，改变了湖南的战略坐标，将自然地理的过渡带与新经济地理的结合部整合为一体，进而把湖南放到了国家全方位纵深推进开放型经济的大战略中。所以，"一带一部"是党中央对湖南在我国深化改革和经济转型时期打造中国经济升级版大格局中的经济战略区位新定位，更是对湖南在新常态下依托长江建设中国经济新支撑带的经济发展地位新提升。总的来看，"一带一部"属于经济地理的性质，虽然湖南对于国家三大战略特别是"一带一路"倡议缺乏自然地理上的整体性交集，存在自然地理上间隔距离的局限。然而从自然地理转换到经济地理的视角来分析，国家以"一带一路"为引领的三大顶层区域战略与湖南"一带一部"则存在经济地理和经济空间的关系（即陆路水运交通的大联通），是经济发展新常态下国家经济"高速公路与连接线"的关系，如果没有"一带一部"这根经济地理空间"联接线"，湖南经济就无法全面对接和融入国家三大顶层战略。这里的关键词是新经济地理呈现的大交通与大增长极联接的湖南新空间经济版图。

　　第一，湖南过渡带与结合部经济地理战略新定位的内涵，集中体现为"融东促西"集聚发展的重要增长极。从区域经济发展理论上分析，过渡带是指介于两类不同经济社会发展水平区域之间且又同周边区域有着密切联系的经济区域，它的基本内涵是区域间的经济社会关系及其发展水平，反映区域间经济社会发展关系的过渡性，即发达地区与落后地区之间的生产要素、商品交易和产业转移的经济通道。这样，过渡带便具有传递性、吸纳性和集聚性三大机理性特征，其区位优势就是承接和吸收发达地区梯度转移的经济流（包括资本、技术、产业、产品和人才等）。过渡带的发展前期由于自身的经济发展能力不强，一般处于"过道效应"为主的低级状态；而到了发展的中后期过渡带地区经过了初步积累阶段其经济吸纳能力提高，这时就进入了以"集聚效应"为主的高级状态，形成了自身的经济增长极（经济中心），并产生了强势的极化效应和扩散效应。这个具有极化效应和扩散效应的经济中心就是结合部的形成。在这里，结合部不只是简单的接合，更深层次的要求是融合。这种融合具有广义的范围，既包括思想观念的融合，也包括人员、技术、企业、产业的融合，当然也包括区域空间的融合，一个地区的增长极（经济中心）就是通过极化效应和扩散效应（吐故纳新），使高质的人员、技术、企业、产业和资本在特定空间区域融为一体。这应该是结合部的原旨和真谛，对于过渡带地区来说也就是其发展中后期通过提高吸纳能力而形成生产要素的集聚。所以，具有融合功能的结合部是过渡带发展的高级状态。

湖南属于长江中游地区，南毗广东、通港澳台，东临江西、通苏沪杭，北连湖北、通江入海，西接川渝，通东南亚，有"沿海的内陆，内陆的前沿"之称，是我国东部与中西部两大经济地域的连接带，具有承东启西、贯通南北、辐射周边的重要中枢功能。改革开放初中期，湖南针对这种过渡地带发展战略的定位先后提出了"以开放对开放，以开放促开发，建立湘南改革开放过渡试验区"和"呼应两东（广东和浦东），开放带动，科教先导，兴工强农"等发展战略，着力承接珠三角地区的产业转移，总体上处于"过道效应"为主的低级阶段。2006年提出"一化三基"发展战略，突出了新型工业化的强势带动和建设"3+5"长株潭城市群，开始调整以往单纯的"过道与承接"的定位，更多地强化要素集聚和产业极化，在长株潭城市群打造了工程机械、汽车及零部件、电子信息与新材料、轨道交通设备和钢铁冶金等5个千亿级产业集群和4家千亿级产业园区，基本形成了湖南的核心增长极，推动湖南工业化快速进入工业化中期。但是，发展中的矛盾也比较突出，主要是传统产业的占比很高，区域间发展不平衡，经济质量和经济均量都排在全国后十位之内等，湖南经济的发展需要加快向高端集约化发展方式转变。而在新常态下党中央提出长江经济带建设的国家战略，湖南属于这个战略的一部分，这就为提升湖南发展方式提供了打造结合部的重大机遇。基于此，"一带一部"战略新定位的科学内涵就是湖南作为我国具有重要中枢功能的区域，应充分利用目前中等工业化水平的基础和长株潭城市群自主创新的极化能力，由以往"承东启西"的过道式状态全面进入"融东促西"的集聚式高级状态，培育引领湖南高端发展的重要增长极体系，打造内陆沿江沿河开放开发高地，以提高在长江开放经济带中的功能，进而全面融入沿海开放经济带和东部发达地区。总之，重要增长极是有效对接国家三大战略的主体平台和基本抓手。

第二，湖南"一带一部"增长极在经济空间上整体对接国家三大区地战略，以纵横联网的大交通基础条件为支撑。从空间经济学的视角分析，区域经济的集聚发展以至增长极的形成是根据市场潜力决定经济活动区位的理论原则，权衡经济规模报酬递增与产销运输成本的关系而不断发展的。因此，湖南省"一带一部"新定位的空间经济布局也是伴随我国交通运输体系的新变化而形成的。湖南处于全国沿海、沿江（长江）一级轴线与京广线、陇海—兰新线二级轴线的交叉影响范围内，由此这就决定了湖南省发挥过渡带与结合部区位优势的核心是要综合运用其特有的全国一、二级轴线地域资源包括交通道路、自然资源、地理位置、劳动力和产业聚集等优势要素，对经济地理的点、线（轴）、面等因素进行合理选择与组合，形成集聚发展的区域经济空间格局。

20 世纪 90 年代我国纵向通道优势远大于横向通道，特别是沪昆大通道尚未贯通，那时湖南的空间经济布局便一直按由北向南分东、中、西三条纵线通道布局，东线包括沿京广线（铁路、公路）的岳阳、长沙、株洲、湘潭、衡阳、郴州 6 市；中线包括沿洛湛铁路的常德、益阳、娄底、邵阳、永州 5 市；西线包括沿焦柳铁路的常德（石门）、张家界、吉首（湘西自治州）、怀化 3 市。实践表明，这种单纯突出自然地理条件的东、中、西纵向三线分散布局较好地发挥了东线承接南部珠江三角洲（简称"珠三角"）地区的过渡带功能，而对东部长三角地区的承接则很薄弱，结合部的融合功能没有发挥出来。此外，由于客观上我国东西向横轴大通道没有全面联结贯通而主观上过分强调自然地理的直接交集，严重忽视了东西向经济地理关系的构造，导致东、中、西三线之间缺乏交集，无法形成湖南省区域空间经济的网圈集聚格局，以至长期停留在点线分散发展的低级状态。同时还造成了湖南省东线发达地区（长株潭城市群增长极）难以对中、西线地区辐射带动，扩大了东、中、西三线地区的发展差距，很不利于区域协同发展。进入 21 世纪以来，我国铁路、公路和航空交通快速发展，基本形成了普通铁路八纵八横、高速铁路五纵五横十联新体系和国家高速公路 7918 网（由中心城市向外放射以及横贯东西、纵贯南北大通道，由 7 条首都放射线、9 条南北纵向线和 18 条东西横向线组成）的新交通版图，这样全面改变了湖南省东、中、西三线南北纵向分散布局旧格局，已具备条件运用京广线、包柳线、沪昆（成）线三大通道，形成湖南省南北东西中交集的"一纵二横"三大核心轴。中远期还将形成"三纵三横"大通道（"三纵"指南北向的京广线、洛湛线、焦柳线；"三横"指东西向的黔张常—常岳九线、沪昆线、湘桂线）。以上三大核心轴点线联接成网，形成新时期湖南空间经济结构的 4大域面，即长株潭、洞庭湖、大湘南、大湘西四大经济圈，在"一带一部"的贯通下，从地域的自然资源、经济技术条件和政府的宏观管理出发，组成具有内在联系的地域产业配置圈，对接国家三大区地战略。这里的关键点是要提高对交通运输通道的经济地理性质的认识和把握，充分运用交通运输大通道的经济地理优势置换自然地理弱势，由"过道效应"转化为"同城效应"，通过经济地理属性的"产业链及要素流"主动对接国家三大区域战略。这里一方面是南北向陆路大通道南向对接广东以及海上丝绸之路，北向对接武汉长江经济带枢纽城市和京津冀协同发展；另一方面也是更重要的方面，即东西向陆路和水路大通道的联通。湖南是长江经济带的腰部也是珠三角城市群的重要一角，而长江东联海上丝绸之路西通陆上的丝绸之路经济带。这样湖南一方面通过长江联通"一带一路"，另一方面通过京广与沪昆陆路大十字通道联通"一带一路"和京广经济带，而且通过湘桂线连接广西贯通中国—东盟海上丝绸之路，这就形成了新经济地理的水陆双联双通的大格局。

综上所述，"一带一部"战略新定位的科学内涵是湖南作为我国具有重要中枢功能的区域，应全面进入集聚式跨越发展新状态，培育重要增长极体系，打造内陆沿江沿河开放开发高地。从空间经济学理论分析，虽然湖南同国家三大区域战略特别是"一带一路"倡议存在自然地理间隔距离的局限。然而从新经济地理的视角来看，国家以"一带一路"为引领的三大顶层战略与湖南"一带一部"则存在以陆路水运交通大联通为纽带的经济地理关系即国家区域协同发展"大棋局"同湖南"重要增长极体系"的关联。所以，在经济发展新常态下湖南的高层决策层要提高对交通运输大通道的新经济地理性质的认识和把握，充分运用这种新经济地理优势置换传统自然地理弱势，由"过道效应"转化为"同城效应"，通过经济地理属性的"产业链及要素流"主动对接国家三大顶层的区域战略，推动新常态下湖南经济的跨越式健康发展。

（三）湖南与珠三角和长三角关系

这集中表现为发达地区间大走廊通道与湖南新经济地理结合部洼地功能的关系。珠三角和长三角地区是我国改革开放的两大前沿阵地，也是目前中国经济的两大发达地区。1979年党中央、国务院批准广东、福建在对外经济活动中实行"特殊政策、灵活措施"，并决定在深圳、珠海、厦门、汕头试办经济特区，福建省和广东省成为全国最早实行对外开放的省份之一。1984年4月，党中央和国务院决定进一步开放大连、秦皇岛、天津、烟台、青岛、连云港、南通、上海、宁波、温州、福州、广州、湛江、北海14个港口城市。从1985年起，又相继在长江三角洲、珠江三角洲、闽东南地区和环渤海地区开辟经济开放区。1988年4月第七届全国人民代表大会通过关于建立海南省经济特区的决议，建立了海南经济特区。1990年，党中央和国务院从中国经济发展的长远战略着眼，又作出了开发与开放上海浦东新区的决定。这样，在华南沿海地区和华东沿海地区形成了我国珠三角和长三角两大经济开放区。经过 30 多年的发展，对中国经济的赶超发展和中国的崛起作出了巨大贡献。

根据国务院批复的发展规划，珠江三角洲经济区范围以广东省的广州、深圳、珠海、佛山、江门、东莞、中山、惠州和肇庆市为主体，并将与港澳紧密合作的相关内容纳入规划。其战略定位为探索科学发展模式试验区、深化改革先行区、扩大开放的重要国际门户、世界先进制造业和现代服务业基地及全国重要的经济中心。2009 年，国务院决定将横琴岛纳入珠海经济特区范围，成为我国第三个国家级新区。从地理上看，珠三角位于我国东南沿海地带，地处珠江入海口，江海相通，同香港、澳门特区毗邻，靠近东南亚。珠江口地区优良港址众多，基本形成了以广州港、深圳港、珠海港为枢纽，其他中小港口相配合的珠江口大型综合港口群。该区域以仅占全国 0.57% 的国土面积创造了全国 9.33% 的国内生产总值，其区域地位在我国经济发展中举足轻重；长江三角洲经济区范围北起江苏徐州，南抵浙江温州，西至安徽合肥，东到海边，包括上海市、江苏省、浙江省以及安徽省的 5 市（合肥、马鞍山、芜湖、滁州、淮南），其战略定位为亚太地区重要的国际门户、全球重要的现代服务业和先进制造业中心、具有较强国际竞争力的世界级城市群。在地理上长三角位于我国东海岸线的中段，扼长江入东海的出海口，临江濒海，海陆兼备，集"黄金海岸"和"黄金水道"的区位优势于一体，优良港址众多，上海港、宁波港、乍浦港、舟山港、南京港、镇江港、南通港等组成中国最大的港口群。根据《长江三角洲地区区域规划》，该区域以占全国 2.1% 的陆地面积创造了全国 21.7% 的国内生产总值和 24.5% 的财政收入，已成为中国经济社会发展水平最高、综合实力最强、城镇体系完备的区域。[①]

湖南在自然地理上紧靠珠三角地区。所以，湖南对外开放承接产业转移以往一直是向南，主要对接粤港澳台地区。自 2007 年以来，郴州、永州、岳阳、益阳被商务部批准首批加工贸易梯度转移的重要承接地，长沙市获批全国服务外包基地城市，湘南承接产业转移示范区获批为第 4 个国家级产业承接示范区，湖南凭借这些历史机遇和毗邻南粤和近挨港澳的交通区位与资源优势，成为了中部地区承接东南沿海地区产业转移的理想区域。据湖南省统计局《简明信息网》2015 年统计分析，2014 年全省共实施内联引资项目 5 106 个，实际到位内资 3 300.79 亿元，比上年增长 14.5%。其中来自泛珠三角地区（除港澳地区）的内资 1 742.39 亿元，比上年增长 15.7%，占全省实际到位内资的 52.8%。实际到位来自长三角地区的内资 573.15 亿元，增长 8.0%，占比 17.4%。其绝对量珠三角地区引资是长三角地区的 3 倍多。又据湖南省商务厅统计，2009～2012 年，湖南省共承接产业转移项目 8 357 个，其中国际产业转移项目 1 512 个，区域产业转移项目 6 845 个，居中部地

---

① 《长江三角洲地区区域规划》。

区第一位。在区域产业转移项目中约有 70% 来自粤港澳台地区，其中港资约占 70%。以上数据表明，包括港澳台在内的泛珠三角是湖南省承接产业转移的主要来源地。这些年湖南承接产业转移来自长三角地区的约 20%，远远低于珠三角地区。但自上海浦东新区运行和上海世博会召开以来，湖南与长三角地区经贸往来的热度大幅升高，承接产业转移的东进趋势加快。已有一大批长三角地区的企业在湘投资兴业，湖南的装备制造、工程机械、钢铁、有色金属等产业的原材料进口和商品出口，都依托长江水道，通过江苏的港口出海。

根据以上情况总的分析，湖南同珠三角经济区与长三角经济区之间的关系，是这两个发达地区间大走廊联通的关系。与一般的中西部发展中地区与东部发达地区的过渡带关系有所不同，它更具有新经济地理结合部互通互融的洼地功能。

其一，珠三角与长三角地区产业经济结构转型升级各有特色，湖南应根据自身产业升级需要进行选择性的优势承接。从产业经济发展的历史比较，珠三角地区现代产业发展的历史基础比较薄弱，而长三角历史上就是我国工商产业最发达的地区，在改革开放中其制造业的发展一开始就跨越了单纯的来料加工生产模式，引来外资在本地"孵化"，形成了高层次的配套经济模式。这里我们运用"产业梯度系数"指标（由比较劳动生产率和区位商决定）比较两大区域内部各产业的排序状态，结果产业梯度系数大于 1 的优势产业，在珠三角地区是通信设备制造、皮毛制品、纸制品、金属制品、石油天然气开采、纺织服装、玩具生产等，而在长三角地区则是交通运装备制造、黑色金属加工、石油炼焦加工、化工纤维制品和化学制品、电热力生产等，近年现代服务业发展很快，其量比已超过了第二产业。这里可以看出长三角地区的产业结构水平明显高于珠三角地区。随着多年来经济的高速增长，沿海发达地区逐渐受到能源不足、资源紧张、环境压力、劳动力成本上升的困扰，产业集群以低成本为基础的聚集、政策优势和地理优势在弱化，促使其进行产业转型升级，为腾出空间和资源发展高新技术产业和现代服务业，对一般性和成熟型的制造业会大部分转移到内地。再从市场结构上来看，珠三角的发展模式是建立在与中国港澳以及东南亚市场紧密联系的外向型经济模式上，直接参与国际产业链的循环；而长三角则是开放型的经济模式，既与亚欧及其他国际市场紧密联系，又与国内市场紧密联系，在满足内需的同时也满足了外需。这里有一个国际市场与国内市场的选择和权衡。

再从湖南省湘南地区和长株潭地区的梯度系数分析来看，系数大于 1 的优势产业，湘南地区是矿山采矿业、包括有色金属、煤炭、非金属等采选和加工，另专用设备制造和印刷业也有一定优势。长株潭地区则是工程机械、汽车制造、轨道交通、电子信息、通用航空、新材料、移动互联网和工业设计等。20 世纪 90 年代湖南省工业化处于初级阶段，自身的吸纳能力不高且又急需引进资金和项目，所以从珠三角承接的产业大多为资源密集型、劳力密集型、产能转移型、市场成本推动型，比如蓝宁道加工贸易走廊，就是以劳力密集型企业为主的。承接产业转移对湖南经济的发展特别是促进湖南省落后地区工业化的起步发挥了重要作用，但同时也造成了环境和资源的破坏，污染相当严重。另外由于湖南同长三角地区没有直接毗邻的自然地理关系，且当时我国东西向交通尚未完全贯通，长江也没形成全流域一体化的综合运输体系，所以对长三角地区转移的产业承接较少。随着湖南省实施四化"两型"发展战略，并进入工业化的中期，经济结构开始由低端向中高端提升，再加之全国交通网络完善特别是沪昆大通道全线贯通，湖南省形成了东西南北十字大通道枢纽，而且长江经济带建设综合运输体系，这样在承接产业转移上应调整以往"南重东轻"的格局，在坚持承接珠三角产业转移为主的基础上，大幅度提高对长三角产业引进的力度，力争由目前20%左右的占比提高到40%左右。在结构安排上，鉴于国家"一带一路"倡议的实施，以大湘南为主对接珠三角的范围应扩大到整个华南地区包括港澳台地区，和广西对接东盟，直接联通湖南进入海上丝绸之路。创造优势环境，进一步提高对港澳台地区引资的强度和比重，引进更多技术含量高的项目和类似日本欧姆龙、德国西门子的国际企业，推进湖南产业和技术升级。所以，对接珠三角仍是湖南承接产业转移的重中之重。而对长三角产业和技术的引进要充分发挥长株潭岳地区科技、人才、信息、市场、现代产业平台和水陆空大通道及长沙高铁枢纽的优势，重点对接和复制上海自贸区，着力引进现代服务业和像上海大众汽车、华曙高科3D打印这样的高端制造产业链，做大做强智能化制造和现代服务业，打造内陆沿江沿河开放高地，全面融入长江经济带。

其二，深化湖南与珠三角和长三角经济区的关系，需要推进经济和行政体制创新，改单边承接为双边深度互动融合。按照产业梯度推移理论，发达地区产业及技术层次远高于落后地区，随着市场空间、要素成本以及产业生命周期等因素，高梯度地区就会把一般性产业或进入成熟甚至衰老阶段的产业沿着一定梯次向低梯度且具有比较成本优势的落后地区转移，客观上达到了两地的互利。湖南省20世纪90年代到21世纪初就处于这种状态，单边承接沿海地区的产业转移，基本上没有深度的互动。然而当落后地区通过一个时期的引进积累，经济发展水平相应提高，产业梯级逐步有了提升，并形成了若干优势产业或主导产业，特别是在工业化开始进中期时，就具有了在选择性承接发达地区产业转移的基础上进行双边深度互动的条件，或者叫作对发达地区的反梯度极化。湖南省工程机械和轨道交通、汽车制造以及移动互联网这几大主导产业的形成，就是同发达国家和地区双边深度互动和反梯度极化的结果。因此，湖南虽然同发达地区还存在较大的差距，但在对接珠三角和长三角地区产业转移方面已具备在某些中高端产业和技术方面进行双边深度互动的融合能力和基础设施条件。那么，如何进行这种双边的深度互动融合？一个现实有效的选择是改革现行的经济和行政体制，发展以产权融合为纽带的优势互补型与产业梯度转移型的"飞地经济"产业园。

"飞地经济"是指两个互相独立、经济发展存在差异的行政地区打破原有行政区划限制，通过跨空间的行政管理和经济开发，实现两地资源互补、经济协调发展的一种区域经济合作模式。"飞出地"和"飞入地"双方通过打破行政管辖关系，把甲地招入的资金和项目放到行政上隶属乙地的工业园区，利用财税分配、利润分享等一系列科学的利益机制，扩大两地合作广度，加深两地合作深度，从而实现互利共赢。湖南发展"飞地经济"应充分运用经济地理空间新优势条件，在县市级以产业梯度转移型为主，在省市级则以优势互补型为主，其重点是长株潭岳地区主要对接长三角地区的装备制造、化学制品和现代生产服务业进行优势合作，湘南等地区主要以电子信息、有色金属精深加工和医药生物产业等对接珠三角地区，突出技术转移的承接融合，形成湖南开放经济"腹地—洼地—飞地—高地"的大格局。

综上所述，湖南同珠三角经济区与长三角经济区是两个发达地区间大走廊联通的关系，具有新经济地理结合部互通互融的洼地功能。湖南在自然地理上紧靠珠三角地区，改革开放以来在区域产业转移项目中约有70%来自粤港澳台地区。随着我国纵横快速交通网络的建成，湖南省形成了东西南北十字大通道枢纽的经济地理优势，在承接产业转移的战略安排上应继续坚持以珠三角地区为主，并将对接范围扩大到整个华南地区包括港澳台地区、广西至东盟，直接联通海上丝绸之路。同时，通过融入长江经济带的建设，打造湖南沿江沿路开放经济高地，大幅度提高对长三角地区产业引进的力度，充分发挥长株潭岳地区科技、人才、信息、市场、现代产业平台和水陆空大通道及长沙高铁枢纽的优势，全面对接上海自贸区，重点引进现代生产服务业和高端装备制造产业链，打造内陆开放高地。在引进方式上改单边承接为双边深度互动融合，发展以产权融合为纽带的"飞地经济"产业园。

（四）市场化程度与社会治理创新关系

这集中表现为围绕市场化进行社会治理创新与重点发展中间性社会组织的关系。我国经济发展新常态本身就是市场经济规律的使然，而适应和引领新常态也要按照市场经济的要求和范式来进行。新经济地理理论也认为，交通畅达和贸易自由是实现经济集聚的必要条件。前文研究的三大关系主要是从生产要素组合的角度讨论新常态下湖南经济发展的新特点、新趋势、新思路，然而生产力的发展总是需要相应的生产关系来支撑和推进的。目前全国和湖南省的水陆空交通已基本互联互通成网，大交通格局已经形成，如果不在市场经济体制上进一步创新形成相应的大市场体系，如果经济的自由度低以至还存在地区封锁，那么生产要素及产品就还是不可能在全国以至全球流动，经济中心和产业集群都无法形成。长株潭地区这些年之所以发展得又快又好，能够形成湖南的核心增长极，与湖南省市场体系的不断完善是密不可分的，特别是通过市场开放引进外商和内资起到了极为重要的作用。仅2014年，长株潭地区就实施内联引资项目1 255个，实际到位内资1 084.90亿元，比上年增长14.9%，占湖南省实际到位内资的32.9%。总之，市场化是新常态下经济结构转型升级的前提，或者说市场化本身就是经济发展新常态的重要内涵。党的十八届三中全会决定提出：全面深化改革的总目标是完善和发展中国特色社会主义制度，推进国家治理体系和治理能力现代化。其核心问题是正确处理好政府和市场的关系，使市场在资源配置中起决定性作用和更好发挥政府作用。为什么要让市场发挥资源配置的决定作用？这是因为市场是一个大众创业、万众创新的社会性大平台，它具有客观性、公正性、开放性、竞争性和效益性。通常我们认为市场和市场经济是价格竞争、供求均衡和追求利润最大化，然而这只是市场经济的表层，或者说只是市场运行的表达形式。

其实，市场经济的本原就是城乡居民自主创业就业的民生经济，是生产经营者自主决策的民主经济，是通过提供最大化的消费者福利来实现商品价值的道德经济，是生产者、经营者和消费者严格遵循市场规则和秩序进行等价交换的法治经济，也是以提高效率和产品质量为根本途径实现生产者剩余最大化的效益经济。而市场经济这五个本原的要义就是"社会繁荣—市场规则—以人为本"，社会繁荣要求经济高效率增长与社会和谐稳定，这是社会发展的基本目标；市场规则是约束市场主体行为和进行社会资源有效配置的制度安排，追求各种生产要素使用的社会性、合理性、充分性、高效性；以人为本是经济活动的根本目的，人既是社会经济活动的行动主体，决定经济活动成效的高低，而经济活动最终又都是为了满足人生存与发展需要。现代市场的这些本质属性就形成了市场对社会资源配置起决定性作用的地位。所以市场化的程度越高，生产要素的聚集度和使用率就越高，这也就会直接影响新常态经济发展速度的高低与质量的优劣。例如，湖南这几年着力打造国内外市场体系，扩大经济的开放度，为经济的持续快速发展起到了十分重要的作用。根据湖南省第三次经济普查资料分析，2014 年全省实际利用外商直接投资102.7 亿美元，比上年增长17.9%。年内新引进 3 000 万美元以上外资项目 24 个，引进世界 500 强企业 3 家，截至 2014 年年末，在湘投资的世界 500 强企业 134 家。实际引进境内省外资金 3 300.8 亿元，增长 14.5%。其中，第一产业 104.6 亿元，增长 5.8%；第二产业 2 128.0 亿元，增长 13.4%；第三产业 1 068.1 亿元，增长17.6%。引进亿元以上境内省外项目 803 个，增长 18.3%；实际到位资金 1 655.3亿元，增长 30.4%。正是这种市场化的内联外引，使湖南在全国经济增长明显下行、基本建设投资大幅度压缩的情况下还保持了 9.5% 的经济高增速，比全国平均水平高出 2 个百分点，市场化的要素吸纳聚集功能作出了重要贡献。当然，市场是千千万万微观主体行为及其组织的整合，会不可避免地存在局部性与短期性的缺陷，也会存在因少数恶性竞争所导致的风险，所以为了弥补市场的这些不足就需发挥包括政府行为在内的社会治理的良性作用。往往是市场化的程度越高要求社会治理的水平就越高，社会治理方式必须适应这种新常态不断进行创新，以支持和促进市场更好地发挥资源配置的决定作用。

当前，以往那种政府与社会高度合一以及政府高度集权的社会管理模式，已经很不能适应市场经济发展的需要，在许多方面阻碍了市场作用的发挥，因此新常态下新湖南发展的一个重要的任务是要全面进行社会治理创新，实现由单一的行政集权方式向民主参与方式的根本转变，强化各种社会主体的民主意识、社会政策中的公正意识以及社会事务中的责任机制，从整体上提升社会总效率，满足各类人和各类组织各自的需要、实现各自的愿望。目前的首要任务是在改革政府行政审批制度，取消和下放中央和省级政府若干部门审批事项的基础上实现社会治理创新的四大转变，即由单一治理主体向多元治理主体转变，由政府、市场化组织、中间性组织、公民社会整体对社会公众负责，从而建立起多元主体以及与之相应的广泛的社会公共责任机制，维护市场健康而高效运行；由单一治理手段向多重治理手段转变，通过行政或借助市场手段以及社会动员的方式来提供公共产品和公共服务；社会治理主导理念从"利益"到"价值"的转变，把社会主义核心价值观融入社会治理的制度建设和治理实践工作中，形成科学有效的诉求表达机制、利益协调机制、矛盾调处机制、权益保障机制；治理关口从事后处置向事前和事中延伸的源头治理转变，保证决策符合客观实际，符合群众要求，符合国情、国力，以激发社会活力，促进经济社会发展。通过上述社会治理创新的四大转变，达到在政府改革行政审批制度后，仍能保证市场有序运行，保证市场规则得以遵循，保证市场化水平不断提高并更加充满活力。

综上所述，在深化经济体制改革过程中，市场化是社会民生和社会民主高度融合的一种经济社会现象和状态，是经济社会民众的自组织行为。从某种意义上说市场化本身就是激励和包容广大民众参与其中的社会治理过程。基于此，围绕市场化而进行的社会治理创新应该重点发展兼具科层组织和市场组织特有优势的中间性组织，如商会、协会、合作联社、企业集团、信息虚拟平台以及非政府组织等。这种中间性的社会组织介于政府与市场之间，既不是纯市场的依靠价格机制配置资源，也不是纯政府的依靠权力机制配置资源，而是在信息技术的支持下，包括企业在内的各市场主体之间基于其核心能力，建立在信用基础之上，以合作为目的，综合利用价格机制和权威机制配置资源，以保证市场有序运行和避免盲目行为的一种合约安排。这是在市场对社会资源配置起决定性作用的同时，更好发挥政府和社会治理作用的重要途径。

三、"第二种机会窗口"与湖南新优势

我国经济发展新常态实现经济转型和创新驱动为湖南实施"一带一部"发展战略，全面融入国家长江经济带建设提供了重大的战略机会窗口。从理论上来看，演化经济学家佩蕾丝和苏蒂根据历史经验，曾提出后发国家实现经济追赶的两种机会窗口理论：一种是当某种技术体系在发达国家趋于成熟后，发展中国家就具备了

劳动力成本低廉的比较优势，这种追赶方式被称之为"第一种机会窗口"。但在这种情况下，由于发达国家已经占据了技术创新的制高点，发展中国家无论怎样追赶，也难以缩小与发达国家的生产率和经济差距。由此，佩蕾丝和苏蒂认为对发展中国家经济追赶真正具有意义的，则是处于酝酿阶段的新技术革命所提供的"第二种机会窗口"。因为在这个阶段新技术刚刚兴起，其技术体系尚处于原创性的萌发期，科技知识大都处于公共领域并停留在实验室阶段，知识的意会性程度很低，而后发国家又没有"前工业结构惯性"的影响，在这时如果能够抓住机会窗口，发挥自身优势迅速进入新技术体系，就有可能把发达国家在早期新技术和科学基础的领先地位转移到本国，实现跳跃式发展。而在今天的信息化时代，我们认为，还有可能把两种"机会窗口"结合起来，在产品内生产环节横向分工的情况下，发展中国家在新兴产业的早期就可以模块化生产方式，把廉价劳动力优势加入到新产品的全球化价值链生产体系中，进而通过干中学全面掌握新技术体系和现代管理方式，最终实现赶超式的跨越发展。

改革开放以来，湖南充分发挥发展中地区劳动力和资源的比较优势，较好地把握住了"第一种机会窗口"，推进工业化的跨越发展，经济总量进入了全国前十位，由农业社会进入了工业社会，基本上打造出了一个工业化的新湖南。今天我国经济发展进入新常态，这是一个以技术和制度创新为动力的全面进行经济结构调整升级的大变革时代，全国性新经济地理重组与绿色技术及产业革命，又把发达地区和发展中地区拉到了同一个平台上，湖南在"十三五"正面临极为重要的"第二种机会窗口"，抓住这个不可逆的战略机会窗口，湖南就能打破传统发展的局限性，适应和引领新常态再创新辉煌，建成新型工业化、信息化、绿色化、城镇化和农业现代化同步发展的新湖南。如何把握和处理好这种关系，这里最为重要的是要深化认识客体机遇和主体优势，进行机与势的有效组合。

本书认为，"一带一部"新区位联通湖南四大国家战略区域，整体融入国家三大顶层战略，形成了分享国家高端整体发展战略机遇。经济发展新常态是一种全球性现象，国际金融危机结束了被称为"大稳定"的世界经济旧常态阶段。从 20 世纪 80 年代中期到 2007 年的 20 多年间，全球曾处于一个被经济学界称为"大稳定"的旧常态阶段，全球经济持续高速增长、低通胀率与低失业率并存，经济周期波动幅度较低。2007 年由美国次级按揭危机所引爆的全球性国际金融大危机，结束了大稳定的旧常态，使包括中国在内的全球经济进入了经济增长结构性减速与经济结构转型的新常态。在这个过程中面临很多风险和挑战，如降低债务率即去杠杆产生经济收缩，导致许多企业破产、员工失业、消费下降，阻碍经济发展，引发社会动荡；在经济普遍放缓、失业率攀升的背景下，不少国家推行贸易保护主义，严重影响国际贸易，使经济进一步收缩，甚至破坏全球治理机制，造成国际市场动荡等。在全球化条件下中国经济同全球经济是一体化的，全球经济新常态的风险必然会感染处于转型中的中国经济，给中国经济造成巨大压力。正是在这种经济危机频发的关口，中国政府科学运用经济高增长时期创造的基础设施和产能条件，调整以往地方性和局部性的国家战略思路，挖掘国内外空间经济的潜力，立足高端进行全国性资源的重新整合优配，以对抗全球风险，化解内疾沉疴，实现中国经济可持续健康发展。这就是党中央国务院在已有"东部沿海开放、开发大西北、中部崛起和东北振兴"四大区国家战略基础上进一步提出"一带一路""长江经济带建设"和"京津冀协同发展"三大新区域战略的最高国家意旨。

正是这三大国家顶层战略，才真正把湖南提升到了国家整体战略的大格局之中，给湖南带来了巨大的发展机遇，为建设新常态下的新湖南奠定了极好的客观基础和条件。综合以上研究的三大关系，这里最核心、最关键的国家整体战略机遇是以沪昆高铁为标志的我国东西向大通道全线贯通并与京广大通道交集在湖南形成东西南北大十字交通网络，且长沙成为"一带一路"结点城市，使湖南省与全国联网并贯通全球的"一带一部"区位及其优势已真正形成，这个意义之巨大对于湖南来说划时代的。通过"一带一部"把省内四个国家级战略的区域即长株潭城市群"两型"社会建设试验区、洞庭湖生态经济区、大湘南承接产业转移示范区和大湘西武陵山片区扶贫攻坚示范区全面联通进入国家高端整体战略。第一个高层次是洞庭湖、大湘南和大湘西分别联通进入长江经济带、海上丝绸之路和丝绸之路经济带，形成了岳阳、衡阳、郴州、怀化等一级结点城市或城市群，获得国家三大战略层面的发展机遇。第二个最高层次是长江开放经济带与沿海开放经济带结合通过湘江贯通长株潭城市群并与京广经济带交集，长株潭城市群直联岳阳，凭借水、陆、空全国性综合交通枢纽特别是长沙南中国高铁交汇中心的地位，成为国家三大顶层战略交集联通的中心区，建设具有世界级水平的多中心超级大都市区，使湖南在我国"联结南北不属南北、承东启西不是东西"的空心地位真正转换成我国沿江沿河沿路大开放大开发的经济中心，成为我国内陆开放开发的高地和中国经济新支撑带的重要组成部分。

正是由于在全国新经济地理重组和绿色技术产业革命的战略机遇期，湖南"一带一部"新区位同国家三大顶层战略联结，因而就具有了多地区多层级协同聚集发展新优势。集中表现在以下六个方面。

（一）新空间经济结构优势

湖南是一个内陆地区，在自然地理上不东不西，以往基本没有什么优势，在国家推出沿海开放战略并给予特殊政策时期，国内外的投资都涌向沿海地区，湖南是一个劳动力和实体资源流出的省份。而在新常态下，国家新的大交通格局形成以及长江经济带的建设，湖南由纵向通道为主转向水陆双联的纵横交集大十字通道网络。特别是近几年湖南高铁以总里程超过 1 000 公里在全国领先发展，给湖南发展带来革命性变化，引领湖南进入崭新的"高铁时代"。据《华夏时报》2014 年 9 月 20 日报道，湖南省除益阳、常德、张家界、湘西之外，其他 10 个地级市均通高铁，共设站点 21 个，高铁的空间覆盖率将达到 71%，在全省的人口受益率则接近 80%，远高于全国平均水平，覆盖地区的经济总量占到了全省近 90%，特别是长沙已成为"一带一路"结点城市。这种时空的大转换便形成了湖南"一带一部"的大流域、大通道、大枢纽、大市场与多中心地理的新定位，以往自然地理的中心空位转化成了我国新经济地理的中心区位。在新一轮的国家三大区域发展战略中，湖南省的这种空间经济结构的区位优势充分凸显出来了，这是其他地区都无法替代的。

（二）内陆大商圈市场优势

国家沿海开放向内陆延伸，实施沿河沿江开放战略，同时强调主要依靠内需带动，充分挖掘国内市场潜力带动中国经济转型升级和有速度有质量的发展。基于此，目前越来越多的国内外投资者已非常看重国内市场。理论和实践证明，产业空间布局有一个很重要的原则和取向是接近市场，这样才能获取产业发展的高商业价值。湖南是全国经济地理的中心区，也是国内市场半径最短的最佳中心区位，且交通条件良好，以湖南为中心的商圈市场规模庞大、增长潜力极为可观。湖南加上周边四省一市一区人口近 4 亿人，占全国的近 1/3；"3 小时高铁经济圈"覆盖的市场至少占全国总人口的一半，具有巨大的商圈辐射优势和产业投资的市场价值。上海大众之所以投资 120 亿元在长沙建设国内第 8 家工厂，规划年产 30 万台整车，预计实现年产值 1 500 亿元。就是因为在长沙布点可辐射周围 1 000 公里以内几亿人的消费量。[①] 所以，2012 年《福布斯》中文版发布的 2011 年中国中部 6 省商业城市排行榜中，长沙超过武汉位列中部之首。

（三）绿色科技自主创新优势

目前，湖南省自由创新水平明显提高，据《新湘评论》2014 年 19 期载文分析，湖南省的综合科技创新能力位于全国前 10 位、中部第 1 位。全省现有国家工程技术研究中心 14 个，省级工程技术研究中心 168 个；国家级重点实验室 12 个，省级重点实验室 125 个；国家认定企业技术中心 33 个；登记科技成果 953 项，获得国家科技进步奖励成果 20 项、国家技术发明奖励 3 项、国家自然科学奖 2 项；专利申请量 44 194 件，比上年增长 6.9%。其中，发明专利申请量 14 474 件，增长 21.2%；专利授权量 26 637 件，增长 9.2%。其中，发明专利授权量 4 160 件，增长 15.1%；高新技术产业增加值 5 147.5 亿元，增长 20.7%。特别是长株潭地区已成为湖南乃至全国的科技创新高地，全省超过 70% 的科研机构、创业创新平台

---

① 《湖南日报》2014 年 1 月 27 日。

和超过60%的高新技术企业汇聚于此，创造了超过70%的科研成果和超过60%的高新技术产业增加值。2011年美国总统奥巴马在一次国情咨文中提及的高铁机车牵引系统和"天河一号"巨型计算机这两项中国高科技产品都是在长株潭城市群研发成功的。近年来，发端于长株潭地区的炭/炭复合材料、世界最长臂架混凝土泵车、起重能力最强的履带起重机、世界最大功率的六轴电力机车、国内首台5兆瓦永磁直驱海上风力发电机、国内首台激光烧结3D打印机、8英寸IGBT（绝缘栅双极型晶体管）等，一批世界领先的科技成果不断涌现，形成了科技创新的"长株潭现象"。2014年长株潭获批国家自主创新示范区，为新常态下新湖南的新发展装上创新"超级引擎"。

（四）人才和人力资源优势

湖南是高端人才辈出和劳动力资源丰富的大省，2013年全省各类专业技术人员101.21万人比1988年增加20.98万人。其中自然科学技术人员11.52万人，社会及人文科学专技术人员89.68万人，从事R&D（research and development）活动人员为10.34万人。而且教育水平比较高，2013年全省普通本专科和普通中等学校在校学生为110.08万人和65.07万人，分别比1978年增加106.51万人和61.57万人；每万人口在校大学生人数为210.6人，比1978年增加203.6人。一般劳动力资源也比较充足。据2010年第六次人口普查显示，湖南劳动适龄人口4770.49万人，比第三次人口普查劳动适龄人口增加1471.06万人；劳动适龄人口占全省总人口的比重从1982年的61.09%提高到2010年的72.61%。人才是创新的母体，是创新的"智力矿藏"，湖南的人才和劳动力资源优势的发挥，是"十三五"实现高端创新发展的动力保障。

（五）高端产业集群发展优势

自2006年实施新型工业化带动战略以来，湖南省工业化发展进入快车道，2014年工业化的贡献率已超过50%，特别是高新技术产业发展较快，增长率达到27.8%，增幅比规模工业平均水平快18.2个百分点，其增加值占规模工业比重首次突破两位数水平达到10.3%，同比提高1.3个百分点。产业集约化发展有提升，2014年省级及以上产业园区规模工业增加值增长13.4%，增幅高于规模工业平均水平3.8个百分点，增加值总量占规模工业比重达59%，同比提升11.5个百分点。尤其是湖南装备制造业很有产业特色和技术优势。中联重科、三一重工两家工程机械领军中国工程机械，短短十余年时间成长为世界品牌企业，不仅扭转了外国品牌占据国内90%市场份额的局面，还到世界各地去"攻城略地"。中联重科，近年来先后完成对英国保路捷、意大利CIFA、德国M-TEC的国际并购。2012年三一重工又一举收购了自己的"偶像"——德国"大象"公司。在技术领域，世界最长臂架泵车、世界起重量最大的轮式起重机、全球最大平头塔机等，不断刷新世界纪录。在装备制造业中湖南省的轨道交通装备在全球也占有一席之地，南车株机、衡阳特变、湘电集团、铁建重工等越来越多的企业，正在从"单台产品供应商"向"成套设备供应商"和"服务供应商"转变。目前湖南制造业通过自主创新和集成创新还拥有新能源汽车及汽车新品种、高档数控装备、大型冶金和矿山设备、航空装备等高新技术优势产业。并实现了大坡度斜井全断面硬岩掘进机、永磁同步牵引系统等系列重大技术突破，成为了湖南省装备制造业向高端挺进的强大引擎。此外，湖南的现代服务业也颇有优势，工业设计、工业软件、现代物流、文化创意、移动联网和文化生态旅游等在全国都具有较高地位。上述现代产业集聚集群发展的优势，为湖南在"十三五"基本完成工业化的历史任务，建设一个现代化的新湖南打下了十分厚实的基础，构筑了一个高起点的平台。

（六）生态环境及绿色资源优势

湖南属亚热带季风气候，四季分明，光热充足，降水丰沛，雨热同期，气候条件比较优越。既有大陆性气候的光温丰富特点，又有海洋性气候的雨水充沛、空气湿润特征，适宜人居和农作物、绿色植物生长。[①] 全省森林覆盖率为 56.1%，远高于全国平均水平。湖南省已批准的国家级生态示范区 36 个，已建各种类型、不同级别的自然保护区 105 个，总面积 119.66 万公顷，约占国土面积的 10.6%。全省山地、山原面积 16 273 万亩，占全省总面积的 51%；岗地 4 407 万亩，占总面积的 13.8%；平原 4 168 万亩，占总面积的 13.1%；水面 2 030 万亩，占总面积的 6.4%，其中洞庭湖及各水系天然水域面积 1 635 万亩、水库水面 223 万亩；耕地面积 5 682 万亩，占总面积的 17.6%。另外，全省还有天然草地面积 637.3 万公顷，约占全国草地总面积的 1.6%；林地面积 1 036.99 万公顷，约占全国森林总面积的 6.6%；各类矿种 138 种占全国矿种发现率的 76%；植物 5 000 多种，其中野生经济植物 1 000 多种、药用植物 800 多种；动物种类繁多，其中哺乳类有 82 种、鸟类 379 种、鱼类 168 种等。国土资源总量丰富，类型齐全，这为湖南因地制宜地发展现代农业、林业、牧业、渔业等生产，提供了有利条件，不仅能保障城乡居民生活资料的供给，满足轻工食品工业原材料的需要，实现全省扩大再生的平衡。更进一步，这为发展绿色的重化工业提供必要的土地和环境资源，同时这也为湖南省休闲旅游产业的大发展，实现产业结构的升级提供了优质资源。

综上所述，新常态下国家提出"一带一路"、长江经济带建设和京津冀协同发展三大顶层区域战略，给湖南带来了巨大的发展机遇。这里最核心、最关键的是水陆两横大通道的贯通即长江黄金水道综合运输体系建设和以沪昆高铁为标志的我国东西向大通道全线贯通并与京广大通道交集，在湖南形成东西南北水陆双联的大十

---

① 《2008 年湖南省环境统计公报》

字交通网络，长沙成为国家"一带一路"倡议的结点城市，使湖南省与全国联网并贯通全球的"一带一部"区位及其新空间经济结构优势与内陆大商圈市场优势真正形成，湖南进入了一个面向国际、纵横联动、多中心集聚创新发展的新时代。在"十三五"期间抓住了这个不可逆的战略机会窗口，湖南就能打破传统发展的"瓶颈"，适应和引领经济新常态，充分运用资源、人才、技术、产能和市场等各种生产要素，实现可持续的跨越式发展，全面建设新型工业化、信息化、绿色化、城镇化和农业现代化同步发展的新湖南。

四、"十三五"湖南经济战略定位及对策

经济发展新常态下我国已进入在资源节约和环境友好的多元地区中实现高端集聚式绿色发展的新阶段。从空间经济学的角度分析，一方面是因为全国综合交通互联互通大格局形成，使产能、产品和要素远距离流动成本大幅度降低，并可实现资源合理配置，为多地区经济均衡创造了条件；另一方面是现有的如珠三角和长三角这样的大经济中心因市场拥挤、产能过剩、成本上升产生了巨大的集聚离心力，必须转型升级并向有需求的新市场转移产能，这便形成了我国沿大江大河和陆路交通干线集聚发展的多中心地理新格局。正是在我国这个新趋势大棋局中湖南紧密对接全国纵横联动与经济高效的绿色空间经济新格局，进入了全国多中心地理的核心范围，构成了同全国和全球联通一体的湖南绿色空间经济新版图。

（一）湖南"十三五"发展战略定位

基于以上分析，湖南目前已进入国家战略叠加优势迸发期，全省长株潭城市群、洞庭湖、大湘南和大湘西四大经济圈全部上升为国家战略，这在全国都是绝无仅有的，而目前又与国家三大区域战略链接，尤其是长江经济带建设通过"一带一部"的区位联通四大经济圈，各层次经济要素聚合互补，势必形成巨大的国家战略叠加优势。因此，在"十三五"期间湖南应紧紧抓住我国这种绿色空间经济主导发展的重大机遇，深化资源节约和环境友好"两型"社会建设，充分利用湖南省进入"高铁时代"为标志的新经济地理优势，以技术和制度创新为动力，实施新经济地理飞鹰形黄金结构引领发展战略，发挥大通道、大枢纽、大市场的作用，培育和发展大产业链、大增长极、多中心大都市区，力争在"十三五"期末全省达到"三个基本"的目标，即基本建成新型工业化社会，基本建成"两型"社会，基本建成"全面小康社会"。为此建议，"十三五"湖南发展采取以下五大战略定位。

1. 国家空间经济新格局的战略要地。在高标准建设长株潭城市群"两型"社会并向湖南全省推广的基础上，发挥"一带一部"区位优势和湖南综合交通运输网络总规模25万公里的大通道功能作用，强化湖南5小时高铁经济圈覆盖全国2/3

以上区域的大枢纽优势，打造长株潭南中国最大的临空高铁快速交通体系，形成对省内外循环的 5 小时、2 小时、1 小时以内经济圈，把湖南建成我国中部最大的绿色综合交通枢纽，直接同国家"一带一路"、长江经济带建设和京津冀协同发展战略全方位贯通，同时充分发挥长沙"一带一路"结点城市的巨大优势，使湖南成为三大国家战略在中部交集汇通的要地，发挥国家整体战略布局的重要枢纽作用。

2. 国家长江经济带建设的重要支撑。充分发挥洞庭湖绿色化生态优势，全面启动后三峡时代洞庭湖行洪治涝治枯和引江济湖保水工程，提高洞庭湖调蓄长江洪水、维护湖体湿地生态和江湖水资源综合利用的能力，高标准建设江湖一体的大湖生态经济区，以岳阳及城陵矶港区为龙头，以湖南全省长江水系港口码头水运设施和高吨位级航道网络为载体，全面联通湘、资、沅、澧四水，推动岳阳港口城市与长株潭城市群核心增长极联姻，建设多中心大长沙都市区，强化湖南在长江经济带和长江中游城市群中的重要支撑作用。

3. 中国内陆沿江沿河沿路开放高地。高标准建设湘南国家级承接产业转移示范区、长沙市全国服务外包基地城市和衡阳、岳阳、湘潭综合保税区及郴州出口加工区，重点发展岳阳城陵矶港现代化立体口岸开放体系，开通岳阳城陵矶港对外直航航线和湘新欧货运班列，打造湖南省外贸货物通江达海的高效平台，以"一带一路"结点城市—长沙空港高铁江港一体化整合湘潭、岳阳、衡阳综保区，以文化创意、生产服务外包、城市综合体、供应链高速物流配送、跨境电子商务等为业态特色，申报中国湖南自由贸易区，建设国内外市场半径短且交通条件良好、信息网络发达、商业物流设施完善的国际大商圈。

4. 中国高技术自主创新示范引领区。发挥长株潭三个国家高新区科技智力密集的优势，按照具有全球影响力的创新创业中心的战略目标，以"创新驱动、产业集聚、军民融合、协同发展"的总体思路，以大众创新、共同创新、开放创新的创新模式，以提高自主创新能力和产业竞争力为核心，主攻原创性的低碳绿色技术如数字化装备制造技术、绿色环保产业技术、新能源产业技术、新材料产业技术，普及清洁低碳技术，培育发展新的增长点，建设国际一流的长株潭高新技术主创新示范区，促进湖南全省产业结构升级和发展方式转变，带动和催化中西部地区加快实现创新发展。

5. 世界级装备产业智能化制造基地。以长株潭国家自主创新示范区为数字化、网络化、智能化技术引领，以国家级产业园区和综合保税区为载体，以工程机械、盾构装备和轨道交通机械为支柱，整合汽车整车及配件、通用航空、高档数控装备、电机电工、工业机器人、3D 打印和工业设计等产业，完善智能制造技术创新体系和商业模式创新方式，推进企业主导的产学研协同创新，打造具有全球有竞争力的高端装备制造业集群基地，全面对接国家"一带一路"倡议，消化现实的庞大产能，实现湖南智能制造装备的全球化。

（二）湖南"十三五"发展新举措

以上五大战略定位，勾画出了湖南"十三五"发展目标性的核心意图和在全国发展格局中的战略地位。为了实施这个宏大的战略，全省上下都应该以强烈的机遇意识和风险意识，推动新的市场观念和时空观念的革命，打破原有固化的行政区划观念和板块分割观念，树立新经济地理观念和产业链集群观念，以全新的视角抓好以下五大战略突破口，采取新的举措，培育集群化、智能化、多极化、协同化、优质化、国际化的现代经济"黄金结构"。

1. 打造"飞鹰形结构"增长极。依据湖南省现有产业基础和"一带一部"优势区位，依托京广线、沪昆线、包柳线三大陆路纵横交集的大枢纽，长江、洞庭湖与湘资沅澧四水交汇的大通道、黄花机场与长沙南站高铁枢纽融通的大空港，实行水陆空立体联动，建设以长株潭城市群为首、以衡阳和岳阳为南北向两翼、以怀化为西向之尾的湖南"飞鹰形结构"核心增长极体系。全面贯通长株潭、洞庭湖、大湘南、大湘西四大经济圈，打造湖南现代产业经济升级版，使湖南整体性融入国家长江经济带建设和"一带一路"倡议。这里最为关键的战略举措是要连接长株潭与岳阳口岸城市，建设好多中心长沙大都市区。所谓都市区化是指大的人口核心区与其具有社会经济一体化倾向的邻接社区如县乡镇的组合，建设多元城市联结、城市乡村一体、工业农业融合的城镇群网络体系。实现城市与农村、农业与非农产业以及核心区与边缘区统筹发展。按照全国主体功能规划，处于武汉城市群和长株潭城市群中间的岳阳在长江"腰部"占有重要地位，是长株潭城市群的"腹地"和联结武汉城市群的枢纽，可弥补长株潭城市群在这方面的功能缺陷。所以，以湘阴作为接口把长株潭城市群与岳阳紧密连接组成功能性的都市化新区，形成现代大工业、大服务业、大资本、大市场的集聚中心，引领湖南全面融入长江经济带建设。同时，长岳新区通过"产业链网""交通链网"和"信息链网"三网联通全省县城、核心镇等基础结点城镇和各地级市中介结点城市群即"三结点三网链构架"，最终形成能释放巨大内需潜力、吸纳农业剩余劳动力就业、破解城乡二元结构、促进社会公平和共同富裕的湖南新型城镇化体系。

2. 推进绿色化洞庭湖区的建设。国务院批准《洞庭湖生态经济区规划》（以下简称《规划》），这是湖南省绿色化建设的一个里程碑，更是事关湖南能否全面融入国家长江经济带建设大战略的头等大事。"十三五"期间应采取强有力的工程性措施落实《规划》，在建设绿色化洞庭湖上见实际成效。为此，建议集中力量并争取中央支持主抓三大工程。

第一大工程是抓"引水控流"设施建设。长江经济带建设主题是水，这也是洞庭湖生态经济区建设的主题。如上文所述，"后三峡"时代长江水系发生了重大变化，洞庭湖出现了严重的枯水现象，因此"引江济湖""控湖出流"就成了建设绿色化洞庭湖和长江经济带的两大关键工程。"引江济湖"工程是解决长江分支松滋、太平、藕池、调弦（1958年堵塞）四口河系在枯水季节江水入流的问题。这里的核心工程是实施以松滋口建闸为重点的四口河系整治，提高松滋河过流能力，缓解四口洪道萎缩，增加枯水季节四口（实际三口）长江来水入流，同时对四口河系的主干河道进行疏浚扩宽，扩大其过流能力，对淤积严重的支汊串河建成河道型水库，以彻底解决枯水问题，确保重型态经济的发展。当然，松滋口建闸涉及湘鄂两省，需要力争国家立项支持。"控湖出流"工程是以畅洪控枯为运行原则，综合采取长江上游水库生态调度，引江济湖和控制洞庭湖出流等措施，恢复三峡工程运用前洞庭湖水位变化节律，以统筹洞庭湖生态保护，确保洞庭湖枯季的水面面积和湘、资、沅、澧四水航道水位，建设湖南省长江水系综合运输的黄金水道。这里的关键工程是在"十三五"期间要加快城陵矶水利综合枢纽工程可行性研究和申报工作，争取国家立项建设。

　　第二大工程是抓公路航道设施建设。公路运输是长江洞庭湖综合运输体系的重要组成部分，起着联结和沟通各种运输方式的作用。洞庭湖区的公路交通设施建设在"十三五"期间主要是稳步推进区内高速公路建设，按照区内成网，出口通畅的要求构建环洞庭湖"Φ"型环线十纵线的环湖高速公路架网，联结区内主要乡镇、重要景点、港口码头和交通枢纽，形成内外辐射、外通内畅的"环湖公路圈"，包括东洞庭环湖公路、南洞庭湖环湖公路、西洞庭湖环湖公路和北洞庭湖环湖公路之间的节点联通，以推进洞庭湖区的物流业和环湖旅游业大发展。水运设施建设主要是进行航道整治，拓展港口功能，大力提高洞庭湖联四水的运输能力。这里最关键的工程是加快湘江至城陵矶的航道整治和改扩，增加2 000吨级航道，同时还要推进沅水浦市至常德、澧水石门至茅草街、南茅运河、华容河、塞阳运河等的航道整治和阻碍航建筑物改扩建，加强港口建设，构建以岳阳港、长沙港为中心，湘阴、益阳、常德、津市等港口为基础的现代化港口体系。

　　第三大工程是抓国家公园体制创新。为发挥洞庭湖生态核心功能区的作用，保护好湖体水生态和湿生态，为长江中下游提供生态保障，为人类保护好"世界生物基因库"，建议在"十三五"期间向国家申报启动洞庭湖国家公园体制创新的改革。按照国际自然资源保护联盟（International Union for Consenation Nature，IUCN）的界定，国家公园是指一片比较广大的区域，有一个或多个生态系统，这里的物种具有科学的、教育的或游憩的特定作用，或者这里存在着具有高度美学价值的自然景观，很少受到人类占据及开发的影响。洞庭湖是我国第二大淡水湖，其自然资源和生态系统具有天然性、原始性、珍稀性、独特性和完整性，创办国家公园对建设大湖生态经济区的意义十分重大。初步设想，洞庭湖国家公园是以湖体为体，范围包括东洞庭湖、西洞庭湖、南洞庭湖以及三湖连接水道和"四水""四口"尾闾，总面积约4 000平方公里，基本达到保护江湖湿地生态系统完整性的要求。在管理体制上有两种选择，一是中央直管，成立洞庭湖公园管理局，直属中央管理，中央财政预算单列。二是由中央和湖南省共同管理。中央立法，财政单列，成立洞庭湖国家公园管理局，委托湖南省代管。无论选择哪种管理体制，都必须明确3点，一是洞庭湖国家公园必须而且只能由一个管理主体实行专门管理，不能分割切块、多个管理主体；二是国家公园只向一个上级主管部门负责，不能多头下达行政指令；三是必须由中央立法，中央财政单列，生态补偿和基础设施建设以国家投入为主。

3. 优化重点产业生产力布局。重点产业是一个国家和地区生产力发展的支柱与主导力量，因此重点产业布局的优化就能优化生产力的配置，提高生产要素空间配置效率，实现整个国民经济持续健康发展。湖南经过这些年工业化的推进，产业发展已有相当规模，而且分布比较宽散，"十三五"期间应突出抓集聚集群发展，对能影响湖南省生产力全局的重点产业布局要按照布局优化调整与主体功能区定位、控制能源消费总量、产业转移升级、国际产业分工相结合、优化增量发展和调整存量发展相结合的原则进行优化配置，在推进产业结构调整升级过程中，引导生产要素向更具竞争力的地区集中，加快形成一批具有较强国际竞争能力的先进制造业基地和专业特色鲜明、品牌形象突出、服务平台完备的现代产业集群。由于产业园区是地区增长极的核心载体和交通体系承载的商品流联结点，因此，优化产业生产力布局要对全省现纳入统计体系的141家产业园区进行重组定位，分类分工配套集群发展，通过共享资源和带动关联产业发展，有效地推动重点产业链形成，获取规模效益与协作效益，大幅度提高湖南省经济密度。为此，建议对全省产业园区分为"高新技术产业园区""先进制造业产业园区""工业加工业产业园区""现代服务业产业园区"四类进行分工配套集群式产业组合，做强产业链条，改变以往"归大堆"式的落后方式，打造专业化、特色化和规模化的产业园区。

主要参考文献

[1] 藤田昌久等著，梁琦译：《空间经济学——城市、区域与国际贸易》，中国人民大学出版社2005年第9版。

[2] 《国务院关于依托黄金水道推动长江经济带发展的指导意见》，2014年9月。

[3] 国家发改委：《长江中游城市群发展规划》，2015年4月。

[4] 湖南省统计局：《湖南"十二五"经济社会发展报告》，载于《决策咨询》2016年第17期。

[5] 湖南洞庭湖研究会：《洞庭湖发展论坛文集（1-5集）》，湖南大学出版社。

[6] 贾根良：《第三次工业革命与新型工业化道路的新思维——来自演化经济学和经济史的视角》，中国人民大学学报，2013年第2期。

第三章

重塑中部崛起空间新格局

——湖南立足"一带一部"新定位，打造中部崛起
重要增长极的思路与对策研究

成果简介： 本章内容为 2014 年湖南省社科基金重大委托项目（批准号 14WTA06），成果要报于 2014 年 8 月 4 日由《湖南宣传动态（社科成果要报）》第 7 期发表。课题负责人刘茂松教授参加了"湖南省'十三五'经济社会发展规划总体思路"专家咨询会议，主要就湖南创建重要增长极体系和产业集群升级战略提供了参考建议。本项目的主体成果《立足区域新定位、融入国家新战略，打造湖南"飞鹰形结构"增长极》，被湖南"十三五"规划采纳转化为"一核三极多点"的空间布局，同时还被遴选参加湖南省委宣传部和湖南省社会科学界联合会召开的全省"为改革攻坚献策"成果交流会暨第五届湖南省社会科学界学术年会作大会主题发言并获特等奖。《湖南日报》和《光明日报》分别摘要刊登大会发言，红网等多个网站进行了转发，产生了广泛的理论影响和社会影响，发挥了重要的决策参谋作用。

在全面深化改革和中国经济结构调整的关键时期，2013 年 11 月习近平总书记来湘视察工作时希望湖南发挥作为东部沿海地区和中西部地区过渡带、长江开放经济带和沿海开放经济带结合部的区位优势，这是党中央对湖南在我国经济中速增长阶段依托长江建设中国经济新支撑带的发展地位新提升，对湖南纵深推进改革和发展事业提出了新要求，灌注了新动力，意义十分重大。本章运用现代区域空间经济学和发展经济学理论，紧密联系中国经济转型和深化改革的新的历史背景，深入学习和研究习总书记视察重要讲话精神，从"大江、大湖、大通道引领发展"的区域空间经济思路，研究新时期湖南经济增长极体系，提出了"一带一部，融东促西；三轴四圈，纵横联动；五业兴湘，飞鹰结构；园区依托，链式集群"的湖南区域经济新版图设计及对策措施，以期促进湖南经济在全国经济转型并进入中速增长的结构性发展新阶段，实现可持续高质量的快速跨越发展。

一、"一带一部"空间经济学区位模型分析

空间经济学是在区位论的基础上发展起来的多门学科的总称。它研究的是空间的经济现象和规律，研究生产要素的空间布局和经济活动的空间区位。空间经济学的渊源可以追溯到德国传统的古典区位理论如杜能的"孤立国"理论和韦伯的"工业区位论"等。尽管区位理论历史长久，但由于空间问题的某些特征（指收益递增时的市场结构）使主流经济学的建模技术难以处理，因而一直未能纳入经济学主流。直到1977年美国的经济学家迪克西特和斯蒂格利茨在《美国经济评论》（*The Amercian Economic Review*）发表的文章中提出垄断竞争模型，提供了崭新的分析工具，掀起了经济研究中收益递增与不完全竞争的革命。而这场革命的第四波就是空间经济理论。1999年由麻省理工学院出版的《空间经济学：城市、区域与国际贸易》，是这场革命第四波即空间经济理论的标志性成果。它是三位国际著名经济学大家的合作结晶：日本京都大学的藤田昌久、美国普林斯顿大学的保罗·克鲁格曼和英国伦敦政治经济学院的安东尼·J. 维纳伯尔斯。最近几年，空间经济学已成为我国经济学界的一个热门。事实上，在当代经济全球化和区域经济一体化的背景下，经济活动的空间区位对经济发展和国际经济关系的重要作用在过去的十年中已经引起人们的高度重视，从而也赋予了空间经济学崭新的生命力。

空间经济学研究经济活动的空间差异，主要是解释现实中存在的各种经济活动的空间集中现象，其核心思想：一是经济系统内生循环累积因果决定经济活动的空间差异。追逐市场接近性优势的微观经济的主体的行为产生了聚集力，即价格指数效应和本地市场放大效应，这种前后联系具有循环累积因果特征，它们可以使对经济系统的初始冲击进一步放大，从而强化初始的冲击。聚集力的市场拥挤效应所产生的扩散力决定了最终经济活动的空间模式。二是经济系统的内生力量也可以促使经济活动的空间差异。聚集力和分散力随贸易成本的升降而变化，在空间贸易成本较大的情况下，分散力会相对大一些，这时市场拥挤效应占优势，而当空间贸易成本下降到某一临界值时，聚集力超过分散力，市场的接近性优势超过了市场拥挤劣势，均衡分布被打破，现代部门向某一区域集中，随之初始均衡分布结构演变为非均衡分布结构。三是空间经济具有区位粘性即"路径依赖"。一旦选择了某种产业分布模式或发展路径后，那么在较长的历史过程中，各种经济活动便会不断适应并紧紧地"粘上"这种模式或路径，要改变这种模式或路径需支付很大的成本。经济系统内生力量一般很难改变原有状态，此时外生的强冲击力，如某种政治事变，人们预期的变动或出台新的区域政策等将起重要作用。四是人们预期的变化对发展路径产生深刻影响。空间经济学告诉我们，人们将根据变化后的预期，选择不同的产业分布模式或发展路径。其选择的主要依据为有效性缘由，即每个个体都认为大

多数人选择的某种经济模式是有效的，在此每个个体也选择大多数人选择的经济模式。这样，人们预期的变化将把原有的经济系统推向另一种经济系统。五是产业聚集带来聚集租金，是产业集中的红利。当产业聚集区形成后，可流动要素能够得到集聚租金。在这里，聚集租金是贸易自由度的凹函数，当贸易自由度处于特定区间时，聚集租金大于零，贸易自由度取某一特定值时，聚集租金最大，而后随自由度的提高，聚集租金下降，显示为驼峰状。聚集租金的政策含义是，当产业聚集在某一区域形成稳定均衡时，经济政策的边际变动不会带来经济状况的变化。上述理论观点可主要归纳为空间区域性的区位模型，这是我们今天研究湖南"一带一部"区位优势定位的重要理论基础。

区域性的区位模型即 CP 模型是研究工业中心与农业外围的内在联系。它假设一个只有农业和制造业两个部门的经济，农业是完全竞争的、生产单一的同质产品，而制造业部门是垄断竞争的、供给大量的差异化产品，具有收益递增的特征；两个部门分别仅使用一种资源，这就是劳动力；农业雇佣劳动力要素不可流动，而制造业工人可以自由流动；农产品无运输成本，而制造品则存在"冰山成本"（iceberg cost）。经济的演化便可能导致"中心—外围"的格局：制造业"中心"和农业"外围"，其条件有三个：当运输成本足够低时；当制造业的差异产品种类足够多时；当制造业份额足够大时。较大的制造业份额意味着较大的前向关联和后向关联，它们是最大的集聚力。关键系数的微小变化会使经济发生波动，原先两个互相对称的地区发生转变，起初某个地区的微弱优势不断积累，最终使该地区变成产业集聚中心，另一个地区变成非产业化的外围。也就是说，经济演化使得对称均衡在分岔点上瓦解，区域性质发生突变。当然，"中心—外围"模式能够发生并不表示必然发生，即便发生是否可以维持也是有条件的。在一定条件下，一个地区形成的产业集聚可以自我维持，但在同等条件下，产业在两个地区的分布也可能是稳定的。这也表明真实世界中的空间地理结构要比想象的复杂得多。CP 模型从理论渊源上可以追溯到德国经济学家运用地租学说和比较成本学说创立的古典区位理论。1826 年冯·杜能（Von Thunen）撰写发表了巨著《孤立国同农业和国民经济的关系》（*The relationship between isolated countries and agriculture and the national economy*），提出了农业区位论。杜能设想了一个孤立于世界之外，四周为荒地所包围的孤立国，其中心是一个大城市，是孤立国制品的唯一供给者，而城市的食品则完全由四周的土地（一个农业大平原）供给。杜能以利润最大化为目标函数，得出这样的结论：为了利润最大化目标，农场生产的品种选择与经营方式的首要决定因素是距离，即生产地与市场的距离。当生产成本一定时，离中心城市越近，追加的运费越低；边际产量需偿付的越少，生产规模扩大的可能性就越大。继杜能的农业区位论之后，1909 年阿尔弗雷德·韦伯撰写发表了《工业区位论》（*Theory of the Location of Industries*）。在这部名著中，韦伯将影响工业区位的因素分为两类：

区域性因素和集聚因素。工业是如何布局于各个区域的，受区域性因素影响；而在工业区域内，厂商为什么集中于此地而非彼处，则受集聚因素影响。且集聚力又受技术发展、劳动力组织变化、市场化因素及经济环境因素影响，分散力则可归结为伴随工业集聚而带来的地租增长的影响。韦伯认为衡量工业最优规模的标准有两个，一个是单位产品的成本最低，一个是企业总利润最大，在考虑区位的情况下，用这两个标准确定的最优规模是不一致的，可见区位对最优规模决策的重要作用。韦伯用聚集经济来描述企业外部经济，并指出聚集能否产生效益，既取决于聚集的企业种类与结构，也取决于聚集的规模。

同时，区域性的区位模型也是空间经济学研究城市层级体系演化的理论工具。在单一地理中心中，由制造业集聚而形成孤立城市，四周被农业腹地包围。但当人口不断发展达到一定程度时，此时孤立城市中某些制造业会向城市外迁移，从而导致新城市的形成。人口的进一步增长又会生成更多的城市，然后继续向下发展。一旦城市的数量足够多，城市规模和城市间的距离在离心力和向心力的相对强度下将在某一固定水平稳定下来。如果经济中有大量规模各异和运输成本不同的行业，经济将形成层级结构。这种城市结构的未来趋势取决于"市场潜力"参数。经济演化的过程可看作是市场潜力与经济区位的共同作用，市场潜力决定经济活动的区位，而区位的变化进而重新描绘了市场潜力。当然，在市场潜力中自然地理对经济地理的作用不容忽视，如河流和港口的作用。一般来说，区位优势具有重要的催化作用：当一个新的中心出现时，一般会是在具有区位优势地区而不是在其他地区形成，而一旦中心形成，它便通过自我强化不断扩大规模，产生空间经济的自组织作用，最终形成以多极城市群为构架的大都市区。这种大都市区是在大城市或城市群基础之上的发展和提升，指随着产业规模的不断扩大，城市向市外郊区和腹地辐射拓展，形成由大、中、小城市圈、城市群、城市带组成的，具有强大极化力和辐射力的多极化、网络化、一体化的空间经济体系，其中发挥主轴功能的是经济密集度很强、经济影响力巨大的特大中心城市。这个大都市区经济系统通过经济互补、经济辐射、经济渗透、经济交流、经济密集，实现城市与农村、农业与非农产业以及中心区与外围区的统筹发展。根据世界城市联盟和加拿大科瑞澳公司对中国大都市区的一项研究表明，大都市区的形成和发展对中国现代经济的发展具有非常重要的意义：一是高效的大都市区是消费者密集的地方，可形成庞大的消费市场；二是大都市区拥有规模巨大的劳动力市场，劳动力有高度流动性，企业更容易降低成本；三是大都市区土地市场比较发达，为企业提供更多的区位选择机会；四是大都市区的各类市场高度融合，为企业提供更为充分的生产要素；五是大都市区是就业岗位最为集中的地区，就业岗位的选择和机会比其他地区要多；六是大都市区为居民生活提供更多的选择，能为各个阶层的居民提供更宽的居住选择面；七是从社会发展的角度来说，大都市区具有社会包容性，外来人口更容易在大都市区聚集，更加容易融入城市生活。此外，大都市区基础设施服务等公共服务实现规模效应的条件优越，特别是公共交通、环境保护以及区域性的基础设施更容易产生需求，大型港口、机场往往在大都市区产生。

当然，对于一个经济中心也即大都市区而言，最能发挥出市场潜力的最优集聚规模是由区位优势所形成的区域增长极。从区位模型的视角分析，增长极理论源于对区域经济发展非均衡规律的观察。最早由法国经济学家弗郎索瓦·佩鲁（Francois Perroux）于20世纪50年代初提出，他提出的增长极主要是建立在抽象的经济空间上。"经济空间"是指"存在于经济元素之间的经济关系"，从产业的角度来说，就是指产业关联的结构关系。他把经济空间看作力场，而位于这个力场中心起着"磁极"作用的推动型单元就可以描述为增长极。佩鲁强调主导产业部门的作用及其带动产业间的关联推动效应。20世纪60年代，法国经济学家布代维尔将视角转向经济空间的地域特征，认为增长极是主导推动型产业的空间集聚，他将增长极看成是一个具有高创新能力、高增长率、高影响力的中心区位，即增长中心。此后，对于经济增长极的发展可能带来区域经济不平衡发展的矛盾，德裔美籍发展经济学先驱A. Q. 赫尔希曼（A. Q. Hischman）针对性地提出了产业关联效应理论。他认为经济进步不会在所有地方同时出现，而一旦它在某一处出现，巨大的动力将使经济增长围绕最初的起点附近地域集中。他把"增长极"看成是极化空间或极化区域中的城市这一地理单元，把区域增长极对区域经济发展的影响描述为城市中心对周围腹地的带动影响。从这些分析可知，增长极理论的核心思想是：经济增长总是首先在少数区位条件优越的点上不断发展成为经济增长中心，当增长极发展到一定规模后，极化效应与扩散效应相互作用，推动整体经济发展。增长极的扩散效应是指各资源要素和经济活动主体通过一系列联动机制从增长极向周围腹地扩散并由此带动腹地经济发展的过程。扩散效应的实现就要求中心城市与周围腹地之间具有很强的经济联系。扩散效应主要有两方面功效：第一，基于自身进一步发展的需要，增长极需要对经济腹地进行时不时的"改造"，使其演变为从属于区域总体发展目标的和对自身发展更有帮助的地区；第二，为了追求新的发展，增长极有必要疏导或扩散一部分产业、要素以实现其更新换代。经济腹地在扩散效应中起着举足轻重的作用：首先，经济腹地的基础设施完备状况直接影响着扩散效果；其次，经济腹地的产业结构布局是否合理关系到对扩散的产业的承接能力；最后，经济腹地作为经济中心的工业产品的主要销售中心，其需求大小取决于自身经济发展的水平。扩散效应作用的结果加快了经济腹地的发展速度，缩小了区域发展差距，带动了大范围区域经济的增长，促进区域均衡协调发展。增长极的极化效应是指增长极利用优越的发展条件，通过迅速增长的推动性产业吸引和拉动区域资源要素和经济活动主体，促进自身的经济能量积累的过程。经济腹地在此效应中担任着原材料、劳动力等资源供给者，其资源的充沛直接影响着极化效应的作用，即经济腹地的基本要素能否在满足自身发展需要的同时还能供应经济中心发展的需要。极化效应使得增长极与周围腹地形成经济势差，促使和诱发资源要素向经济中心移动，进而使经济中心实力增加。极化效应具有自我强化的趋势，极化效应是扩散效应的前提和基础，增长极前期的极化效应发挥是很有必要和合理的，所拉开的差距也在合理的限度内，但要防范出现缪尔达尔提出的"回波效应"。所谓回波效应是通过极化作用的循环反复的累积，促使各种要素特别是资金、人才向增长极回流和聚集，产生一种扩大经济中心与经济腹地之间经济发展差距的运动趋势，对周围腹地的发展产生阻碍作用或不利影响。所以，增长极理论也非常强调外围腹地应充分利用自身优势，进行集聚化的大规模开发，培植自身经济增长点，提升经济结构层次，打破超稳定的"中心—外围"二元结构，实现赶超发展。这实际上是主张由一点到多点，形成多层次的增长极体系。

二、"一带一部，融东促西"的湖南新定位

区位既指该事物的位置，又指该事物与其他事物的空间的联系。所以区位条件是综合了自然和社会经济两大要素的结果。这样，过渡带就是指介于两类不同经济社会发展水平区域之间且又同周边区域有着密切联系的经济区域，它的基本内涵是区域间的经济社会关系及其发展水平，反映区域间经济社会发展关系的过渡性，即发达地区与落后地区之间的生产要素、商品交易和产业转移的经济通道。这样，过渡带便具有传递性、吸纳性和集聚性三大机理性特征，其区位优势就是能首先承接和吸收发达地区和落后地区的经济流（包括资本、技术、产业、产品和劳动力等）。过渡带的发展前期由于自身的经济发展能力不强，一般处于"传递中吸纳"的低级状态，进行生产力的初步积累；而到了发展的中后期过渡带地区经过了初步积累阶段其经济发展能力提高，这时就进入了"吸纳中集聚"的高级状态，形成了自身的经济增长极（经济中心），并产生了强势的极化效应和扩散效应。这个具有极化效应和扩散效应的经济中心就是结合部的形成。

本来结合部有两层意思：一层意思是指接合，两个不同区域或物体连接使合在一起，如城乡接合部的城市边缘地区，它侧重于外在事物的连接，其主要的内涵仍是过渡带的功能。另一层意思是融合，指人与人之间、事物与事物之间发生密切联系而合成一个整体，处于互相融合的状态。这种融合具有广义的范围，既包括思想观念的融合，也包括人员、技术、企业、产业的融合，当然也包括区域空间的融合，一个地区的增长极（经济中心）就是通过极化效应和扩散效应（吐故纳新），使高质的人员、技术、企业、产业和资本在特定空间区域融为一体。这应该是结合部的原旨和真谛，对于过渡带地区来说也就是其发展中后期的吸纳中集聚。所以，我们认为，具有融合功能的结合部是过渡带发展的高级状态。

　　湖南属于长江中游地区，南毗广东、通港澳台，东临江西、通苏沪杭，北连湖北、通江入海，西接川渝，通东南亚，有所谓"沿海的内陆，内陆的前沿"之称，是我国东部与中西部两大经济地域的连接带，具有承东启西、贯通南北、辐射周边的重要中枢功能。改革开放以来，湖南针对这种东西过渡地带发展战略的定位前后经历了两个大的阶段，2005 年以前先后提出了"以开放对开放，以开放促开发，建立湘南改革开放过渡试验区""放开南北两口，建设五区一廊，拓宽三条通道，加速西线开发"和"呼应两东（广东和浦东），开放带动，科教先导，兴工强农"三大发展战略，总体上都是强调湖南的"通道与承接"的一般性过渡带功能，处于"传递中吸纳"的低级状态阶段，而且发展的重点支柱产业和先导区域不突出，分散开放开发的问题明显。2006 年后提出"一化三基"和"四化两型"战略，突出了新型工业化的强势带动和建设"3＋5"长株潭城市群。这个阶段湖南的区位战略开始改变单纯的"通道与承接"的定位，更多地强化了要素集聚和产业极化，在"3＋5"长株潭城市群打造了工程机械、汽车及零部件、电子信息与新材料、轨道交通设备和钢铁冶金 5 个千亿级产业集群和长沙高新技术产业开发区、株洲高新技术产业开发区、长沙经济技术开发区、湘潭经济技术开发区 4 家千亿级园区，基本形成了湖南的核心增长极，推动湖南工业化快速进入工业化中期，湖南已由一个传统农业社会历史性地进入了现代工业社会，经济总量规模已远超两万亿元并进入全国前十位以内，同沿海发达地区的差距明显缩小。当然，发展中的矛盾也比较突出，主要是传统产业的占比很高，达到 60% 多，支柱产业相对单一，区域间发展不平衡，经济质量和经济均量都排在全国后十位之内。湖南经济由传统到现代、由粗放到集约正面临严峻挑战，需要全面的、彻底的转型发展。

　　正是在这种情况下，习近平总书记来湖南视察提出了发挥"一带一部"区位优势的重要指示。根据以上分析，这个新定位的科学内涵就是湖南作为我国具有重要中枢功能的过渡带区域，应充分利用目前中等工业化水平的基础和长株潭城市群的自主创极化能力，由以往"承东启西"的传递式低级状态全面进入"融东促西"的集聚式高级状态，实现对东部沿海地区和长江开放经济带现代经济要素的跳跃式承接与融合，改变单纯的"中心—边缘"结构，打造以长株潭城市群为首级的现代多核心构架增长极体系，在建设长江经济带以至实现长三角、长江中游城市群和成渝经济区三个"板块"产业和基础设施连接集聚发展中发挥重要的枢纽作用，带动湖南经济实现可持续跨越发展，为加快中部崛起作出贡献。

三、"三轴四圈，纵横联动"的地理新格局

　　湖南处于全国沿海、沿江（长江）一级轴线与京广线、陇海—兰新线二级轴线的交叉影响范围内，由此这就决定了湖南省发挥过渡带、结合部区位优势的核心

是要综合运用其特有的全国一、二级轴线地域资源包括交通道路、自然资源、地理位置、劳动力和产业聚集等优势要素，对经济地理的点、线（轴）、面等因素进行合理的选择与组合，形成集聚式发展的区域经济空间格局。

关于湖南区域经济空间布局，从 20 世纪 90 年代中期湖南省委省政府提出加快实小城镇和县域经济发展战略以后一直是按由北向南分东、中、西三条纵线区域布局的，东线包括沿京广线（铁路、公路）的岳阳、长沙、株洲、湘潭、衡阳、郴州 6 市；中线包括沿洛湛铁路的常德、益阳、娄底、邵阳、永州 5 市；西线包括沿焦柳铁路的常德石门、张家界、湘西吉首、怀化 4 市县。实践表明，这种东、中、西纵向三线分散布局突出了东线承接南部珠三角地区的通道型过渡带功能，而却严重忽视了对东部长三角地区的承接，结合部的融合功能没有充分发挥出来。此外，由于仅重视南北纵线布局而忽视东西横轴联结，导致东、中、西三线之间缺乏交集，无法形成湖南省区域经济的网圈集聚格局，以至长期停留在点线分散发展的低级状态。同时还造成了湖南省东线发达地区（长株潭）难以对中、西线地区辐射带动，扩大了东、中、西三线地区的发展差距，很不利于区域协调发展。

从空间经济学的视角分析，区域经济的集聚发展是根据市场潜力决定经济活动区位的理论原则，权衡经济规模报酬递增与产销运输成本的关系而不断发展的。因此，我们认为"一带一部"新定位的空间经济布局应根据我国交通运输体系的新变化，从纵横交集、点线连接、突出枢纽的新思路出发，构建"三轴四圈，纵横联动"的湖南空间经济新格局。

首先，根据我国普通铁路八纵八横、高速铁路五纵五横十联新体系和国家高速公路7918网（由中心城市向外放射以及横贯东西、纵贯南北大通道，由 7 条首都放射线、9 条南北纵向线和 18 条东西横向线组成）基本形成的新交通版图，全面改变湖南省东、中、西三线南北纵向分散布局旧格局，充分运用京广线、包柳线、沪昆（成）线三大通道，建构湖南省南北东西中交集的"一纵二横"三大核心轴，一是纵向超级轴沿京广大通道包括岳阳、长沙、株洲、湘潭、衡阳、郴州 6 市东线超级核心轴。与湖北省相比湖南省在该轴线具有十分明显的长度和区位优势，京广线湖南段有 612 公里，而湖北段只 318 公里，比湖南省要少近 300 公里，而且湖南省南端紧挨珠三角地区，直通粤港澳，且湖南省的发达地区都分布在这个轴线上，所以应进一步充分发挥超级纵向轴的空间优势，实现东南北互通互联互动互融，强势打造湖南省长江开放经济带和沿海开放经济带结合部高地。二是横向主轴沿沪昆（成）大通道的建成彻底改变了湖南无横轴线优势的历史。主要包括沿沪昆线铁路（整合原沪杭铁路、浙赣铁路、湘黔铁路、贵昆铁路四条铁路）、沪昆高速铁路和沪昆高速公路的株洲、长沙、湘潭、娄底、邵阳、怀化 6 市东西向核心轴，同京广线超级纵向轴交集，实现湖南省东西南北中五线连接。同时渝厦高铁建成后又联结了渝黔铁路、黔张常铁路、长益常铁路、长厦铁路等，不仅打通了湖南省的湘西、湘北地区，而且沪昆、渝厦和京广三大高铁在长沙交汇，使长沙形成了南中国高铁中心。这样湖南在南向深度对接珠三角地区的基础上，东向全面融入东部长三角地区并通过上海自贸区走向国际市场，西向对接成渝经济区并通过渝新欧国际货运通道进入丝绸之路经济带。三是横向副轴则是东西南向沿衡阳、永州、桂林、柳州到南宁的湘桂核心轴，东南向通过京广线和沪昆线联通珠三角和长三角地区，西南向贯通北部湾国际经济区，打通湖南省对接中国—东盟自由贸易区大通道。

其次，以上三大核心轴的点线连接成网，形成新时期湖南空间经济结构的四大域面，即长株潭、洞庭湖、大湘南、大湘西四大经济圈。所谓经济圈是指一定区域范围内的经济组织实体，主要从地域的自然资源、经济技术条件和政府的宏观管理出发，组成某种具有内在联系的地域产业配置圈。在发挥"一带一部"区位优势中，这四大经济圈的功能各有侧重：长株潭城市群是湖南省纵横三轴交集的中心，应建成中部地区的大都市区，着力发挥融东促西的结合部功能；洞庭湖是长株潭城市群和武汉城市圈的纵深腹地，应建成现代生态经济区，着力发挥长江经济带的枢纽功能；大湘南毗邻广东港澳珠三角地区，应建成承接沿海产业转移的基地，着力发挥通道集聚型的过渡带功能；大湘西是边缘型连片特困山区，应建成绿色经济与特色产业扶贫攻坚片区，着力发挥山区腹地生态保护区功能和湖南西向丝绸之路经济带通道功能。

最后，上述"三轴四圈"点、线、面交集的重心是沿京广大通的东轴线地区，京广线由北向南联通洞庭湖、长株潭和大湘南三大经济圈，并与东西向的沪昆线和湘桂线交接，联通大湘西和湘西南地区。这样，通过东轴线就可以构建湖南全方位的以水陆空综合交通运输线为载体的经济社会流体系，实现"江湖四水四圈"一体联动，全面跨入国家长江经济带建设的大棋局，成为中国经济新支撑带的重要组成部分。这里的一个重大战略谋局是，在建设长江经济带，构建沿海与中西部相互支撑、良性互动的新棋局，实现长三角、长江中游城市群和成渝经济区三个"板块"的产业和基础设施连接集聚发展中，提升湖南的战略地位和竞力。以长江中游城市群中的武汉城市圈同长株潭城市群的比较，2013 年武汉城市圈地区生产总值达到 14 956 亿元，而长株潭城市群只有 10 539 亿元，只占武汉城市圈总量的70.83%，其经济实力和竞争力明显弱小。而东轴线三大经济圈地区生产总值达到21 802 亿元，超过武汉城市圈总量的 45.77%，其比值由 0.7∶1 提高到 1.45∶1。其中处于长江经济带结点的北端洞庭湖生态经济区与长株潭城市群的地区生产总值达到 16 839 亿元，大于武汉城市圈总量的 12.59%。[①] 总之，无论从东轴线大经济区总量来比较还是从东轴线中北端地区总量来比较都大于武汉城市圈总量，其在长江中游城市群中的战略地位将大幅度得高。同时，这也多倍数地强化了对江西昌九

---

① 《湖南省 2013 年国民经济和社会发展统计公报》。

一体经济区（2013 年经济总量 4 900 亿元）的极化力，实现对长三角地区高位承接与融合，更充分地发挥结合部功能。所以，我们建议，全面调整目前由长沙市提出的局限于长沙河西先导区建设湘江新区的小思路，在南中国建设一个依托京广大通道与沪昆大通道交集的东轴线并以长株潭为中心跨行政区超级功能性新区，即湖南重要经济增长极聚集联网的"一带一部"先导区。

四、"五业兴湘，飞鹰结构" 的增长极体系

发展经济学认为，经济增长首先发生在增长极上，然后再向外扩散。因为增长极是围绕推进性的主导工业部门而组织的有活力的高度联合的一组产业，它不仅能迅速增长，而且能通过乘数效应推动其他部门的增长。所以应把少数区位条件好的地区和少数条件好的产业培育成经济增长极。增长极的构成涉及先导产业集聚、产业综合体形成、增长极与国民经济增长三个层面。可见，增长极是一个随着经济发展由点到面、由局部到整体依次递进和有机联系的系统。湖南的增长极发展在一般性过渡带的低级状态阶段是由单个相对强大的中心即长株潭城市群增长极与外围相对落后的地区组成的，地区间发展不平衡。现在已进入工业化中期多元化增长极体系阶段，经济发展要突出主导产业集聚和集群。基于这种学理审视和现实判断，我们提出，湖南在纵横联动的大通道、大港口、大枢纽、大都市区、大经济圈时代，要改变以往长株潭城市群单一增长极状况，依据湖南省现有产业基础和"一带一部"优势区位，建议重点选择以农产品深加工为主导的消费品工业（以食品、纺织、轻工和医药生物为主）、以智能化制造为主导的装备制造业（以工程机械、盾构装备、港口海工装备、汽车及零配件、轨道交通机械和电工电器为主）、以互联网+为主导的电子信息产业（以汽车轨道交通电子、电力电子、太阳能光伏、移动电子商务、消费类电子、工业机器人和 3D 打印等为主）、以经济服务化为主导的现代生产服务业（以现代物流、工业设计、信息服务、金融保险、商务咨询为主）、以创意经济为主导的文化及旅游业（以广电、出版、动漫、网购、旅游为主）5 大主导产业集群，以全省 127 家产业园区为依托，建设以"飞鹰结构"为引领的由基础层、中介层、高端层构成的现代增长极圈层体系。

（一）基础性产业集群增长点圈层

湖南全省县市区以工业产业园或工业集中区为载体，充分运用县域农林水产资源，以发展农产品精深加工的消费品工业为主，集聚成一定规模性发展的呈星点状分布的增长点圈层。这是承受重要增长极辐射的最后一公里腹地，具有重要的支撑和放大功能，是产城一体城镇化的基础结点。在工业化全面推进的过程中，县域经济是国民经济区域结构中重要的基础层次，是县层区城内国民经济各部门、各环

节、各层次和运行机制的总和。县域经济发展得好坏，直接关系我国真正实现经济发展方式的转变。我们知道，农业是县域经济的本原，因此，建设社会主义新农村就是县域经济最基本的任务。这里的基本问题就是建立工业化农业的生产体系，建设中国特色的现代农业产业体系，即进行工业与农业的产业整合，通过工业反哺农业来建设现代农业产业体系，这里特别是要发展以农业资源为原材料的消费品工业，拓展农业的产业链条，增加效益，增加就业，增加收入，实现城乡经济社会一体化。所以，县域经济既不是单一的农村经济也不是单一的城市经济，而是包容了农村和城市、农业和工业及服务业的都市区经济，县域是都市区的基本圈层。为此，湖南省各县市区原则上应把各乡镇工业企业集中到产业园区同县城融合发展，将县城扩大建成为 20 万人口左右的初级中等城市并与县级以上的大中城市联结，县以下的主要核心镇建成 5 万 ~ 10 万人口的小城市，突出县城和核心镇的吸纳、集聚和辐射作用，实现农业过剩劳动力就近就地转化。

（二）中介枢纽性产业集群增长极圈层

湖南全省各地级城市以工业产业园或经济开发区为载体，通过省级、国家级综合交通线路同所属县市区增长点联结成区域性增长极体系。地级市多数处于交通要道，历史上就曾是政治、经济和文化中心，和周边地区有很深的经济文化渊源。特别是同其所属的市县，建立了非常密切的不可分割的经济联系，形成了以地区级城市为中心的经济区。这种以地级城市为中心的经济区，是环境特点、经济地域特点、产业结构特点的区域经济单元，是一个包括城市和乡村、工业和农业相互有机联系着的，综合发展着的经济区域。各个经济区都有不同的优势产业和产品，具有与此相适应的不同产业结构和地域分工，形成各自不同的经济特色。根据城市圈域经济理论，地级市的区域半径一般在 50 公里左右，属于中等以上城市的圈域半径，所辐射的范围大体呈现以中心组织腹地经济活动的最优的同心圆结构。根据距离衰减定律，在空间形态上，同心圆结构是以中心组织腹地经济活动的最优的结构模式，地级市可看作是地区性中心城市的经济区，由于经济发展依赖于创新沿着城市等级向外扩散和传播，因此地市级经济增长极具有地方性的中介枢纽功能，一是中心城市的极化效应，生产要素迅速向城市集聚。由于地级城市具有比较完善的交通条件和城市基础设施，使其对区域内外的投资者和企业家有比较大的吸引力。从城市内部结构看，它作为一个经济有机体，基本是综合与集中，是现代化生产力最主要的空间依托，便于产业间的分工和协作，因而能够有较高的劳动生产率和经济效益。从城市外部关系看，由于有比较大的腹地，以及地缘关系和文化的一致性，县级城市、县城和小城镇的企业和掌握一定资本的人，更愿意到离自己最近的城市去投资发展现代产业。二是非农产业的吸纳效应，吸引区域内农业剩余劳动力到城市就业。作为生产要素，人口的空间集聚是城市经济规模集聚的前提和结果。地级城市作为人口、产业和社会事业的集聚点，当工业和服务业发展到一定规模时，对其周围县市农村人口就产生了吸引力。随着城市功能的健全、基础设施的完善、产业集聚的加快、人居环境的改善，流入的人口也会不断增多。从根本上减轻农业剩余劳动力的就业压力，减少农村人口，提高城市化水平。三是农产品市场效应，有利于提高农业的商品化水平。随着地级城市人口规模的扩大，对农产品的需求也将快速增长，周边农村的农产品商品化程度也将随之提高。农民将根据城市需求生产而非以前为自己的需求而生产，这将促进中国农业生产方式的革命，建立现代市场化的大生产方式。基于此，湖南省地级市增长极发展的主攻方向，一是要充分挖掘利用本地区域性优势资源做成规模工业如食品、纺织、生物、家具、建材等，有选择地引导县市区产业园区分工配套发展。二是全面承接高端核心产业园区和发达地区产业的辐射和转移，做大规模加工工业、零配件生产、电子信息、医药生物、新材料工业和物流产业等。

（三）高端引领性核心增长极圈层

根据湖南大江、大湖、大通道、大都市的新格局，我们建议打造"东首两翼西尾"的飞鹰结构形核心增长极构架，引领整个湖南经济健康跨越发展。

"飞鹰"之首：长株潭大都市首位超级增长极。充分发挥位处京广大通道与沪昆大通道纵横交集中心的区位优势，力争在十年内把长株潭城市群经济首位度由目前的43%提高到70%左右，形长江中游的超级大都市区。充分发挥位处京广大通道与沪昆大通道纵横交集中心的区位优势，力争在五年内把其经济首位度由目前的43%提高到60%左右。为此我们建议，第一，以现有的9家国家级产业园区（占全省70%）为核心载体，把工程机械、汽车整车及配件、轨道交通机械及电子、新材料、移动电子商务、消费类电子、3D打印、工业设计等做成在全国甚至全球有竞争力的战略性产业。同时对传统工业产业全面进行技术改造，这里尤其要辐射和带动娄底的冶金、建材、电力等高耗能、高排放工业转型升级；第二，整合该地区各类大学、科研院所、高新技术开发区和经济技术开发区的科技创新、教育培训、产业孵化及创新网络资源，高标准创建长株潭国家自主创新示范区，特别是要重点建设好长沙至湘潭的湘江西岸"硅谷"经济带。第三，以综合保税区、出口加工区、保税物流园区等海关特殊监管区为基础，以发展跨境电子商务为主要方式，以长沙为中心申报建设湖南国家自由贸易区，打造内陆开放高地。第四，以长沙市列入全国一级物流园区布局为契机，整合多种运输方式、物流环节和商业模式，建设四重物流服务时域圈，发展智能化供应链物流。第五，发挥株洲接东带西的路线枢纽作用和综合成本优势，打造株洲至醴陵城市发展新轴线和株洲高新技术创新"硅谷"，承接和融合"长三角"产业和技术的转移，并吸纳江西要素，做大做强省内沪昆、京广路线两厢现代产业集群。尤其要高度重视醴陵作为长株潭超级增长极"湘赣门户"中心的作用,把醴陵定位为同东部沿海开放经济带融合的结口城市来进行高端深度开发,以充分发挥结合部门户的枢纽作用。

"飞鹰"两翼:岳阳与衡阳枢纽性核心增长极。北翼岳阳核心增长极是湖南对接长江经济带的枢纽,要充分利用其163公里长江优质岸线资源,高标准建设以城陵矶大港为主港、君山港和华容港(含塔市驿、洪山头、新沙州3个作业区)为配套港、常德津市港为副港的"一江一湖"带"四水"的水陆综合交通运输体系,重点发展集保税区、出口加工区、保税物流区、港口的功能于一体的城陵矶港大型综合保税区,建成湖南和我国中部重要的现代化立体口岸开放体系。同时在岳阳云溪及以下66公里长江岸线,重点打造湖南及我国中部地区最大最先进的炼化一体精细化工生产基地,引进超大型PX项目,着力发展绿色循环化工产业链。在云溪以上近百公里长江岸线集中发展大能源工业、大制造工业和纺织服装工业。这里在进一步做大做强东洞庭湖区域经济的基础上,要重视以华容为中心的西洞庭湖区域经济的深度开发。华容东南临洞庭、东北抵长江,是湘北西洞庭区域唯一濒临长江和洞庭湖的县,分别与君山区、南县、大通湖区、安乡县和湖北省的石首市、监利县相邻,属于湘鄂两省六县(市、区)"半小时交通圈"的交界中心,占据着湖南省长江经济带承东启西、承南继北的重要地位。特别是在湘北西洞庭区域,仅华容拥有总长32.724公里长江岸线和长江航运条件(约占全省长江岸线长度的1/5,其中一级、二级岸线占总长的57.71%),是湘北西洞庭地区大宗货物长江水运最经济、最便捷的出入口,适宜大环境容量的工业产业开发建设。同时,凭借长江黄金水道,以及3条铁路、2条高速、2条省道,华容对外上可通川渝,下可辐射鄂赣皖苏等10省,对省内可凭洞庭溯"四水",沟通74个县市,可建成西洞庭湖长江黄金水道综合运输物流中心,并通过集煤电、风电、核电和生物质能电为一体的清洁能源生产基地、现代纺织服装生产基地和湘北鄂南边区中心城市建设,辐射和带动整个湘北西洞庭地区深度融入长江经济带。

南翼衡阳核心增长极紧靠沿海,临近港澳,承东接西,"扼两广,锁荆吴",地处"南北要冲",京广铁路、京广高速铁路和京珠高速公路纵横南北,湘桂铁路、322国道和"三南"公路横穿东西,特别是投资20亿元建成的湘江衡阳大源渡航运枢纽工程,可使千吨级货轮顺湘江入洞庭、通长江达上海;此外还有机场开通空运,已经形成呼应南北、承接东西、合纵连横的水陆空立体交叉交通枢纽。不仅是湖南对接珠三角地区以及中国—东盟自由贸易区的重要接口,同时还连接西向的邵怀地区,也是贯通成渝经济区的一个接口。基于此,要高度重视衡阳的这种枢纽性区位,充分发挥其京广大通道南端纵横结点的优势,以国家级加工贸易重点承接基地、国家级衡阳综合保税区、国家级衡阳高新技术产业园区为依托,集中力量把电子信息、盐化工及精细化工、钢管材料深加工、输变电装备、有色金属精深加工等做成超500亿元级的主导产业集群,辐射和带动郴州、永州,推进大湘南国家级承接珠三角地区产业转移基地建设的全面升级，并大力发挥西南湘桂线通道的功能，强化对中国—东盟自由贸易区的对接能力。同时，衡阳核心增长极还要发挥承南带西的功能，通过怀邵衡铁路和衡邵高速公路通道辐射和带动邵阳，使邵阳能进入大湘南承接产业转移以及湘桂对接东盟的经济区范围，全面解决邵阳边缘化问题，实现湖南省区域经济的协调发展。

"飞鹰"之尾：怀化为主的西部核心增长极。怀化西连贵州（铜仁、黔东南），南接广西（桂林、柳州），处于湘、鄂、渝、黔、桂五省周边中心地带，省内与邵阳、娄底、益阳、常德、张家界等市和湘西苗族土家族苗族自治州接壤，素有"黔滇门户""全楚咽喉"和湖南"西大门"之称，是我国东中部地区通往大西南的"桥头堡"。市域内沪昆（湘黔）、枝柳、渝怀铁路以及长昆铁路客运专线在市区交会，沪昆、杭瑞高速公路穿境而过，包茂高速、娄怀高速公路即将全线通车，怀邵衡铁路已开工建设。芷江机场已开通至长沙、广州、北京、上海、昆明等地的航线。同时水运体系通江达海，沅江源自贵州云雾山，流经芷江、会同、洪江、中方、溆浦、辰溪、泸溪、沅陵、桃源和常德等县市注入洞庭湖。怀化作为我国大西南地区交通枢纽地位已形成。为此建议以新能源、生物医药、农林产品精深加工、现代物流和文化旅游为主导产业，承接长株潭，连通吉张邵，建成湖南对接成渝经济区和丝绸之路经济带的核心增长极。特别要注重大湘西与渝黔鄂民族文化同脉的特点，着力发挥大湘西地区民族文化与旅游资源丰富的优势，促进大湘西地区文化旅游产业同周边渝、黔、鄂、桂地区融合发展，打造文化旅游产业新增长极，全面带动湘西扶贫攻坚和武陵山片区发展，加快建设小康大湘西。

五、"园区依托，链式集群"企业运营战略

产业园区作为增长极实现产业集群的载体和平台，是区域经济发展和产业调整升级的重要空间聚集形式，其基本功能是组织生产要素的空间集中和生产分工配套，通过共享资源、克服外部负效应，带动关联产业的发展，从而有效地推动产业集群的形成，获取规模效益与协作效益。"十二五"以来湖南省委省政府提出每个县区都要建一个省级工业集中区，使湖南产业园区的发展上了一个大台阶。2013年全省共有各类园区 127 家，其中省级及以上开发区 82 家，省级工业集中区 45 家，共设立各类企业 26 140 家，其中工业企业 12 593 家，共安排就业 243.56 万人，比上年增长 11.3%；新开工固定资产投资项目 3 865 个，比上年增加 1 129 个；完成固定资产投资 4 802.14 亿元，增长 33.7%，增幅高于全省平均水平 7.6 个百分点。全年实现技工贸总收入 24 280.81 亿元，同比增长 27.1%，其中工业企业主营业务收入 19 046.48 亿元，增长 24.4%；园区规模工业增加值占全省比重的 47.5%，比上年提高 3.4 个百分点；实现税收总额 717.40 亿元，增长 14.1%，占

全省税收总额的 55.3%；实现利润 1 118.00 亿元，增长 11.6%。同时，高新技术产业发展迅速，2013 年全省园区高新技术产业企业超过 2 000 个，实现高新技术产业产值 10 705.60 亿元，增长 24.9%，R&D 经费内部支出总额 443.64 亿元，增长 28.0%，拥有授权专利 12 548 件，比上年增加 2 146 件。而且产业集聚水平提高，汽车制造业、工程机械、农副食品加工业、有色金属冶炼和压延加工业等优势产业，通过不断引进大项目、大企业，规模逐步壮大，集聚能力进一步增强。2013 年全省主导产业集聚度超过 75% 的园区有 59 家，比上年增加 15 家；全省园区主导产业共实现主营业务收入 15 682.72 亿元，增长 26.8%；工业企业主营业务收入超过 500 亿元的园区达 9 家，比上年增加 5 家。特别是长株潭板块 27 家园区经济增长强劲，2013 年实现技工贸总收入 11 990.60 亿元，增长 25.0%，占全省园区技工贸总收入的比重为 49.4%，上交税金总额和高新技术产业产值占比超过一半，大大增强了湖南省产业园区的竞争力和发展后劲。[①]

总的来看，湖南产业园区以占全省 0.42% 的国土面积，产出了 47% 的规模工业增加值、55% 的税收，提供了 58% 的工业企业就业岗位，为湖南经济的跨越发展作出了重大贡献。但湖南省产业园区当前也仍存在重"地"轻"产"的倾向，优势产业集群少、技术水平较低、产业规模偏小且同质化现象较普遍。尤其是与中部其他省份对比，其规模质量、集聚水平和技术创新等方面明显落后。以安徽为例，2013 年湖南排名前三位的园区为长沙高新技术产业开发区，长沙经济技术开发区和株洲高新技术开发区，分别实现技工贸总收入 2 429.22 亿元、1 773.62 亿元和 1 303.59 亿元；而安徽省的合肥经济技术开发区、芜湖经济技术开发区和合肥高新技术产业开发区的技工贸总收入分别达到 3 194.8 亿元、2 350.6 亿元和 1 795.7 亿元。可见，湖南省第一梯队园区的集聚规模及其经济贡献存在较大差距。而且产业结构水平不高，全省以加工业为主导产业的园区有 81 家，占全省园区数量的比重超过六成，但这些园区的企业主要以低端加工制造为主，产品附加值较低，技术科技含量不高，2013 年技工贸总收入仅为 9 151.53 亿元，只占全省园区总收入比重的 37.7%。[②] 为此，我们建议湖南产业园区的发展应由搭平台的数量扩张阶段全面转向调结构的质量提升阶段，推广长沙市宁乡县"项目立园，平台提质"的发展经验，实现经济总量和经济效益的同步倍增。为此，要着力抓好五大管理工程。

（一）大抓配套集群，强化产业链条

产业集群是指在特定区域如产业园区中，具有交互关联性的企业、专业化供应商、服务供应商、金融机构、相关产业的厂商及其他相关机构等在地理上集中所组

---

①② 湖南省统计局《决策咨询》2014 年第 31 期。

成的群体。它代表着介于市场和等级制之间的一种新的空间经济组织形式。在这里，产业集群的核心是产业配套能力，即围绕产业园区内主导产业和龙头企业，与企业生产、经营、销售过程具有内在联系的上游和下游的相关产业、产品、人力资源、技术资源、消费市场主体等因素的配套支持情况。目前，据《湖南省装备制造业振兴实施规划》分析，湖南省产业园区大多处于"归大堆"的状态，分工配套的集约化水平太低。湖南省整个机械装备制造业省内配套率总体上不到35%，工程机械这个子行业这几年的配套额在850亿元左右，主机企业自配和省内零部件企业供货加起来也不到300亿元，有500多亿元要从省外和国外采购。再从长株潭的汽车制造业来分析，其零部件的本地配套率只30%左右，且大多还是低端的二三级配套，缺乏一级配套如底盘、汽车电子、自动变速器和大功率发动机等关键零部件，未形成完整技术的汽车产业链。因此，提高湖南省园区产业链集群水平要加快提升关键零部件的制造成能力，我们建议依据全省产业园区主导产业指导目录推进产业结构优化和产业集群，在长株潭核心园区重点打造机械装备关键零部件配套产业，支持衡阳、益阳、邵阳、常德等市发展成规模的零部件产业，为长株潭园区的主机配套。这里特别要鼓励重点企业、品牌企业在园区内以资金、技术、管理和信息等作支撑，聚集为自己配套生产和服务的中小企业，形成相对完整的产业链条和配套协作体系。

（二）大抓清洁生产，强化循环经济

在现代化的大生产中，清洁生产是一种新的创造性的思想，该思想将整体预防的环境战略持续应用于生产过程、产品和服务中，以增加生态效率和减少人类及环境的风险，同时充分满足人类需要，使社会经济效益最大化的一种生产模式。具体内容包括：不断改进设计；使用清洁的能源和原料；采用先进的工艺技术与设备；改善管理；综合利用；从源头削减污染，提高资源利用效率；减少或者避免生产、服务和产品使用过程中污染物的产生和排放。可见，清洁生产是实施可持续发展的重要手段，同资源使用的减量化、再利用、资源化再循环的物质闭环流动循环型经济的基本内涵是一致的。目前，湖南省产业园区仍以重化工业为主，钢铁、有色金属、化工、建材、电力等高能耗行业增加值占工业增加值的比重为35%，能耗却占规模工业总能耗的78%。高耗能行业仍是拉动全省能源消费的主要因素，也是环境污染问题的重要诱因。同时，资源能源约束强化，全省主要资源人均占有量远低于世界和国家平均水平，能源利用效率总体偏低，单位GDP能耗高出全国平均水平14%，水耗高出全国平均水平20%左右，全省一次能源缺口达7 501万吨标煤，对外依存度为53%。因此，大力发展清洁生产和循环经济，从源头上减少资源消耗和预防环境污染，生产过程中实现资源高效利用，末端实现资源再生利用，控制污染物产生，有利于从根本上缓解资源约束和保护环境，实现可持续发展。基

于此，湖南省产业园区应引导企业建立"轻型经济""循环经济"和"环保经济"机制，推广产品的绿色设计、生产的绿色工艺和材料的绿色管理，从产品生产源头实现节能降耗减排和资源再利用。同时，推广宁乡县创办"飞地工业园"集聚发展全县乡镇工业的经验，促进全省各县区的乡镇工业集中生产营运，以达到规模生产、循环生产和绿色生产。而且还应鼓励高排放项目如化工、冶炼、发电等，利用"飞地产业园"模式向大环境容量异地转移，以达到产业空间的合理布局，保证产业园区及所在区域的大气环境质量。

（三）大抓产城融合，强化服务平台

产城融合是在我国新型城镇化和新型工业化结合背景下提出的新发展思路。其目的是防止产城分离，要求产业与城市功能融合、空间整合，"以产促城，以城兴产，产城融合"。对于产业园区的发展而言，产城融合的实质则是服务业的发展，以对园区工业进行配套，促进产业链的建设。我们知道，城镇化的前提条件是产业特别是工业发达，人口不断流入城市，带动了生产生活服务业的大发展，奠定了社会文明中近现代人的人类特性。一个重要方面是现代服务业集群发展作为一种新的发展趋势，目前已形成了一种世界潮流。20世纪70年代，现代服务产业逐渐向城市集聚，而且不断成熟起来。特别是在空间布局上园区应与城镇配套，以信息流、人才流、知识流、资金流和现代物流为依托，以工业设计、金融保险、信息服务、职业培训、科技服务、策划咨询、服务外包、文化创意、现代商贸和先进制造为主体，实现现代服务业与制造业双轮驱动、融合发展，带动整个服务产业（生产服务和生活服务、现代服务和传统服务）大发展，为支持园区产业链的完整发展提供了重要条件。根据湖南省目前的情况，打造产业链集群的服务体系平台，应坚持政府支持、市场运作、统筹安排、突出重点、连线成网、优质服务的原则，建设好产业集群支撑平台、人才培养支撑平台、自主创新支撑平台、资金融通支撑平台、资源持续保障支撑平台、高效营运管理支撑平台、市场开发拓展支撑平台和产业政策引导支撑平台等。通过上述服务平台的作用，一方面促进企业的分工配套和产业集群，做大做强园区的产业链，促进产业结构调整升级；另一方面解决好员工下班以后的生活服务问题，不仅能住得下来，而且还能生活得丰富多彩，这样就能安居乐业，使产业园可持续发展。

（四）大抓技术进步，强化自主创新

后危机时代经济转型意味着发展的牵引力正在由要素驱动、效率驱动进入科技和制度创新驱动阶段。由于信息通信技术的融合和发展催生了信息社会和知识社会形态，普通公众不再仅仅是科技创新的被动接收，而是创新的主角，直接参与创新进程，形成了以人为出发点、以用户为中心、以企业为主体、以社会实践为舞台、

以大众创新、共同创新、开放创新为特点的"2.0创新模式"。为此我们认为，湖南省产业园区的转型升级要全面推广长株潭城市群2.0自主创新经验。据统计，长沙、株洲、湘潭2010年的社会研发投入力度分别为2%、1.34%、1.47%，低于北京的5.82%和深圳的3.48%。投入虽然不多，但产出却多。一批世界之最的创新成果接连问世，一批国际先进的创新成果纷纷涌现。杂交水稻大面积亩产的世界纪录多次在湖南诞生，世界上算得最快的计算机在长沙，"天河一号"和"天河二号"持续领跑全球超算速度，世界最大功率电力机车、世界最长臂架泵车、世界最强功率海上风力发电机、世界运行速度最快列车的牵引电传动系统、世界起重能力最强的履带起重机、世界人工干预最短的无人驾驶车也来自长株潭地区。炭/炭航空材料、激光烧结3D打印机、"神十"用传感器和特种电缆、"蛟龙"号"岩芯取样器"等屡屡打破国外技术垄断，它们的出生地也在长株潭。剖析长株潭自主创新现象，其中一个带根本的经验就是以用户为中心、以企业为主体进行开放创新。因此我们建议出台专门政策在全省推广，逐步实现由引进模仿向自主创新升级。其整体格局可考虑：长株潭城市群作为高端产业集群地区主攻原创性尖端技术如数字化技术、新型装备技术、新能源技术、新材料技术，普及清洁低碳技术；衡、岳、常、娄城区以发展集成技术为主；其他地区以适用技术研发应用为主。由于创新驱动的内核是人力资本和知识资本，因此各园区要通过培训、引进和激励等方式，充分发挥科技创新家、风险投资家、企业经营家和高级技工、职业农民等"三家两工"人力资本的作用。

（五）大抓项目招商，强化特色产业

所谓项目招商，是指商业项目招商，属于一种盈利性的经济行为，是达成项目终极目标的手段之一，它的本质就是为项目引进资金，招揽商户，继而达到实现商业价值的目的。已有的实践经验表明，重大项目及其投资对全社会投资具有战略性带动作用，对经济社会发展具有重要的支撑作用。从产业集群和产业链培育来看，项目更是产业园区发展的生命线，是园区产业投资快速增长的重要支柱和强力推进器。据对我国中部地区各省产业园区投资运行规律的总结，一般重大建设项目投资必须占到全部项目投资的45%以上，才能发挥项目投资的战略性引导和带动作用。而目前湖南省产业园区亿元以上的重大项目投资占全社会投资的比重只有33%左右，离上述经验标准还有较大差距，项目招商要下大功夫使大力气。对此，我们认为，湖南产业园区大抓项目招商首先要搞好园区的产业定位，改变目前盲目招商、恶性竞争、粗放发展的局面。园区产业定位要根据某一区域自身具有的综合优势和独特优势、所处的经济发展阶段以及各产业的运行特点，合理地进行产业发展规划和布局，确定主导产业、支柱产业、基础产业以及特色产业，以自身特有的条件和综合能力，进行中高端招商，做专业做特色做品牌。宁乡县在开发区中创办"中

国食品工业示范园"以优势平台招商选资，已引进法国乐福来、加加集团、华润饮料等国内外知名食品企业 27 家，2013 年产值 230 多亿元，"十二五"期末可达到 500 亿元。这种专业特色优势平台招商的做法值得在全省大力推广。

主要参考文献

［1］阿尔弗雷德·韦伯著，李刚剑译：《工业区位论》，商务印书馆 1997 年版。

［2］谢文蕙，邓卫：《城市经济学》，清华大学出版社 1997 年版。

［3］李强、杨开忠：《城市蔓延》，机械工业出版社 2017 年版。

［4］《国务院关于依托黄金水道推动长江经济带发展的指导意见》2014 年 9 月。

［5］《湖南省"十二五"综合交通运输体系规划》2010 年 10 月。

［6］国家发改委宏观研究院：《湖南省"十三五"综合交通运输体系布局规划研究》2015 年 8 月。

第四章

打造长株潭一体化新核心

——长株潭行政一体化体制与创建国家中心城市战略研究

成果简介： 本章内容为湖南省长株潭"两型"试验区管委会2017年重大委托研究项目成果。目前全国各省竞相"强省会"、建设国家中心城市，长株潭发展受到严峻挑战，必须强力推动长株潭行政一体化，建设"大长沙"。本研究报告针对新时期的新要求，通过分析推进长株潭深度一体化的行政体制障碍，设计和比较分析多个行政体制改革方案，最后提出了长株潭三市整合创建"大长沙"副省级国家中心城市的行政管理体制方案和实施对策。本报告主体内容专报湖南省委书记、省长，并由《中国经济时报》2018年5月14日专版发表，产生了重要的社会影响和前瞻性的决策咨询作用。

长株潭一体化自20世纪50年代初提出建设"毛泽东城"的规划建议，到国家"两型"社会建设试验区，已历经了整整65年（1952～2017年）。在这个历史过程中一次次的思想解放，一次次的改革推进，一次次的实践摸索，长株潭一体化取得了阶段性的成果。党的十八大以来我国经济发展进入以供给侧结构性改革为主导的新常态，全面实施"一带一路"倡议，推进长江经济带和长江中游城市群建设，湖南在这个新形势下着力推动空间经济重塑，发挥"一带一部"区位优势，实施创新引领、开放崛起战略。长株潭一体化正是在这样一个新的大背景下，迎来了新的发展机遇，进入了新的发展时期。本章通过分析深度推进长株潭一体化的行政体制障碍，针对新时期的新要求、设计和比较分析多个行政体制改革方案，最后提出了长株潭三市合并创建国家中心城市（大长沙）行政管理体制方案和实施对策。研究者认为，面对新的历史阶段，解放思想，锐意改革，乘势而上，创建长株潭（大长沙）国家中心城市，是湖南的历史抉择，将影响湖南千秋万代的发展。

一、新常态下长株潭地区发展的新要求

从 20 世纪 80 年代初信息产业革命开启了一个新的世界经济长周期，在经历了 20 多年上行阶段后，随着 2007 年美国次贷危机爆发，导致长周期下行阶段到来。在这个过程中以美欧为首的发达经济体正在进行向实体经济、绿色经济、数字经济和经济服务化转化升级。基于世界经济长周期引致的战略性转型和国内潜在经济增长率的下降，中国经济进入了速度换挡、动力转型、方式转变的发展新常态，面临增速下降、结构分化和体制扭曲三大挑战。因此，应对新挑战，引领新常态，必须推进包括产业结构、区域结构和要素结构在内的供给侧结构性改革和新一轮技术革命。正是在这场重大变革下，长株潭作为湖南全面推进供给侧结构性改革的龙头城市区，客观上进入了一个纵深推进经济社会及行政一体化发展的新时期。

（一）新形势下国家战略对湖南的新使命

当前，湖南经济总量已跃入全国前十，工业化率也接近 40%，有先进轨道交通装备和工程机械两张闪亮全球的"名片"，装备制造行业已成为湖南省首个万亿级产业。但发展并不协调，结构性分化的矛盾还比较突出，如人均 GDP 没有达到全国平均水平，仅排全国第 16 位；全省经济外贸依存度不到 6%，离全国平均水平 33% 的差距巨大；全省 7 大工业支柱产业多属于高能耗、高排放的资源密集型传统产业，六大高耗能行业增加值占全省规模工业增加值的比重高达 30%，而高技术产业增加值占规模工业增加值比重仅为 10% 左右，等等。从总体水平来看，湖南工业化尚处于粗放发展阶段，其病根依旧是几千年的小农经济意识及其分散的小生产方式。因此，在进入新时代的新形势下，湖南实施"一带一部"优势区位战略，应确立新经济地理是先进生产力的观念，以改革创新引领为强大动力，全面优化生产力的空间布局，打造以长株潭为核心的开放经济增长体系，着力推进深入的工业化，实现湖南经济集聚、集群、集约发展。

（二）新时期长株潭行政一体化的新定位

随着新型工业化、城镇化和基础设施现代化的发展，以沿海沿江沿线沿岸都市经济区为支撑，以现代水陆空交通物流体系为纽带，推动江河湖海流域经济集聚发展，已成为工业化中后期中国经济发展的必然过程，由此构成了我国引领经济新常态的重大战略。其主旨是优化生产要素空间布局以实现经济增密，从物流和人流角度减少对时空的占用，提高区域经济整体的聚集效应。基于此，湖南"一带一部"区位优势战略的本质就是国家"三大区域顶层战略"同湖南空间经济重要增长极体系的全面联通。即紧密依托京广线、沪昆线、包柳线三大铁路通道纵横交集的大

枢纽、长江、洞庭湖与湘资沅澧四水交汇的大通道、黄花机场与长沙南站高铁枢纽融通的大空港，实行水陆空立体联动，建设以东向长株潭为首、以衡阳和岳阳为南北向两翼、以怀化为西向之尾的"鹰形结构"增长极体系，打造经济新常态时期湖南经济升级版。

战略定位是科学有序推动长株潭一体化发展的重要前提和基本遵循。长株潭是国家长江经济带和"一带一路"倡议在湖南唯一的节点城市群体，一头挑沿海，一头挑内地，承担着沿海与内地重要节点城市协调互动发展的关键性作用。2016年长株潭以占全省13.3%的国土面积、28.3%的常住人口提供了占全省43.8%的地区生产总值和占全省41%的财政税收。[①] 作为一个特大都市群体的量级，长株潭是实现湖南崛起的重要引擎，对湖南真正形成国家空间经济新格局的战略要地具有绝对的推进力。完全可以说，如果没有长株潭行政一体化的发展进而辐射带动整个湖南全面崛起，就会中断我国东南沿海发达地区向中西部地区进行产业转移的经济链，当然也就不可能发挥湖南"一带一部"区位优势促进中部地区崛起，实现我国东、中、西部的协调互动发展。所以，长株潭一体化应定位于发挥"一带一部"区位优势的核心增长极，成为推动整个湖南经济跨越发展的领头羊和火车头。在全国层面，则应把长株潭同大武汉一道定位于长江中游城市群经济网络的双核心结构，成为我国长江中游南部核心增长极，中国内陆开放合作示范区、国家"两型"社会建设引领区和国家级生态文明试验区。总之，从湖南和全国发展的大局来看，把长株潭建成行政一体化的超级经济中心是绝对必要的，这是贯彻落实习总书记关于湖南要发挥"一带一部"区位优势指示的重大战略安排，是21世纪湖南发展腾飞的百年大计。

（三）长株潭行政一体化的基本目标与功能

随着现代工业化发展，以江河湖海沿岸沿线巨型城市为支撑点，以沿岸水陆交通物流体系为基础和纽带，推动沿海沿江沿线经济带综合发展为使命的大流域经济开放开发，是当代世界经济发展的重要趋势。国际竞争优势的基本单元已演化到特大型城市与大都市圈，实行大规模的产业集聚和企业创新，进而推动新的技术革命和产业革命，因而现代中心城市与大都市圈已成为衡量一个国家或地区经济社会发展水平的重要标志，成为推动一个国家或地区经济发展的主要动力。湖南拥有近6 800万人口，在全国居第8位，在中部地区居第2位；拥有21万多平方公里国土面积，在全国居第10位，在中部地区居第1位；经济总量年产超3万亿元地区生产总值，在全国居第9位，在中部地区居第3位。[②] 这样一个人口、面积和经济的

---

① 《湖南省2016年国民经济和社会发展统计公报》。
② 根据湖南省统计局《湖南省情》资料整理。

大省，由于至今没有一个千万人口规模以上的巨型核心城市，形成强大的极化和辐射中心，其发展空间受到周边挤压，南有广州、北有武汉、东有杭州、西有重庆、成都，在四周这五大国家中心城市"围攻"下，湖南特别是长株潭发展受到严峻挑战，落后的窘态凸显，差距逐步扩大，形势十分逼人。为缩小地区差距，促进区域协调发展，在目前国际国内超大都市圈加快发展的大趋势下，湖南要实现经济赶超和现代城市经济高度繁荣发展，要在国内甚至国际竞争中占有一席之地，必须立足现有基础后发赶超，强力推动长株潭行政一体化，下决心调整长株潭三市行政区划，组建一个超大型副省级国家中心城市的大长沙，把其经济首位度由目前长沙的2.95提高到5.0左右，辐射带动周边的岳阳、常德、益阳、衡阳、娄底发展，形成在中部地区可同武汉都市圈比肩的大长沙都市。从总体上发挥以下五大作用：

第一，国家空间经济新格局的战略要地的功能作用。强化大长沙三大高铁（京广、沪昆、渝厦）交汇覆盖全国2/3以上区域的南中国高铁枢纽优势，发挥湖南综合交通运输网络总规模25万公里的大通道功能作用，建成我国中部地区最大的绿色综合交通枢纽，直接同国家"一带一路"和长江经济带建设战略贯通，同时整合多种运输方式、物流环节和商业模式，建设四重物流服务时域圈，发展智能化供应链物流，以充分发挥长沙"一带一路"结点城市的巨大优势，使大长沙成为国家战略在中部地区交集汇通的要地，发挥国家整体战略布局的重要枢纽作用。

第二，中国内陆沿江沿河沿路开放高地的功能作用。以长沙空港—高铁—江港一体化整合长沙金霞保税区和黄花、湘潭、岳阳、衡阳综合保税区，以文化创意、生产服务外包、城市综合体、供应链高速物流配送、跨境电子商务等为业态特色，申报创建中国湖南自由贸易区，建设国内外市场半径短且交通条件良好、信息网络发达、商业物流设施完善的国际性大商圈。同时，重点推进长沙金桥综合交通枢纽、霞凝新港与岳阳曹溪港、虞公庙港和城陵矶大港合作，建设湖南通江达海大通道的立体口岸开放体系，开通湘新欧货运班列和对外直航航线，建成中部地区综合交通物流最大最便捷的枢纽中心。

第三，世界级高端装备智能化制造基地的功能作用。以数字化、网络化、智能化技术引领，以国家产业园区和国家综合保税区为核心载体，建设"中国制造2025"试点示范城市群，创建智能制造技术创新体系和人才培养基地，推进企业主导的产学研协同创新和商业模式创新方式，打造国际领先并以智能制造为主导的工程机械之都、现代轨道交通装备之都、新能源汽车集聚产业基地和具有全球竞争力的新材料产业基地、信息安全产业基地、中小航空发动机及航空关键零部件生产基地、海洋工程装备生产基地，高端电力装备产业基地等，实现湖南智能制造高端装备的全球化。

第四，中国高技术自主创新示范引领区的功能作用。发挥国家高新区和大学科研院所科技智力密集的优势，按照具有全球影响力的创新创业中心的战略目标，以"创新驱动、产业集聚、军民融合、协同发展"的总体思路，以大众创新、共同创新、开放创新的创新模式，主攻原创性的低碳绿色技术如数字化装备制造技术、绿色环保产业技术、新能源产业技术、新材料产业技术，普及清洁低碳技术，培育发展新的增长点，建设国际一流的高新技术主创新示范区，带动和催化中西部地区加快实现创新发展。

第五，国家"两型"社会建设试验区示范的功能作用。长株潭作为我国"两型"社会建设综合配套改革试验区，承担率先突破、提供示范的重大使命。以"交通同网、能源同体、信息同享、生态同建、环境同治"为重点，进一步深化规划体制、管理体制、共建共享机制、融资机制和价费机制等五大改革，为资源节约与环境友好的建设提供了强有力的制度规范，对我国新型工业化、信息化、新型城镇化、农业现代化和绿色化同步发展，发挥重要的示范作用。

二、长株潭地区一体化发展的基本状况

长沙、株洲和湘潭同处湘江中游，现三市呈"品"字形分布，彼此相距近40公里，古往今来有着密切的经济社会联系，具有同城化的经济地理特质。因此，以同城化为内在目标的长株潭一体化便一直是湖南人民所期盼的，也是历届湖南省委、省政府既定的重大战略部署。经过半个多世纪的不懈努力，三市一体化的基础已经奠定，大格局初步形成，长株潭正在发挥湖南核心增长极作用。但受制于目前三市分割的行政体制，在涉及地方利益的重大问题上仍处于各自为政状态，融合发展动力缺乏，生产要素统一配置的核心问题未从根本上解决，社会生活和社会治理一体化水平也有待全面深化和大幅度提高。

（一）长株潭一体化演进过程简析

半个多世纪来，随着我国工业化和城镇化的发展，长株潭一体化及其行政管理体制模式从提出到推进前后经历了四个演进阶段。

一是1952～1996年的酝酿与提出阶段：新中国成立后，1952年中央在全国选取城市建设工业基地，当时湖南有入选资格的仅有长、株、潭三市。由于三市之间竞争激烈，进行内耗性博弈，对此，当年长沙市城建局提出三市合为一体，建设"毛泽东城"的规划建议，但最终规划搁浅。30年后的1982年湖南省社会科学院张萍政协委员在湖南省政协四届六次会议上提出"把长株潭三市经济整合起来，逐步形成湖南的综合经济中心"，1984年7月湖南省社科院课题组撰写了《关于建立长株潭经济区的方案》（以下简称《方案》），同年11月，湖南省委常委会议讨论了《方案》，形成了《关于建立长株潭三市经济区的问题》的会议纪要。但在1985年湖南省第五次党员代表大会（以下简称"党代会"）和1986年湖南省人民代表大会（以下简称"人代会"）上，因有一些代表提出"长株潭是湖南最发达的

区域，作为战略发展重点对其他地方太不公平"，而使长株潭经济区的建议最终未被省党代会和省人代会采纳。这个阶段情况说明，全省上下对长株潭一体化尚未形成共识，几千年分散的小生产方式仍存在巨大的惯性。

二是1997～2007年省级推动阶段：基于加快湖南新型工业化和城镇化发展的需要，1996年11月在湖南省第六次党代会上，部分代表提出再次启动长株潭经济一体化的动议，得到党代会采纳，并于1997年3月召开了长株潭一体化专题座谈会，会上正式提出了长株潭经济一体化概念，1998年湖南省人民政府长株潭经济一体化协调领导小组正式成立，并立足于"总体规划"启动长株潭经济一体化。1998年由湖南省计委牵头提出了长株潭交通同环、电力同网、金融同城、信息共享、环境共治的"五同规划"，同时制定了《湘江生态经济带概念性规划》，2005年《长株潭城市群区域发展规划》出炉。2006年底省政府又调整了"五同规划"的部分内容，将电力同网改为能源同体，金融同城改为生态同建，长株潭经济一体化目标得以提升。这一阶段，长株潭作为湖南经济的中心已形成省级战略决策，确定为三市经济一体化，不搞行政体制一体化。这些为申报国家战略打下了基础。

三是1997年底到2015年国家战略实施阶段：2007年12月14日，国务院批准长株潭城市群为资源节约型和环境友好型社会建设综合配套改革试验区。2009年1月4日，原"长株潭经济一体化办公室"改组为"湖南省长株潭'两型'社会建设改革试验领导协调委员会办公室（以下简称'两型办'）"，"两型"和一体化融合两大目标成为了长株潭城市群综合配套改革试验的方向。这个阶段开启了行政管理体制机制改革的尝试，主要是加快转变政府职能，推进政事分开、政资分开、事企分开、政府与市场中介组织管办分离，简化行政审批，推进依法行政，提高行政效能和公务活动透明度；建立长株潭城市群改革试验区高层次领导协调机构及执行机构，健全省市之间、市与市之间的多层次协调机制，强化城市群区域规划立法保障和实施监督，探索区域公共资源一体化管理，实现政府间高效协同推进；建立符合科学发展观的政绩考核体系和干部考核制度，把体现"两型"社会要求的指标作为考核城市群经济社会发展的核心指标，引导城市群各级政府把工作重点转移到为市场主体营造环境和改善服务上来。特别是2015年4月在国务院颁布了《长江中游城市群发展规划》后，时任湖南省省长的杜家毫同志亲自主持召开三次专题会议，从规划、产业和公共服务三个方面促进长株潭一体化，明确要求把长株潭打造成新常态下湖南核心增长极，并提出了完善推进一体化的工作机制。

四是从2016年起进入以制度一体化为主的推进阶段：2016年11月，湖南省第十一次党代会报告明确提出，大力推进长株潭一体化，增强长沙引领、辐射和服务功能，加快三市基础设施对接、产业互补发展、环境协同治理、公共服务融合，形成整体优势。这里"整体优势"的概念已内含体制整合的要求。之前，针对长株潭一体化发展的必然趋势和新形势下出现的新矛盾，2015年12月长株潭"两型"试验区管委会和湖南省政府发展研究中心合写《长株潭一体化创新发展的思考与建议》研究报告，提出对长株潭一体化再认识，一体化不仅仅是经济一体化，更重要的是制度、社会一体化。2016 年 10 月，在湖南省委宣传部评选的迎接党代会建设新湖南的"十大金策"中，湖南师范大学刘茂松教授在其《实施"一带一部"战略以深入的工业化推进湖南经济集约发展》建议提出，以国家中心城市为建设目标，从经济与行政体制上整合长株潭，打造都市人口超千万、GDP 超万亿元的特大城市。由此，开启了以行政管理体制创新为重心的长株潭一体化新阶段。

（二）长株潭一体化成效总体评价

区域一体化是按照自然地域经济内在联系、经济流向、民族文化传统以及社会发展需要而形成区域多主体联合体。这其中作为一体化基础的区域经济一体化是建立在区域分工与协作基础上，通过生产要素的区域流动，推动区域经济整体协调发展的过程。半个多世纪以来，长株潭一体化在国家支持和湖南省委、省政府的推动下，已在以下"六个一体化"方面初见成效。

其一是长株潭规划一体化体系基本形成，规划实施取得阶段性成果。2007 年 11 月长株潭获国家"两型"社会建设示范区后，经过深入的调查研究和科学设计，目前已经初步建立起了由一大总的区域规划、十八个专项规划、十八个示范片区规划和 40 多个项目规划组成的规划体系，并进行了规划立法。湖南省人大常委会出台了《湖南省长株潭城市群区域规划条例》于 2010 年 1 月 1 日起正式施行，《湖南省长株潭城市群生态绿心地区保护条例》2013 年 3 月 1 日正式实施。同时于 2011 年起开展执法检查，湖南省人民政府督促 29 个省直部门和"3 +5"八市完成相关支持政策的出台。根据中国城市规划设计院的评估报告，经过 5 年多的实施，长株潭一体化规划实施的总体效果是：长株潭极化效应明显，工业主导强化，核心区外围县区域经济活力增强；对下层次规划的指导作用较强，示范区成为地方推进发展与"两型"品牌结合的新抓手，长株潭成为湖南经济社会发展的龙头。

其二是长株潭综合交通一体化体系基本形成，初步建成半小时通勤圈。2016 年底长株潭城际铁路基本建成通车，以长沙站为中心，由长沙—株洲、长沙—湘潭线路组成"人"字形骨架，线路全长 95.513 公里，共设车站 21 个，最高运行时速为 200 公里，已将三市之间的交通时间缩短为 30 分钟以内。在"人"字形城际铁路的基础上，后续将增加湘潭—株洲、长沙河西线、湘潭高铁站—长沙南站—黄花机场、株洲—黄花机场联络线等具有重要区域职能的组团，并向外辐射六个方向，覆盖长株潭周边的岳阳、益阳、常德、衡阳、娄底和浏阳、醴陵等城市。同时长沙市地铁交通线网总体规划以 1、2、3、4、5、6 号线构成"米"字形构架，目前 2 号线和 1 号线已建成通车。为强化对外和过境通道，规划构建沟通核心区各重要组团的"九纵九横"长株潭城市群快速道路网络。其中 9 纵长度约 815 公里，规划约 393 公里，已建成 422 公里；9 横长度约 682 公里，规划约 372 公里，已建成 310 公里。目前，9 条断头路建设全部纳入湖南省重点工程，已基本建成通车。在公交一体化方面，长株潭三市相向地区共规划了 17 条跨行政区划的公交线路，现已开通 12 条线。湖南省交通厅正在编制《长株潭综合交通一体化实施方案》，对长株潭公交一体化线路进行提质改造和优化调整。公交一卡通方面，长沙市地铁卡和公交卡实现相互通用。

其三是长株潭环保生态一体化机制初步形成，实施了一批重大环保项目。早在 2006 年就出台了《长株潭环境同治规划》以及共同的产业环境准入与退出政策，湖南省组建了专司三市环境监测的执法大队，对三市政府环境同治考核指标，实行长株潭区域大气联防联控，三市 PM$_{2.5}$ 监测信息同步发布，共同出台《长株潭区域大气 PM$_{2.5}$ 源解析工作实施方案》和《长株潭城市环境空气质量预警预报工作方案》。对机动车实行环保标志管理，在长株潭地区率先建成 62 条尾气检测线，黄标车 2015 年起在主城区限行。对三市交界地区 522 平方公里的生态绿心，在全国率先立法保护，先后制定实施《生态绿心地区总体规划》《生态绿心地区保护条例》，将 30 项具体保护职责落实到长株潭三市人民政府和 12 家省直单位。建立绿心地区监控系统，定期监测每亩土地变化情况。保护条例实施以来，省、市共完成人工造林 9 000 多亩、封山育林近 20 万亩，森林覆盖率上升为 44.74%，比 2008 年提升 3.99 个百分点。长株潭还进行了探索城乡环境同治新路子的探索，以畜禽污染、集镇污水、农村垃圾三大污染治理为重点，着力改变农村生态环境。在国家的支持下连续三年开展 170 万亩重金属污染耕地修复试点，目前已取得明显成效。作为湖南的母亲河——湘江的保护与治理被列为湖南省政府"一号重点工程"，从 2013～2021 年连续实施三个"三年行动计划"。到 2015 年底第一个"三年行动计划"共投入资金 350 多亿元，3 年来共实施整治项目 1 740 多个，各项目标任务已基本完成，株洲清水塘、衡阳水口山、湘潭竹埠港、郴州三十六湾、娄底锡矿山等五大重点区域综合整治取得明显成效，湘江污染源得到有效控制，湘江干流 18 个省控断面水质 3 年连续达到或优于三类标准，湘江水质不断改善，湘江干流水质总体为优，湘江保护和治理已初见成效。[①]

其四是长株潭公共服务一体化体系初步形成，基本建立共建共享的公共服务平台。一是在就业方面，三市基本建成市、县市区、街道（乡镇）、社区（行政村）四级就业服务工作网络，全面建立免费的公共就业服务制度，基本实现就业保障城乡统筹。二是在社会保障方面，实现三市养老金发放和医保结算一体化，退休人员养老金领取资格互通认证，三市定点医保医疗可异地就医异地即时结算。三是在教育方面，探索建立三市教育资源优势互补的发展机制，推进面向长株潭共享的职业

---

① 根据长株潭"两型"社会试验区管委会：《关于长株潭环保生态一体化》专题报告整理。

教育办学模式改革，建立了面向长株潭三市的创新创业指导中心。四是在医疗卫生服务方面，试行医学检验、影像检查结果互认，优质医疗资源共享。五是在文化体育方面，省文化厅组织长沙、株洲、湘潭三市在长沙签署《长株潭三市文化交流与合作框架协议》，共溯湖湘文化、共促文化交流、共创文化品牌、共享文化成果。六是在户籍制度方面，先后出台了《长株潭经济一体化户籍管理制度改革意见》《长株潭城市群"两型"社会建设户籍管理制度改革方案》，统一了在长株潭三市务工、经商落户条件，引导城市群人口合理有序流动。七是在公共信息服务方面，三市政府网站形成了入口统一、上下联动、相互链接的网站体系，社保、教育、工商、税务等部门业务数据库建设初具规模，相关的信息化系统也基本建成。2014年9月长株潭获批"宽带中国"示范城市群，目前正着力推进无线城市全覆盖、智慧社区、智慧交通等十大项目建设。

其五是长株潭市场一体化的政策体系初步形成，促进了商品流通和生产要素合理配置。一是在金融市场方面，出台了全国第一个区域性融资规划《长株潭城市群"两型"社会建设系统性融资规划（2010－2020年）》，探索融资规划同经济社会发展规划、土地利用规划的多规合一。2013年国家六部委批准《长株潭试验区金融改革发展专项方案》，为全国第一个试验区金融改革专项方案，基本实现金融服务同城化。二是在人才市场方面，共同制定了《长株潭三市2004－2010年区域人才发展规划》，签订了《长株潭三市人才中心合作协议》等"一揽子"合作协议，区域人才合作政策框架基本形成。三是在房地产市场方面，2010年9月出台了《关于推进长株潭房地产市场一体化的意见》，统一市场准入标准、统一市场监管模式、统一产权登记体系和统一市场诚信体系，三市房地产企业可跨区从事商品房、经济适用住房、公租房等的开发建设，工商登记、土地供应等享受同城待遇。住房公积金缴存人在区域内异地购房，可在购房地申请个人住房公积金贷款。

其六是长株潭产业一体化规划及政策颁布实施，推动了长株潭重点产业的集聚发展。早在2002年湖南省政府就颁布实施《长株潭城市群产业一体化规划》，2008年国务院批准的《长株潭城市群区域规划（2008－2020年）》明确了"四带、十一园、三片"的产业布局。2009年湖南省政府编制发布《长株潭城市群工业布局规划》，推动电子信息、新能源、新材料、生态、环保等新兴产业发展，形成了一批千亿企业、千亿园区和千亿产业，成为全国重要的先进装备制造业基地、电子信息产业基地、文化创意产业基地和商品粮生产基地。

综合以上情况分析，长株潭一体化经过几十年来的不懈努力，目前已取得显著成就，其特点：一是由经济一体化进入到全面一体化。涉及规划、交通、生态、公共服务、市场、产业等社会生产生活的几个主要方面，尽管还只是初步的、表层次的一体化，离深度一体化还有很大差距，但长株潭经济社会一体化的雏形毕竟基本形成；二是全面一体化中以公共一体化为优。除了上述公共服务一体化外，还包括公共设施和公共政策的一体化，如交通、环保、通信、水电、燃气、信息等设施以及规划和有关政策的一体化，绝大多数属于政府公共投入的基础性、民生性领域的公共物品，其非排他性和非竞争性决定了需由政府提供，因而公权力的直接支配力和政绩显示性都很强，已超过经济一体化；三是行政管理推动全面一体化发展。我国是由计划经济向市场经济转型的国度，区域一体化不是在市场条件下自然生成的，更多是根据事先设计的目标和规划，由政府运用公权力来推动实现的。上面总结的长株潭一体化初步取得的六个方面成效，明显具有这个特点。主要是在2007年国家批准长株潭"两型"社会建设示范区后，由湖南省委、省政府及其职能机构组织推动实现。这实际上说明，行政管理的强度决定了长株潭一体化的程度，全面实现长株潭一体化的目标有赖于长株潭行政一体化体制的建立。

（三）长株潭深度一体化的主要障碍

基于建设湖南经济社会发展核心增长极和打造湖实施"一带一部"战略支点的新要求，长株潭一体化还需要深度推进，大幅度提高相向融合的水平。目前虽然建立了一体化的雏形，但进一步推进一体化的动力不足，且合力衰减，存在着浅、散、松的问题。其主要表现在以下六点。

1. 在规划一体化上，三市尚未形成一体化、融城化、整体化的发展思路，而且受制于以分税制为核心的地方财政预算管理体制，存在"肥水不流他人田"的地区保护主义观念和行政行为，缺乏一体化的动力。此外，由于规划执行检查主体和权威性行政手段缺位，缺乏必要的行政约束力，特别是省级层面缺乏高位领导协调、统筹推进、考核评估机制，统筹协调和推进力度不够，而且省与市、市与市之间也没有建立协调协商机制，三市在具体政策、方案和措施上存在差异，导致规划无法全面和准确落实到具体的产业布局、社会管理、制度安排等领域，且执行情况也难以监管和问责。

2. 在交通一体化上，因属地管理导致城际道路网规划不协调，各市只负责各行政区划内的道路规划建设，相邻地区路网往往由所在交界处地方政府、园区规划城建部门负责，规划层次低，建设不同步，无法有效对接。2015年在湖南省政府主要领导的亲自决断和统筹下好不容易解决了9条重要的"断头路"问题，但目前三市之间依然还存在很多次级断头路。港口建设方面长株潭组合港的规划还没制定，缺乏与岳阳港的协调联动。公共交通已开通8年的6条长株潭公交一体化试点线路仅仅只连通三市相向地区，服务区域小，远远不能满足三市之间通勤、商务的需要。公交一卡通困难，长株潭三市IC卡系统不同，需要重新升级改造。

3. 在生态环保一体化上，大气及水污染等区域防治机制尚未形成，环境执法、信息共享等方面未实现协同，激励性环境治理、生态保护的财政转移支付制度尚未建立。目前三市大气复合型污染态势日趋明显，湘江重金属污染问题没有从根本上解决。作为上游的株洲、湘潭两市化工、冶金等高能耗物耗、高污染为主的工业结构调整缓慢，现实污染和潜在环境风险都很大。绿心地区保护现状堪忧，由于涉及三市和多个省直职能部门，统筹管理难度大，工作责任落实不到位，法规实施力度不够。在公益林补偿标准上长株潭各县市差别大，补偿标准太低，三市缺乏区域协同性。另外，长株潭生活垃圾处理一体化设施存在规划难落实，三市共建共享停留在规划层面，实际推动困难。

4. 在公共服务一体化上，资源共享的程度偏低，区域之间公共服务存在玻璃墙现象，资源没有形成大整合格局，规划有待紧密对接，各种要素地区流动障碍明显。三市实行户籍制度的具体标准不一致，阻碍一体化发展。居民健康卡目前无法实现跨机构、跨地区就医，三市医学科研卫生资源仍不能共享。公交 IC 卡在长株潭仍没有实现互刷，长株潭各地的数字文化馆、数字博物馆、数字图书馆、数字美术馆等项目建设缺乏统一的规划，三地文化数字化发展不同步、不协调，服务对象"小众化"。失业保险方面，三市征缴部门不同，待遇发放标准不同，参保信息未共享，领取跨市认证方式也各不相同。社会救济制度设计缺乏区域性统筹，三市保障模式不同。在人才配置上，三市尚未建立共同的人才需求发布平台和人才需求动态信息库，各类人才的作用未得到充分发挥。同时由于三市收入待遇水平存在差距，且产业同质化程度较高，高层次人才需求趋同，既造成了人才争夺的激烈竞争，又出了人才流动不畅的现象。

5. 在市场一体化上，长株潭三市在商事主体登记过程上存在差异，行政执法上也不统一，执法标准、自由裁量权行使不一致，三市商品检测结果不互认，案件线索互通、跨区域联合办案存在政策障碍，执法联动效应和整体效益不强。在融资上缺乏区域性的金融市场，金融服务同质化竞争过多，特色化差异化服务太少，地方金融监管地位不明确，监管系统建设严重滞后。商贸流通业发展相对滞后，三市流通产业发展及商业网点统筹规划力度弱，缺乏枢纽性、功能性大市场，三市物流牵头部门不同，横向沟通存在政策障碍。对外开放水平偏低，对保税区、保税物流园区等开放平台的统筹利用不足，指定口岸功能不强、级别不高，相关的金融、贸易、旅游、物流等产业规模小，作用不突出。三市都不同程度地通过市场准入、质量技术标准、行政事业性收费等施加地方保护。

6. 在产业一体化上，三市缺乏产业的整体和空间布局规划，没有形成有机、合理的产业分工，各自重点产业定位不够明确，产业布局存在重复雷同，工程机械和汽车制造等产业同质化竞争突出，没有形成优势产业链的分工配套，企业与企业之间也没有形成紧密的协作，产业集群的龙头企业带动作用不强，做大做强和兼并重组方面政府出台的优惠政策不多，刺激作用不明显。在招商引资上，互相拆台，无节制地争项目、争投资，不仅造成两败俱伤，打乱既有规划布局，而且损害了全局利益。科技资源联动共享不够，未建立创新平台交流合作机制，缺乏跨市共享的产学研平台、产业网络服务平台、科技创新服务平台和技术转移平台，在重大技术攻关、成果转化等方面没有发挥联盟的有效作用。

新制度经济学认为："对于一个有着长期集权且市场不发达的国家来讲，供给主导型的制度变迁将起主要作用"。在我国这样一个目前仍是政府主导型的发展中国家，只有通过政府进行体制机制的创新，才能打破传统体制的制度均衡，从而推动区域经济社会朝一体化的方向发展。以上是长株潭一体化过程中存在的问题以及目前"两型"社会试验区改革总体方案尚未取得进展的事项（如长株潭一体化的规划环评机制、公共服务标准、财税利益协调机制、分质供水和阶梯式水价制度、企业及项目在城市群内转移的利益协调补偿机制和一体化的垃圾分类、收集、运输、处理体系等目前无法建立起来），这集中反映出长株潭行政一体化缺失的严重障碍，主要表现为上位政府统筹一体化的决断力缺乏；实施一体化的行政监督和约束力缺乏；一体化利益调整机制缺乏；行政主体推进一体化的动力和自觉性缺乏。特别是长株潭产业和市场等经济一体化严重滞后于基础设施和社会公共服务一体化，更加说明在我国经济体制转型发展的过程中，区域一体化绝不是自然生成的，必须通过强有力的行政一体化才能实现，这已被30多年长株潭一体化的实践所证明。刻意回避行政一体化必然会阻挠长株潭一体化进一步发展，甚至已有一体化的基础也难以保持，这样长株潭作为湖南经济社会发展重要核心极的作用就无法充分发挥，而统计学意义上的长株潭城市群就不可能真正升华为经济学意义上的长株潭核心增长极。所以，深化长株潭行政体制改革，建立长株潭行政一体化体制势在必行。

三、现代区域一体化行政管理理论分析

广义的一体化，是指多个原来相互独立的主权实体通过某种方式逐步结合成为一个单一实体的过程，基本特征在于自愿性、平等性和主权让渡性。在这一过程中制度化和法律化就成为实现一体化的基本前提和保障。"区域一体化"这个词语近些年使用频率很高。1950年经济学家将其定义为单独的经济整合为区域范围更广的经济的一种状态或过程。这里的"区域"作为地理学的核心概念，最早将其定义为地球表面某一特定的、且与相邻地域存在差异的物理空间。对于区域一体化而言，区域的界定不仅直接关系区域组织或集团对会员身份的认同，还深刻影响到各种协商和争端解决机制的实施效果和贸易自由化等的实现，因而是指一个能够进行多边经济合作的地理范围，这一范围往往大于一个主权国家或地区的地理范围。长株潭属于区域一体化，需要通过相应的制度创新和行政管理，推进经济的分工与整合，并在此基础上实现社会一体化，最终形成一个单一区域性的主权实体。这项重大的创新和改革，涉及公共行政学、经济地理学和新制度经济学等多个领域，具有前沿性理论和实践的双重价值。

（一）城市群政府组织结构理论

城市群是指以中心城市为核心，向周围辐射构成城市的集合区域，往往超出单个行政辖域范围，有的甚至涵盖上百个政府单位。城市群的特点反映在城市之间经济的紧密联系、产业的分工与合作，交通与社会生活、城市规划和基础设施建设相互影响，是区域一体化典型表现形式。由此可见，有关城市群的阐释按照其属性可大致分为三种：一是地理空间单元；二是交易和联系所构建的网络或结构；三是具有共同认知和身份认同感的群体。随着区域一体化中对地理毗邻性约束条件的放宽，国外学者大多主张以区域的功能属性来判断区域一体化的边界，将城市群视为某种经济空间中的一部分。在实现城市群一体化过程中，如何从制度创新的角度出发，选择合理的政府组织结构提供高效的行政管理和公共服务便成为研究热点。主要有三种理论观点：一是单中心体制论（monocentric system）。认为一个城市群是一个由许多经济和社会关系联系在一起的大社群，采用地方政府的兼并、合并或联合等形式重组单一的"大城市区政府"，适当集中多个地方政府的部分职能，提供一个"总体的大城市区发展框架"，这是城市群解决行政分割的理想模式。二是多中心体制论（polycentric system）。认为城市群需要多中心体制的政治结构。"多中心"意味着在城市群内部存在许多决策中心，它们在形式上是相互独立的，但它们之间通过竞争性的关系考虑对方，开展多种契约性的和合作性的事务。三是大城市区域主义（metropolitan regionalism）。在经济全球化、区域一体化、城镇区域化发展的背景下产生了旨在强调大城市区"区域化"协调治理与强化合作的"大城市区域主义"新论点，并逐步成为主流的理论观点。总之，国外在城市群一体化的行政体制、公共服务、治理模式等方面的研究成果，特别是以单中心体制为主导的大城市区域化协调治理模式，对长株潭行政一体化有重要启示。

（二）新功能主义一体化理论

美国政治家和经济学家哈斯在批判以米特兰尼为代表的功能主义（functionalism）忽视权力因素的基础上提出了新功能主义。功能主义理论认为，政治体制的日益复杂化使政府担负的基本属于技术和非政治性的任务大大增加了，这些问题的解决有赖于技术人员之间的合作。由此，功能主义者倾向逐渐限制政治行为者，以便技术人员发挥更大的作用。米特兰尼建议逐渐建立一个跨越国界的经济和社会组织网络，对人们的观念和忠诚归属进行改造，使人民大众更积极地推动国际一体化，强调技术领域事务合作对一体化的推动作用，明显具有了多元主义色彩。然而，在米特兰尼提供的欧洲一体化方案中，技术领域的功能性组织取代了传统的主权国家，行使着政治统治与政治管理的职能。换言之，他的理论只是让技术精英取代政治精英，本质上仍是精英主义。事实上，将技术领域与政治领域截然分开，一体化也是不可能实现的。而新功能主义显著的特点就是并不避讳将政治纳入地区一体化，认为一体化的主要推动力量不是功能主义的地区制度，而是国家和地区精英与权力集团。集团和精英对超国家制度的逐渐增长的政治影响，是新功能主义模式的关注重心。显然，新功能主义较之传统的功能主义更为务实。新功能主义一体化的核心概念是"外溢"，包括功能性溢出和政治性溢出两个方面内容。功能性溢出是指一体化不可能局限于特定的经济部门，一定领域的合作活动会"溢出"到相关部门，并使更多的行为体卷入进去。政治性溢出从根本上说是继经济一体化而产生的，它意味着民族精英将其注意力转向超国家层次的活动和决策，支持一体化进程和日益增多的共同利益。这样由于扩展逻辑的作用，一体化就由经济领域溢出到政治、社会领域并产生进一步一体化的政治压力，从而使一体化逐步发展和深化。显然，新功能主义一体化理论十分强调政治的政府职能和政治代表以及政党在一体化中的作用，倡导或认同政治精英主导模式，注重意识形态因素的重要作用，着力强化功能性溢出和政治性溢出，谋求经济一体化带动政治一体化等，对当前解决长株潭一体化过程中出现的行政障碍有重要的参考价值。

（三）府际关系和府际管理理论

府际关系是指不同层级政府之间的关系网络，它不仅包括中央与地方关系，而且包括地方政府间的纵向和横向关系，以及政府内部各部门间的权力分工关系。府际关系是各级政府间为了执行政策或提供服务而形成的相互关系的互动和机制，其产生的原因，一方面是为了发展及执行公共计划所包含的政府各层级间复杂而相互依赖的关系，另一方面是不同层级政府为共同地区提供服务与管理中所形成的交互关系。世界各国府际关系的制度模式主要有单一制、联邦制、混合制等类型。单一制以普通行政区划为单位，自上而下形成统一的政府权力体系。根据中央调控和监督地方的具体方式不同，单一制又划分为行政主导型和立法主导型两类。单一制的优越性在于：有利于实现全国的立法统一、行政统一和司法统一，建立统一和竞争性的全国市场体系，中央政府的社会动员能力和决策执行能力更为敏捷和高效。其缺陷性在于中央高度集权制约了地方政府的主动性和创造性，容易导致官僚主义和个人专权，不利于地方性公共产品的有效供给。联邦制实行联邦政府与各成员政府法定分权体制，有利于发挥各级政府的积极性，有利于协调国家统一性和地方多样性，有利于提高行政效率和促进善治目标。其缺陷性在于如果府际关系处理不当可能引起地区分离主义，府际结构复杂、政府运作费用庞大。由于受特殊历史遗留因素的制约，有些国家的府际关系兼有单一制和联邦制特点的混合型模式。府际关系模式选择是多种因素综合作用的产物，各国不同的地理环境、社会因素、政治因素、经济因素、历史和文化因素，都对府际关系模式的具体制度选择具有影响作用。20世纪七八十年代，伴随着经济全球化、政治民主化和信息技术革命的迅猛发展，世界各国都在推进政府再造和治理变革，出现了政府、市场、社会共同来参与，以应对公共需求的府际管理趋势。主要有以下特征，第一，府际管理是以问题解决为焦点，被视为一种行动导向的过程，采取必要的行政手段，去推动各项具有建设性的工作。强调政府系统内与系统外的互动，以解决问题为导向，激励官员积极主动的合作。第二，府际管理是了解和处理政府组织变迁的一种方法或工具，可以用来解释各级政府如何以及为何用特定的方式进行互动，并可提供采取有效策略行为的建议。第三，府际管理强调联系、沟通以及网络发展的重要性，这些途径是促使府际间计划得以顺利推展的正面因素。总的来看，府际关系是各级政府间为了执行政策或提供服务而形成的相互关系的互动和机制，而府际管理则是改善政府间关系的一种新型思维框架，代表着以合作为基础的互惠的政府关系模型。目前，长株潭三市在政府间竞争中，在一定程度上还存在地方封锁与保护、合作与协调不够、产业结构雷同、外部性问题突出等现象。府际关系管理倡导的政府间信息共享、资源优化配置、共同规划、联合经营等方式，将为这些问题的解决提供新思路。

四、国内外区域一体化发展的经验借鉴

20 世纪 80 年代中期以来，世界政治经济形势发生了深刻变化，信息化和全球化经济的发展推动着区域经济联合，区域经济一体化的趋势明显加强。这次高潮的出现是以 1985 年欧共体通过关于建立统一市场的"白皮书"为契机，产生了强大的示范效应，极大地推动了其他地区经济一体化的建设，如东盟自由贸易区、东南非共同市场、北美自由贸易区等。区域一体化的发展由贸易一体化到全面一体化，其最高的空间组织形式是全面一体化的城市群。国外如世界级的美国东北部大西洋沿岸城市群、北美五大湖城市群、日本太平洋沿岸城市群、英伦城市群、欧洲西北部城市群等，国内如国家级的长江中游城市群、成渝城市群、长三角城市群、珠三角城市群和京津冀城市群等。通过对国内外典型区域和城市群一体化管理模式比较研究，对推进长株潭行政管理一体化可提供有益的启示。

（一）多国联盟一体化治理模式

在世界范围，区域一体化在主权国家之间做得最成功的应首推欧洲联盟（以下简称"欧盟"）。它创造了许多跨国一体化的经典做法和成功经验，在本质层面上对全球区域一体化的演进意义重大。欧盟成立于 1993 年是根据《马斯特里赫特条约》所建立的国际组织，是一个政治和经济共同体，拥有 28 个会员国，是由欧洲共同体发展而来的。欧盟是世界上最有力的国际组织和世界上第一大经济实体，在贸易、农业、金融等方面趋近于一个统一的联邦国家，而在内政、国防、外交等其他方面则类似一个独立国家所组成的同盟。其主要经历了三个阶段：荷、卢、比

三国经济联盟、欧洲共同体、欧盟。欧盟其实是一个集政治实体和经济实体于一身、在世界上具有重要影响的区域一体化组织。下设理事会、轮值主席国、委员会、欧洲议会、审计院、外交署、经济和社会委员会、欧洲煤钢共同体咨询委员会、欧洲投资银行等机构。欧盟治理模式是史无前例的制度创新，创建了从以国家为中心逐步转移到以国家联合共同治理为重心的一种新型体制机制和一种全新的欧洲政治和经济结构。它超越传统国家模式，以欧洲这样一个大洲为平台，以区域一体化为基础，实行法律先行，以典型法治的经济、政治、社会、文化与对外关系的综合治理和协调发展，毫无疑问是一种后现代化跨国型社会发展新模式，为开创一个民族国家体系和跨国家共同治理体制并存发展的新时代充当了开路先锋。欧盟治理模式在几十年的实践中积累形成了"权力让渡与联合共享""多元一体与包容性""协调均衡与妥协""法规先行与依法治理"等四条重要经验，对深度推进长株潭一体化有重要的参考和借鉴价值。

一是国家授权是区域共治的权力源泉。欧盟区域共同治理已具有明显的超国家因素的特征，但欧盟和欧盟治理仍是建立在成员国自主授权的基础上的。从本质上说，欧盟只是主权国家的联合体，只是按照"授权原则"和"辅助原则"，成员国自主自愿地转让一部分主权给欧盟，通过规制聚合这些权力，并以区域共同治理的方式共享聚合的主权，进而联合行使这部分主权。在这里，主权让渡始终是以能够更好地维护国家利益并使国家利益最大化为前提的。

二是欧洲认同是国家认同的延伸和补充。"多元一体"是欧盟治理模式的灵魂和标志，在尊重各成员国之间差异的基础上，通过区域整合，实现协调均衡共同发展，分享共同利益，追求共同目标，塑造共同命运，共同构建和培育共存共享共赢的新型的欧洲认同感和归属感。这种"多元一体"体现了欧盟的"多样性"和"包容性"，而联合又突出了欧盟的"同一性"，因此"多元一体"及"在多元化中实现一体化"就成了欧盟最鲜明的特征、最贴切的标志。

三是协调、均衡、妥协是欧盟治理模式解决矛盾问题的要诀。欧共体/欧盟却是对主权国家国际体系的突破，欧盟区域共同治理必然有损于国家主权的独立性和完整性。欧盟处理好这一问题的关键就在于建立了一整套区域多边协调和平衡的体制机制，使成员国形成相互依存、相互制约的紧密关系，从而得以化解并处理好成员国之间相关各种矛盾。平等协商是成员国建立互信的关键，持续协商、反复协调、不断妥协最终达成既尊重国家主权，又使各成员国利益均衡，各方都感到基本满意的协议，就成了欧盟行事决策的秘诀。

四是依法治理是欧盟治理模式的基础和保证。欧盟不是国家，但欧洲一体化却创造了一整套前所未有的既不属于国内法也不归属国际法的极其独特的法律制度和法律体系，为欧盟跨国区域共同治理奠定了法治的坚实基础。半个多世纪的欧洲一体化发展进程，总是法规先行，依法授权，依法行事。在欧共体/欧盟的主导下，由成员国政府签订并经法律程序批准生效的一系列契约，从《巴黎条约》《罗马条约》直到《里斯本条约》，构成了起准宪法作用的基础法。欧共体/欧盟各机构根据授权制定的各种法规条例和政策以及欧洲法院的判例法则是派生法，两者总和即构成欧共体/欧盟法，它连同欧洲法院独立的司法权，形成了这一古今中外史无前例的独特的法律制度和法律体系。为了防止欧共体/欧盟机构不依法行事，还专门制定了"授权原则""辅助原则"，以这些原则为规范限定欧共体/欧盟机构的行事权力。任何成员国、法人和自然人，包括成员国和欧盟的领导人，如果违反欧盟法律法规，都可以受到起诉和司法惩处。欧盟的法制事实上已形成了自成一类独特而崭新的法律体系，欧盟的法制法规是欧洲一体化和欧盟区域治理得以存续发展的基础和法律依据。

五是专项治理机构是欧盟区域协调模式的重要路径。全球化、知识经济和信息时代的到来，导致了经济、社会、政治发展的空间变化，新的城市与区域经济网络出现以及跨边境的区域经济联系的凸显。在这种情况下，欧盟的区域治理与区域发展模式多种多样，如问题区域模式、创新区域模式、跨境合作模式和流域治理模式，以"莱茵河保护国际委员会"组织对莱茵河流域的治理最为成功。莱茵河干流全长1 320公里，是欧洲第三大河，流经瑞士、法国、德国和荷兰等国家，流域范围内还包括奥地利、卢森堡、意大利、列支敦士登和比利时等9个国家，流域面积为185万平方公里。欧洲工业革命以来，沿莱茵河干流形成了欧洲和世界重要的化工、食品加工、汽车制造、冶炼、金属加工、造船和商业银行中心。为对莱茵河流域环境及水源进行有效保护，1950年7月由荷兰提议，瑞士、法国、卢森堡和德国等参与，在瑞士巴塞尔成立了"保护莱茵河国际委员会"（ICPR），签署了具有法律效力和制度约束力的"伯尔尼公约"和一系列流域水环境管理协议，如控制化学污染公约、控制氯化物污染公约、防治热污染公约、莱茵河2000年行动计划、洪水管理行动计划等，奠定了莱茵河流域管理国际协调和发展的法律、法规基础。同时，还设有由政府组织（如河流委员会、航运委员会等）和非政府组织（如自然保护和环境保护组织、饮用水公司、化工企业、食品企业等）组成的观察员小组，监督各国工作计划的实施。可见，专项治理机构是欧盟治理模式具体进行问题区域治理和跨境合作治理的有效形式。

（二）大都市区一体化治理模式

德国经济地理学家克里斯·泰勒认为"城市在空间上的结构是人类社会经济活动在空间上的投影"，它的形成和演化是城市行为者、居民、企业、政府追求规模经济行为在地域空间上的体现。大都市区是一个大的城市人口核心，以及与其有着密切社会经济联系的、具有一体化倾向的邻接地域的组合，它是国际上进行城市统计和研究的基本地域单元，是城镇化发展到较高阶段时产生的城市空间组织形式。国际经验证明，都市圈对一个国家经济发展具有强大的产业集聚和辐射功能，产生集聚的累积效应、扩散效应、规模经济效应，成为一个国家经济增长的巨大引擎。随着经济的日益全球化，国际间越来越流行的说法是"得大都市者得天下"。进入 20 世纪 20 年代后，城市人口超过农村人口，大城市人口开始逐渐向郊区迁移，形成了具备相当城市功能的郊区，大都市区（圈）逐步形成。大都市区的合理半径以不大于 200 公里为宜，核心城区人口规模应在 300 万~1 600 万人。一般而言，城区 1 000 万人口是最佳规模，而当超过 1 600 万人口时，便会发生较严重的"城市病"。目前，国外有东京都市圈"正式与非正式制度结合治理模式"、大伦敦市"二级制政府集中统一治理模式"、巴黎大区"行政大区议会制集权治理模式"、华盛顿大都市区"特区＋大区政府委员会治理模式"、多伦多大都市"以省会首府合并周边城市统一治理模式"等五大一体化治理模式都非常成功，可为深度推进长株潭一体化提供重要参考。

1. 东京都市圈正式与非正式制度结合治理模式。以东京市区为中心，半径 80 公里，东京都、琦玉县、千叶县、神奈川县共同组成了东京都市圈。东京都市圈总面积 13 400 平方公里，占全国面积的 3.5%；人口达 3 400 万人，占全国人口的 27%；GDP 占日本全国的 1/3。① 东京都市圈治理模式中，最重要的制度性因素在于日本政府以规划调控与跨区域行政协作为抓手，自上而下地"建纲立制"和主动引导下的结构调整和政策配套，完善大都市圈治理机制。这集中表现为统一性、多轮次的"首都圈整备规划"，制定了《首都圈整备法》和首都整备委员会，建立区域性统一规划机制、相配套的财政金融政策和保证规划顺利实施的法律体系等，这些都是正式制度安排的行政构架。同时，探索出了与中央集权主导相配套的跨行政区划的区域协作机制，如"东京都市圈交通规划协议会""七都县首脑会议"等非正式制度机构，保证了处理具体性区域问题的针对性和灵活性。东京都市圈是世界范围内屈指可数的著名大都市圈之一，其独特发展模式和丰富治理经验具有重要的启示：一是要以"大都市圈"发展模式引领特大型城市及其周边地区的空间结构和功能布局，加速区域经济一体化发展。二是要建立科学完善、动态调整的区域性统一规划及相应的制度保障，促进都市圈协同发展。依据都市圈整体发展的水平、范围和特质，对空间组织、基础设施、城市环境、产业布局及公共服务等区域性问题进行统筹考虑，开展整体规划和针对性的项目规划，并同步推进财政、金融、社会等相关配套政策。三是形成灵活有效的跨区域行政协调机制，推动区域性互补合作，既发挥了上位政府主导下提高资源利用效率，也发挥了地方政府主动寻求协作的积极性。

2. 大伦敦市二级制政府集中统一治理模式。伦敦都市圈以伦敦—利物浦为轴

---

① 张军扩：《东京都市圈的发展模式、治理经济经验及启示》，载于《中国经济时报》2016 年 8 月 19 日。

线，包括伦敦、伯明翰、谢菲尔德、曼彻斯特、利物浦等数个大城市和众多中小城镇。这一地区总面积约 4.5 万平方公里，人口 3 650 万人，是产业革命后英国主要的生产基地和经济核心区。由伦敦城和其他 32 个行政区共同组成的大伦敦市是这个都市圈的核心和龙头，人口 734 万人，面积 1 588 平方公里，在雾都时代这里是工业中心，后演变成金融和贸易中心。① 在近十多年里，以创意产业为主的新兴产业在大伦敦地区异军突起，已成为仅次于金融业的第二大支柱产业。1937 年英国政府成立"巴罗委员会"，编制伦敦都市区规划。根据 1965 年实施的《伦敦政府法》，大伦敦市政府结构采取二级制，一是由大伦敦地区居民选举产生的大伦敦议会，负责大伦敦地区内的公共行政事务。另一个是由自治市居民选举产生的自治市议会和伦敦城议会。1986 年《地方政府法》主张精简地方政府，废除大伦敦议会，实行政府结构一级制。2000 年新的大伦敦政府成立，二级制政府再一次实施。目前，伦敦地区的政府体制由大伦敦政府、伦敦自治市和伦敦城的议会及一些联合委员会组成。大伦敦市政府是一个战略性、跨区域性的政府，其治理模式有两个重要经验：一是依法明确上下级政府的权限职能。大伦敦市政府依法致力于提升大伦敦地区的综合竞争力，主要提供空气质量、文化和旅游、经济发展、交通、土地利用和规划、警察、消防等公共服务。自治市议会是地方自治实体，具体提供除警察和交通之外的面向市民的日常公共服务，如教育、住房、社会服务、街道清扫、废物处置、道路、地方规划及一些艺术、休闲等服务。双层政府之间较为明晰的职能定位，为有序开展跨界治理行动提供了重要基础和保障。二是以城市功能为导向实施大伦敦跨行政区治理。在具体实践中，大伦敦市政府并不直接生产或提供公共服务，而是依靠一些实体性的功能机构来提供。大伦敦市政府下辖有四个功能性实体单位，即伦敦交通局、市长警务和犯罪问题办公室、伦敦发展署、伦敦消防和应急规划管理局，为整个区域提供服务。

3. 巴黎大区行政大区议会制集权治理模式。巴黎大区位于法国北部巴黎盆地的中央，包括城区周围的上塞纳省、瓦勒德马恩省、塞纳—圣但尼省、伊夫林省、瓦勒德瓦兹省、塞纳—马恩省和埃松省等七个省，面积 12 072 平方公里，占法国国土面积的 2.2%，人口 1 100 万人，占法国总人口的 19%，是法国的政治、经济、文化中心。② 1982 年法国地方分权法颁布，巴黎大区作为地方行政区域正式成立，主要职能是协调区内跨省经济事务。巴黎大区政体主要是大区议会制，由大区议会产生的政府、大区行政机构以及大区议会咨询机构经济社会理事会。大区议会讨论和决定大区经济发展计划。大区议会包括全体会议和常设委员会。全体会议约每两个月召开一次，全体议员出席。常设委员会成员包括议会主席、副主席和各党派代表，可对除预算和财政之外的任何事务行使表决权。大区议会主席由议员选举

---

① ② 陶希东：《发达国家跨行政区治理模式启示》，载于《行政管理改革》2015 年第 4 期。

产生，职责包括起草议会决议草案、落实执行议会决议、管理议会财产、管理大区经济社会理事会、领导大区行政机构、主持常设委员会等。巴黎市同时具有市和省的权限，与巴黎大区彼此独立。1990年巴黎大区和巴黎市根据中央政府要求，共同编写《巴黎大区和巴黎市的白皮书》；先后出台《巴黎大区总体规划》《巴黎大区可持续发展计划》《2000～2006年国家——大区计划议定书和大区规划》，通过一级行政力量制定和实施这些计划与规划，目的在于加强巴黎大区和巴黎市的建设，有效协调各方行动，尤其是交通、居民点、工业区等的布局，修建联系巴黎城区与卫星城的配套工程、高等级公路、调整地铁等，实现巴黎大区和巴黎市经济社会文化和环境的协调发展。在治理模式上，巴黎大区实行的是强市弱区（市属区）体制，巴黎市下有20个区，每个区设置区议会和区长，但是大多数权力掌握在市长手中。当然，这并不意味着市政府干预领域的过宽过滥，而是在政府职能有限的前提下，为实现大城市的统一管理，把相应职权上收，使之相对集中于市级部门，以提高管理效能。总的看，巴黎大区的大区议会制和"强大市弱小区"集权制的治理模式，其操作性较强，对大都市区行政一体化有很大的借鉴价值。

4. 华盛顿大都市区特区＋大区政府委员会治理模式。美国虽有强烈的地方自治传统文化背景，但为了协调区域性矛盾，解决单一城市政府无法解决的区际问题，仍有为数不少的大都市区在城市政府之上建立了统一的权威机构——大都市区政府委员会，是协调政府间关系的有效组织形式，最典型的有"华盛顿大都市政府委员会（Metropolitan Washington Council of Gorernments，MWCOG）"。华盛顿大都市区包括哥伦比亚特区（首都核心区）以及马里兰州、弗吉尼亚州的15个市县，1957年成立正规的华盛顿大都市政府委员会，由首都地区的21个地方政府构成，还包括联邦政府官员和众参两院议员代表。主要职能是实施从交通到环境保护的众多规划，并具有联邦和州政府拨款的资金分配权，解决区域性问题。1999年首个大都市区战略规划经董事会批准通过，2011年又制定了全面战略规划，与首都城市规划紧密衔接。1999年首个大都市区战略规划经董事会批准通过，2011年又制定了全面战略规划，与首都城市规划紧密衔接。从组织性质看，MWCOG没有执法权力，不能强迫成员采取任何行动，是一个具有特殊协调功能的半官方、松散型非营利组织。其资金主要来源是联邦和州政府拨款（占60%）、地方政府会费（占20%）、契约费（占10%）、各类基金和私人部门捐赠（占10%）。[①] 华盛顿大都市政府委员会治理模式有以下几个作法值得充分关注，第一是从组织架构看，董事会是MWCOG的权力机构，对其所有的政策、职能和资金负责，由各地方政府及来自本区域的州立法会代表任命。董事会下设空气质量、环境和公共工程、运输规划等专业技术委员会，主要负责商量应对大都市区域面临的问题与挑战。第二是从

---

① 张军扩：《华盛顿城市治理经验：委托授权的协作治理》，载于《中国经济时报》2016年8月24日。

职能作用看，MWCOG 为其成员提供许多实质利益。包括制定并实施交通、环境保护等众多规划，为成员提供各类信息搜集，有效地解决了许多公众关注的区域问题。第三是从行政方式看，MWCOG 模式体现了不同主体平等协商、互动参与的区域治理理念，不同行政区之间的合作机制逐步理顺，制定的区域政策也能够获得各地方政府的支持并有力实施，其区域管理和协调功能比政府管理更有效。

5. 多伦多大都市以省会合并周边城市治理模式。多伦多大都市是加拿大第一大城市，位于安大略湖西北岸，人口超过 600 万人，是安大略省的省会城市。随着经济社会的发展，面对政府公共服务供给不足、交通拥挤、环境污染、资源浪费等问题，多伦多大都市进行行政区划的成功合并，建立起"更强、更快、更好"的高度集权的新型大都市区政府。1953 年多伦多与周边 12 个城市首次合并，成立了市和区两级管理政府，多伦多大都市政府负责大区公共事务，13 个地方自治市仍旧行使各自的地方权力。1967 年这 13 个自治市被整合为 6 个级别较低的行政区，直到 1996 年根据"有利于节约、消除城市间冲突、减少城市职能重叠"的原则，这 6 个行政区又再次与多伦多市合并为新的"大都市"——大多伦多市。后多伦多市又与其周边四个行政区共同组成了多伦多地区，成立了大都市区管理局，利用整体规模经济优势，核心城市带动周边地区，增强了合并后城市的竞争力。该治理模式的重要启示是：省会城市形成强大的核心极，必要时适时进行城市合并，可扩大规模量级和提高行政效率。多伦多大都市出于削减公共开支和提高极化力的考虑，对大都市区行政区划多次进行合并重组，带来非常明显的效果。不仅使政府开支每年减少 2/3 左右，而且在交通、环保、健康等方面取得了良好的绩效。同时，在政府行政管理方面，法定分工，权责分明。大都市政府管理职能范围是地方政府辖区外的大区域公共服务事务，而地方政府则限于消防、治安、教育、城市卫生等。二者相互分工和补充，既避免了干扰，又提高了效率。

（三）城市新区跨界一体化治理模式

城市新区一般是承担国家重大发展和改革开放战略任务的综合功能区，是我国全面深化改革的重要平台，也是推进区域治理体系和治理能力现代化的重要平台。自从 1992 年国务院批复设立上海浦东新区以来，经过 20 多年的发展，我国城市新区在体制机制创新方面积累了一些可复制可推广的经验和做法，对构建长株潭一体化的行政管理体制具有重大的参考价值。

1. 浦东新区扁平式行政区模式。上海市浦东新区范围包括黄浦江以东到长江口之间的区域，2009 年 5 月原南汇区并入浦东新区，使浦东新区成为上海市第二大的行政区。全区面积 1 429.67 平方公里，常住人口 518.72 万人。浦东新区作为全国的综合配套改革试验区、副省级区和国家级新区，始终以"小政府、大社会"为核心，走出了一条充分体现浦东特色的行政体制创新之路。20 世纪 90 年代以来，浦东的行政管理体制做过三次大的调整，第一次是 1990～1992 年，1990 年 4月 18 日中共中央和国务院决策开发浦东，上海市在原有三区两县行政管理职能不变的基础上，设立浦东开发办公室，作为市政府派出机构，对浦东的开发建设进行总体构思、组织协调；市各委办局凡有需要的，在浦东设开发办。这种模式在浦东开发初期取得了明显成效，但传统行政管理体制没有触动，一度出现不良竞争，产业布局也很零乱；第二次是 1993～2000 年，1993 年 1 月 1 日成立了中共浦东新区工作委员会和浦东新区管理委员会，川沙县的建制撤销，同时将划归到南市、黄浦、杨浦的地区及闵行的三林乡收回，国务院批准设立浦东新区。其管理体制的特点：一是政企分开；二是高级别、高授权；三是精简、统一。第三次是 2001 年至今，撤销浦东新区党工委和管委会体制，正式建立区委、区人大、区政府、区政协等城区管理机关，建立了正常的政治架构。按照"稳住两头、调整中间"的主要原则，取消了在区政府与街道（镇）之间的功能区管理层级，建立了扁平式高效率的新区开发管理格局。

2. 滨海新区优化行政区层级模式。滨海新区是天津市下辖的副省级区、国家级新区和国家综合配套改革试验区，2006 年国务院批准的国家综合改革创新区。位于天津东部沿海地区，总面积 2 270 平方公里，常住人口 297 万人，是中国北方对外开放的门户、高水平的现代制造业和研发转化基地、北方国际航运中心和国际物流中心、宜居生态型新城区，被誉为"中国经济的第三增长极"。2009 年 11 月国务院正式批复滨海新区行政体制改革方案，同意撤销天津市塘沽区、汉沽区、大港区，设立天津市滨海新区行政区，辖区包括原塘沽、汉沽、大港三区全境，由滨海新区区委、区政府统一领导各个街镇的工作。新区党委和政府成立后，本着精简高效的原则组建了两类区委、区政府的派出机构，一类是城区管理机构，成立塘沽、汉沽、大港三个工委和管委会，主要行使社会管理职能；另一类是功能区管理机构，成立 12 个经济功能区党组和管委会，主要行使经济发展职能。2014 年 12月 12 日，滨海新区又获批自贸区，成为北方第一个自贸区。滨海新区在开发建设中，始终重视创新行政管理体制，主要进行了五个方面的重要改革，即撤销塘汉大、提升街镇、功能区整合、优化行政审批制度改革、修订滨海新区条例等，大大推动了新区经济社会发展，对我国城市新区具有重要的借鉴意义。

3. 两江新区"1+3"管理模式。重庆市两江新区是继上海浦东新区、天津滨海新区之后的第三个国家级新区，面积为 1 200 平方公里，包含重庆市渝北区、江北区、北部新区和北碚区的部分区域，2016 年实现地区生产总值 2 261 亿元。新区采用"1+3"管理模式，重庆市委市政府成立两江新区开发建设领导小组，新区管委会直管两江新区工业开发，代管北部新区和两路寸滩保税港区，这被称为两江新区的"三个平台"。同时，两江新区管委会与同江北、渝北、北碚三个行政区平行推进相关事务。以上分析表明，两江新区管委会模式的关键在于管委会集中配置资源的权限和权威，能否建成三个行政区经济开发高端高效运转的机制。对此，重庆的做法是两江新区开发建设领导小组的组长由市长担任，另有一名市委常委、一名副市长、一名市政协副主席任副组长，北部新区、江北、渝北、北碚和相关市级部门及部分大型企业负责人为小组成员，对新区行使行政管理，其实质是市委市政府直管。这是两江新区管委会治理模式的一条重要经验。

4. 西安整体代管西咸新区模式。西咸新区是经国务院 2014 年 1 月 6 日批准设立的首个以创新城市发展方式为主题的国家级新区。位于陕西省西安市和咸阳市建成区之间，区域范围涉及西安、咸阳两市所辖 7 县（区）23 个乡镇和街道办事处，规划控制面积 882 平方公里，城市人口 150 万人，有空港新城、沣东新城、沣西新城、泾河新城、秦汉新城等 5 个组团。西咸新区地跨西安和咸阳两个城市，虽然是陕西省直管，但具体的民政、工商、国土等行政部分还是要分属两个城市，存在"各自发力、各自为政"的情况。对此，2016 年陕西省委推进西安、咸阳、西咸新区规划建设一体化、产业布局一体化、行政管理一体化，建立了"大西安建设委员会"。为彻底消除西咸新区与西安市的体制性矛盾，陕西省委、省政府 2017 年 1 月又作出《关于促进西咸新区进一步加快发展的意见》的决定，将西咸新区划归西安市委、市政府整体代管，除履行国家级新区开发建设职能外，全面托管辖区内西安市和咸阳市的行政和社会管理职能。由此，西安市人口规模短期内增加了 100 多万人，其资源整合能力和城市竞争能力大幅度提升。特别是西咸新区和西安在城市建设规划上也形成了一个大的整体，"一张蓝图、一体建设"，大西安建设进入快车道。

5. 安徽撤市调区建设大合肥模式。安徽省濒临长江的原地级巢湖市发展相对缓慢且又位于芜湖、马鞍山、合肥之间，阻断了该省这三大中心城市的联系，无法形成整体合力，尤其是省会合肥的发展受到空间限制，难以带动安徽跨越发展。在此情况下，对巢湖市的拆分便构成了安徽经济大发展的必然趋势。为此，该省 2011 年报经国务院批准撤销巢湖市，对其所辖的一区四县行政区划进行相应调整，分别划归合肥、芜湖、马鞍山三市管辖。即撤销原居巢区，设立县级巢湖市由安徽省直辖，合肥市代管；原庐江县划归合肥市管辖；无为县划归芜湖市管辖；和县的沈巷镇划归芜湖市鸠江区管辖；含山县、和县（不含沈巷镇）划归马鞍山市管辖，使合肥，芜湖、马鞍山三市连成一片，尤其是合肥市面积扩大了 40%，达到 10 000 平方公里，形成了现代化滨湖大都市，大大促进了合肥经济圈发展，同时将省府搬迁至滨湖新区，使大合肥通过巢湖走入长江，加快了安徽融入长江经济带和长三角城市群的步伐。此次行政区划调整是安徽经济社会发展到一定阶段的内在要求，有利于优化国土开发格局，全面提升以合肥为核心的皖江城市带建设水平，培育引领安徽发展的核心增长极。根据《合肥市统计公报》数据计算，合肥市经济总量由拆合前的 1 776.9 亿元增长到 2016 年的 6 274 亿元，年均增长 14.4%，是全国增速最快的省会级城市之一；经济首位度由 20.1% 提升到 25.7%，带动安徽经济在"十二五"期间以年均 10.8% 增长率高速发展，其增速进入全国前十。安徽调整行政区划取得的显著成效，雄辩地说明通过行政一体化推进资源优化整合，以获得新的资源存量和提升竞争力，是打造大区域经济中心的客观要求。

（四）国内外区域一体化治理经验启示

随着经济市场化、全球化和信息化的发展，区域间的经济社会联系越来越密切，跨行政区治理已成为一个世界性重要命题。在这个区域经济集聚发展的过程中，无论是发达的市场经济国家还是发展中国家，都需要对相应的行政管理体制进行改革和创新，其核心就是要打破传统行政区划体制的束缚，实行多元一体化的整合。国内外学者将破解行政区划刚性约束大多界定为"跨界治理""复合行政""整体性治理"等观点。从现有国内外的实践经验来看，"跨行政区治理"包括区域政府结构的重组再造与职能改革、政府行政权力的区划空间再配置、省区市经济利益再分配及行政区划调整等，本质上都是从市场对资源配置起决定作用的基点出发，以更好地发挥政府行政作用，适应全球化的新要求，创建区域一体化发展新格局和利益共同体。综合上述 10 个国内外案例经验，对长株潭行政管理体制改革主要有以下几点重要启示。

1. 培育大区域协同发展的行政治理理念。随着市场化和全球化的不断发展，在社会经济管理中要培养大区域治理理念。不能固守传统的行政区划及其行政等级，从树立平等协商、交流合作的治理理念出发，以尊重、平等、协商、合作、信任的态度，通过大区域间的协商沟通来解决问题。同时，行政区划及行政权力配置要为经济社会的发展服务，树立行政区划及行政权力也是一种重要资源配置的观念。因为从本质上说，大区域协同是多个行政区主体的联合体，只有像欧盟那样按照"授权原则"和"辅助原则"，自主自愿地转让一部分权力给联合体，以区域共同治理的方式共联合行使这部分权力，达到在大区域范围资源优配，每个成员都能分享到 1 + 1 > 2 的效果。

2. 依法依规组织大区域发展的跨区行政治理。在市场化和全球化经济发展中，国家与国家以及地区与地区的相互融合是一个客观规律，人们主动适应这个客观规律的基本要求就是依法依规组织大区域跨区行政治理。如欧盟从《巴黎条约》《罗马条约》直到《里斯本条约》，构成了起准宪法作用的基础法；东京都市圈的《首都圈整备法》、英国的《伦敦政府法》和《特别地区法》以及法国《巴黎大区总体规划》等，这些法律法规的出台，增强了跨区治理主体的权威，明确了各治理主体的权责利，强化了各治理主体的职能归属。

3. 设立大区域一体化发展的政府行政制度。从国外来看，形成了大伦敦都市区政府、巴黎大区议会制政体、华盛顿大都市政府委员会、多伦多大都市政府等，国内也有上海浦东新区和天津滨海新区政府模式，以及重庆两江新管工委准政府治理模式，这些不同程度集权行政模式，通过界定大都市和新区政府与市（区）的职责任权能，较好的调整了大区与所属市区的利益关系，既强化了上位政府的宏观决策和政策调节，又保障了地方自治传统，促进了大区域的统一协调发展。此外，除了官方政府组织外，还有为数众多的区域委员会充当补充角色，形成正式和非正式结合的大区域协调机制，在一定程度上消除了府际摩擦及地方政府间竞争所造成的负面影响，增强了上下纵横之间各利益主体的良性互动。

4. 根据大区域发展需要适时调整行政区划。国外以大多伦多都市区为例，加拿大属于英联邦国家，文化归属上倾向于英国式的地方自治与自由主义文化传统。但它在大都市区发展中对周围 12 个城市的合并其动作之大、范围之广、效率之高，在发达国家中都是首屈一指的。实践证明，大多伦多都市区调整行政区划明显提升了安大略省首府核心增长极的集聚带动作用，同时，还提升了公民对大都市区政府的认同感，大幅度提高了政府行政效率。国内上海、天津和陕西对新区行政区划的调整，以及安徽对原地级巢湖市拆合打造大合肥中心城市，也同样取得了促进大发展上新台阶的显著成效。总之，经济社会发展是基础和根本，行政区划的设置必须为大区域经济社会的发展服务。那种不顾发展需要，把行政区划绝对化和凝固化，是保守狭隘的落后治理，应下决心对其进行彻底改革。

5. 针对问题区域和跨国专业领域成立专门治理机构。问题区域是指出现各种区域公共问题区域的专业化精准治理。这在欧盟治理模式中是重中之重。另外随着工业化和城市化进程的急速推进，流域内上游、中游、下游地区如何协调发展，也已成为国家和地方政府的一道难题。以上，欧美的经验是建立专门机构进行专门管理进而达到精准治理，这是一个十分成功的经验。如欧盟"莱茵河保护国际委员会"由参加国让权和授权建立相应法规，对莱茵河流域进行专业性的跨国治理，流域资源利用与环境保护的业绩不菲。还有美国的纽约新泽西港务局，1921 年 4 月 30 日经美国国会批准，纽约州和新泽西州政府联合成立，负责经营纽约与新泽西之间各项跨州交通设施，并由两州州长各任命 6 名委员组成监督机构对港务局的经营过程进行监督。这样解决了历史上两州对于一些相邻港域归属权的争议，使纽约和新泽西两个港区都得到了很大发展，成为美国东海岸的第一大港。国内长江水利委员会也属于这种性质机构，对长江的专业治理同样取得了显著成效。以上均提供了很好的借鉴。

五、长株潭一体化行政管理模式的比较

行政是行政主体对国家事务和社会事务以决策、组织、管理和调控等特定手段发生作用的活动。所以，行政行为是面向社会、服务大众的管理活动。这种管理活

动首先和主要地是由在任何社会中都是最大和最具权威性的公共组织——政府来承担和完成的。从这一意义上说，行政管理就是政府管理。由于行政属于国家范围的公务活动，而国家是由国土、人民（民族）、文化和政府四个要素组成的。国家为了实行有效管控一般都要进行分级管理而实行区域划分，形成了行政区（政区）结构。于是，在一个国家范围内便会有不同层级政区的政府及政府管理。在这里，行政一体化指政区与政府（政区管理组织）责权的对等配置，主要是社会化大生产发展到大区域经济阶段后，通过行政区划调整，按经济区要求配置行政区构架，以消除多元行政对经济跨界发展的掣肘，打造大区域中心，带动紧密性的区域一体化。而行政管理一体化是在政区管理的基础上根据效率和政治的原则进行政区间的管理，主要是大都市区（圈）政府管理或大区域某些特定领域行政管理，如中央深改小组第35次会议通过了《跨地区环保机构试点方案》，决定在京津冀及周边地区开展跨地区环保机构试点，实现统一规划、统一标准、统一环评、统一监测、统一执法，这就属于大区域多政区间环保领域行政管理一体化。长株潭一体化曾被誉为"中国第一个自觉进行区一体化实验的案例"，几十年的探索和发展，为推动湖南经济社会的发展作出了重大贡献。在新形势下进一步推进紧密型的一体化，必须深化行政体制的改革，重点突破行政一体化，优化行政管理体制。对此，下面设计提出三种方案进行比较。

（一）长株潭联盟模式（共同体）

联盟是指两个或两个以上的独立的国家或民族为了共同的利益和行动通过正式协定（条约或合同）建立的集团。这种联盟也就是基于追求各自利益而统一行动并具有高效动作能力的共同体。从理论与欧盟的实践来分析，这种利益共同体式的长株潭联盟模式是对现在的长株潭城市群模式的提升，即由松散的经济地理圈进化到联合的经济组织体。长株潭三市虽然在地理距离上挨近，通过这些年推动一体化，在交通和环保设施以及公交和通信方面相互联通的水平提高，城市群圈基本形成，但三市在经济社会的组织层面并没有联结为一个命运共同体，严重缺乏长株潭整体认同，各自的利益诉求远大于整体利益甚至冲击和削弱整体利益，发散式的离心力超过和抵消了聚合式的向心力。联盟模式就是从组织层面解决三市离心力的一体化设计，其基础是长株潭三市主体的联合，通过部分权力转让组成利益共同体。

长株潭利益共同体联盟模式有三条生命线：一是主体结盟，二是让权共享，三是统一行动。这是一个完整的组织链，主体通过契约结盟是主体让权聚集共享的法定依据，而只有各主体自愿让权进而形成整体共享行权，长株潭三市才有可能在经济社会发展的方向性、要害性和普惠性问题上统一行动。当然，只有统一行动方可获得共同体利益的最大化，也就是制度经济学意义上的规模经济和范围经济效应最大化，真正发挥湖南首位核心增长极的作用。在构建长株潭联盟三条生命线的做法上，可采取以下几大措施和步骤：（1）省人大立法：由湖南省人大常委会制定和出台《湖南省长株潭联盟条例》，规定长株潭联盟的性质、范围、成员、目标、机构、职责、权力、考核和决策程序等。（2）省政府推进：由湖南省人民政府成立"湖南省长株潭联盟领导小组"，由省长任领导小组组长，下设湖南省长株潭联盟推进委员会，与长株潭城市群"两型"建设试验区管委会合署办公，由省政府常务副省长任主任，"两型"建设试验区管委会主任任常务副主任，省相关厅局和三市政府主要负责人作为委员会成员，委员会设相应的工作小组。（3）签订联盟契约：根据《湖南省长株潭联盟条例》，在湖南省长株潭联盟领导小组的指导下，由三市政府签订《长株潭联盟契约》，具体明确规定联盟的发展方向、经济社会目标、行政办事程序和三市权责利配置等，根据授权原则和辅助原则，确定联盟的权力配置和行权机制等。（4）建立联盟理事会：湖南省长株潭联盟推进委员会的组织下，组建长株潭联盟理事会，由湖南省长株潭联盟推进委员会常务副主任担理事会召集人，长沙市作为省会城市担任理事长单位，株、潭两市担任副理事长单位，三市所属区县市和职能部门担任理事单位。定期召开理事会，按《湖南省长株潭联盟条例》和《长株潭联盟契约》规定行政程序进行议事决策。（5）设置专门小组：理事会根据需要设置若干专部门小组作为办事机构，如规划、交通、环保、产业、市场、科技、信息化、投融资、公共服务等，与湖南省长株潭联盟推进委员会下设的工作小组联合办公。（6）建立专业治理机构：对问题突出的领域和区域，可借鉴莱茵河国际保护委员会、纽约新泽西港务局、加州大气管理局和国内长江水利委员会的经验，由联盟重点成立若干跨市管理机构，如长株潭环保与绿心管理局、长株潭湘江治理管理局、长株潭公共交通管理局等，进行专业性的精准治理。

（二）长株潭新区模式（大都市功能区）

城市新区是工业化推进的产物和必然选择。从空间经济学的视角来分析，工业产业和与之配套的服务业向有市场潜力的城方集聚形成城市即城市化现象，而城市化伴经济、人口和用地规模的扩大，城市中出现了一系列经济问题、社会问题和环境问题即拥挤效应，基于产业成本的规律性作用，于是会推动一些产业与企业向成本相对低的郊区迁移，这样便形成了城市新区。其进一步的作用，又形成了多层级的城市群。所以，城市新区的发展涉及四大基本因素，这就是人口（包括劳动力）、市场、产业、地理（土地、河流、湖海、道路、资源及生态等）。新区建设就是要科学合理地选择配置这四大要素，其经济目标是实现集聚发展，提高经济密度，实际就是提高全要素生产率。正是基于这四大要素的组合，城市新区可分为两种类型：一类是战略型新区，承担国家和地区重大发展和改革开放战略任务的综合功能区，如上海浦东新区建设成为我国的国际经济中心、国际金融中心、国际贸易中心、国际航运中心及综合改革的试验区。天津滨海新区建设成为我国北方对外开放的门户、高水平的现代制造业和研发转化基地、北方国际航运和物流中心；另一类是郊区化新区，在地域空间上处于老城区市郊范围且有相对明确的发展界限的城市区域，分担老城区的部分功能。基于城市新区属性，我们认为，城市新区模式也构成长株潭一体化行政管理体制的重要选项。其操作方式有两种选择。

第一种方式是组建长株潭大都市新区政府。在长株潭三市中，长沙作为省会城市其经济规模量级已近万亿元，经济首位度在全国27个省城市中排第4位，按照建设国家中心城市的要求还必须大幅度提高，由于受老城区的限制，生产力的布局势必向郊区转移，与株洲、湘潭和岳阳产业扩张区域接壤，形成大长沙郊区化新区。另外长株潭作为国家级重要的城市群，是我国在新形势下"两型"社会建设、内陆开放开发、工业智能制造和科技自主创新的战略高地，构成了国家战略型新区。所以，长株潭兼有战略型和郊区化两类新区的核心要素，尤其具备以大都市区构架建设战略型城市新区的所有基础。随着以高端装备制造为主的产业集聚发展，长株潭三城市各自都在向郊区扩展，最终完全能够建成有支柱产业链联接和支撑的、经济社会一体化的长株潭大都市新区。在行政治理方式上可借鉴大伦敦市二级制政府治理模式，组建"长株潭大都市新区政府"。首先，由湖南省人大常委立法出台《长株潭大都市新区政府条例》，在基本保留三市现有行政建制不变的基础上，组建准副省级的、具有行政权威性和高效统一性的长株潭大都市新区政府。由湖南省人大条例授权，负责长株潭大都市新区的跨界公共事务，如规划、交通、公交、社保、环保、科技、教育、就业和产业与市场的布局等，三市政府在这些跨界形成的区域性整体公共事务方面，必须服从大都市新区政府的安排和调节，并列入行政考核。根据现有情况，大都市新区政府可在现长株潭"两型"社会建设试验区管委会基础上组建，按大部制原则设立若干大区政府职能机构，并由湖南省政府常务副省长任大区政府主席，赋予省级的相关职责和权力。同时，将现长株潭"两型"社会建设试验区党工委改组为大都市新区政府党组，直接对省委省政府负责。

第二种方式是调整扩大提升现湘江新区构架。2015年4月8日国务院批复同意在长沙大河西先导区的基础上设立湖南湘江新区，首期规划开发建设面积490平方公里。湖南湘江新区在长沙大河西先导区的基础上成立以来，实行"抓统筹、兴产业、提品质、强保障"的工作方针。2015年原先导区实现地区生产总值1 603亿元、固定资产投资1 762.7亿元、高新技术产业产值3 090亿元，2016年这三项指标同比有一定幅度增长，初显新区开发开放成效。但实事求是地说，按照国务院批复建设高端制造研发转化基地和创新创意产业集聚区、产城融合城乡一体的新型城镇化示范区、全国"两型"社会建设引领区、长江经济带内陆开放高地的"三区一高地"功能定位要求尚有较大差距，存在着"新区不新"的局限性。现湘江新区范围基本上系长沙市高新技术开发区、宁乡经济开发区和望城经济开发区等3个国家级园区以及宁乡高新区、岳麓工业集中区等2个省级园区的叠加覆盖，未能真正体现上述城市新区的郊区化新区和战略型新区本质。虽然在湘江新区范围内的这些国家级、省级开发区再加上湘江新区的金字招牌后，其开发和开放政策上得到了某些提升，但湘江新区系国务院批准设立的面向整个湖南乃至中部崛起的国家级新区，所应承担国家重大发展和改革开放战略任务的综合性功能还难以发挥，其开发建设还难以上升为国家级战略层面。因此，必须根据新的形势和新的要求，突破长沙市的行政区划，对湘江新区进行战略性的调区扩区。我们的建议是，根据2014年湖南省委贯彻落实十八届三中全会决定的《实施意见》关于"组建跨行政区的湘江新区"的精神，实行跨长沙行政区范围的规划提升，首先扩大到长沙东部的长沙经开区、高铁新城、空港新城和北部的金霞开发区；其次扩大到与湘潭、株洲结合的核心产业区域，将位于株洲市田心街道的国家轨道交通装备研制基地和湘潭市九华经济技术开发区划入湘江新区；最后将长沙望城区河东五镇连接湘阴汨罗"两型"片区纳入范围，实现湘江同长江的零对接，形成湖南大产业、大资本、大市场的集聚中心。同时，长株潭核心增长极联通岳阳后具有了通江达海的口岸，与长沙高铁、空港枢纽组合配套，形成我国内陆开放的战略高地，并在此基础上申报创建中国湖南自由贸易区，以实现湘江新区规划在国家开放战略层面的大幅度提升，强力推动湖南开放经济的大发展。这可谓是湖南加快形成长江中游超级城市群的关键之举。为适应大湘江新区的战略性调整，在行政管理体制上，应直接由湖南省委、省政府组建准副省级的大湘江新区党工委和管委会（可考虑在现长株潭"两型"社会建设试验区工委和管委会的基础上，并结合现湘江新区工委和管委会重组改建），湖南省政府常务副省长任新区党工委书记和管委会主任，长沙市市长任党工委副书记和管委会常务副主任，为省委、省政府直属机构，赋予省级的相关职责和权力。

（三）长株潭国家中心城市模式（大长沙）

国家中心城市，是住房和城乡建设部2005年编制的《全国城镇体系规划》中提出的处于城镇体系最高位置的城镇层级，在全国具备引领、辐射、集散功能的"塔尖城市"，这种功能表现在政治、经济、文化、对外交流等多方面，体现国家战略、国家意志、国家使命和国家形象。空间经济学认为，城市的规模与体量是一个经济中心极化与带动能力的基本体现，是优化生产力空间布局的一个非常重要的因素。因为规模本身就是优势，如果城市没有一定的规模，达不到一定的范围，城市的聚集效应与分工效应就不能达到，城市的多样性、创造力、竞争力与话语权就不能获得。当一个城市的规模和体量达到与其区位和趋势相匹配的程度后，其资源配置能力、人才聚集能力、财富生产能力就会呈指数级增长，这也是大城市与小城市最大的本质区别，是建设国家中心城市的经济学解释。

2015年长沙提出申报建设国家中心城市，2016年湖南省第十一次党代会报告明确支持长沙建设国家中心城市。然而对标国家现有的五大中心城市和国家支持在中部建设的两大中心城市，单独由长沙申建国家中心城市至少存在三大近期内尚难以解决的短板，一是城区规模和人口总量偏小。长沙总面积在中部省会城市中最大，但城区建成区面积小，仅为武汉的52%，建成率仅为3%，在中部排名最低。在人口规模上长沙仅集聚全省人口的10%，低于我国省会城市15%的平均数，常住人口规模低于国家已明确支持建设的所有国家中心城市。二是对外开放度和国际化水平低。2015年长沙全年进出口额129.53亿美元，仅居中部省会城市的第4位，只相当于武汉和郑州的46%和23%，其增速也分别比武汉、郑州低0.6个、17.2个百分点。长沙至今没有外国领事馆，国际会展赛事较少。三是服务业不发达特别金融短板突出。2015年长沙三次产业的比例为4.0∶50.9∶45.1，第三产业比重在中部地区位居第4位。这其中金融短板突出，2015年长沙金融机构存款余额为14 065.7亿元，分别为郑州、武汉的72.5%、83.0%。金融业增加值不足武汉的一半，仅为郑州的60%。此外，城方财政收入、城市发明专利授权量、城市上市公司数量和城市三甲医院数量等指标也明显落后于现有的和国家明确支持建设的国家中心城市。①

在越来越激烈的城市和地区竞争格局中，对于湖南省来说，安于目前总体上处于粗放发展的现状，特别是指望安于目前长株潭三市各自分散发力发展的现状，来实现湖南复兴和跨越发展显然是很不现实的。现在省际竞争更多地表现为城市群的竞争力，而城市群的竞争力更多地取决于首位城市的竞争力，所以只有做大做强长沙，才能提高湖南的区域竞争力。而做大做强长沙目前最现实、最有效的选择就是长沙同株洲、湘潭合并组成副省级的特大省会城市大长沙申报建设国家中心城。按2016年数据测算，三市合并抱团融合发展，可实现优势资源全面整合，大幅度提升整体竞争实力，弥补长沙势孤力薄的短板。其主要体现为以下几点。

1. 经济总量突破万亿元，达到13 941亿元，经济首位度提高到4.46，比武汉市的3.2高出1.26，其经济总量和首位度在全国27个省会城市中的位次均上升到第2位。

2. 人口规模达1 425.65万人（域内常住人口），在全国省会城市中的位次也上升到第2位，其中建成区人口达605.4万人，超过郑州市（530万人），仅次于武汉市（720万人）。

3. 地方财政收入总量也突破千亿元大关，达到1 087.3亿元，超过郑州市并接近武汉市，进入千亿级地方财政收入的省会城市行列，在27个省会城市中排名第6位。

4. 城市实际利用外资额度达69.24亿元美金，较大幅度超过郑州市，在全国

---

① 唐宇文等：《长沙建设国家中心城市的几点建议》，湖南省社科基金重大项目阶段成果，2017年5月。

省会城市排名提升到第 4 位。

5. 城市上市公司数量达到 59 家，超过武汉市和郑州市，在全国省会城市排名提升到第 4 位。

6. 城市发明专利授权量 5 535 件，同武汉市的差距缩小 20 个百分点，大大超过郑州市（208 件），在 27 个省会城市排名第 7 位。

7. 城市三甲医院达到 14 座，紧跟武汉市远超郑州市，在全国省会城市排名提升到第 3 位。

8. 城市高校总数 80 所，在包括京津沪渝在内的全国高校数量最多的十大城市中与武汉并列第 3 位，在省会城市中排名第 2 位。

9. 尤为重要的是，长株潭合并，能有效整合三市优势资源，联合打造高端支柱产业链，在中部地区可形成超越武汉的特大城市量级的竞争实力。

总之，长株潭合并建设副省级国家中心城市，是湖南发挥"一带一部"区位优势，着力打造超级核心增长极，深度对接国家"一带一路"倡议和全面融入长江经济带建设的重大战略举措和必由之路。

（四）三种治理模式比较分析

以上长株潭一体化行政区管理的三大概念性模式各有其特点：首先，长株潭联盟模式是一种改良型的模式，是在基本保持三市独立建制基础上增加一体化契约机制，没有触动现有的行政区划及其体制，从理论上说对长株潭一体化的整体认同的工作推动会有一定的促进作用和约束力。联盟构建的难度不是太大，但联盟实施需要有很强的契约精神，要通过协商、协议的程序。由于利益纠结，牵涉的矛盾很多，决策和行动的过程一般会较长，有的项目协商不成一致意见甚至搁浅；有的虽然达成协议，但可能因契约意识差而导致联盟不能正常运行。其次，长株潭新区模式是一种升级的模式，需要调整现行的行政管理体制及区划。其中第一种方式"组建长株潭大都市新区政府"是在三市政府上加一层政府机构，这既需要省人大立法，实际上是要对现行行政法制进行改革，同时又需要三市政府授权，进行权力转让，牵涉到地方政府的权责，在立法后操作起来也较复杂；第二种方式调整扩大提升现湘江新区构架需要对行政区划进行较多的调整，而且要对湘江新区现在行政级别升格到副省级，需要中央的支持，改革的深度和复杂性会更大一些，但这种方式最终是向三市合并的国家中心城市过渡，其效果会更好。最后，长株潭三市合并（大长沙）建设国家中心城市模式，是长株潭一体化行政体制改革的目标模式，是本研究报告提出的结论性对策建议。如上所述，由于全球化进程加快，国际竞争优势的基本单元已演化为特大型城市与大都市圈，这已成为衡量一个国家或地区经济社会发展水平的重要标志，成为推动一个国家或地区经济发展的主要动力。湖南作为一个拥有近 7 000 万人口、21 万多平方公里的大省，目前仍没有一个千万人口规模以上的超级核心城市，这与我国新型城市群化和国际超大都市圈加快发展的大趋势是很不相适应的。正是基于此，我们强烈地认为，湖南要实现经济赶超和现代城市经济高度繁荣发展，要在国内甚至国际竞争中占有战略高地，就必须推动长株潭实质性融城，合并三市组建超大型副省级大长沙国家中心城市，并依托这个大都市圈的辐射带动周边岳阳、常德、益阳、衡阳、娄底五市，形成紧密型的环长株潭城市群。必须认识到，这项宏大的改革是湖南贯彻习总书记重要指示，实施"一带一部"区位优势战略的必然要求，理顺长株潭一体化管理体制，调整长株潭行政区划，目前既有基础，又有需要，是大势所趋，势在必行。全省上下应该解放思想，提高认识，深化改革，撸起袖子，抢抓机遇，砥砺推进。

六、打造长株潭（大长沙）国家中心城市

我国进入经济发展新常态后，这几年出现了一个做强省会城市的趋势，或者说进入了"强省会"时代。大杭州、大武汉、大南京、大郑州、大沈阳、大西安、大合肥等已迎面扑来，强省会的区域新格局正在形成。从经济发展规律分析，这是因为新常态是经济结构调整升级的时代，生产力要素配置必然由分散走向集聚，形成经济中心强势的话语权和影响力。对一个省来说，省会是代表本省参与区域格局竞争的"带头大哥"。拥有了一个强省会，不单意味着拥有一个经济数据上的大城市，更重要的是拥有一个强有力的资源配置中心、一个强有力的话语权，它可以帮助该省在全国激烈的区域竞赛中，赢得更多的资源、项目、政策与人才。湖南省人均平原面积仅为400平方米，人多平地少，尤其需要强调人口和产业经济的高度集聚发展。如果没有长株潭三市合并的大长沙这个巨型城市来实现大规模人口与产业的高度集聚，就不可能建成湖南新型的工业化、城镇化和农业现代化。所以，只有长株潭三市合并创建副省级大长沙国家中心城市，才能适应我国经济新常态下区域经济竞争大格局，加快做强省会这个超级经济中心，以带领整个湖南实现有质量、高效率的跨越发展，以全面建成小康社会，为实现中国梦重大作出贡献。

（一）长株潭合并建设大长沙国家中心城市的可行性

从我国经济发展的战略需要和湖南省现有的基础分析，长株潭已完全具备三市合并打造副省级国家大长沙中心城市的条件。与全国27个省会城市比较，在对接国家战略规划、新经济地理区位、经济体量及联系度、支柱产业规模及影响力、现代科技自主创新活力、历史人文资源及文化创意力等方面具有明显优势和可行性。

第一，国家规划和政策的优势。随着我国交通设施的现代化，全国经济地理已经和正在进行重大调整，与此相适应行政区划的调整已提上议事日程。党的十八大报告提出"优化行政层级和行政区划设置"，党的十八届三中全会《中共中央关于

全面深化改革若干重大问题的决定》再次强调"优化行政区划设置",这就标志着党和国家在新的历史时期对生产力空间布局和行政管理体制及方针政策的新的重大调整。这是长株潭三市合并创建副省级国家中心城市的重大政策依据,同时也完全符合新时期国家建设长江经济带关于"增强武汉、长沙、南昌中心城市功能""培育形成一批世界级的企业和产业集群"的战略需要。湖南是长江开放经济带同沿海开放经济带的结合部,还是海与内地过渡带的衔接口,合并长株潭三市,建设大长沙国家中心城市以及大长沙都市圈,便于形成新的超级经济中心和物流枢纽,发挥"节点传导效应",既有利于促进长江全流域黄金水道的建设,形成网络化、标准化、智能化的综合立体交通走廊,又有利于中西部地区劳动力与资源等禀赋优势向沿海地区传递和东部沿海地区资金、技术等要素优势向内陆腹地渗透,形成优势互补和分工配套的集聚发展大格局。此外,申报建设副省级大长沙中心城市在国家政策层面也具有现实可行性。其一,按照目前国家财政体制,副省级省会城市仍属于省管财政,不直接向中央上缴财政收入,不会影响省市的财政收支,而且在行政隶属关系上仍为省辖市,由所在省的省委、省政府领导,具有行政政策的可操作性。其二,全国 27 个省会城市中目前只有 10 个是副省级城市,对于其他 17 个省会市要求为副省级问题,中央机构编制委员会 1995 年印发《关于副省级市若干问题的意见》提出"在总结经验的基础上,对其他省会市加强调查研究,提出标准,统筹考虑,适当时候,对条件成熟的省会市的级别问题提请党中央、国务院审批"这意味着当时中央已预留了政策窗口,具有申报建设的可批性。

第二,新经济地理区位优势。长株潭处于我国经济发展东西南北两大中轴线的交叉点位置上,既是内陆通向两广和东部沿海及西南地区的枢纽地带,又是长江经济带和华南经济圈的结合部。特别是南北纵向的京广大通道超级核心轴,湖南省与湖北省相比在该轴线具十分明显的长度和区位优势,京广线以长株潭为核心带岳阳、衡阳和郴州的湖南段共有 612 公里,而湖北段只 318 公里,比湖南省要少近300 公里,而且湖南省南端紧挨珠三角地区,直通粤港澳地区,且湖南省主要发达地区都分布在这个轴线上,所以充分发挥这条超级纵向轴的空间优势,实现东南北互通互联互动互融,完全可以强势打造以长株潭为中心的长江开放经济带和沿海开放经济带结合的开放开发高地。另外,在我国现代大交通进入"八纵八横"的时代,以长沙为首的长株潭将成为中部地区最大的高铁枢纽,在京广高铁与沪昆高铁交汇聚的基础上,再凭借渝长厦高铁线的整体通达性便有望超过武汉,加上中部最大的黄花机场空港,长株潭将雄居全国枢纽地位。目前,长沙 2 小时高铁覆盖的面积达到 16.18 万平方公里,超过了武汉市(15.14 万平方公里)和郑州市(14.23万平方公里)。

第三,经济联系度紧密优势。长株潭三市通勤的空间距离短,同城化的经济联系强度较高(城市之间经济联系的相对值)。据北京大学学者运用城市群引力模型进行实证分析（贺欢欢，吕斌，2014），长沙与株洲、湘潭的经济联系强度系数分别为 0.276 和 0.237，而株洲同湘潭的经济联系强度系数更高，达到 0.362。这不仅远远高于长株潭同省内其他市洲的经济联系强度，同时也高于长江中游的武汉城市圈和鄱阳湖城市群，客观上已形成了大都市圈的雏形。据清华大学的学者采用引力模型公式分析（劳昕等，2016），长沙同株洲、湘潭以及岳阳、衡阳、常德、益阳、娄底等 7 个城市（环长株潭城市群）的经济联系强度总和达到 140580，而武汉与武汉城市圈其他 8 个城市的经济联系强度总和只有 128334，比环长株潭城市群低 8.7 个百分点，这其中长株潭经济联系强度系数对总和值高于武汉城市圈起了决定性作用。经济体量大和经济联系强度高，为长株潭三市合并打下了坚实的经济基础，反映了经济发展的客观趋势。

第四，支柱产业规模及影响力优势。较之全国省会城市尤其是中部省会城市，由长沙领衔的长株潭高端装备制造产业具有明显优势。目前三市集中有 9 个国家级开发区、12 个国家高新技术产业化基地。以三一重工、中联重科、山河智能、铁建重工为龙头的长沙工程机械产业群，以株洲中车为龙头的轨道交通装备产业群，在全球排名前 10 位之内，具有高位核心技术优势和强大的市场竞争力。此外，长株潭还集聚了湖南汽车产业 80% 以上的整车及零部件企业，拥有 300 多家整车和零部件企业，250 万台整车产能。包括汽车在内长株潭高端装备制造已形成年产值（营业收入）过 8 000 亿元的超级支柱产业。再从高科技创新产品来看，长株潭现有的银河、天河系列高性能计算机、北斗系列关键技术、炭/炭航空材料、粉末冶金、高性能碳纤维复合材料、大飞机系统产能、世界最大功率电力机车、最长臂架泵车、最大功率海上风力发电机、运行速度最快列车的牵引电传动系统、人工干预最短的无人驾驶车等，以及激光烧结 3D 打印机、"神十" 用传感器和特种电缆、"蛟龙" 号岩芯取样器、中低速磁悬浮列车等产品，均已达到或接近世界领先水平。特别是长沙高新技术产业在中部独领风骚，已拥有高新技术企业 1 136 家，占湖南省的 2/3。[①] 另外，根据《湖南省统计公报》的数据分析，长株潭 2016 年实现高新技术产业总产值为 9 569 亿元，同比略高于武汉的 8 446 亿元和郑州的 7 498 亿元；其中规模以上装备制造企业 636 家（含 "民参军" 企业 44 家），工业总产值突破 2 000 亿元。民营经济增加值 5 488 亿元，占到 64.5%，高于武汉的 4 600 亿元及占比 42.5%，绝对值和所占比重均居中部城市之首。以上说明，长株潭实际上已成为具有紧密结合的、年产值规模上万亿元的现代高端装备研发制造之都。

第五，现代科技自主创新活力优势。长株潭是我国科技创新资源的重要聚集区，拥有国防科技大学、中南大学等高等院校 69 所，省级及以上科研机构 1 000 余家，国家工程技术研究中心和国家重点工程试验室 33 所，国家级孵化器、加速

---

① 《湖南 "十二五" 高新技术产业发展情况分析》，载于湖南省统计局《决策咨询》2016 年第 19 期。

器载体面积300多万平方米，共集聚了全省70%以上的科研机构和创业创新平台、60%以上的高新技术企业，汇聚了两院院士54名、国家千人计划专家73名，引进留学归国人员和海外专家1 000多名，创造了全省70%的科技成果，取得世界运算速度最快的"天河二号"亿亿次超级计算机、世界大面积亩产最高的超级杂交稻、世界最大功率六轴电力机车、世界臂架最长的泵车以及炭/炭航空制动材料等多项世界第一、国内第一的科研成果。先后同60多个国家和地区开展科技合作与交流，建成欧洲工业园、西班牙工业园、亚欧水资源研究和利用中心等一批对外合作基地，与中国科学院、中国工程院、清华大学、北京大学等13个院校建立了战略合作关系，长沙科技成果转化交易会（简称科交会）已成为全国三大科技会展品牌之一。此外，长株潭还是我国"两型"社会建设的引领区，实施原创性改革106项，实施重大科技专项300多个，取得重大关键技术成果100多项，建设"两型"低碳技术应用示范工程120多个，重点推广重金属污染治理等十大清洁低碳技术。2014年12月国务院正式批复建设长株潭国家自主创新示范区，目前正全力打造长沙麓谷创新谷、株洲中国动力谷和湘潭智造谷。① 同年长株潭还获批"宽带中国"示范城市群，已在信息技术创新和联通方面取得重大进展。长株潭科技要素聚集和科技创新分工协同，为建设大长沙打下了"第一生产力"雄厚基础，大大提升了城市竞争力。

第六，历史人文资源及文化创意优势。长株潭是中国近代史上人才辈出和先辈们聚集首义的革命策源地之一。作为毛泽东、刘少奇、任弼时、彭德怀、胡耀邦等老一辈革命家的家乡，长株潭合并建设大长沙国家中心城市，以引领带动湖南加快崛起与富民强省，无疑是全面实现"两个一百年"目标和中华民族伟大复兴的必有之举，也是不忘初衷和缅怀告慰湘籍革命先烈和老一辈革命家的应尽之责，其政治影响力巨大。另外，湖南作为文化大省和文化强省，长株潭作为"影视湘军""出版湘军""动漫湘军"等的大本营，是湖南文化创意产业的核心和翘楚，拥有湖湘文化的深厚底蕴与创新精神。5年来，以长株潭为主体的湖南文化和创意产业增加值年均增长15.6%，2016年实现增加值1 911.26亿元，同比增长12%，占GDP比重6.12%，其支柱产业地位得到进一步巩固和提升，连续4年进入全国文化产业发展十强，湖南日报社获评"中国品牌媒体党报品牌10强"，湖南广播电视台连续5年入选《亚洲品牌500强》，湖南出版投资控股集团列全球出版企业第七位，中南传媒、电广传媒连续7年荣获中国文化企业30强。② "十三五"期间长沙将建成马栏山视频文创产业园，汇聚影视创意、策划、制作、动漫、卡通、游戏和技术、资本、电商、智能硬件等企业及人才，打造国内一流、国际知名的创意集

---

① 根据《长株潭国家自主创新示范区发展纲要（2015—2025）》提供的情况整理。
② 根据湖南省文化厅《湖南"十二五"文化和创意产业发展情况分析》及《2016年湖南省统计公报》数据整理。

聚区，提升长沙"世界媒体之都"品牌影响力，建设湖南文化强省新地标。文化和创意产业在长株潭的聚集发展，已构成大长沙国家中心城市的文化认同和世界级文化城市品牌。

（二）长株潭合并建设大长沙国家中心城市的主要步骤

长株潭行政区划的优化调整的目标是三市合并为一个副省级大长沙市，申报建设国家中心城市，并以大长沙市为核心打造长沙大都市区（即原"3＋5"长株潭城市群范围）。长株潭行政区划体制这个重大调整，是事关湖南全局和大局的改革，应遵循科学规划，稳步推进，一次到位，不留后遗症的原则进行。经初步研究并综合有关研究文献，建议采取以下三大重要步骤。

1. 合理调整和设置大长沙市行政区划结构。根据前述国家中心城市的要求，并参考加拿大多伦多大都市治理模式的经验，组建大长沙市首先应进行所属行政区划结构的优化调整，基本路径是对部分城区内或城区近郊的县改区，并创造条件对个别小区合并为大区，这样有利于生产要素及产业的空间分布和市政建设。为减少对社会稳定的冲击，三市合并一般不调整区县市机构，原则上成建制划转，市直机构则按部门对口合并重组。初步研究的方案是：将现在的长沙县改为星沙区，株洲县改为渌口区，湘潭县改为易俗河区。这样，大长沙市的行政区划结构在原长株潭三市行政区划范围内调整为辖15个区，即芙蓉区、天心区、开福区、雨花区、岳麓区、望城区、星沙区、天元区、石峰区、芦淞区、荷塘区、雨湖区、岳塘区、渌口区、易俗河区；5个市，即浏阳市、宁乡市、醴陵市、湘乡市、韶山市；3个县，即攸县、茶陵县、炎陵县，共23个区市县行政单位。如果经济社会和行政条件成熟，可进一步将岳阳市的湘阴县划归大长沙市，以提高长岳一体化程度，增强大长沙通江达海的口岸功能。

2. 改革和调整市管县体制与市区产业园结构。集中力量发展好大都市经济并促进县域经济的发展，建立大长沙市后应对行政区划范围内5市（浏阳市、宁乡市、醴陵市、湘乡市、韶山市）由省直管、大长沙市代管，其余攸县、茶陵县、炎陵县三县转变为省直管县体制，其党务、社会事务及属地统计仍由大长沙市管理。这样，可以减少行政层级和市县争利现象，提高行政效率和资源配置效率，更好地实现城乡统筹，推动城镇化向大都市圈发展。在进行区划调整的同时，要一并对各类各级产业园区按分工配套的产业集群原则进行重组，凡同质性强且规模偏小的产业园可以按新的行政区划关系进行归类合并，发展专业化、协同化、特色化的产业链园区，着力推进产城融合，理顺产业园区的经济功能与行政区社会服务功能的关系，将产业园区的社会服务事务划归所在行政区管理。

3. 以湘江新区扩区发展长沙大都市区（环长株潭城市群）。长株潭三市整合一座中心城市为环长株潭城市群建设的提质升级创造了条件。上述长株潭新区模式的方案可以同大长沙市模式结合起来。由于长株潭三市融合成大长沙市，这样，湘江新区调区扩区便主要集中向岳阳拓展。即由湘江新区规划建设的金桥客运综合交通枢纽中心，构建沿湘江及洞庭湖包括长沙县、湘阴县、汨罗市、岳阳县和岳阳市楼区及云溪区部分镇区在内的百公里制造产业廊带。充分运用湘阴岸线 3 000 吨级漕溪港深水码头和规划建设的 5 000 吨级虞公庙港深水码头，实现 G240、平益高速、京港澳高速公路、京广铁路及高铁同黄花国际机场联通，形成功能协调、疏密有致、产业链协同高效、特色与优势突出的长岳发展新格局。然后，再以这个新的湘江新区为平台辐射联通常德、益阳、衡阳和娄底，打造长沙大都市区，并以"两型"社会试验区管工委为基础整合湘江新区管工委部分职能，组建长沙大都市区政府，推动原"3 + 5"长株潭城市群向大长沙都市区升级，以增强在长江中游城市群建设中的竞争力和战略地位。

（三）长株潭合并建设大长沙国家中心城市的政策支持

政治是经济的集中体现，行政体制的改革对现存经济、政治和社会关系的重要调整，没有相当明确和科学客观的政策规范，那是根本无法进行的。特别是长株潭三市合并不仅只是三市关系的调整，更涉及三市合并后建立的大长沙同省和国家关系的调整，因此，必须得到党中央、国务院和湖南省委、省政府的高度重视和直接领导，并给予重要和明确的政策支持。初步研究，主要有以下六个方面。

1. 支持湖南优化行政区划建设大长沙市和大都市区。行政区划是国家为了进行分级管理而实行的国土和政治、行政权力的划分。但行政区划不是绝对静止不变的，它应该随着经济社会的发展特别经济地理的变化进行必要的调整优化，以支持和促进发展。当前，要改变绝对控制大城市发展和把中小城镇理想化的传统观念，大力发展城市群和城市带，充分发挥中心城市的带动、辐射功能，使区域经济资源实现最大化的整合。这样就有必要解决现有行政区划与经济区划脱节的问题，因此，适当优化调整行政区划势在必行。在我国，浦东新区和滨海新区行政区划体制的调整，对两个新区的发展起到了重要的促进作用，政治、经济、社会诸方面的效果都非常好。在中部地区，2011 年安徽省对原行政区划进行调整，撤销原地级巢湖市，做大做强省会合肥市，对安徽经济的快速发展特别是大合肥融入长三角城市群发挥了巨大作用。前已论述，长株潭三市合并建设副省级大长沙国家中心城市，是国家实施"一带一路"、长江经济带建设和长江中游城市群的枢纽性通道节点城市、核心增长极城市、内陆开放高地城市和世界产业集群城市，具有重要的国家战略支撑地位，是加快湖南开放崛起和推进中部崛起的重大战略举措。基于此，建议湖南省委、省政府根据党的十八大报告"优化行政层级和行政区划设置"的精神，对长株潭三市合并建设副省级大长沙国家中心城市作出决定并指定有关部门制订方案，上报国务院寻求中央的全力支持。当然，全省上下应该解放思想，统一认识，坚决从湖南大发展的大局出发，同心同德办好这件惠及全省人民的千秋伟业。

2. 支持大长沙重点打造世界高端装备智能制造基地。大长沙作为国家自主创新核心城市和"中国制造 2025"首批试点示范城市，在全国率先确立了以智能制造为重点的战略规划。请国家加大支持力度，把大长沙加快建成"中国智能制造"创新创业之都。建设以高端工程机械为核心，以轨道交通、新能源、先进矿山装备为引擎，以工业机器人等智能化产业为引领的高端装备制造支柱产业；发展新一代信息技术产业、高端生物医药产业、新材料产业和节能环保产业等四大新兴产业；做强以文化创意产业、工业设计业、科技服务业和大数据、电子商务等新型业态为重点的现代服务业。支持对接国家重大军工项目布局，联合国防科技大学、中南大学、湖南大学、中航工业等单位建好大长沙军民融合产业园，探索军民融合新模式新机制。支持中国科学院在长沙建设产业技术创新与育成中心，突破重点领域关键技术，打造区域协同创新共同体。

3. 支持大长沙推进金融创新和发展资本市场。请求国务院及相关部委出台具体政策，支持大长沙依托现有基础增设更多金融分支机构和网点，构建完善的银行业金融体系，不断拓展新业态与创新服务方式，建设以科技金融、开放金融、绿色金融、文化金融和共享金融为核心的中部地区金融服务中心。鼓励具备条件的民间资本依法发起设立中小型银行等金融机构，支持加入全国银行间同业拆借市场，拓展票据业务并降低融资成本，加大对小微企业的信贷支持；引导金融机构拓宽信贷抵押担保物范围，开办专利权质押贷款业务，提升高新技术企业贷款可得性；创新信贷产品及其服务方式，主动衔接政府采购下的项目融资方式，积极跟进政府和社会资本合作模式。

4. 支持大长沙设立城乡统一的建设用地交易市场。2017 年"中央一号"文件提出深化农村集体产权制度改革，落实农村土地集体所有权、农户承包权、土地经营权"三权分置"办法，统筹协调推进农村土地征收、集体经营性建设用地入市、宅基地制度改革试点。据此，请求国务院支持大长沙设立城乡建设用地流转土地交易市场，在充分保障农户宅基地用益物权、防止外部资本侵占控制的前提下，落实宅基地集体所有权，维护农户依法取得的宅基地占有和使用权，探索农村集体组织以出租、合作等方式盘活利用空闲农房及宅基地，探索对农户宅基地在自愿复垦、收益归农、价款直拨、依规使用等原则下获得地票上市交易，打通农村宅基地复垦地票入城和农民带财产永久入城的双向通道，使市场发挥资源配置的决定性作用，为大长沙创建国家中心城市提供配套政策支持。

5. 支持大长沙现代交通物流信息基础设施建设。在加快完成"宽带中国"示范城市任务的同时，高标准编制大长沙市城际路网建设专项规划，增加专项投资建设沟通各市辖区重要组团的城际干道网，力争在 2020 年前建成大长沙城际绿道网，并尽快完成大长沙高速外环建设和"高改快"工程。设大长沙地铁交通线，延伸和完善城际铁路，提升长沙黄花机场的可达性。在此基础上支持大长沙依照基础设施一张网、运营管理一体化、业务流程一单制、标准规范一根绳、市场监管一道令的要求，完善铁、公、水、空等联运配套功能，在中部地区率先规划建设最大最便捷的交通、物流与互联网三者融合的现代化集疏运新体系。同时，支持将金霞保税区、黄花综合保税区、湘潭综合保税区联同岳阳城陵矶综合保税区整合，建设"中国（湖南）自由贸易区"，以大长沙为中心建设我国内陆开放开发高地。

6. 支持大长沙创建国家绿色发展或生态文明试验区。长株潭城市群自 2007 年获批国家"两型"社会建设试验区已十年，在资源节约和环境友好的改革创新方面已取得十分显著成效，为我国绿色发展和生态文明建设提供了重要的示范作用，"两型"社会建设综合改革试验的阶段性任务已经完成。在党中央"四个全面布局"的新的历史条件下，已经进入生态文明建设改革创新的新阶段。为此，请中央支持批准大长沙市提升为国家绿色发展或生态文明试验区，在巩固提高"两型"社会建设经验模式的基础上，大力推进绿色发展、循环发展、低碳发展、弘扬生态文化，倡导绿色生活，加快美丽城乡建设，重点就国土空间开发保护制度、空间规划编制、生态产品市场化改革、建立多元化的生态保护补偿机制、健全环境治理体系、建立健全自然资源资产产权制度、开展绿色发展绩效评价考核等重大改革任务开展试验，为完善我国生态文明制度体系和绿色发展进一步发挥国家试验区的示范作用。

主要参考文献

[1] 陈甬军、陈爱民：《中国城市化：实证分析与对策研究》，厦门大学出版社 2001 年版。

[2] 贺曲夫等：《长株潭城市群区域整合与行政管理体制创新研究》，湖南科技大学学报（社会科学版）2013 年版。

[3] 贺欢欢等：《长株潭城市群经济联系测度研究》，载于《经济地理》，2014 年第 7 期。

[4] 劳昕等：《长江中游城市群经济联系侧度研究》，载于《城市经济》，2016 年第 7 期。

[5] 张萍：《长株潭经济一体化推进方式创新》，中央文献出版社 2007 年版。

[6] 伍贻康：《欧盟治理模式的特征及对我国的启迪》，上海人民出版社 2014 年版。

第五章

释放长株潭增长极新动能

——长株潭试验区找准改革着力点不断积蓄
释放发展新动能对策研究

成果简介：本章内容为 2018 年长株潭"两型"试验区建设管理委员会重大委托项目研究成果。研究认为长株潭"两型"社会建设后期的改革着力点，应定位于创建长株潭国家中心城市，高标准打造湖南经济变革新动能核心增长极，接续申报国家新旧动能转换试验区，集中培育和释放"品牌城市、要素集聚、科技创新、新兴产业、产业升级"5 大发展新动能，实现高质量发展，摸索我国内陆传统产业地区新旧动能转换路径，提供系统的可复制、可推广的经验模式和方案。本研究的主要对策建议 2018 年 9 月 5 日在由湖南省政协主席李微微主持的湖南省政协"国际经贸情势与应对"圆桌对话会议上提出，并由《中国经济时报》2018 年 6 月 29 日专版发表，产生了广泛的社会影响。

长株潭"两型"社会建设试验区是湖南经济的核心增长极，三市一体化的深度推进逐步形成了我国中部特大都市构架，并已具有低碳低排低耗发展的动能基础。目前，湖南经济基本运行在合理区间，但经济下行的压力较大，其关键的影响因素是传统支柱行业压缩过剩产能和新兴产业短板导致工业回升乏力，经济发展的新动能较弱。为了防范实体产业疲软的隐忧风险，根据新时代中国经济质量变革、效率变革、动力变革的要求，湖南应深化供给侧结构性改革，抓住新一轮科技革命和产业革命机遇，全方位推进长株潭试验区一体化体制机制改革，以创建国家中心城市的定位发挥长株潭"两型"发展动能优势和核心增长极作用，接续创建新旧动能转换的高质量发展综合试验示范区，积蓄释放发展新动能，辐射带动全省经济结构转型升级，实现湖南经济高质量跨越发展，并为长江经济带建设和实现中部崛起提供重要支撑。

一、中国经济变革与湖南新旧动能转换

党中央深刻分析国内国际经济形势，提出认识新常态，进入新时代，解决新矛

盾，是综合分析世界经济长周期和我国发展阶段性特征及其相互作用作出的重大判断。从20世纪80年代初信息产业革命开启了一个新的世界经济长周期，在经历了近30年的上行阶段后，随着2007年美国次贷危机的爆发，导致了长周期下行阶段的到来。中国经济在这种外部压力的促使下也进入了速度换挡、动力转型、方式转变的发展新常态和经济变革新时代。

（一）新时代中国经济发展范式的革命

世界经济进入后金融危机时代以来一直处于下行阶段，全球以发达国家为主在这种下行压力下，正在进行向实体经济、绿色经济、数字经济和经济服务化的战略转型。根据经济发展长周期规律，当前正在全球兴起的绿色发展及其技术革命可能就是带动世界经济走出下行并进入繁荣的新动力，也是中国经济调整升级实现可持续快速发展的战略机会窗口。由于支撑这场绿色产业革命的新一代信息技术、新能源技术、新材料技术、新生物技术、新环境技术和智能制造技术等都还处于早期阶段，发展中国家与发达国家的差距并不悬殊。据此，发展中国家和地区如果能抓住机遇，发挥自身优势进行重大产业技术、核心技术、关键共性技术攻关，就能较快地进入新技术体系，实现跳跃式发展。为此，国务院于2017年印发《关于创新管理优化服务培育壮大经济发展新动能加快新旧动能接续转换的意见》，提出加快培育壮大新动能、改造提升传统动能是促进经济结构转型和实体经济升级的重要途径，是推进供给侧结构性改革的重要着力点。意见要求牢固树立和贯彻落实创新、协调、绿色、开放、共享的发展理念，坚持以推进供给侧结构性改革为主线，促进制度创新与技术创新的融合互动、供给与需求的有效衔接、新动能培育与传统动能改造提升的协调互动，形成适应新产业新业态发展规律、满足新动能集聚需要的政策法规和制度环境。

党的十九报告在此基础上进一步提出，我国经济已由高速增长阶段转向高质量发展阶段，正处在转变发展方式、优化经济结构、转换增长动力的攻关期，建设现代化经济体系是跨越关口的迫切要求和我国发展的战略目标。必须坚持质量第一、效益优先，以供给侧结构性改革为主线，推动经济发展质量变革、效率变革、动力变革，提高全要素生产率，着力加快建设实体经济、科技创新、现代金融、人力资源协同发展的产业体系，着力构建市场机制有效、微观主体有活力、宏观调控有度的经济体制，不断增强我国经济创新力和竞争力。根据经济成长的规律，党的十九大报告提出从"总量增长方式"转向"质量提高方式"，这是全面深化供给侧结构性改革，实现中国经济发展的"范式革命"。因为总量是反映社会经济现象在一定条件下的总规模如国内生产总值，但这个指标不能完全看出生产成本、产品质量、能源消耗、环境污染、收入分配以及居民需求满足状况。因此，在总量基础上要突出质量结构的优化，在当前要彻底解决的主要矛盾就是要充分发挥市场和企业的作用，全面完成"去产能、去库存、去杠杆、降成本、补短板"五大任务，推进新旧动能转换，决胜全面建成小康社会。

（二）范式革命的本质是经济结构升级

新时代中国经济范式的革命，是指技术＋经济所产生的经济结构的革命。因为经济发展具有周期性和阶段性的特质和目标。20 世纪 70 年代末我国实行改革开放，以经济建设为中心，而那时恰逢世界经济第五个长周期的上行阶段，美欧等发达国家产业升级，集中发展以 IT 技术为主导的高新技术新兴产业，把中低端产业向发展中国家和地区转移。而我国在这个时期通过改革计划经济体制，充分发挥劳动力、土地和其他资源价格低廉的比较成本优势，抓住机遇十分有效地承接了发达国家的产业转移，实现了工业化的腾飞和经济规模的扩张，一个十多亿人口的大国仅用 30 多年的时间就从低等收入跃入到中等收入国家行列，经济总量也上升到世界第二位。这对于发达国家和发展中国家来说都是十分成功的动能转换和产业升级。随着世界经济长周期下行阶段的到来，我国以成本比较优势为主导的发展模式所积累的资源、环境和劳动力红利瓶颈集中凸显，中低端的粗放发展难以为继，面临着"中等收入陷阱"的挑战。所以，必须进行发展方式的转变和产业结构的升级，总结起来就是要进行新旧动能的转换。这里的客观规律就是，成本比较优势主导的中低端产业结构动能立足的是低技术和少量中技术，它只能把发展中国家和地区带入中等收入阶段，进入高收入国家行列必须再次进行新旧动能转换，要立足于高新技术，打造以能力竞争优势主导的新经济模式。

一般来说，成本比较优势增长方式以 GDP 增长速度为导向，主要依赖投入拉动，以出口、投资、消费"三驾马车"为主带动经济增长；而能力竞争优势发展方式则是以结构优化和高质量增长为导向，主要依靠技术及制度创新驱动，提高全要素生产率。所以，新旧动能的转换的实质就是要通过经济质量、效率、动力的三大变革，实现能力驱动经济增长，即通过技术创新和制度改革，全面释放市场主体活力、社会创造动力、新产业新业态生产力、开放发展空间聚集力。正是在这样一个新的发展大趋势下，湖南实施创新引领开放崛起战略，必须强力推动新旧动能转换，树立以亩产论英雄、以效益论英雄、以能耗论英雄、以环境论英雄的导向，加快建设现代化经济经济体系和高质量发展模式，实现富饶美丽幸福新湖南的强省目标。

（三）湖南经济变革需要加快动能转换

目前，湖南经济基本持续运行在稳中有进、稳中向好、稳中趋优、转型升级的合理区间，但由于湖南经济以传统产业为主体，重化工业和农业的低端产能过剩，经济结构调整极为艰难，经济下行的压力较大，存在较为严重的结构性障碍。

一是农业结构亟待优化。传统产品占比高，粮食、生猪和蔬菜合计占全省农林牧渔业总产值的60%，且稻谷品质不优、精深肉品加工偏少、大宗低档蔬菜较多，与持续升级的市场需求脱节，导致农业效益难以提升。

二是工业结构层次较低。据《湖南统计年鉴》，2016年湖南规模以上工业企业数量占比3%以上的11个行业中，有8个是重化工行业类型；而全省7大工业支柱产业也大多属于高能耗、高排放的资源密集型传统产业，特别是六大高耗能行业增加值占全省规模工业增加值的比重高达30%以上，旧动能已构成湖南经济发展的主要掣肘、主要矛盾。这几年全省完成传统产业去过剩产能任务，由此传导引发传统重化工产业萎缩以至带来整个工业紧缩风险，全省规模以上工业增加值从2015年至今持续处于增速低位徘徊，由2010年的23%下降到目前不足7%。

三是投资结构不尽合理。第三产业完成投资占全省投资的比重达60.8%，基础设施投资占全省投资的27.5%，工业投资增长持续低位振荡全年仅增长4.4%，低于全省投资8.2个百分点，其占比只有29.4%，比上年同期低2个百分点，尤其是高新技术产业投资额只占全部投资的7%，重大项目储备很少，经济中长期发展后劲明显不足。[①]

上述分析说明，传统支柱行业运行低迷已构成湖南经济持续快速健康发展的主要掣肘。这两年湖南省抓调结构去过剩产能取得一些成效，如2016年全省已退出煤炭产能2 073万吨，超额完成国家下达的年度任务，省内50万吨钢铁过剩产能化解任务已完成。湖南在江苏、广东两省的产能化解任务，按照属地负责原则已由当地政府组织实施。2017年上半年全省煤炭、生铁、十种有色金属、水泥又分别同比减产29.5%、4.2%、8.7%和3.6%。[②] 总的看，全省落后过剩产能风险已基本得到控制。但由于湖南省高能耗低技术传统产业占比较高，淘汰落后产能的任务和风险较大，存在结构性隐忧风险。基于此，湖南唯有着力推进经济变革，全面转变粗放增长方式，加快培育发展新动能，才能彻底走出结构性隐忧的困境。

二、接续创建长株潭新旧动能转换示范区

新动能是指由新一轮科技革命和产业革命所形成的经济社会发展的新动力，包括新产业、新业态、新模式，也包含高新技术对传统产业的改造升级。因此，培育和释放新动能，推进新旧动能转换，是我国供给侧结构性改革的基本内涵和目标。而从湖南的实际情况来分析，全省化解结构性隐忧风险，实现高质量发展，必须要有战略抓手和"领头雁"，这就势必充分发挥"一带一部"区位优势，突出长株潭核心增长极的集聚和带动作用，提升"两型"社会发展优势动能，高标准申建长株潭国

---

① 根据湖南省统计局《决策咨询》2017年第45期提供的数据整理。
② 《湖南时报》2016年8月6日。

家新旧动能转换综合试验示范区。同时，这对促进中部崛起也是十分必要的。

（一）长株潭新旧动能转换示范区重要意义

当前，以生物技术和信息技术相结合为特征的全球新一轮科技革命和产业变革正在兴起，呈现出多领域、跨学科突破新态势。在这个大背景下，长株潭接续创建新旧动能转换综合试验示范区，对于抢抓新的机遇，全面提升长株潭"两型"发展优势动能，发挥国家试验区战略作用，推进中部崛起具有重要意义。

第一，全面升华"两型"社会建设的"长株潭模式"。自 2007 年国家批准长株潭城市群为资源节约和环境友好综合配套改革试验区以来，坚持以"两型"规划为引领、"两型"改革为动力、"两型"体制为目标、"两型"观念为中心、"两型"治理为重点、"两型"产业为基础、"两型"共建为依托，在全国首创了"两型"社会建设的"长株潭模式"。从理论上分析，资源节约与环境友好社会建设实际上是在市场经济条件下，为人类更好的生存和发展提供的公共产品，是对人类包括各类经济社会主体涉及公共利益行为的规制和提升，其本质是实现绿色发展的公共外部性内部化（转化为社会成员的自觉行为）。长株潭试验区十年的综合配套改革就是为解决好人类发展的这个重大问题进行试验，换句话说是全面摸索公共外部性内部化的路径、规则和经验。正是从这个本质要求来衡量和评价，长株潭试验区的综合配套改革已经达到了"两型"社会建设的基本目标，形成了一套完整的、可复制、可推广的"两型"经验模式和认知体系。社会发展规律显示，资源节约与环境友好是经济社会发展的门槛性要求，面对新一轮科技革命和产业革命，这种常规动能便需要进一步裂变释放新能量，将"两型"建设向绿色发展全面提升，实现"两型"外部性的内部化即通过制度变迁转变为各利益主体特别是企业进行资源节约和环境保护的主动行为，将长株潭现有高新技术研发能力和高新技术产能重组升级，深度融入新一轮科技革命和产业革命范式，形成由新技术、新产业、新业态、新模式组成的绿色发展新动能，再建长株潭新经济模式，实现长株潭国家试验区功能的战略性转换升级，勇当我国新时代强起来的"领头雁"，使"长株潭模式"焕发新经济光彩，发挥更大的引领作用。

第二，为创建国家中心城市进一步推进长株潭一体化。目前各省"强省会"、建设国家中心城市的竞争很激烈。为此，湖南省委、省政府针对长株潭三市地理交汇成片的区位，先后出台意见和规划，强力推动长株潭一体化，深度整合长株潭经济要素，提高长株潭核心竞争力和综合实力，已取得明显成效，为创建国家中心城市奠定了重要基础。2017 年长株潭地区生产总值、固定资产投资、地方财政收入、进出口总额、社会消费品零售总额，分别占全省总量的比重为 43.86%、39.56%、41.75%、50.5%、41.95%，均占全省总量的 40% 以上。另外，主要动能指标如投资效果系数为 0.131，比全省高 0.024；进出口外贸依存度为 8.1%，比全省高

1.06 个百分点；高新技术产业占地区生产总值比重 31.86%，比全省高 8.36 个百分点；文化产业增加值占地区生产总值比重 7.79%，比全省高 1.44 个百分点。其中有些指标还超过了中部地区省会城市居第一位的武汉市，如 GDP 规模比武汉市大 13%，高新技术产业增加值和文化产业增加值占 GDP 的比重也分别比武汉市高 11.96 和 4.23 个百分点。[①] 这说明长株潭在全省乃至中部地区具有重要的战略地位和引领作用，已具备三市抱团创建国家中心城市的良好条件。但从目前情况看，三市社会一体化做得比较好，而经济一体化差距较大，主要是产业发展各自为政，同质竞争，缺乏配套，基本没有形成产业集群。对此，创建新旧动能转换试验示范区，由"两型"社会建设以政府制订规则和标准为主转向以三地企业依据市场导向联合培植产业链为主，并建立产业链税收分享机制，这样就有可能减少现有行政、财政和税收体制的束缚，推动企业间的分工配套，进行资本合作、技术合作和产能合作，释放三市产业链集群的新动能，真正实现长株潭经济社会一体化，为三市融合创建国家中心城市提供强有力支撑。这对提高湖南发展的国家战略地位是十分必要的，具有重要的现实意义。

第三，为中部崛起提供新旧动能转换的先进经验和方案。长株潭接续创办新旧动能转换试验示范区的另一个重要意义，是有利于充分发挥习近平总书记对湖南提出的"一带一部"区位优势，促进中部地区能源原材料和装备制造业转型升级，为内陆传统地区培育释放发展新动能提供可复制的先进经验模式和操作方案。中部地区地处中国内陆腹地，起着承东启西、接南进北的作用，是中国的"腰杆子"，只有"腰杆子"硬了，中国经济才能可持续的高质量发展。从这个意义上说，加快中部地区发展是提高中国国家竞争力的重大战略举措。为此，国务院出台了《关于大力实施促进中部地区崛起战略的若干意见》，提出要把中部地区建成全国重要的粮食生产基地、能源原材料基地、现代装备制造及高技术产业基地以及综合交通运输枢纽。然而，目前中部地区经济发展方式粗放问题比较突出，产业结构畸轻畸重，超重型、原料型、初级型是中部地区一些省份工业结构的主要特征，而且低端产品和初加工产品比重大，缺乏带动力强、产业链延伸度大的高加工度、高技术含量产品与最终消费品，工业增长主要依赖生产要素高投入和资源高消耗，由此造成的生态破坏和环境污染也比较严重。总之，中部地区"三去一降"的任务十分艰巨，需要强有力地推动新旧动能的转换。长株潭 2015 年以来着力打造核心增长极，目前在传统产业转型升级（如钢铁、材料、化工、有色金属、装备制造等）和大数据等新经济方面已取得骄人成就。在此基础上接续创建国家新旧动能转换综合试验示范区，在全国率先建成新动能核心增长极，形成系统的可复制、可推广的新旧动能转换的经验，借助"一带一路"节点城市优势和"东部沿海地区和中西

---

① 根据湖南省和湖北省 2017 年统计公报提供的数据整理。

部地区过渡带、长江开放经济带和沿海开放经济带结合部"的区位优势，示范和引领中部地区传统产业转型升级和绿色发展。

（二）长株潭实现新旧动能转换的现实基础

首先，长株潭作为全国资源节约型、环境友好型社会建设综合配套改革试验区，已基本形成"两型"低碳发展方式及动能。在十年综合改革试验中，先后制定了《长株潭"两型"社会建设综合配套改革试验总体方案》，编制了60多个标准、规范、指南，在全国率先建立"两型"标准体系，并率先开展"两型"标准认证。为破解体制机制瓶颈制约，纵深推进实施106项"两型"原创性改革，先后创建了市场化环境保护与治理机制、产业进退与土地管理机制、大气污染联防联控机制、政府"两型"产品采购机制、"两型"发展金融机制和"两型"考评与责任追究机制等六大"两型"社会发展的体制机制，有效地带动了湖南"两型"发展并为全国"两型"社会建设和生态文明体制机制改革探路。最为突出的是湘江治理和环境保护取得了显著成效，先后治理湘江两岸重点污染项目1 422个、淘汰关闭涉重金属污染企业1 018家，湘江流域重金属平均浓度逐年下降，湘江干流水质连续达到或优于Ⅲ类标准。此外，围绕重点治理土壤重金属污染，对长株潭及周边区域近210多万亩重金属污染耕地开展了土壤治理和种植结构调整的试点，土地及环境质量得到明显改善。在资源循环利用方面，长株潭地区也卓有成效地推广餐厨垃圾生物处理技术，从中提炼生物柴油。采用先进的机械炉排炉焚烧技术工艺处理生活垃圾，仅株洲一年就可节约标煤30多万吨。在"两型"技术方面，已拥有和推广了污水处理、土壤修复、大气污染防治、资源循环利用、垃圾资源化处理、工业节能和绿色交通等技术。

其次，长株潭作为国家自主创新示范区，具有鲜明的城市集聚共生式技术创新的特点。目前集聚了全省70%以上的科研机构、70%以上的创业创新平台、60%以上的高新技术企业，创造了全省70%的科技成果，实现全省60%以上的高新技术产业增加值，国家科技奖励数连续多年保持全国第5位，特别是科技创新引领绿色发展取得重大突破，先后实施重大科技专项300多个，取得重大关键技术成果100多项，重点推广重金属污染治理、餐厨垃圾资源化利用和无害化处理等十大清洁低碳技术。在高技术方面也取得了重大成效，电子信息、地理信息、新材料、工程机械、能源装备、生物健康、轨道交通等新兴产业技术优势突出，为国家赢得创新发展主动权作出了重要的贡献。2011年时任美国总统奥巴马在国情咨文中提及的高铁机车牵引系统和"天河一号"巨型计算机这两项中国高科技产品都是在长株潭研发成功的。近年来，发端于长株潭地区的炭/炭复合材料、世界最长臂架混凝土泵车、起重能力最强的履带起重机、世界最大功率的六轴电力机车、国内首台5兆瓦永磁直驱海上风力发电机、国内首台激光烧结3D打印机、8英寸IGBT（绝缘栅双极型晶体管）等，一批世界领先的科技成果不断涌现，形成了科技创新的"长株潭现象"。

最后，长株潭作为国家"中国制造 2025"试验区，具有现代高科技产业集聚发展优势。最为突出的是高端装备制造业很有产业特色和高技术优势。中联重科、三一重工两家领军的中国工程机械制造和中车株机领军的轨道交通装备制造，短短十余年时间成长为世界品牌企业，不仅扭转了外国品牌占据国内大市场份额的局面，还到世界各地去"攻城略地"，占领了国际市场。而且目前长株潭高端装备产业年产值规模接近万亿元，并且已成功向智能制造升级，在业态模式上正在从"单台产品供应商"向"成套设备供应商"和"服务供应商"转变。此外，长株潭制造业通过自主创新和集成创新还拥有新能源汽车及汽车新品种、高档数控装备、大型冶金和矿山设备、航空装备、新能源装备、生物医药、电机电工、工业机器人和新材料等高科技优势产业，实现了大坡度斜井全断面硬岩掘进机、永磁同步牵引系统以及 3D 打印等系列重大技术突破，成为了湖南省装备制造业向智能化高端挺进的强大引擎。与此相适应，长株潭现代服务业也颇有优势，工业设计、工业软件、现代物流、文化创意和移动互联网等在全国都具有较高地位。同时在交通运输方面，长株潭有水运港口、空运机场、高速公路与三大高铁枢纽融通的水陆空立体联动快速运输网络，彻底改变了已往的内陆封闭状态，生产要素流动配置十分便利快捷。

以上充分说明，长株潭已基本形成了低碳化、信息化、智能化、高端化、集聚化和系列化的绿色发展方式及产能结构与商业模式，为接续创建新旧动能转换综合试验示范区打下了较为厚实的经济、科技、人才、组织和市场等方面的基础。

（三）长株潭新旧动能转换示范区基本构思

总的指导思想是，以习近平新时代中国特色社会主义思想为指导，深入贯彻国务院办公厅《关于创新管理优化服务培育壮大经济发展新动能加快新旧动能接续转换的意见》，发挥"两型"社会建设的动能优势，立足国家"一带一路"节点城市和湖南"一带一部"核心区域，以打造长株潭国家中心城市为定位，以新技术、新产业、新业态、新模式的新经济为主导，以知识、技术、数据等新生产要素为支撑，加快建设长江流域适应和引领新科技革命与产业革命的新动能核心增长极，到 2020 年新动能（含旧动能转型升级）对经济增长的贡献量由目前的 50% 上升到 65% 以上。由于湖南尚处于新型工业化的中期，因而长株潭新旧动能转换应着力推动绿色化、信息化、数字化与工业化融合，以培育新动能为主线，摸索发展中部地区新旧动能转换的战略布局、方式、路径和体系，探索建立创新引领新旧动能转换的体制机制及改革方案，探索优化存量资源配置与扩大优质增量资源供给的动能转换行动措施，在改造提升传统产业和淘汰落后产能方面，特别在培育和壮大新产业、新业态、新模式方面摸索和积累先进经验，以全面释放高质量发展的新动能，培育和构建现代经济体系及新经济发展大格局，推动湖南经济实现更高质量、更有效率、更加公平、更可持续的发展，为促进中部地区能源原材料和装备制造业转型升级作出积极贡献，为内陆传统地区培育释放发展新动能提供系统的可复制、可推广的经验模式和方案。

　　基于上述目标和思路，长株潭新旧动能转换综合试验示范区的整体发展框架，当以改革开放为主导，以技术、产业、空间、区域的四维架构，以培育新主体、新要素、新产能、新动力为战略抓手，形成"三城一心＋·两带两岸·四大品牌·十大产能新区"的新动能结构和运行格局。

　　"三城一心＋"：长沙城绿色发展创新谷—株洲城动力产业谷—湘潭城智能制造谷与三市绿心＋新经济业态园区；

　　"两带两岸"：湘江新兴经济产业带和浏株智能制造产业带与长株潭湘江两岸整体人文自然风貌文化大走廊；

　　"四大品牌"：打造长株潭大都市"两型"低碳之都、装备智造之都、文化创意之都、休闲宜居之都的品牌城市；

　　"十大产能新区"：在现有"两型"示范片区和经开区、高新区基础上，根据长株潭现有产能条件和发展趋势，创办如下新动能试验区：（1）长株潭绿心＋新经济发展试验区；（2）长株潭国家大数据综合试验区；（3）岳麓山国家大学科技城试验区；（4）长株潭国家军民融合创新试验区；（5）长株潭国家制造业创新中心试验区；（6）马栏山国家视频文创产业园试验区；（7）长株潭国家健康产业综合创新试验区；（8）长株潭新材料产业创新试验区；（9）长株潭全国电子商务物流试验区；（10）长株潭湘江古镇群休闲旅游试验区。

三、长株潭新旧动能转换示范区战略布局

　　依据湖南省政府关于到2020年培育20个工业新兴优势产业链的发展意见，学习和借鉴上海、浙江和山东的经验，建议创建长株潭新旧动能转换综合试验示范区应实施培育"品牌城市、要素集聚、科技创新、新兴产业、产业升级"五大发展新动能的战略布局及路径，打造国内领先、世界一流、具有重要国际影响力的新动能核心增长极。

（一）培育和释放品牌城市新动能

　　品牌是一种同时尚、文化、价值相联系且具有经济功能的无形资产，通常是商品综合品质的体现和代表。因此，品牌是发展市场经济的利器，具有巨大的现代生产动能。品牌城市的本质属性是指在现代产业的某些领域具有高品质、高品位、高市场影响力的城市，因而城市品牌决定着城市经济中心的极化力和辐射

力。这里的学理逻辑是，当具有品牌美誉度的城市功能、运营质量和集聚价值等三要素被市场认可并接受后，城市品牌便会产生强大的市场开拓力，形象扩张力，资本内蓄力，都市造化力，推动经济发展不断从低附加值转向高附加值升级，向产业开发优势、产业质量优势、文化创新优势的高层次转变。所以，长株潭培育和释放发展新动能，最首要的战略路径就是坚持三市一体化的架构，以世界眼光、国际标准、国内一流的大都市定位，建设高美誉度的大美都会品牌城市。

长株潭具有悠久的历史渊源、深厚的文化底蕴和强实的经济基础，特别是2007年来在国家"两型"社会建设综合配套改革试验中取得新的重大发展，三市经济社会一体化的发展已形成了湖南核心增长极的大都市构架，发挥了重要的"火车头"作用。据中国社科院最新发布的《中国城市竞争力报告》，长沙和株洲被评为改革开放四十年来"经济发展最成功的城市"，长沙的特点是"两型"社会和湖湘文化抢占先机，其经济密度是全国平均水平的10.07倍、人口密度是全国平均水平的4.02倍；而株洲的特点是老工业基转型升级，轨道交通、硬质合金、航空装备等产业升级优势明显。总之，长株潭目前在国内外有较高知名度，完全具备高端打造品牌城市以释放城市品牌新动能的良好基础。

正是基于以上分析，我们建议，长株潭应借鉴国际大都市建设的先进经验和路径，立足于国际化层面提升城市品质，系统培育和建设"大美四都"品牌城市，打造具有国际影响力且湖湘特色鲜明的国际化大都市：

一是"两型"社会低碳之都，深度落实"两型"社会的各项体制、机制、政策和标准，从社区、企业、机关、学校到家庭，从街道、车间、商场、农田到办公室，全面形成以节能、降耗、环保、高效为主题的低碳经济发展模式、低碳生活工作方式、低碳管理规则和低碳行为习惯，深度释放绿色低碳动能。

二是装备工业智造之都，以长株潭"中国制造2025"示范区为平台，以工程机械、轨道交通和新能源装备等三大世界级名牌产业为核心，以高精尖、可视化、网络化、柔性化、信息化的人工智能技术与制造技术、系统工程、自动化技术集成为方向，创建世界级高端装备智造动能都谷。

三是湖湘文化创意之都，彰显千年历史人文名城、宋明理学岳麓书院、革命摇篮伟人故里、世界媒体艺术之都的文化优势，在湘绣、湘瓷、湘茶、湘产烟花等传统文创名片基础上，以视频文创产业园、国家级广告创意产业园、黄兴会展经济区、天舟文化、中南传媒、青苹果数据、蓝猫动漫、芒果国际等品牌文化项目和中国金鹰电视艺术节、汉语桥、橘洲音乐节、浏阳国际花炮节等品牌文化节为抓手，打造长株潭国家创新创意中心和国际文化名城，强化文化软实力动能。

四是山水洲城休闲宜居之都，运用交通产业空间协同的TIS理论，整合岳麓山、湘江名山名水，靓化文化街区、古迹遗构、河道景观、城市天际线、城市节点、绿色廊道、特色镇等城市肌理，开展标识性文化创意及观光活动，建设湘江两岸整体风景风貌，形成具有湖湘文化底蕴的长株潭特色风貌景观，打造世界著名旅游目的地城市，释放宜居休闲观光动能。

（二）培育和释放要素集聚新动能

城市间的要素聚合和各种产业经济活动在空间集中产生的集聚经济效应以吸引经济活动向一定地区靠近形成向心力，以拓展发展空间和提高经济密度，正在成为推动我国经济转型和经济变革的新动能。从空间经济的视域分析，长株潭最大的优势是同城化。单从交通出行的数据分析，长沙公路对外联系以株洲和湘潭为主，共占48%，而株洲与长沙、湘潭的联系则高达66.3%，湘潭与长沙、株洲的联系更高达80%左右。所以，长株潭培育发展新动能，最首要且最关键的是深度推进三市一体化，创建成千万级人口规模以上的具有国际化水平的国家中心城市，形成湖南乃至我国中部地区强大的要素集聚和产能辐射中心，着力提高城市品牌效能，优化实施"一心＋·两带·两岸·一网"空间布局工程，全面释放城市空间要素集聚的新动能。

"一心＋"：长株潭绿心＋新经济发展试验区。三市地理交汇结点区其面积达522.87平方公里，是目前世界上最大的城市群绿心，聚集了"山、水、洲、垸、园"等独特的优质生态资源，具有"绿水青山－金山银山"的巨大价值。由此，应根据习近平总书记"两山理论"，在依法保护和发挥生态屏障功能的前提下，对绿心地区进行科学整治和合理有效利用，转化绿心的高附加值，实现生态价值的衍伸和升级。为此，我们建议科学规划长株潭绿心的限制开发区、控制开发区，以长沙南部片区（天心区、雨花区）为核心，连接株洲云龙和湘潭昭山"两型"示范区，创办长株潭绿心＋新经济发展试验区。首先，建设绿心生态国家森林公园，重点发展生态化、个性化、精细化、智慧化、体验化、全周期的生态医疗康养和旅游休闲产业，依托湘雅五医院等医疗和养老机构的辐射与集聚功能，打造和引领医学研究、医疗服务、康复护理、休闲娱乐、体育健身、康养教育、文化演艺、康养产品和交通食住行一体的医养娱相结合的全产业链。同时加强对片区内环境整治优化，观光景点提质升级，建设观光漫行道和配套的公共服务设施等，依托长沙石燕湖、湘潭盘龙大观园景区和长沙跳马镇开发绿心森林休闲旅游产品，打造集休闲养生、旅游度假、田林康养、农耕体验、体育健身为一体的生态旅游休闲产业基地。借鉴浙江经验，对村社农居进行文化村庄、农居文化创意工作室和民宿等的改造升级。其次，科学衍伸绿心的生态服务价值，构建新经济动能孵化转换生态圈。依托湖南地理信息产业园和湖南自兴人工智能研究院等平台，创建以大数据产业、人工智能、创意设计、数字健康、职业教育、智能物流、总部经济、瞪羚及独角兽企业等集聚为主的长株潭新经济业态空间布局的中心区，做大做强智能机器人、新能源汽车及零部件为重点的智造产业链集群，发挥新动能释放的先导作用。

"两带"：湘江新兴经济带和浏株智能制造带。湘江新兴经济带以长株潭自主创新示范区为主体，联通长沙高新区、大学科技城、望城经济开发区、含浦职教城、金霞经济开发区、马栏山文创产业园、雨花经济开发区、暮云科创基地、湘潭高新区、湘潭经济开发区和岳塘经济开发区等，并连接岳阳城陵矶临港产业新区和绿色化工产业园，主要突出科技创新、人工智能、文化创意、教育培训以及新材料、高端装备、新一代信息技术、绿色精细化工等高新技术产业和智能化物流与港口产业布局；浏株智能制造带以长沙经济开发区为主体，联通浏阳经济开发区、隆平高科技园、株洲田心高科技园、轨道科技城、株洲高新区、服饰产业园等，并连接衡阳松木经济开发区，主要布局工程机械、轨道交通、航天航空、乘用汽车、电子信息、特变电工和生物医药等智能制造产业。以上"两带"分别同长株潭北部渝厦发展轴和南部沪昆发展轴交集，在北部聚联星马组团、高铁组团、老城组团、岳麓组团、望城组团、宁乡组团，辐射带动益阳和常德；在南部聚联湘潭中心组团、湘潭南部组团、湘潭西南部组团、株洲中心组团、株洲西部组团、株洲南部组团、株洲东部组团，辐射带动娄邵和怀化。这样可充分发挥长株潭核心增长极的作用，强力推动全省新旧动能的转换。

"两岸"：长株潭湘江两岸人文自然风貌文化走廊。长株潭湘江两岸文化景观和自然景观资源丰富，其观光旅游、休闲旅游和体验旅游的开发潜力巨大。据有关资料，长株潭三市行政区范围内的湘江两岸南起株洲市天元区雷打石镇，北到长沙市望城区乔口镇，长度约138公里，其中长沙范围内长度90公里，湘潭28公里，株洲20公里。三市两岸有17座湘江洲岛，其中有桥梁连接的洲岛有6座，步行可达的洲岛2座，还有一级支流河港5条。在两岸横向500米范围内有发展动能良好和具备发展潜力的城区7个，如滨江新城商务区、北辰三角洲、洋湖垸总部、九华板块和天元板块等，还有湘江古镇群、岳麓山及天心阁历史文化节点、窑湾及城正街历史文化街区、株洲工业文化遗址节点4个历史文化展示点。① 总的设想是，统一整合上述人文自然景观资源，本着尊重历史、保护自然的原则，以人文为筑底，以原生态为景色，以湖南文化走廊为目标，构筑一条串联历史、现在与未来城市功能区域河流的"千年潇湘脉"，打造一个以多个山体、水体、湿地形成的湘江自然风光廊道的长株潭"百里诗画廊"。

"一网"：三市同城化大综合交通网道。围绕长株潭核心区构建高快速路网络，打造三城区半小时交通圈。首先，落实长株潭"三干两轨四连线"交通工程，启动芙蓉南路长沙和湘潭段以及湘潭境内接株洲段快捷化改造，启动洞株公路至株洲城区的快速化建设和潭州大道至湘潭九华大道快速化改造，申报建设"长沙西—

---

① 湖南省住房和建设厅：《长株潭湘江两岸整体风貌研究》，2018年3月。

湘潭北—株洲西"和"长沙南—株洲西"两条轨道快线，启动潇湘大道—滨江路、新韶山路—昭山大道、昭云大道—云峰大道、湘潭大道—铜霞路等四连接线建设。同时，将高快速路与各大物流园和综合保税区联通，建构多重交通枢纽。其次，整体拉通长株潭湘江滨江大道包括湘钢路段、仰天湖与湘潭莲城大桥路段和昭山路段，并连通月亮岛、蔡家洲、傅家洲、柳叶洲、橘子洲、柏家洲、巴溪洲、杨梅洲等观光岛洲，并在长株潭湘江两岸修建风景观赏的慢行道。最后，利用既有铁路廊道提级，打造辐射四向的城际铁路，形成以长沙为核心有序建立高效、便捷、安全、绿色的环长株潭城市综合交通体系。岳阳方向利用原京广开通长岳城际铁路；益阳、常德方向利用石长铁路复线富余能力开通石长城际铁路；娄底方向，利用长株潭城际与湘黔线衔接开通长沙—湘潭—娄底城际铁路；衡阳方向构建株洲—衡阳城际铁路形成长沙—株洲—衡阳城际铁路。[①]

（三）培育和释放科技创新新动能

科学技术是第一生产力，也是第一新动能。从世界前沿来看，当前处在 IT 革命的深化时期，进入了大数据绿色发展时代。在这种信息技术和生物技术结合的科技革命新趋势下，那种以技术为出发点、以科研人员为主体、以实验室为载体的传统创新模式（即科技创新 1.0）已经远远不适宜了。科技创新已经形成了一个复杂的系统工程，科技原理创新和科技应用创新共同演进，多学科、多行业、多业态、多模式交织，构成了创新链、产业链、资金链、政策链相互联结、相互支撑的全科技创新链。正是这种创新多主体和多要素的相依共生，形成了科技创新所必需的创新生态系统。据此，我们建议，长株潭培育和释放科技创新动能，应在以用户为中心的自主创新（即科技创新 2.0）的基础上，以主攻核高基、新药创制、水体污染治理、高档数控机床、人工智能技术、智联网技术、新材料技术、航空发动机技术等国家科技重大专项和关键核心技术为目标，实施以创新生态系统为中心的共生式自主创新战略（科技创新 3.0）战略。其主要对策措施有以下几点。

其一，建设科研基础设施新平台，重点建设岳麓山大学科技城试验区。以新材料、电子信息、生物健康和工业母机等领域为重点，从预研、新建、推进和提升四个方面逐步完善重大科研基础设施和平台体系。加快建设一批重点实验室、工程研究中心、企业技术中心、检验检测中心、技术创新示范企业、院士工作站，组建长株潭公共科技服务平台和技术创新中心，夯实重大科技问题解决的物质技术基础。特别是要充分发挥长株潭现有大学科技优势，办好岳麓山大学科技城试验区，按照"风景环绕、全域配套、核心驱动、创新引领"的总要求，其核心区以中南大学、湖南大学、湖南师范大学等高校优势学科和长沙超算中心、五矿长沙矿冶研究院等

科研机构为重点，整合国家重点实验室、研究中心等重点创新平台，建设综合性科技研发转化和孵化平台，建成全国领先的自主创新发源地，打造有国际影响力的原始创新中心、国家科技成果转移转化示范高地和国内国际科技领军人才汇聚中心。

其二，创建技术创新战略联盟，重点建设长株潭国家军民融合创新示范区。完善企业为主体的产业技术创新机制和体系，依托企业、高校院所、产业技术研究院等创新资源，围绕工程机械、先进轨道交通、航空航天、风力发电、海工装备、先进电池材料、北斗卫星导航、生物健康、节能环保、新材料、汽车及零部件等产业建立技术创新战略联盟及其创新平台，提供科技研发、技术咨询、设备共享、检验检测等服务，合作开展核心技术、共性技术、关键技术研发和攻关。特别是要充分发挥长株潭现有军工科技优势，办好长株潭国家军民融合创新示范区，探索军民融合深度发展新路径，建立与国家相关部委及军工企业对接机制，搭建国防科技知识产权转化运营平台，创建军民产业技术协同创新研究院，组建国家重点实验室平台，在实现关键核心技术自主可控、提升自主创新能力上提升军民协同创新能力，突破人工智能、北斗导航、新材料、航空航天、智能制造、海洋工程和高技术船舶等领域核心技术，提高长株潭科技创新的基础性、颠覆性和前沿性水平，促进军民融合产业做大做强。

其三，促进创新创业主体成长，重点引导龙头企业营造创业生态圈。以"中国自主创新中心新地标"为总体定位，鼓励支持示范区龙头企业凭借技术优势和产业整合能力，开展新一代移动通信、大数据、节能环保、生物健康等新兴技术领域的产业孵化，形成多个具有长株潭特色的创新创业链。积极联合省内外国家创新型企业、高新技术企业、科技型中小企业共建产业技术研究院、联合实验室等新型研发机构，建立协同创新研究机制，打造高端创新资源集聚区、战略性新兴产业创新技术发源地、技术同应用融合的生态科技载体。尤其应跟上新科技革命的潮流，强化对高新技术成长性好、具有跳跃式发展态势的"瞪羚企业"和"独角兽"创业公司的培育，建立相应的企业筛选体系，采取专项措施进行全面扶持，提供标准化、通用型的物理空间及专业化与个性化的研发支撑、融资支持、市场拓展等服务，推动高新技术企业快速成长，开发具有独立知识产权的核心技术和国际品牌。

其四，打造成果加速应用通道，创建科技成果转化应用全链条服务体系。长株潭科技成果研发具有较高水平，发明专利具全国前列，近五年取得应用类科技成果3 850项、转化成果2 690项、制定国家标准150个，成为全省成果产出与转化的重要力量。目前的关键问题是要强化科技成果加速应用，畅通科技创新成果转化应用的通道，充分释放科技成果的活力和动能。建议以长沙高新区为主体组建汇聚政策咨询、研发服务、成果评价、知识产权评估、挂牌交易、投资融资、创业孵化、股权流转等专业服务机构，集聚技术、人才、资金、信息等科技要素，功能齐全、服务完善的一站式技术交易转化平台，形成长株潭全链条式的技术成果及知识产权转化运用服务体系，并联合企业、高等院校、科研院所等建立产业知识产权联盟，加速构建"平台、机构、资本、产业"四位一体的知识产权运营体系，开展专利信息推广应用、专利分析评估、专利运营和产业创新等多元化服务。开展科技成果数据资源挖掘和开发利用，组织高等院校和科研院所及时梳理发布科技成果目录和相关信息，积极开展科技成果评价、技术产权价值评估、科技成果转化为技术标准试点等科技成果信息增值服务，提供符合用户需求的精准科技成果信息。同时，充分利用发明专利申请优先审查制度，探索建立连接服务机构、知识产权供需双方的多边合作经营模式。

（四）培育和释放新兴产业新动能

从广义的角度来看，新兴产业就是新科技革命形成的新经济形态，指以互联网大数据技术为主导的数字经济和低碳经济及其科技革命所产生的新经济形态，主要包括信息技术、生物技术、人工智能技术、新能源技术、新材料技术革命所形成的新产品、新服务、新产业、新业态、新模式等的综合，其核心和本质是数字化低碳发展范式的构建。当前这种新经济范式发展迅速，已从科技变革层面拓展到企业运行、产业融合、社会生活及人类交往的各个维度，正在展现它推动经济转型和社会变迁的巨大能量。长株潭数字技术和低碳技术有较好基础，完全能够突破一批支撑新兴产业发展的关键环节，抢占新经济制高点，建立具有湖南优势的新经济动能模式，引领全省着力变革发展范式。

第一，主攻新一代信息技术产业，创建长株潭国家大数据产业综合试验区。抓住信息技术革命深化的契机，以长沙高新区为核心连接湘潭、株洲相关园区，大力推动新一代信息技术产业向大数据产业变革，重点培育发展移动智能终端及配套、物联网、基础软件、计算机视觉软件、高性能集成电路、地理信息系统、新一代电力电子器件、激光陀螺装置和信息技术服务等产业，推进智能终端、工业控制、先进轨道交通、汽车电子等领域的芯片研发及产业化，加快构建"芯片—软件—整机—系统—信息服务"大数据产业生态链，加快形成数据资源集聚管理、大数据分析利用、云计算服务应用能力，建设在岸与离岸国际化数据处理中心，高标准建设国家大数据综合试验区。在操作层面要切实抓好三大关键领域：一是切实办好长沙超算中心。发挥超算中心现有科学计算、云计算、海量数据存储和大数据应用的支撑能力，依托中心机房设施建设"一中心三平台"即云数据中心和科学与工程计算平台、高端装备设计与制造仿真平台、动漫渲染与影视制作云平台，同时与湖南地理信息产业园合作高标准建设中国资源卫星应用中心南方数据中心，为政府机构、企事业单位、家庭和个人提供安全的虚拟网络空间以及各类丰富的云应用服务。二是打造电能转换芯片模块产业。发挥株洲中车 IGBT 软件技术世界领先优势，在 8 英寸 IGBT 产业的基础上进一步运用中车时代电气 3600A/6500V 功率等级的 IGBT 模块测试及试验能力，以及完善的装置级可靠性试验平台，打造国内领先的 IGBT "芯片—模块—装置—应用" 的高端产业价值链，大力开拓在轨道交通、智能电网、航空航天、电动汽车与新能源装备等领域的国内外应用市场。三是主攻移动互联网技术产业。以北斗卫星导航技术产业集群为主，联合长株潭高新区移动互联网企业，结合智慧城市建设，推动"互联网＋"在各个产业和行业的发展，实施大数据交换共享平台、基础科研大数据服务建设、智慧时空基础设施、大数据安全保障、工业大数据、政务大数据、警务大数据、农业大数据、大数据信用监管服务平台、大数据创新创业服务平台、大数据经济集聚区建设和"宽带长株潭"等重大工程，建成面向世界、全国领先的移动互联网应用创新产业基地。根据大数据技术发展趋势，当前应重点建设北斗卫星导航产业，重点推进北斗卫星导航核心芯片及模块的研发与产业化、地面增强系统、遥感应用平台、区域级检定中心、平台运营服务、终端产业化等项目建设，高端打造北斗与遥感卫星综合信息管理平台、北斗电子政务子平台、北斗企业服务子平台、北斗信息安全人群关爱子平台、北斗智慧交通子平台、北斗智慧物流子平台和北斗信息安全应急预警子平台，建成国内领先的北斗卫星导航系统技术研究和产业化应用基地。

第二，主攻智能化制造产业，创建长株潭国家制造业创新中心试验区。近年来，长株潭在推进智能化制造方面特色鲜明，亮点突出，在加快推进工程机械、轨道交通、海工装备、汽车及零部件、电子信息、新材料、食品、生物医药等领域的智能化转型、推进智能制造关键共性技术协同创新、推进智能制造公共服务平台建设、打造智能制造示范车间、示范企业、示范园区等方面取得了可喜成效。但总的来说，长株潭的智能化制造产业正处于成长阶段，上升的空间还很大。为此，建议以打造成智能化新兴优势产业链为抓手，以株洲高新区、长沙高新区为核心连接长沙经开区、湘潭经开区和长沙机器人产业园，创建长株潭国家制造业创新中心试验区。当前，要完善一批配套政策，抓紧出台推进新兴优势产业链智能制造创新工作方案、责任分工以及配套政策，力争先进轨道交通装备（含磁浮）、先进储能材料及电动汽车、3D 打印及人工智能机器人、航空航天装备、中药等新兴优势产业链率先突破，建成一批智能化制造示范项目。特别是要高度关注和培育一批发展来势好、发展空间大的新动能增长点，如代表了世界智能制造业新趋势的 3D 打印产业和机器人制造产业。"3D 打印"作为"快速原型制造"，采用材料累加的新成型原理，直接由 cad 数据打印制成三维实体模型。长沙华曙高科增材制造园区，目前已成为全球率先独立构成完整产业链的工业级增材制造领航企业，走到了全国最前沿。目前需加大力度培育 3D 打印产业链，包括链上游的基础原材料、设计技术和核心零部件，链中游的 3D 打印专用材料、3D 打印装备和 3D 打印软件，链下游的 3D 打印加工服务商及航空航天、国防军工、医疗、汽车制造、文化创意、科研创新等行业应用。另一个新动能增长点是人工智能机器人和数控机床制造产业，以长沙机器人产业园为平台，重点发展数控机床和工业机器人的核心技术、软件开发、控制系统、关键零部件及加工材料，推进智能传感器、智能芯片、图像视频识别、语音识别等人工智能领域技术攻关和技术转化应用，突破人工智能机器人系统集成，提高湖南高端装备智能制造创新水平。

第三，主攻现代文化创意产业，创建马栏山国家视频文创产业园试验区。文化创意产业是以创造力为核心的新兴产业，主要包括广播影视、动漫、音像、传媒、视觉艺术、表演艺术、工艺与设计、雕塑、环境艺术、广告装潢、服装设计、软件和计算机服务等方面的创意群体。长沙是国务院首批公布的历史文化名城之一，湘潭则是湖湘文化的重要发祥地。因此，长株潭应充分发挥历史文明悠久的巨大优势和国家文化科技融合示范基地的辐射带动作用，重点支持数字媒体、数字出版、动漫游戏、数字旅游、工业设计和会展博览等向高端化、网络化方向发展，为创新创业者提供最广泛资源和全方位服务。要加快推进媒体艺术小镇和国家文化出口基地建设，打造全球媒体艺术创意洼地和国际化文化产业孵化基地，形成具有湖湘特色的文化创意产品生产、经营、服务、运作新模式。要发挥长株潭机械和食品工业的产业特色优势，以黄兴会展经济区为核心，办好中国食品餐饮博览会、中国中部农业博览会、中国长沙国际汽车博览会、中国长沙国际工程机械博览会、长沙国际物联发展大会、湖南国际轨道交通产业高峰论坛和航空航天航海论坛等常设性产业展会，创建中国中部产业会展文化中心。当前要全力打造文创产业的"领头雁"，做靓做响世界媒体艺术之都品牌，高标准创建马栏山国家视频文创产业园试验区，引领湖南和中部地区文化创意产业健康发展。试验区应坚持"科文融合、跨界互动、创客云集、共生发展"的开发理念，推动文化与信息技术、旅游休闲、产品设计等的深度融合，对标打造具有国际影响力的产业园区要求，启动"精明增长"和国际社区、城市连廊的专项设计，引进大型国际一流企业文创项目，探索"文化＋科技＋互联网＋金融＋贸易"的链式融合发展新模式，以数字视频创意为龙头，以数字视频内容生产制作为核心，以数字视频金融服务、版权服务、软件研发为支撑，配套衍生数字视频设计服务、生活服务、视频电商、视频主题教育培训等全产业链集群，打造具有国际化水平的"中国视谷"，构建反映中国视频文创产业活跃度的"风向标"。

第四，主攻生物医药健康产业链，创建长株潭国家健康产业综合创新试验区。长株潭具有优质的医疗资源、中医药特色资源、良好的生态环境、优质的森林江湖资源和发达的交通网络等优越条件。特别是有享誉全球的"南湘雅"西医国际品牌，干细胞技术、生物基因工程药物和神经病学、精神卫生学等均达到国际先进水平。同时，湖南中医药大学和湖南省中医药研究院是国家品牌机构，超微饮片粉体关键技术国内领先。为此，建议以打造"健康中国"为引领，以湘潭昭山湖南健康产业园为核心，连接长沙、株洲相关园区，创建国家健康产业综合改革创新试验区。充分发挥长株潭中西医药和基因检测等技术及其平台优势，推动生物医药、中成药、化学药、医疗器械、健康服务等生物医药健康产业向高科技化、高集聚化、高统筹化方向发展。尤其要立足湖南、放眼国际、定位高端、引领未来，着力建造国际一流的健康产业人才集聚高地，打造全球顶尖生物医药生产基地、顶尖医疗服务基地、顶尖医疗器械制造基地，重点推动大规模细胞及纯化、抗体偶联、无血清无蛋白培育基培养等生物技术研发和工程化，大力发展多功能干细胞和基因技术及应用产业链。同时，开通大健康产业的绿色通道，提供预防、治疗、康复、健身、康养等服务，配套生产保健养生品和绿色食品，打造大健康产业链。

第五，主攻高技术增值服务产业，创建现代创新设计和数据交换平台。高技术服务业是为生产和市场发展提供专业化增值服务的知识密集型新兴产业，是释放发展新动能的重要路径。长株潭应依托本地丰富的科技文化资源、优越的区位交通条件，重点发展研发服务、工业设计、创业孵化、检测认证、科技咨询、技术转移和科技金融等高技术服务业，积极培育发展电子商务、在线教育、大数据、虚拟实境等利用信息化技术的新型服务业态，建立带动湖南、辐射中部地区的高技术服务业集群。根据长株潭的产业和资源特色，当前要抓好两个动能释放突破口：一是集中力量发展现代创新设计产业及其平台，重点建设以工业设计、智能设计、建筑·旅游设计、服务设计、包装及平面设计等于一体的长沙设计产业园集聚区，融合世界先进的设计理念、技术、人才等资源，进行跨产业、跨学科协同设计创新，围绕"大众创业、万众创新"，打造从创业公寓、孵化器、联合办公、企业服务到 N 个设计产业的"4＋N"模式物理空间和服务环境，形成覆盖从苗圃、孵化、加速到高速成长的创业设计产业链。二是创建数据开放交换平台，在长株潭一体化过程中彻底消除信息孤岛现象，以共享为原则，不共享为例外，建立健全政府信息公开和企业信息披露制度、数据安全监管制度和个人信息保护法规，深度实现政府部门之间的数据共享、跨行政区域政府间的信息共享、政府与企业间的数据合作和共享、企事业单位之间的数据共享，发挥大数据作为经济社会转型升级的重要动能作用。

（五）培育和释放产业升级新动能

产业升级是特指运用高新技术改造传统产业而引起的产业技术结构、组织结构和管理水平的升级。特别是立足于科技革命的新经济发展为传统产业升级提供了新的契机，传统产业升级又为新经济发展提供了必要条件。所以，产业升级的实质就是传统产业通过同新经济的融合进而升华为高新技术产业。基于产业升级动能的属性，长株潭从总体战略层面应以"长株潭衡'中国制造 2025'示范区"为核心，探索"产业基地＋产业基金＋产业联盟＋产业人才基地"模式，推广湘钢以开拓专用钢材市场为本进行技术创新去过剩产能的经验，以"互联网＋"和低碳化绿色技术改造有色金属、钢铁、机械、石化、建材、食品等传统产业，强力开拓国内外新兴市场。重点打造以下五大产业系列升级动能。

一是装备机械系列动能向有感知、决策和执行功能的新产品升级。大力发展高端装备机械制造业，是长株潭培育和释放新动能的必然要求，也是抢占未来经济和科技发展制高点的战略选择。根据现有基础优势和国家"中国制造2025"的战略规划，长株潭高端装备产业应集中发展工程机械、轨道交通、航空航天、农业机械、电力装备、海工装备、能源及矿山装备七大门类，形成年产值超万亿元（不含汽车）的巨型超级产业。这里的重中之重是工程机械和轨道交通装备制造业的产品结构和技术水平升级，引领整个装备制造业全面迈向智能化。首先，工程机械产业要发挥大国重器的优势，着力推进产品创新升级，重点发展一批高端特种工程机械、大型工程机械及盾构装备，尤其是要利用数字化技术，研发具有感知、决策和执行功能的新产品，推进液压元器件及系统、行走传动控制等关键零部件自主研制，提高工程机械产业整体研发、系统设计和技术服务总承包能力，打造国际一流的工程机械研发制造之都。其次，轨道交通产业应重点发展快速磁浮列车、智轨电车、电力机车、动车组列车、城市轨道交通车辆等整车，加大芯片、车轴、转向架等关键零部件研发力度，提升在电气控制装置、牵引电机与电器等领域的高端制造优势，构建从核心芯片、核心部件到核心系统集成应用的完整产业技术链，打造以株洲中车为核心的"中国动力谷"。

二是乘用汽车系列动能向新能源汽车的国际化领先水平升级。汽车产业的一个显著特点是产业集中度高，具有产业链集群发展的优势新动能。目前，长沙经济开发区、株洲高新区、湘潭九华经济开发区等乘用汽车产业基地已然崛起，集聚了湖南汽车产业80%以上的整车及零部件企业，具有年产250万台整车产能，已成为全国乘用汽车产业新一极。基于培育和释放更大发展新动能的要求，长株潭应抓住新能源汽车发展窗口期，加快建立完整的新能源汽车开发体系，突破核心零部件的技术研发，提升汽车零部件本地配套率，缩短产品配套半径，推动新能源汽车产业及零部件产业规模化、聚集化发展。同时，深化汽车消费文化，将汽车产业链由生产链向汽车文化、产品销售、赛事赛车、娱乐体验等领域延伸，打造现代汽车产业的高端价值链。为此，必须在政策、土地、资金等方面提供精准服务，引导企业在锂电池、电动机、电控系统等领域加大研发投入，并吸引更多跨国企业将研发总部、专项研发总部或区域研发中心落户长株潭，打造具有国际领先水平的新能源汽车全产业链。

三是材料产业系列动能向长株潭新材料产业创新试验区升级。长株潭依托强大的高校和科研院所优势，形成了以先进复合材料、先进储能材料、高性能结构材料为主的产业集聚。但总的来看，长株潭新材料产业仍处在成长阶段，大多数新材料企业相互之间关联度不高，且在市场培育方面，存在生产与应用脱节现象。为此，建议以宁乡高新区为核心，连接株洲、望城和长沙高新区，创建长株潭新材料产业创新试验区。坚持"市场导向、技术为纲、精准开拓、延伸链条、产业协同、高端发展"的原则，以重点发展先进储能材料、复合材料、先进硬质材料为主导，并以新型功能材料、高端金属结构材料为支撑的新材料产业体系，进一步提升先进电池材料、碳材料、钢材料、硬质合金材料、超硬材料等领域的研发和高端制造优势，建设全国领先的新材料产业链集群。根据新材料发展趋势，试验区应重点抓好两大升级工程：一是建设好宁乡中国（金洲）锂电谷，全产业链引进锂电池产业链企业，形成"有色金属资源—锂电池材料—锂电池电芯制造与组装—锂电池应用—锂电池回收—回收材料再利用"的绿色循环产业链，集聚电池正极材料、电池负极材料、隔膜材料、锂电池回收等全产业链各环节的代表性企业，打造年产值超 1 000 亿元的锂离子电池产业集群。二是全力打造醴陵中国陶瓷谷，在提高以硅酸盐材料为主的传统陶瓷品质基础上，创造条件向精细陶瓷转型升级，发展透明的氧化铝陶瓷、耐高温的二氧化锆（ZrO2）陶瓷、高熔点的氮化硅（Si3N4）和碳化硅（SiC）陶瓷等新材料，力争突破具有超塑性和高韧性的纳米级陶瓷，以适应信息科学、能源技术、宇航技术、生物工程、超导技术、海洋技术等新一轮科技革命和产业革命对新材料的需要。

四是商贸物流系列动能向全国区域性电子商务物流试验区升级。长株潭交通快捷，既是当代全国经济地理的中心区，也是国内市场半径最短的最佳中心区位，其商圈市场规模庞大、增长潜力极为可观。目前，长株潭已拥有以长沙五一商圈等23 个不同层级的核心商圈，基本形成了我国长江中下游以南地区具有国际水准的现代化商贸中心，对湖南经济增长发挥了重要作用。依据打造长株潭大都市的要求，长株潭商贸物流业应配合核心商圈的建设和完善全面提升物流功能。以长沙金霞物流园、长沙临空经济示范区、湘潭荷塘物流园为核心，连接湖南航空物流产业园、长沙高铁快运、湘潭一力公路港物流、株洲轨道交通物流、株洲芦淞服饰物流园，创建长株潭全国区域性电子商务物流综合试验区。同时发挥长株潭多重综合交通枢纽优势，与本地域多层级物流商贸园联通联网，并与湘阴漕溪港物流园和长沙、湘潭、岳阳、衡阳综合保税区联动，形成长株潭岳衡物流商贸配送交易体系，打造中部地区现代商贸物流高地。尤其是要全面采用大数据技术发展第三方物流和供应链物流，构建"互联网＋大物流中介商"模式的网络平台商业态，实现商贸物流的电子化、实时化、多功能化、无边界化和广覆盖化。目前的首要任务是办好中国（长沙）跨境电子商务试验区，加强电商物流节点的布局，加快物流商贸信息网络体系和商品流通物流配送基础设施建设，落实好国务院及相关部委有关跨境电子商务的各项政策，鼓励商贸流通企业和工业企业利用电子商务和中介商网络交易平台，积极发展无边界远程交易跨境电子商务物流，同时加快实现长株潭城市共同配送，解决城市商品物流配送"最后一公里"问题。在此基础上，联合长、潭、衡、岳、郴五大综合保税区，以长沙为中心申办湖南自由贸易区，打造内陆开放开发高地。

五是旅游休闲产业系列动能向国际都市休闲旅游目的地升级。长株潭旅游休闲资源丰富多彩，风光秀美多姿迷人，生态景色和人文景观齐美。尤其是人文景观既是历史文化名城且又是近现代革命圣地，存有"潇湘洙泗"春秋楚文化遗风和红色革命及古迹民俗遗构，还颇有现代浪漫和时尚的都市风情。为此，建议以长株潭段的湘江公共景观画廊、湘江健康漫游绿道、月亮岛体育健康休闲公园、大王山旅游度假区、新华联铜官窑国际文化旅游度假区、浏阳河文化旅游产业带、神农谷国际文化旅游度假区、云峰湖国际旅游度假区、昭山景区等大型旅游项目建设为依托，拓展和增强城市旅游休闲功能。特别是充分发挥湘江岸区整体风景优势，以望城靖港镇、铜官镇、乔口镇、新康镇为核心，连接开慧镇、道林镇、炭河城、关山镇、乌石镇、白石镇、朱亭镇、酒埠江镇等，创建长株潭湘江古镇群休闲旅游试验区，发展特色古城镇旅游产业链，打造湘江中央公园带和湘江综合旅游"客厅"。同时，以韶山、花明楼、水府旅游区、彭德怀故里、灰汤国家级旅游度假区等为重点依托，建设全国红色旅游经典景区。此外，培育潮宗街历史文化街区、昭山特色文化旅游商业街区等一批特色街区，实施"湘绣""湘瓷""湘茶""花炮"等旅游商品品牌建设工程，大力发展购物旅游。有步骤地开发低空旅游和游船、游艇、游轮等三游休闲新产品新业态，推动旅游休闲产业升级发展，带动全省建成以"名山名遗、名人名城、名水名湖"为主要特色的世界旅游目的地省份。

四、长株潭培育和释放新动能的制度创新

实现新旧动能转换既是一场科技和产业的革命，更是制度和体制的重大变革。由于新动能具有技术更迭快、业态多元化、产业融合化、组织网络化、发展个性化、要素成果分享化等新特征，现有经济领域一些的制度、政策和管理规则已难以适应新动能蓬勃发展的需要，迫切需要加快制度创新步伐。长株潭高标准打造湖南经济变革新动能核心增长极，申报创建国家新旧动能转换试验区，对于推动以重化工、能源、原材料和农业产业为主的湖南及整个中部地区的新旧产能转换是十分必要的。为此，我们建议按此目标模式进行以下六大主要制度和政策的创新和标配。

（一）改革人事管理和科研成果产权制度

在信息化不断深化的时代，以人才资本为主体的新生产要素将日益成为社会生产力发展的最关键要素和最重要的发展新动能。长株潭作为湖南的经济发达地区，是科技、教育和专业人才的集聚区。拥有国防科技大学、中南大学、湖南大学、湖南师范大学、湘潭大学、湖南科技大学和湖南工业大学等高等院校 69 所，省级及以上科研机构 1 000 余家，已汇聚两院院士 54 名，国家千人计划专家 73 名，留学归国人员和海外专家 1 000 多名。产学研创新成效较显著，2017 年长株潭万人发明专利拥有量达 18.62 件，分别是全省和全国平均水平的 3.65 倍和 2 倍多。[①] 当然，

---

① 《华声在线》，2018 年 2 月 2 日报道。

与经济和科技发达地区比较,长株潭人才资本等新生产要素在规模、结构和功能活力方面都还存在差距。因此,建议深化人事管理和科研成果产权制度改革,全面激发专业人才创新活力。

第一,加大科技人才激励和培育力度。建议按规定程序增设科学技术奖励人物奖,调整科学技术奖种和奖励等级,加大对战略科学家、科技创新领军人才、高技能人才、青年科技人才和创新创业团队奖励力度,建立与个人业绩贡献相衔接的优秀人才奖励机制。对于高层次人才应给予用人单位自主权,可自主探索实行年薪工资、协议工资、项目工资等多种薪酬分配制度及其薪酬水平。学习上海的做法实施人才高峰工程,面向重点核心领域,坚持引进和培育并举,实行量身定制、一人一策,造就产业高峰人才。

第二,采取人才智力要素流动优配措施。其重点是改革人事管理体制,打破国籍、地域等人才流动刚性制约,赋予科研人员、教师、医生和企业专业人才等更大的流动自主权,并完善相应的社会保障体系,使专业人才进入最适合发挥自身专业能力的部门和岗位,让科技人才活力竞相迸发。特别是要设立政府人才发展专项资金,依托省内的万人计划、创新人才推进计划、湖湘人才发展支持计划和重大科研项目、重点学科和重点实验室等平台,流动优配高端人才,增强科研经费支持,打造科技领军团队。

第三,积极引进海内外高层次人才和团队。就长株潭培育和释放新动能的目标来看,尤其要在高端装备、新材料、人工智能、新一代信息技术、生物健康、节能环保等领域舍得花高优代价引进国际顶尖创新团队。采取刚性引才和柔性引才并举的政策,实现人才服务"一站式"办理,切实解决好海外回国或海外来湘人才办理户籍、投资置业、签证居留、配偶安置、子女入学等实际问题,使他们留得下,住得好,工作安心。

第四,依法建立创新收益财产权制度。建立科研创新成果产权分割确权制度,通过股权、期权、分红等分配激励机制,赋予职务发明人科研创新成果所有权,以充分激发科研人员和企业家的创造性和积极性。高校和科研院所应对职务科技成果权属进行改革,依据科技成果转化的有关法规和政策,对作出了重要贡献的科研人员给予一定比例的权属份额。同时,政府还应出台专门的政策,支持科技人员运用科技成果确权创办高科技公司,推动科技成果转化应用,提高科技人员面向市场研发的水平,培养一批懂技术、善经营、勇于创新、敢于拼搏的科技企业家。

第五,科学设立科技人才评价指标。强化用人单位人才评价主体地位,建立健全以创新能力、质量、贡献为导向的科技人才评价体系,形成并实施有利于科技人才潜心研究和创新的评价制度。赋予科技创新领军人才和领衔科技专家更大的技术路线决策权、更大的经费支配权、更大的资源调动权。同时,要强化科技成果转化人才的作用,提高科技成果转化在专业职务评聘中的比重,并给予专项奖励。

（二）创新财政税收金融土地政策

在"两型"社会建设体制机制创新的基础上，以创新、协调、绿色、开放、共享的发展新理念，进一步适应动能转换的需要，按照国家已有部署或争取国家支持，着力推进经济体制的改革，集中释放财税、金融、土地制度红利，为培育和释放发展新动能提供强有力的政策支持和激励。

首先，改进财税激励机制。力争国家有关部门支持，选择战略性新兴支柱产业和新旧动能转换重点行业及其项目先行先试临时性的期末留抵退税政策。建立健全跨行政区项目增值税、企业所得税分享制度以及共建产业园区的税收分享机制，引导生产要素按经济区划布局，推动重大合作项目落地，促进产业和企业分工协作，打造高端全产业链集群。同时，制定和落实高新技术企业所得税优惠、研发费用加计扣除等激励企业创新的普惠性政策，对经认定的技术先进型企业，按15%的税率征收企业所得税，对符合条件的企业开发新技术、新产品、新工艺的研发费用，可按照相关规定在计算企业所得税应纳税所得额时加计扣除。同时，制定高新技术企业转化科技成果给予个人股权奖励及分期缴纳或递延缴纳个人所得税的政策，以充分激发科技企业和科技人员的科技创新积极性。为支持重大核心技术和关键技术的创新，要制定和完善财税、金融、保险等支持首台（套）重大技术装备、首版次软件研发和首批次新材料研发、检测评定、示范应用体系和政策，落实创新产品研发应用的政府采购政策。运用财政资金的引导功能，吸收和整合社会资金，设立新旧动能转换基金，加大对重点产业、关键领域产能培育的支持和引导力度。认真落实国务院将享受减半征收企业所得税优惠政策的小微企业年应纳税所得额上限从50万元提高到100万元，将享受当年一次性税前扣除优惠的企业新购进研发仪器、设备价值上限从100万元提高到500万元的减税降费政策，助推中小型企业创新创业发展。也可借鉴上海发放新经济"四新券"（新技术、新产业、新模式、新业态）的做法，对创新型小微企业采购第三方服务机构提供的专业法律、公有云和大数据等能有效提高企业创新能力的服务给予财政补助。

其次，创新企业融资方式。在国家现有政策和争取国家相关政策支持下，以湘江新区为核心创建长株潭新经济绿色金融试验区，建立支持新经济绿色发展的银行体制，引导金融资源配置向新旧动能转换的重点和薄弱领域倾斜，强化对绿色发展的新技术、新产品、新成果及其专利导入阶段的金融支持。一是建立长株潭新动能培育发展基金，发挥政府股权投资引导基金的作用，带动社会资本进入科技创新、新兴产业、产业升级和增长方式转变等领域，重点抓住培育"独角兽"企业这个新经济动能发展的重要风向标，形成一个从孵化到转化，从转化到成长，从成长到成熟，覆盖新经济企业全生命周期的基金体系。二是发展各类风险投资，完善退出机制，争取国家支持在股权质押、产权流转、风险防控等方面先行先试，健全从实验研究、中试到生产全过程的科技创新融资模式。三是在确保依法依规、风险可控的前提下，支持低碳绿色的中小微企业发行企业债、公司债等债券融资工具，推动规模企业开展规范化公司制改制，支持符合条件的科技创新企业到沪深交易所、区域性股权交易市场（如湖南股交所设立科技创新企业板）、全国股转系统及境外资本市场上市挂牌，提高直接融资比重。四是建立以互联网为基础，集中统一的不动产权益抵质押登记平台，积极运用互联网、物联网、人工智能等现代金融科技手段，提高绿色金融服务效率和水平。五是鼓励在长株潭的信托、金融租赁、汽车金融、货币经纪、消费金融等银行业金融领域引入外资，支撑新动能的技术研发和产业扩展。六是将企业环境信息纳入信用信息基础数据库，为金融机构贷款和投资决策提供依据，开发针对环境友好型企业的专属信用评级产品，扩大排污权抵质押贷款投放，建立和完善环境污染强制责任保险制度。七是扩大金融开放领域，全面落实准入前国民待遇加负面清单管理制度，争取进一步放宽外资准入。尤其是要积极争取国家支持外国银行在长株潭设立分行和子行并允许其开展人民币业务，支持外资在长株潭设立证券公司、基金公司和期货公司，把长株潭新旧动能转换推向国际市场。

最后，制定土地供给支持政策。坚持长远结合、生态优先、集约利用的原则，精准实施支持动能转换的土地供给政策。当务之急是要盘活存量建设用地，推广浙江土地利用"以亩产论英雄"盘活存量变增量的经验和做法，强化"保证金"制，将项目开竣工进度直接与保证金返还挂钩，未按期开竣工的相应扣减保证金；强化"三挂钩"制，存量土地盘活情况分别与新增用地指标分配、企业参拍经营性用地资格、企业新增用地工业项目落户申请挂钩；强化综合奖惩制，对企业亩均税收、亩均销售进行排名公示，排名情况与年度各项优惠激励政策直接挂钩。同时依法处置闲置土地，做到该征的土地闲置费及时足额收取，该收回的闲置土地依法收回。探索工业用地"租让结合、长期租赁、弹性年期"等供应方式，对城区老工业区综合改造项目，利用原有工业用地发展符合规划的服务业，涉及原划拨或原工业出让土地使用权转让或改变用途，符合协议出让条件的可以采取协议出让方式办理用地手续。探索在工业园区内在不改变功能和土地用途的前提下，允许对标准厂房、国有建设用地使用权分割转让。符合规划的相关产业可以混合用地，允许同一地块或同一建筑兼容多种功能。鼓励存量建设用地使用权人按照城乡规划确定的建设用地条件自行开发或联合开发。与此同时要切实保障新增土地供给，对示范区在年度建设用地指标、农用地转用、城乡建设用地增减挂钩指标安排上给予倾斜。对新旧动能转换重大项目实行用地计划单列，允许耕地占补平衡指标在示范区内调剂使用。按照"封闭运行、风险可控"原则，示范区可根据本地实际，出台推进低效用地再开发、工矿废弃地复垦和再利用、支持新兴产业发展和新动能培育的用地保障政策。

（三）进一步深化政府放管服改革

放管服改革既是行政审批制度改革的关键，也是推动新旧动能转换进而实现经济社会持续健康发展的战略举措，构成推进政府管理改革的重要内容。根据国务院文件精神并结合长株潭的实际，建议重点推进以下四个方面的改革。

一要加大简政放权力度和范围。推动新兴经济领域管理权责重心下移，湖南省政府将部分有利于促进动能转换、培育和支持新兴经济发展的省级行政权力事项，依法下放或委托长株潭示范区实施。在此基础上搭建三市统一的互联网政务服务总门户，构建长株潭市、区、街道（乡镇）、社区（村）四级贯通的政务服务"一张网"。特别在企业投资用地管理制度上要加大简政力度，学习和推广浙江"标准地＋承诺制"改革的经验，在土地出让时把每块建设用地的规划建设标准、能耗标准、污染排放标准、产业导向标准、单位产出标准等给予明确。实施承诺报备，实现企业投资项目服务前移、标准承诺、一窗受理、受理即办、当天发证，不再需要各类审批，建成投产后，相关部门按照既定标准与法定条件验收。以缩短用地发证时间，降低土地成本。

二要提高商事制度改革力度。全面推开"证照分离"改革，实施"多证合一"，推进企业登记全程电子化和电子营业执照，特别是要取消不必要的行业门槛限制，切实解决"准入不准营"问题。建设中介服务网上交易平台，实现网上展示、网上竞价、网上中标、网上评价，探索推行"全程帮办制"。推动商标注册便利化改革，增设商标注册受理窗口和注册商标专用权质押登记受理点，为企业提供便捷的商标注册、咨询及质押服务。推广浙江和湖南省浏阳"最多跑一次"经验，以"互联网＋政务服务"模式，联合各政府部门协同服务，编制网上政务服务清单，全面实现"一窗受理"、联审联办、"一次办成"的高效精准服务方式。同时，着力创新新兴产业产品监管模式，降低准入门槛，建立统一高效的数据采集、监测、分析和预防体系，形成线上监管与线下管理协同配合、产品质量与应用安全协同监管的体制，促进"双随机、一公开"监管模式全覆盖，营造稳定、公平、透明、可预期的营商环境，降低营商制度成本。

三要改进外商投资企业管理制度。借鉴自由贸易试验区改革试点经验，全面实行准入前国民待遇加外商投资负面清单管理制度，提高外资进入的效率。放宽外商设立投资性公司条件，建议参照上海的做法将设立申请前一年外国投资者资产总额降为不低于两亿美元。有序放开育幼养老、建筑设计、会计审计、商贸物流、电子商务等服务业领域准入限制。放宽或取消外商投资育幼养老、建筑设计、会计审计、商贸物流、电子商务、人才中介、认证机构等服务业的投资方条件限制。同时，提高外资大项目招商落地的效率，学习山东经验探索"无感知"和"低感知"监管方式，加强外商投资企业事中事后监管。推行"服务大使"制度，加强重点外资企业点对点直通包办服务。向全社会推进信息共享和数据开放，完善外资企业快速服务响应机制。

四要完善和优化法治保障体系。全面清理制约新产业、新业态、新模式发展的法规规章和规范性文件，对未纳入负面清单管理的行业、领域、业务等，各类市场主体皆可依法平等进入。针对新技术、新产业、新业态、新模式，本着降低创业门槛的原则，不急于纳入负面清单管理。同时，加强新设行政许可审查论证，加快健全新旧动能转换的法治保障体系，确保各类市场主体依法平等使用生产要素、公平参与市场竞争、同等受到法律保护。

(四) 创建一体化产业链企业组织

长株潭目前经济一体化的水平不高，一个重要的原因是三地产业重复配置和同行业企业同质化竞争，虽有同领域要素集聚但缺少分工配套，尚未形成以分工协作为基础的产业链式集群。所以，发展混合所有制经济，创建长株潭一体化的产业链式企业体制，集中打造工程机械、轨道交通、新能源汽车、新材料、数字经济等产业链企业集团或链网状企业联盟，获取规模经济和范围经济效益，是长株潭培育和释放发展新动能的重中之重。

第一，从整体上建立和完善长株潭要素市场体系。由产权市场、资本市场、土地市场、人才市场、技术市场、信息市场、劳动力市场等构成的要素市场体系，是发挥市场在资源配置中的基础性作用的必要条件，更是培育和做大区域产业链的重要前提。在市场机制作用下，产业链组织内的每一个成员企业自发、自主地寻找合作者，依次链接、延伸，相互竞争、协同，共同构成完整的产业链条，并及时根据市场的变化调整彼此之间的连接关系，使系统运行进入新的有序有效状态。这里最关键的是建立企业产权交易市场和企业家人才市场，省市政府应制订相关法规、政策支持市场建设和有效运营，以促使企业采取产权并购重组或股份联营等资本营运形式，自由构建和调整产业链组织。同时，通过市场选聘优秀职业企业家，以有效组织产业链企业经营。

第二，建立以法人财产最大化为目标的现代公司制。企业法人是多元投资主体的经济联合，以适应和支撑大产业特别是超级产业链集群的发展，这是长株潭培育经济一体化新动能的重要基础。这里的关键是要根据《中华人民共和国公司法》并结合长株潭现实情况建立完备的法人财产制度，建议由湖南省政府出台专项规定和政策，确保长株潭产业链企业法人对其法人财产具有独立行使占有、使用、收益和处分的权利，任何他人（包括出资者和有关政府部门）不得任意干预和侵犯，以保证法人企业在法律上所具有的独立人格，以独立承担民事责任，追求企业法人财产最大化，不再依附任何要素主体和政府部门，具有独立和稳定的企业生命周期。

第三，建立企业家经营占有制，依法保护企业家权益。企业家处于现代公司制企业的中心地位，对产业链企业营运成功与否起着决定性作用。为此，建议在长株潭全面建立企业家经营占有制，即通过市场选聘的职业企业家必须拥有企业法财产的经营性产权，企业的一切经营活动必须服从企业家的意志，企业家承担相应的经营决策风险，其行为代表法人企业本身的行为。由于企业家占有企业经营性产权的权利是企业家以人力资本作为等价物并通过市场交换而取得的，因而它是受法律承认和保护的一种派生所有权，在经济法律关系上同样具有物权特征。基于此，建议湖南省委、省政府依据党中央、国务院关于完善产权保护制度依法保护产权的意见，具体出台专门保护企业家产权的办法和政策，在立法、执法、司法、守法等各方面，建立依法保护企业家法人财产地位和经营性产权的长效机制，激励和弘扬企业家创新精神，使企业家成为培育长株潭产业链集群新动能的发动机。

第四，建立政府对长株潭产业链组织的引导机制。在市场经济的条件下，区域性产业链组织由于涉及不同的行政和财政利益主体，因而只有建立区域一体化的政府引导机制，才有可能成功，这也是长三角和京津冀地区的一个成功的经验。为此，建议湖南省政府和长株潭三市政府联盟建立强有力的引导机制，推进长株潭支柱型产业链组织的发展。第一由湖南省工业和信息化厅会同长株潭三市政府制定长株潭支柱产业链组织规划，包括产业链发展方向和目标、产业链产品技术研发、产业链环节分工配套、产业链市场营销格局、产业链企业间利益分配等。同时报请湖南省政府建立链长制，由相关副省长或厅长担任链长，指导和协调产业链的发展；第二由湖南省财政厅会同省地方金融局和长株潭三市政府，建立政府引导长株潭产业链发展基金，由省市政府按一定比例通过财政出资和政策性银行联合出资以独立事业法人形式设立，分别采取阶段参股、跟进投资、风险补助和投资保障等形式，引导、激励和推进长株潭产业链组织的创立和发展；第三由湖南省工业和信息化厅会同湖南省税务局和长株潭三市政府，建立长株潭产业链税收分享制度，根据产业链组成企业的属地原则，按照产业链各企业的投入比例分享"三税"即增值税、企业所得税、营业税，以消除三市利益分割的障碍，保证政府财源的稳定增长，促进长株潭产业链建设和可持续发展。

（五）提升支撑动能聚变的园区平台

产业园区是产业创新升级的重要空间聚集形式，具有聚变创新资源、共享平台资源、培育新兴产业、带动关联产业、克服外部负效应、推动新城区建设等重要功能，是培育释放发展新动能的重要抓手和供给侧结构性改革的重要着力点。目前，长株潭产业园区与实现核心企业配套采购不出湖南省内园区目标还存在差距，三地产业园之间的产业互补与配套缺乏。因此，必须下大决心对产业园区的平台体制和运行机制进行改革和升级。

首先，要运用"互联网＋"助推园区转型升级。为此，应大力运用互联网技术和发展"互联网＋"新业态，构建园区平台创新体系，促进园区科技创新和制度创新，集聚创新元素和创新资源，强化园区平台持续发展的内生动力，推动由要素驱动向创新驱动和管理资型转变。出台优惠政策激励园区加快发展众创空间、科技企业孵化器等创新创业平台，设立科技创新发展基金，培育新经济的创新创业生态。

其次，充分发挥园区专业优势发展特色主导产业。明确产业准入的投入产出强度、节能减排和环境保护标准，出台刚性的条规和政策，指导和规范园区依托自身科技和人才优势，根据本身的资源和专业优势，突出高端化、集群化、数字化的要求，选择差异化发展的主导产业，以避免产业园区之间同质化竞争，实现产业园区错位发展，打造一批具有竞争优势的新经济产业集群。同时，要提高"产城融合"水平，要制订科学的规划和措施，进行合理的空间布局，以改善园区人居环境和商业服务设施，驱动城市更新和完善服务配套，以形成产业、城市、居民之间和谐且有活力的园区新城模式。

再次，要探索外向型开放式园区的建设。长株潭产业园应立足于国际化市场，合理选择产业新城、企业主导、工业地产、综合运作等多元的市场化开发模式。支持园区引入国内外战略投资者、专业化园区运营商，以"整体外包""特许经营""片区开发"形式开展合作，布局建设一批专业园、众筹园、飞地园、海外园。特别要抓住国家"一带一路"倡议的机遇，培育"走出去"海外支撑平台，开展国际产能合作，推进境外经贸合作园区建设，积极培育三一、中联、中车、隆平高科等境外产业基地，推动湖南省优势产能产业集群发展。此外，采取"引进来"的方式，推广金霞物流保税中心的经验，创办海外人士外贸产业基地，引进海外人士、海外企业和海外机构来长株潭自主创业设立公司，以"引进来、带出去"的商通人和模式，构筑共商、共建、共享的国际贸易及产能转换生态圈。

最后，要建立异地共建产业园区的税收分享机制。长株潭在推动产业园区按专业化分工配套原则进行跨区域性重组的过程中，产业转出地和转入地共建产业园区，必然牵涉到投入和收分成的问题，产业转移出去会影响财政收入，同时建立园区要投入资金进行基础设施建设。因此，企业上缴的增值税（含营改增部分）、企业所得税和营业税这三税收分成是理所当然的，分成的比例应当与投入挂钩。借鉴山东的经验和做法，可考虑新上产业项目投产后3年内缴纳的税收，原则上由转出地与转入地政府按4:6比例分享，此后3年转出地可再按20%的比例分享，以调动产业项目转出的积极性；老企业搬迁项目投产后3年内缴纳的税收，原则上双方按5:5比例分享，并可适当延长分享期限；合作园区项目可由双方政府根据园区土地价值、基础设施投资比例等因素协商确定分享比例。

（六）推进行政一体化管理体制改革

区域一体化是一个在市场经济规律支配下进行多边经济合作的地理范围，且往往大于行政区划范围。于是，区域一体化便涉及同行政区划的协调与整合问题。长株潭目前三市行政分治就面临经济和资源难以一体化整合配置的困惑，要充分进行新旧动能转换特别是培育和释放发展新动能，就必须以深化改革的方式弱化行政区划边界，消除行政体制壁垒，创建长株潭行政一体化的大长沙国家中心城市。同时，还需要对湘江新区进行战略性扩区，将空间毗邻产业重点区域划入，并将湘阴界头铺"两型"片区、漕溪港码头产业片区和汨罗新市"两型"片区、飞地产业园区划入湘江新区或托管，以增强长株潭通江达海的口岸功能和产业链带动力。基于这个改革目标，建议在创建申报过程中，强化省级行政领导的组织和推动，在办好三市政府联席会议的基础上，成立副省级规格的"湖南省长株潭行政委员会"领导机构（向国家中心城市政府过渡），并建立党组，由湖南省委副书记兼任委员会党组书记、主任，直接对湖南省委、省政府负责，并以现"长株潭'两型'社会建设示范区管委会"为基础改建为委员会办事机构。由湖南省人大常委立法出台《长株潭行政委员会条例》，明确授权委员会对长株潭跨界整合的行政事务如财政经济管理（主要是规划、经济、财政、劳动、税务、审计、统计、国土、住建、环保）和科教文卫管理等的权限及职责，以及现三市政府在跨界整合方面应承担的义务，并列入相应的行政考核。另外，长株潭行政委员会及办事机构负责长株潭行政一体化国家中心城市以及国家新旧动能转换发展示范区的申建工作，如调查研究、方案设计、发展规划、机构设置、政策设计、体制创新和社会动员等，并进行相应的宣传工作。

主要参考文献

［1］王旭：《美国城市发展模式》，清华大学出版社 2006 年版。

［2］泰普斯科特、卡斯顿著，米克斯译：《范式的转变》，东北财经大学出版社 1999 年版。

［3］中国人民大学课题组：《全球技术进步放缓下中国经济新动能的构建》，载于《经济理与管理》，2016 年第 12 期。

［4］李佐军：《加快新旧动能转换促进经济转型升级》，载于《领导科学论坛》，2017 年第 9 期。

［5］张文、张念明：《供给侧结构性改革导向下我国新旧动能转换的路径选择》，载于《东岳论坛》，2017 年 12 月。

［6］长沙南部片区办公室：《长沙南部片区规划纲要》，2018 年 11 月。

第六章

创立绿色经济发展新体制

——基于"两型"社会建设的湖南绿色经济发展与改革对策研究

> **成果简介：** 本章内容为 2014 年湖南省长株潭"两型"试验区管委会重大委托研究项目。根据中国经济发展新常态、新要求，针对湖南经济转型升级的现实及目标，研究湖南经济"两型"绿色化发展理论及其评价指标，提出湖南"两型"绿色化经济发展新体制与主要政策建议。课题负责人刘茂松教授分别参加了湖南省政府"湖南省'十三五'规划基本思路"和"湖南省委省政府关于全面深化财税体制改革的实施意见"的专家咨询会议，就湖南"两型"经济发展战略及体制创新等提供了参考建议。

目前世界经济已进入了后金融危机时代，经济发展的主要矛盾是需求创造，即由以往的资本制导为主转化为消费制导为主。从本质上来看，需求创造的基本取向就是立足于技术创新和制度创新优化经济结构，打造资源节约型与环境友好型产业及其产品，全面形成绿色生产方式。因此，"两型"经济是"两型"社会建设的核心和主体。长株潭城市群"两型"社会建设已形成了湖南重要的经济增长极，推动湖南快速进入工业化中期，经济总量进入了全国第一方阵，传统农业省历史性地进入了工业社会，这是一个划时代的进步和巨变。但目前发展中的矛盾也比较突出，主要是传统高碳产业占比较高，能耗和污染物排放大多高于全国平均水平；经济质量和均量水平较低，均排在全国后十位内；生产效率、劳动效率偏低，全省人均 GDP、城乡居民收入和财政收入占 GDP 比重均低于全国平均水平；区域发展不平衡，全省还有近 700 万农村人口年均纯收入低于国家贫困标准。总之，湖南粗放增长方式亟待向"两型"发展方式转型，全面实现低碳高效的绿色发展，这是"两型"社会建设深化的重要目标，也是发展社会主义市场经济的本质要求。

目前，长株潭城市群全国"两型"社会建设试验区建设进入了纵深突破并推向全省的攻坚阶段。按照党的十八大提出的"到 2020 年，资源节约型、环境友好型社会取得重大进展"的要求，湖南省"两型"社会建设必须同经济发展方式转变有机结合，立足"一带一部"新定位，进一步推进以"两型"产业为内涵的新型工业化，优化三次产业结构，实现湖南经济社会健康快速持续发展。基于此，本章在经济增长新常态时期，对深化"两型"社会建设，实现湖南经济"三量齐升"具有重要现实意义，可为湖南省实现绿色发提供一个"两型"生产方式的发展模式，为制定"十三五"规划提供战略参考。

一、"两型"社会建设的现代经济学内涵

我们研究认为，由高碳的粗放发展向低碳的"两型"发展转型，其实质就是目前正在全球兴起的绿色发展。所谓绿色发展是指建立在生态环境容量和资源承载力的约束条件下，将自然环境保护作为实现可持续发展重要支柱的一种新型发展模式，最核心的问题是资源与生态的可持续性。在现代经济学中，资源不仅是指社会经济活动中人力、物力、财力的总和，而且还包括了自然环境这个极其重要的资源，它们共同构成了人类社会经济发展的基本物质条件。从最一般的意义上说，经济学研究的前提是人类需求的持续增长性和多元性与资源的稀缺性，其历史使命是如何对稀少的资源进行合理配置与有效利用，在保护好自然生态环境的前提下，最大限度地满足人类持续增长的需求。这就是经济学意义上资源节约和环境友好的本质，也是绿色发展的宗旨。

（一）资源配置是实现资源节约的源头控制

从基本原理上分析，经济学范畴的资源节约涉及三大要件，即稀缺性资源、增长性需求、有效性利用。其逻辑关系是，只有对稀缺资源进行了有效的利用，满足了人类增长的需求，才是真正的资源节约，或者说达到了资源节约的社会目标。在这里，资源如果不稀缺就不存在资源节约的问题，也不存在经济学研究的客观前提，而如果对稀缺的资源不有效利用就无法满足人类不断增长且多元化的需求，这就造成了根本性的资源浪费。然而在资源的利用过程中，如何才能满足稀缺资源配置的这三大要件？依据经济学所揭示的规律，源头节约决定资源节约的总体效益，其关键是资源合理配置。从经济学视角看，所谓资源配置，是指社会资源的稀缺性决定了任何一个社会都必须通过一定的方式把有限的资源合理分配到社会的各个领域中去，实现有效利用，即用最少的资源耗费，生产出最适用的产品和劳务，获取最佳的效益。在社会化大生产条件下，资源配置一般分为计划配置和市场配置两种方式。

计划配置是产品经济的资源配置方式，即国家计划部门根据社会需要和可能，以计划配额、行政命令来统管资源和分配资源。计划配置方式是按照马克思主义创始人的设想，在社会主义社会，生产资料将由全社会占有，商品货币关系将不再存在，因而资源配置的方式主要是计划，即通过社会的统一计划来决定资源的配置。

我国改革开放以前的一段时间里，计划也曾经是资源配置的主要方式，而市场的作用受到很大的限制。计划资源配置方式在一定条件下，有可能从整体利益上协调经济发展，集中力量完成重点工程项目。但是，计划配置普遍存在国家计划部门决策的主观随意性和严重忽视生产经营者的利益要求，导致配额排斥选择，统管取代竞争，对稀缺资源配置失去科学性和积极性，技术创新也缺乏动力并且难以同社会需要契合，这样就造成了资源错配、闲置和浪费的现象。

市场配置是依靠市场运行机制来进行资源的配置，是市场经济的资源配置方式。市场成为资源配置的主要方式是从大商品生产制度的确立开始的，最早是资本主义社会资源配置的基本方式。因为在大商品生产下，社会生产力有了较大的发展，所有产品、资源都变成了可以交换的商品，市场范围不断扩大，进入市场的产品种类和数量越来越多，从而使市场对资源的配置作用越来越大，市场成为大商品生产资源配置的主要方式。从理论上分析，市场经济具有平等性、竞争性、法制性和开发性的特点和优点，市场能客观地反映需求的变化，使企业与市场发生直接的联系，促进商品生产经营者进行技术和管理的创新，以及时根据市场上基于供求关系变化所引致的产品价格波动信息，合理安排企业生产经营活动，在竞争中实现生产要素的优化配置。正是因为如此，我国在党的十一届三中全会以来，全面改革传统的计划经济体制，建立社会主义市场经济制度，充分发挥市场对社会资源配置的决定性作用。但是市场配置方式不是万能的，也存在一些不足之处，如市场机制作用的局部性、盲目性和滞后性，市场主体间有可能产生恶性竞争，导致产业结构不合理，社会总供给和社会总需求失衡，以及市场秩序混乱等现象，也会造成资源浪费。所以，党的十八届三中全会深化改革的决定提出要更好发挥政府作用，建立现代治理制度，避免和防范市场机制的失灵，从整体上服务和促进市场优化配置资源的决定作用。

（二）自然生态环境要素具有商品社会属性

环境友好型社会的核心内涵是人类的生产和消费活动与自然生态系统协调可持续发展。一般来说，自然生态环境是各种天然的和经过人工改造的自然资产的总称，是重要的现代生产要素。在这里，环境、资源和生态三者之间具有非常密切的关系。从环境角度看，像水、土地、森林、草原、动植物、矿产、空气等一切自然资源，都是构成环境的要素。从资源角度看，环境本身也是必不可少的一种自然资源。由于这种环境资源不仅表现为有形的物质性资源实体，而且又具有无形的舒适性生态功能，所以构成人类生存和发展的生态系统。然而，在对待自然生态环境这个问题上，传统经济学存在很大的认识误区。我们知道，政治经济学认为，商品的价值是商品的社会属性，是凝聚在商品中的社会必要劳动量。商品的交换是价值的交换，商品价值是通过交换价值来实现的。商品的交换过程是按价值规律由买卖双方在商品市场上进行的。这也就是说，没有劳动参与的东西没有价值，或者认为不能交易的东西没有价值。于是,人们把空气、水、矿藏、森林等环境资源看成是大自然赐予的,是取之不尽、用之不竭的。在其生产经营发展过程中,从周围环境中无偿索取资源换取丰厚的经济财富,同时又向环境中排放废气、废水、废渣等"三废"物质。而在计算生产成果时,却只计算生产产品的直接效果,不计算环境资源的耗竭以及有害产物对环境资源损害的消极效果。很显然,这种计算经济效果的方法是十分片面的。在现代社会,人类劳动的足迹已渗透到了人类主观世界和客观自然世界的方方面面,无论社会生产过程,还是自然生产过程,都凝聚了人类的劳动,都在创造人类生存和发展所需要的社会物质财富。正是基于此,当代自然界物质运动和自然生产过程所产生的各种环境要素,以及它们有机结合所生产的生态效益都是具有使用价值和价值属性的社会财富。这也就是说,在市场经济中自然生态环境具有商品的社会属性,只不过有其特殊的表现形式而已。其特点是自然生态环境作为资源利用中的价值交换隐藏在与经济生产的物资交换之中,当自然生态环境处于平衡状态时,会源源不断地为人类生产新的物资财富(如清洁的空气、水和土地等)。而在自然生态环境受到破坏时,自然生产力创造的财富就会大幅度减少,环境质量下降,劳动生产率也下降,以至危害人类的生存和发展。这就是隐藏在经济生产与环境资源之间物质交换中的价值交换,实际上是在社会范围内所进行的环境资源利用中的社会价值交换的"隐形"市场。这种渗透在商品经济大市场中的"隐形"市场和"隐形"的价值交换,实际上就是人们利用自然生态环境资源应该付出的必要社会劳动(如环境治理、生态修复、生态效益等),直接影响社会经济效果。为此,英国经济学家希克斯 1946 年提出绿色 GDP 核算指标,即从现行统计的 GDP 中,扣除由于环境污染、自然资源退化、教育低下、人口数量失控、管理不善等因素引起的经济损失成本,以衡量扣除各种自然资产损失后新创造的真实国民财富总量。据北京市社会科学"九五"重点课题研究,北京市 1997 年绿色 GDP 占 GDP 的 75.75%,广东 2007 年绿色 GDP 占 GDP 的 90.34%。全国综合起来看,这些年每年由生态和环境破坏带来的损失占 GDP 的比重约在 8% 以上。总之,从生态平衡的客观规律要求来看,自然资产的损失只有在耗费了人类劳动进行修复后,才能保障人类的正常生存和发展。所以在工业化运动之后,人类所依存的自然环境大多是经过人工改造过的自然资产,凝结着人类的必要社会劳动,这就更直接地具有社会性商品的使用价值和市场交换价值。

(三) 环境定价是达到环境友好的产权规制

产权是通过法律界定的一种权利或规则,即一个社会所强制实施的选择一种经济品的使用权利,是在市场竞争过程中规范经济利益主体行的规则。这里的关键是基于社会性生产经营过程中的负外部性所明确的权、责、利关系。美国福利经济学家庇古在《福利经济学》一书中提出了个人和企业行为的"负外部性",并认为当个人危害行为产生的时候,他需要为其行为负责,也就是支付由这种行为所造成的社会成本即庇古税,实现这种负外部性的内部化。科斯于 1937 年和 1960 年分别发表了《企业的性质》和《社会成本问题》两篇论文,提出了交易成本理论,即经济主体运用市场机制的成本。他主张在一定社会条件下,合理使用第三方仲裁,"避免甲对乙的损害,将会使甲遭受损害,必须解决的真正问题是允许甲损害乙,还是允许乙制止损害,关键在于避免较严重的损害,并且应当从总体的和边际的角度来认识问题。"美国产权经济学家哈罗德·德姆塞茨认为,产权是一种社会工具,其重要性在于能够帮助一个人形成与其他人交易时的合理预期,规定其"受益或受损的权利"。根据产权经济学的解释,确认自然生态环境社会交换价值,就是给环境定价,赋予自然生态环境产权,全面实现环境外部性的内部化。这是因为环境领域也存在使自己或他人受益或受损的权利,存在产权界定、产权交易、产权保护等问题。因而,环境产权在理论上是完全成立的。其实,这些年在实践中,很多国家已尝试运用环境产权来应对环境挑战。一方面,由政府对环境污染等外部性问题进行干预,如我国正在推进的环境税费改革和生态环境补偿等,这是保护环境产权的重要制度安排。另一方面,一些国家还采取了直接市场交易方式,比如碳产权交易(排污权交易)制度,对自然生态环境的保护取得了显著的成效。总之,环境产权界定越明确,产权交易越充分,环境产权的价值就越大,环境友好的水平就越高。这是在市场经济条件下全面实现绿色低碳发展的基本制度安排。

创建环境产权制度,需要以环境产权的界定、交易、保护制度为基本架构,并以环境产权界定制度为前提和基础。产权界定是对产权体系中的诸种权利归属作出明确的界定和制度安排,包括归属的主体、份额以及各种权利的分割或分配。要做到凡是为创造良好环境作出贡献的地区、企业或个人,应对其贡献作出界定,使其获得环境产权收益;凡是享受了环境外部经济效用的地区、企业或个人,应对其受益作出界定,使其向环境产权占有者支付相应的报酬;凡是对环境造成侵害的地区、企业或个人,应对其侵害作出界定,使其支付相应的经济赔偿;凡是遭受环境损害的地区、企业或个人,应对其受损作出界定,使其向环境产权侵害者索取相应补偿。总之,通过环境定价实现环境产权交易价值,就是要使对环境的贡献者获益,侵害者受损;无贡献而搭便车获益者应付费用,无侵害而无辜受损者应获补偿。以更有效地发挥产权市场机制的调节作用,高效率、高质量、高档次地建设环境友好社会。

(四)"两型"社会是"公权利"对"私权利"的内化

从"两型"的内在关系来看,经济学范畴的资源节约是经济发展对资源利用方式问题,而环境友好则是经济发展对自然生态环境产生影响的治理问题,因此,资源节约是构建环境友好社会的基础和主要路径。国内外的实践证明,在工业化过程中环境质量下降甚至环境破坏，基本上都是由于人类的生产和生活行为严重失范所致。1991 年，美国经济学家格罗斯曼和克鲁格通过对 42 个国家面板数据及人均收入与环境污染指标之间的演变模拟分析，最早提出环境库兹涅茨曲线理论，解释经济增长与环境的关系，认为随着经济的增长可以自动改善环境质量。这个理论解释主要是围绕"经济规模效应与结构效应""环境服务的需求与收入关系""政府对环境污染的政策与规制"三个方面展开的。一般来说，在经济发展初期，人均收入水平较低，社会关注的重点是经济快速增长与加快摆脱贫困，再加之初期的环境污染程度较轻，人们对环境服务的需求较低，往往忽视对环境的保护。随着工业化发展的加快，经济规模扩大，越来越多的资源被开发利用，资源消耗速率开始超过资源的再生速率，产生的废弃物数量大幅增加，导致环境状况恶化，使环境的质量水平大幅度下降，环境治理和保护引起各界关注。正是由于经济的发展，国民收入的提高，人们的消费需求结构随之发生变化，环境服务成为正常品，人们对环境质量的需求增加了。同时，政府财力和管理能力也随着国民经济的发展而增强，一系列环境治理措施和环境治理法规出台实施（称之为消除环境污染效应）。在上述因素的综合作用下，产业结构转换升级，由重化工业向服务业和技术密集型产业转移，大幅度减少了环境污染，对环境保护产生了正效应。实际上，这些结构变化效应暗含着技术效应。因为产业结构的升级需要有技术的支持，而技术进步使得原先那些污染严重的技术为较清洁技术所替代，从而改善了环境质量。正是因为规模效应与结构效应和消除效应之间的权衡，才使得在产业结构升级时，环境污染减轻，环境与经济发展关系呈库兹涅茨倒"U"形曲线。

　　由于环境库兹涅茨曲线理论运用新古典主义发展经济学来解释经济增长与环境的关系，认为经济发展是一个"经济生物学"的过程，可以随着经济的增长而自动改善环境质量。这实际上是在完全竞争基础上的假设和推论，同国内外经济发展的现实严重脱节，存在较大的内生性缺陷。因为环境因受污染而退化是由多种因素导致的，而且不同阶段的环境退化与经济增长又有着不同的关系。如发展中国家的环境退化与人口压力、自然资源的过度开发、非密集生产方式、低生产率等有关，而发达国家也依然存在环境退化，更多的与过度消费有关。新技术在提高生产率的同时可能降低旧污染物，但也会产生新的污染物，包括致癌化学物、二氧化碳等，原污染物排放减少的同时新污染物排放上升，总污染并未下降。此外，在经济市场化和全球化进程中各国及其企业以保持和提高竞争力为借口，放松环保规制，形成触底竞争，出现收入水平提高而污染排放保持不变，曲线趋于平坦的局面。而且发达国家与发展中国家间存在差异，发达国家污染密集型生产下降的同时，其污染密集型产品的进口消费并未同幅下降，污染密集型工业从环境标准高的发达国家向环境标准低的发展中国家转移，后者成为"污染避难所"。因此，世界范围的污染并非下降了，而只是转移了。以上这些问题说明，经济增长不可能自动地解决环境问题，并不必然带来环境改善。

上述环境库兹涅茨曲线理论之所以存在这些内生缺陷，是因为它完全忽视了经济增长同环境改善之间存在的利益冲突问题。在市场经济条件下，经济增长是由资本推动的，其约束条件是直接进入企业生产过程的成本最小化，生产要素转化为资本利润的最大化，而在传经济学和经济核算体制中，自然环境资源是不进入企业成本的。资源节约基本上是经济资源的节约，其直接目的是实现资本利润最大化。可见，这种资本生产方式对于其经济利益主体包括不同的国家、部门、企业和个人而言，都是一种商品生产的"私权利"。而环境友好或环境质量改善却是面向全社会、全人类提供公共产品，受益的是不分阶层、不分族群、不分国度的整个社会和整个世界，这是一种"公权利"，其本质是充分满足人类健康生存和发展的要求。由于"私权利"的膨胀严重直接冲击和损害"公权利"，而"公权利"的维护又会限制"私权利"的利益，因而这些年来无论是在全球或全国范围还是在区域性范围，二者之间都存在巨大的利益冲突和博弈，这样经济的增长便难以自动改善环境质量。总之，当自然环境的成本没有转化为企业成本时，是不可能达到环境友好的。那么，如何从根本上解决这个问题？其唯一的出路就是上面所提出的给环境定价，推动环境产权的市场交易，实现环境外部性的内部化（进入经济核算体系）。其本质是在市场经济制度的框架内，通过环境产权交易实现社会"公权利"对各类经济主体"私权利"进行组合内化，维护自然生态环境生命线，建立绿色发展的"两型"生产方式，以求达到人类经济生产从自然界获取的物质要素不超过自然再生产的增殖能力，构建社会经济再生产过程与自然生态再生产过程之间良性的物质交换和循环的机制。

二、新常态湖南经济绿色发展新战略

后金融危机时代我国经济全面进入转变经济发展方式的时期，从过去严重忽视生态环境价值的传统粗放发展转为高效率、低成本、可持续的低碳发展。这种客观条件的变化，导致中国经济必然从高速增长转向中高速增长，从结构不合理转向结构优化，从要素投入驱动转向创新驱动。所以，经济发展新常态意味着，中国经济进入了深度转型升级的关键时期。特别对于尚处于后发赶超的湖南来说，进入经济发展新常态就是要建立"两型"生产方式，全面实施绿色化发展战略。

（一）绿色化发展是经济发展新常态本质要求

习近平总书记2014年5月在河南考察时指出，"我国发展仍处于重要战略机遇期，要增强信心，从当前我国经济发展的阶段性特征出发，适应新常态，保持战略上的平常心态。"7月29日，在中南海召开的党外人士座谈会上，习近平问计当前经济形势，再次提到"新常态"，"要正确认识我国经济发展的阶段性特征，进一步增强信心，适应新常态，共同推动经济持续健康发展。"改革开放特别是进入 21 世纪以来，中国经济一直处于快速赶超发展期，具有以下鲜明特征：一是经济年增长率持续在 9% 以上；二是高储蓄—高投资率，三是农民工人口红利贡献巨大；四是经济、金融和地方财政对房地产业依赖度较大；五是国民收入分配结构重投资轻消费；六是高信贷与高货币投放的货币供给机制。在这种情况下，中国经济发展虽然经济总量取得了持续增长的巨大成就，但储蓄—投资、国民收入分配中的结构性失衡却日益加剧、对房地产业的过度依赖抑制了创新型的增长等，造成了对经济系统性的较大伤害。可以说，这种经济旧常态是以 GDP 为中心、以投资为主导、对技术进步重视不足的粗放式增长。从经济发展的本原上看，这也是违背经济规律和资源环境约束的、不可持续的增长。在实现全面建设小康社会的历史转折时期，这种经济旧常态是难以为继的，自身就有着向新常态过渡的内在要求。

从客观上分析，经济发展新常态是适应中国潜在经济增长率变化的结果。一般而言，决定潜在经济增长率的因素主要有技术与生产率、资源与资本增长率、人口结构与劳动供给以及自然生态环境的约束。中国潜在增长率下降，其核心问题是中国人口结构发生了明显变化，劳动年龄人口的增长速度逐年减慢，而人口抚养比则由下降转为提高。人口结构的变化，不可避免地导致中国国民储蓄率趋于下降，使得依靠投资主导的增长模式难以获得有效的资本供给。与此同时，技术进步又是一个周期较长的过程，技术创新供给不足。而且由于粗放式增长导致自然生态环境严重透支，自然再生产的增殖能力大幅度下降，已经无法支撑低质高速的增长。这就意味着，新常态是经济发展变化所必然导致的供给面变化和政府政策取向主动适应潜在经济增长率变化的结果。历史经验表明，中国经济在其自身潜在供给能力上实现 7% ~ 8% 的增长，一般不会出现严重的就业压力和高通胀率，是一种符合经济周期运行规律的合理增长。所以，经济新常态的基本特征表现为：其一，中国经济总需求结构变化，最终消费对经济增长的贡献将上升，投资与净出口的贡献相对下降，增长速度要以环境容量和资源承载力为依归，从高速增长向中速或中高速增长换挡；其二，市场机制对资源配置起决定性作用，经济增长的力量将主要依靠环境友好前提下生产率提升的科技创新驱动，经济结构特别是产业产品结构优化升级，经济增长质量成为衡量经济绩效的导向性指标；其三，中国市场对内对外更加开放，放松对经济主体的市场准入限制，实行更加严格、公平、公开透明的经济产权与环境产权制度和各类市场参与者的司法保护制度；其四，实行"稳"的宏观政策与"活"的微观政策有机地结合，从总量宽松、粗放刺激转向总量稳定、结构优化的宏观政策，从广度和深度上配合市场机制推进结构调整和发展方式转变；其五，利率市场化进一步深化乃至最终基本实现市场化的总体水平，发挥市场供求在汇率决定中的主导性作用，更好地反映消费者的时间偏好率和企业的真实资本回报率及风险状况，整个货币政策的重心将定位于通过改革激发市场活力、调整经济结构而实现有质量、平衡的、资源环境代价最小化的"好"的增长。

从上述经济发展新常态的主要特征来看，我们认为，经济新常态的本质就是全面推进以资源节约与环境友好即"两型"生产方式为内核的绿色化发展，以对有限的经济和环境资源合理利用，最大最好地满足人的发展要求，全面建设小康社会。在这里，绿色化发展就是建立在生态环境容量和资源承载力的约束条件下，将环境保护作为实现可持续发展重要支柱的一种新型发展模式，最核心的问题是资源与生态的可持续性。我国"十三五"规划对绿色发展提出要求：生产方式和生活方式绿色、低碳水平上升，能源资源开发利用效率大幅提高，能源和水资源消耗、建设用地、碳排放总量得到有效控制，主要污染物排放总量大幅减少。到 2020 年非化石能源占能源消耗比例达到 15%，万元 GDP 用水量较 2015 年下降 23%，地级及以上城市空气质量优良天数比率达到 80% 以上等。可见，绿色化发展就是提供最公平的公共产品和最普惠的民生福祉，是一种公权利。而这种公共产品的提供，涉及到地方、部门、企业的利益（私权利），存在很大的利益冲突。如何解决好这种"公权利"与"私权利"的矛盾冲突，全面实现绿色发展，这是本章研究要讨论的主题。

我们知道，"两型"生产方式同资本生产方式的根本区别在于其约束条件不同。"两型"生产方式的约束条件是自然生态环境友好，而资本生产方式的约束条件则是资本利得最大。在社会主义条件下，这二者并不是根本对立的，资本生产需要绿色发展，而"两型"生产也需要资本推动。所以，要把这两种约束有机地结合起来，通过价格机制来规制经济利益主体的资源利用行为，防范牟取资本利得最大而破坏自然生态环境。由此可见，"两型"生产方式是以社会"公权利"进入市场规制经济利益主体行为、促进人类社会和谐发展、且最能从本质上体现社会主义社会发展要求的现代市场经济发展模式。因此，"两型"社会经济的绿色化发展战略，既包括经济增长即经济总量规模和经济增长速度，还包括产业结构、收入分配、居民生活以及城乡结构、区域结构、资源利用、生态环境等方面的低碳化。但无论是哲学还是经济学，绿色化发展最终极意义都是为实现人的全面发展。马克思指出人的发展是指社会上每一个成员的体力、智力、个性和交往能力等方面的发展，既包括量上的规定又具有质上的内涵。在量的方面，是指社会全体成员都能得到发展。而质上的发展则是指人与自然、人与社会、人与人以及人自身的各方面发展处于协调一致、同步运行的和谐发展，人作为主体摆脱了不合理的束缚，真正做到发挥自己独特的创造性，展现自己的本质力量的自由发展，以及作为主体的人的实践活动、社会关系、需要、能力、潜能素质等方面的全面发展。所以，"两型"生产方式形成的绿色化发展战略，不只是一个简单的总量供需均衡问题，更重要的是人本主义的真实财富结构优化问题。主要包括物质财产与精神财富，如康乐、幸福、关爱及和谐关系等，涉及人力资本、自然（绿色）资本、人造资本、金融资本和社会资本五种异质资本综合，其核心的理论主张是幸福与财富是等价的，要高度关注社会财富的功能性结构与质量的优化，创造财富应使人更幸福，身心更健康，生活质量更高，社会福利持续改善，和谐社会全面发展。长期以来，建立在同质化总量均衡基础上单纯追求"私权利"的资本生产方式，已在许多方面误导了人类经济活动，如片面追求 GDP、生态失衡、社会分化、经济危机等，导致人与人对立、人与自然对立、城与乡对立、国与国对立，进行残酷的斗争（竞争），造成了人类社会发展不均衡、不和谐、不可持续的诸多严重问题，人类还远未走出经济社会发展的必然王国。因此，建立"两型"生产方式，全面实现绿色化发展，这是对人类发展行为目标的优化。

据上所述，以"两型"生产方式为本原的绿色化发展是经济发展新常态下，经济总量与质量相结合、发展与生态相结合、经济与社会相结合、物质与精神相结合的发展模式，其根本要义就是经济社会的包容性发展，即经济可持续增长（生态保护）、革除社会排斥（权利公平）、实现社会正义（机会平等）、分享增长成果（福利普惠）。其蕴涵着的政策含义是，包容性发展需要保持经济的快速与可持续增长，实现经济与环境的和谐，同时又要求通过减少和消除机会不平等来促进社会公平与增长的共享性。这两个方面是相辅相成的，没有经济的可持续增长就没有机会，而没有机会则机会平等也就成为"空中楼阁"，经济与环境就不可能和谐，且也不可能保持可持续的增长。同时，由于包容性发展强调可持续的结构性增长，因而其财富内涵也完全不同于传统的单纯物质财富观，包容性财富观认为凡是对人的生存和发展具有价值的东西就称之为财富，包括自然财富（生态环境与自然资源）、物质财富、精神财富、智慧财富、健康财富等，不仅强调产品的产出数量，更强调生产能力和生产潜力，更强调生产主体的素质和生产环境的保护，强调人的生活质量和尊严。可见，包容性发展的财富标准从根本上反映了"两型"生产方式的要义，是绿色化发展战略的本质属性，也是我国经济发展新常态下经济社会发展的最高要求。

（二）湖南经济面临经济发展新常态的新挑战

"十一五"时期以来，湖南采取新型工业化带动和"抓基础产业、基础设施、基础工作"的一化三基战略，湖南经济社会发展进入快车道，反映经济总量的 GDP 已连续多年位列全国前十以内，2013 年全省地区生产总值达到 24 501 亿元，增长 10.1%，对湖南来说，这个成绩来之相当不容易。另外，作为传统农业大省，湖南的工业化率已经超过 40%，2013 年全省工业对经济增长的贡献率达到 46.4%，拉动全省地区生产总值增长 4.7 个百分点。① 这说明湖南已由一个传统的农业社会进入了工业社会，这是一个根本性的社会变革。而且伴随着工业化进程加

---

① 《湖南省 2013 年统计公报》数据分析。

快，整个湖南的经济结构、消费结构、技术结构、思想观念等都在发生变化，湖南已进入经济社会快速发展的上升期、黄金期。但是，从总体上看一化三基发展战略及其实践，是一种以要素投入为主的库兹涅茨总量增长模式，尽管这对湖南新型工业化的起飞是一个必经的重要阶段和过程，而且"十二五"时期在许多领域还要强调加大要素投入加快推进工业化，但总量扩张总是受资源、环境、资本等多种要素制约的，是有一定限度的，往往是不可持续的。实际上在总量扩张的同时，湖南发展不充分、不全面、不协调、不持续的问题已经非常突出，如湖南经济总量进入了全国第一方阵，但是经济发展质量没上来，排在全国的后十位内，生产效率、劳动效率偏低。2013 年全省人均 GDP 5 959 美元，低于全国平均水平 800 美元，在全国排到了第十九位，城乡居民收入分别低于全国平均水平 3 541 元和 524 元，全省 122 个县市区中全面小康实现程度在 75% 以下的有 44 个，7 174 万人口中还有 640 万农村人口年均纯收入低于国家贫困标准。湖南的工业化程度，跟自己比，发展很快，但周边兄弟省发展更快，湖南省工业化率在中部地区排倒数第二位。而且工业的结构化水平较低，高能耗、高排放的产业所占比重较高，结构调整任务艰巨。2013 年全省重化工业增加值占全部规模工业增加值的比重超过 67%，其中原材料工业增加值占重化工业的比重又高达 40% 多，特别是全省六大高耗能行业增加值占总量的 31.6%，比上年同期提高 0.1 个百分点，六大高耗能行业增加值增长 12.8%，增幅高于全省平均水平 1.2 个百分点。规模工业增加值居前 5 类的大类行业中，有 3 个行业是高耗能行业。而战略性新兴产业增加值占全部规模工业增加值比重仅 25% 左右。另外，湖南省工业的大项目、大企业不多。全省 2013 年亿元以上工业项目 2 730 个，同期湖北省 4 011 个，湖南省明显偏少。全省大型工业企业 194 家，占全省规模工业企业比重仅为 1.5%，千亿企业还是空白。过 10 亿元以上企业 294 家，占规模以上工业企业比重仅 2.1%；产业集聚集约水平不高。产业园区规模较小，全省仅 4 个省级及以上产业园区技工贸收入超过千亿元。省级及以上产业园区规模工业增加值占总量比重不足一半，全省 14 个市州中，有 9 个市州省级产业园区占比低于 50%。此外，湖南的城镇化率只 47.96%，低于全国平均水平 5.77 个百分点，在全国排第 21 位，这说明产业的集聚度不高；财政收入占 GDP 的比重只有 13.5%，远低于全国 22.7% 的平均水平，这反映出湖南省高附加值的产业不多，生产经营的成本和消耗较高。[①] 另外湖南是资源大省，但资源利用率不高。如河南，同样是农业大省，但河南用工业化思维开发农业资源，成效明显。例如"双汇集团"，把一头猪吃干榨净，深度精加工，年加工生猪 1 500 万多头，年销售收入达 500 多亿元。湖南素称鱼米之乡，但农业领域难见这样的大型企业。再如矿产资源，湖南有"有色金属之乡"的美誉，但没有几个真正意义上的大型精

---

① 根据湖南省统计局《决策咨询》2014 年 33 期提供的数据整理。

深加工企业，矿产品加工业很大程度上都是靠挖资源，发展方式粗放，全省矿产资源总回收率只有30%左右，且对生态环境的破坏比较严重。

以上分析说明，湖南经济一味追求数量增长和规模扩张的时代已成过去，调结构转方式已成必然，湖南已进入经济新常态的结构增长新阶段，结构优化和创新驱动已成为湖南能否实现持续健康快速发展的决定性因素。湖南发展在这个时期最突出的主要矛盾已经不是单纯的数量增加了，而是在数量增长的基础上要着力寻求经济质量和效率的全面提升。其基本目标是要转变传统增长方式，建立资源节约和环境友好的"两型"生产方式，努力实现让经济发展模式变"绿"，全面促进经济总量、人均均量和运行质量"三量齐升"。

（三）抓住经济转型机会窗口着力推进绿色发展

从演化经济学视角来观察，进入经济新常态的经济转型对于湖南全方位实现"两型"发展，实际上是一个极为重要的战略机会窗口。由经济旧常态转型进入经济新常态，其实就是经济发展的阶段性演化。在这里，演化经济学是用动态的、演化的方法看待经济发展的变化过程，注重对"变化"的研究，强调时间与历史在经济演化中的重要地位，强调制度变迁和技术变迁，把创新以及对创新的模仿看作是经济演化的核心力量。据此分析，我们的研究结论是，进入新常态经济转型的实质性问题就是需求创造。即针对潜在的、多元化的消费需求欲望，改革传统的经济体制，高层次地运用先进的科学技术知识去创造新工艺、新产品、新产业和新的消费模式，刺激消费者潜在的消费欲望，以增加购买，增加就业，增加收入，持续提高消费水平，进而带动产业结构的低碳化和高度化。无论是发达国家，还是发展中国家，都要回归到这个本源上来，都要发挥各个国家和地区各自的优势、特长，来共同解决这个问题。需求创造就是要由虚拟化的资本创造为主转向实体化的需求创造为主，由中介市场、虚拟市场回归到终端商品市场。因为商品市场面对的是广大消费者，它所联系的是人类的生存与发展所需要的各类商品。当然，实体化的需求创造仍需要用资本的力量去推动它。正是基于此，后金融危机时代世界主体经济体的发展战略出现四大经济转型的新趋势：

一是向实体经济转型。进入后危机时代以来，美欧国家全面进行经济结构调整，向实体经济转型，搞再工业化。对此，奥巴马提出"新经济战略"，出台《2009年美国复兴与再投资法》，推出了总额为7870亿美元的经济刺激方案，在一些基础性产业如信息、通信、材料、高端制造、清洁能源、环境、气候与医疗上加大投入，而这些产业不光是制造的基础，也是整个社会发展的基础。

二是向绿色经济转型。美欧国家的再工业化不是走传统以化石能源为主导的工业化老路，而是主攻清洁能源和再生能源以及信息技术为主导的新型工业化，向低碳化的绿色经济转型。美欧日等发达国家已把新能源、绿色经济、低碳经济、信息产业提升到国家战略高度，大力扶持其发展。美国政府在气候与环保议题上已经发生积极转变，开始全面实施新的国家战略，全面推行节能减碳。美国已先后制订和实施了《清洁空气法》《能源政策法》《低碳经济法案》。

三是向数字经济转型。所谓数字经济是指数字技术被广泛使用并由此带来了整个经济环境和经济活动的根本变化。数字经济的本质在于信息化，即由计算机与互联网等生产工具的革命所引起的工业经济转向信息经济的一种社会经济过程。目前，世界第三次工业革命渐现，其主要内容是网络化的分布式再生能源和数字化高端快速制造。这意味着发达国家在在工业化过程中，本着低碳绿色高效的理念，充分运用信息化技术，着力向数字经济转型。

四是向服务经济转型。从经济转型的角度来说，现代服务经济产生于工业化高度发展的信息化阶段，是依托信息技术和现代管理理念而发展起来的，它意味着服务业占经济的主导，研发、设计、咨询、教育、物流等现代服务业已经渗透到所有的产业之中，成为了国民经济各产业发展的催化液、融合剂，越来越伸展融合到经济社会的方方面面，这已经成为欧美发达国家发展的大趋势。

在世界经济深度转型的过程中，中国经济也进入了由高速增长向中速增长转换的阶段。从国际经验来看，日本、德国、韩国均是在经历了约 30 年高速增长，在人均 GDP 达到 8 000 美元左右时出现增长回落，其增长速度一般下降 30% 左右。我国改革开放 30 多年来实现了经济的跨越发展，根据国家统计局发布的《统计公报》数据分析。1979~2011 年 GDP 平均增长速度达到 9.9% 的高度，尤其是 2002~2007 年的年均增速更是高达 11.65%，同上述成功赶超型的经济体很接近。如按照他们的发展规律和趋势，我国将在人均 9 000 美元左右时转入中速发展阶段，但由于金融危机的冲击，上述世界经济转型的影响，再加之我国蓝领劳动力比较优势明显减少，占中国经济总量 50% 的沿海发达地区经济增长快速回落，导致中国经济在人均 6 000 多美元时提前步入 7%~8% 的中速增长时期。2012 年我国全年 GDP 比上年增长 7.8%，创近年低值。这说明中国经济已结束高速增长，进入中速增长期。经济由高速增长进入中速增长，其实质是由数量增长转入质量提升为主，要进行经济结构深度调整，转变粗放增长方式，淘汰低质过剩产能，推动产业结构升级，获取结构增长红利。

我们认为，以上世界和我国经济转型为湖南创建"两型"生产方式，实施绿色化发展战略提供了重大机遇。在信息化时代完全有可能在产品内生产环节横向分工的情况下，后发国家在发展新兴产业的早期就可以模块化生产方式，把廉价劳动力优势加入到新产品的全球化价值链生产体系中，进而通过干中学全面掌握新技术体系和现代管理方式。总之，后金融危机时代的全球经济转型，实际上是一场"两型"生产方式主导的绿色化产业革命，即由不可再生化石能源为基本动力的工业化高碳经济，转向可再生新能源和清洁能源主导的信息化绿色经济；由高投资、高消耗、高排放的粗放式生产转向低消耗、低排放、高效率的智能化生产。由于支撑这场产业革命的新兴技术如新能源技术、新材料技术和数字技术等都还处于早期研发阶段，我们同发达国家的差距并不悬殊，甚至有许多方面还在同一起跑线上，而且我们还有劳动力和市场的比较优势，这些都构成了湖南经济实施"两型"绿色化发展战略的机会窗口，只要我们坚持深化改革，及时抓住充分利用，就能又好又快地实现湖南经济结构的全面转型升级。

三、湖南"两型"绿色经济发展体制创新

以上分析已说明，由"两型"生产方式主导的绿色化发展，其宗旨是将环境保护作为实现可持续发展重要支柱，提供公共产品和民生福祉。这种公共产品的生产和提供，与地方、部门、企业的利益存在冲突和摩擦。因此，全面实现"两型"方式的绿色化发展，首先要建立"两型"绿色发展的评价指标及其管理体制，规范政府行为。同时明确界定自然资源和环境的产权关系，建立经济利益主体行为规范的体制机制，实现自然资源和环境外部性的内部化，促进"两型"绿色化发展目标的全面实现。

（一）建立"两型"绿色发展评价指标及体制

如上所述，"两型"方式绿色发展是以人为本的多元异质且又有着内在联系的一个系统性的整体，是一种包容性发展范式。所以，在创建和实施"两型"生产方式过程中，对绿色发展水平的评价不宜单项评价，应进行多元评价和多目标值的整合，建立包容性的"两型"绿色发展综合评价体系，作为湖南"两型"经济社会发展的衡量标准和政策依规。

首先，选定评价维度及其指标体系。根据包容性财富标准和"两型"生产方式的内涵，我们设定从文明道路、创新驱动、区域协同、持续增长和社会安宁五个维度包容性评价湖南"两型"绿色发展水平：

1. 文明道路。湖南"两型"绿色发展的目标就是要建立党的十八大提出的文明发展道路，着力发展"两型"产业、"两型"企业、"两型"市场，促进公平分配，倡导低碳消费，因此这个维度就以"生产发展、生活富裕、生态文明"三个领域层指标来进行评价。

2. 创新驱动。就建立现代文明发展道路来说，这里最关键的是"两型"技术创新和体制创新，其核心是客体同进行技术创新的人相结合，因此本维度便采用"技术创新、人力资本"两个领域层指标进行评价。

3. 区域协同。绿色发展需要空间经济布局合理，实现协同发展。目前湖南的主要矛盾是城乡差别和省内四大板块间差别过大，因此本维度主要采用"城乡一

体、区域协同"两个领域层指标进行评价。

4. 持续增长。从湖南发展实际和包容性财富指数来看，以基础设施先行为主的生产资本准则和以生态资源保护为主的自然资本准则是真正达到可持续增长的关键，因此本维度主要采用"生产资本、自然资本"两个领域层指标进行评价。

5. 社会安宁。这个维度既是对以上维度发展结果的综合，且又有关于社会和谐与安全的特定要求，因此采用"社会和谐、社会安全"两个领域层指标进行评价。

其次，对评价指标赋权值及标准化处理。如表6-1所示，绿色共享发展评价指标的权重设置采用专家咨询法，通过访问高校科研机构的专家，对包容性评价指标的权重进行打分，认为通过转型发展而建立文明发展道路是绿色共享发展的前提和核心，因此在包容性评价指标5个维度的权重设置中，应该给予最高的权重，赋值0.30；而创新动力、区域协同、持续增长是实现绿色共享发展并构建文明发展道路的重大举措，因此各赋值0.20；社会安宁是绿色共享发展的社会目标，也是以上四个维度的综合结果，当然这其中也有自身特定的内容，故赋值0.10。由于此指标体系中既有正向指标，又有逆向指标，还有区间指标，因而还要进行标准化处理（具体处理方法略）。

表 6-1   湖南"两型"绿色化发展包容性评价指标及其权重

维度层指标		领域层指标		指标层	
指标	权重	指标	权重	指标	权重
文明道路 U_1	0.30	生产发展 U_{11}	0.10	地区生产总值 U_{111}	0.04
				人均地区生产总值 U_{112}	0.03
				产业结构高度化 U_{113}	0.03
		生活富裕 U_{12}	0.10	城乡居民就业率 U_{121}	0.04
				城乡居民收入 U_{122}	0.03
				城乡恩格尔系数 U_{123}	0.03
		生态良好 U_{13}	0.10	环境质量综合指数 U_{131}	0.04
				碳排放强度 U_{132}	0.03
				森林覆盖率 U_{133}	0.03
创新驱动 U_2	0.20	技术创新 U_{21}	0.10	技术进步贡献率 U_{211}	0.04
				高新技术产业占比 U_{212}	0.03
				万人发明专利拥有量 U_{213}	0.03
		人力资本 U_{22}	0.10	财政性教育经费占比 U_{221}	0.04
				专业技术人员占比 U_{222}	0.03
				人群平均健康指数 U_{223}	0.03

维度层指标		领域层指标		指标层	
指标	权重	指标	权重	指标	权重
区域协同 U_3	0.20	城乡一体 U_{31}	0.10	城乡公共服务覆盖率 U_{311}	0.04
				产业集聚的城镇化率 U_{312}	0.03
				农村居民集中居住率 U_{313}	0.03
		区域协同 U_{32}	0.10	区域公共服务协同率 U_{321}	0.04
				区域产业联系协同率 U_{322}	0.03
				区域基础设施协同率 U_{323}	0.03
持续增长 U_4	0.20	生产资本 U_{41}	0.10	固定资本价值形成率 U_{411}	0.06
				基础设施建设投资占比 U_{412}	0.04
		自然资本 U_{42}	0.10	自然资本价值保有率 U_{421}	0.06
				生态修复投资占比 U_{422}	0.04
社会安宁 U_5	0.10	社会和谐 U_{51}	0.06	社会和谐指数 U_{511}	0.04
		社会安全 U_{52}	0.04	公众安全感指数 U_{521}	0.04
总分	1.00		1.00		1.00

最后，明确单项指标得分范围及目标值。根据湖南"两型"发展要求和湖南经济社会发展规划，并参照国际发展的水平，我们给定了各具体指标的目标值。

1. 地区生产总值反映经济总量规模，按全国省区年 GDP 总量排序，在提高效率和降低消耗的前提下，以进入全国前 7 强为目标值 100 分，以保持全国前 10 为基准值 70 分。

2. 人均地区生产总值反映劳动生产率，是一个效率指标，以进入全国人均 GDP 前 10 强为目标值 100 分，以达到全国人均 GDP 平均水平为基准值 70 分。

3. 产业结构高度化反映经济结构"两型"化水平，工业化后期以低碳化高附加值的第三产业为主导，根据湖南实际以第三产业占地区生产总值 70% 为最终目标值 100 分，以第二产占比 50% 为基准值 60 分。

4. 城乡居民就业率既反映劳动力要素利用水平又反映居民生活幸福程度，这是实现城乡居民生活富裕的关键性指标，以城乡劳动力实际就业率 98% 为目标值 100 分。

5. 城乡居民收入反映居民富裕程度的核心指标，湖南作为中部地区率先实现小康的地区，在公平分配体制内城乡居民收入以全国平均水平的 1.5 倍为目标值 100 分，并以达到全国平均水平为基准值 60 分。

6. 城乡恩格尔系数反映居民生活水平高低的指标，是衡量一个家庭或一个国家富裕程度的主要标准之一，基于"两型"低碳消费标准以低于 35% 为目标值

100分（城乡居民分别按统计人口权重计算）。

7. 环境质量综合指数是反映水质、大气和噪声等环境污染度的重要指标（环境空气质量良好天数百分率×20＋集中饮用水源地水质达标率×20＋水域功能区水质达标率×40＋功能区环境噪声达标率×10＋公众对城乡环境保护满意率×10），以综合指数90分为目标值100分。

8. 碳排放强度指单位国民生产总值碳排放总量，反映能源消耗和能源消费结构状况，是衡量一国或一地区经济发展同碳排放量之间关系的重要环境指标［碳排放强度指数＝1－（碳排放强度－全国碳排放强度平均值）÷全国碳排放强度平均值］，以低于全国碳排放强度平均值的20%即0.8以下为目标值100分。

9. 森林覆盖率反映森林资源的丰富程度和生态平衡状况的重要指标（计算公式为：森林覆盖率(%)＝森林面积/土地总面积×100%），以森林覆盖率60%为目标值100分。

10. 技术进步贡献率反映科技创新和技术进步（"两型"生产工艺、中间投入品以及制造技能等方面的革新和改进）对经济增长的贡献程度，以科技进步贡献率达到70%为目标值100分。

11. 高新技术产业占比指高新技术产业增加值占地区生产总值的比重，反映以"两型"技术为主的高新技术转化为产业对经济增长规模和质量的带动作用，以高新技术产业占比（GDP）40%为目标值100分。

12. 万人发明专利拥有量反映一个地区自主创新能力即科研产出质量和市场应用水平，以每万人拥有并经国内外知识产权行政部门授权且在有效期内的发明专利5件为目标值100分。

13. 财政性教育经费占比是指国家财政教育经费支出占GDP的比重，反映国家和各级政府对人力资本培育和积累的投入程度，以高于世界平均水平即占GDP的7%为目标值100分。

14. 专业技术人员占比反映一个地区生产经营人员的能力水平，是人力资本的一个核心指标，以具有大学专科以上学历专业科技人员占城乡劳动力总数35%以上为目标值100分。

15. 人群平均健康指数是以人的预期寿命、老年人口系数、人口自然增长率，19～22岁男女青年平均身高，各种主要疾病的死亡率，文盲及各种文化程度人口比例等27个与健康密切相关的数据指标而建立起来的健康评价体系，反映人力资本中人体健康状况的基本指标，以我国一类地区健康指数60%以上为目标值100分。

16. 城乡公共服务覆盖率反映城乡在人居环境、社会保障、公共教育、医疗卫生、文化体育、人口计生等公共服务均等化水平，以基本全覆盖100%为目标值100分。

17. 产业集聚的城镇化率反映城乡产业集聚和产城一体的水平，是衡量城乡产业分工集群及其规模和农村剩余劳动力转移就业的重要指标，以发达国家和地区70%的城镇化率为目标值100分。

18. 农村居民集中居住率是反映城乡统筹优化人口、产业和城镇布局，促进土地资源有效配置，提高农村居民生活质量的重要指标，参照我国发达地区和城乡统筹试验区经验，以60%为目标值100分。

19. 区域公共服务协同率指包括基础教育、公共医疗卫生、劳动就业、社会保障、公共文化、公共体育、社会化养老社会公共服务在区域间无障碍协同治理，以省内协同率100%为目标值100分。

20. 区域产业联系协同率反映区域间产业发展分工协作和产业融合的程度，既是衡量"两型"产业空间布局合理度的重要指标，也是降低区域发展差别的重要举措，以省内协同率60%为目标值100分。

21. 区域基础设施协同率反映区域间多种形式的交通运输和信息通信等基础设施联网联通的程度，是实现资源有效配置和商品高效流通的重要基础，以区际联通协同率100%为目标值100分。

22. 固定资本价值形成率指一定时期内获得的、并减去处置后的固定资产价值总额占GDP的比重，反映生产资本积累的程度，参照欧美发达国家固定资本形成率程度，以占GDP 25%以上为目标值100分。

23. 基础设施建设投资占比反映运输、机场、港口、桥梁、通信、水利、能源和环境整治等生产性基础设施投资占整个社会投资的比率，是实现可持续发展前提条件，以占社会投资40%为目标值100分。

24. 自然资本价值保有率指包含土壤、空气、水和植被等自然资产及其生态系统为人类生存和发展所提供的价值，参照世界自然资本价值的比率，以自然资本价值占GDP的60%为目标值100分。

25. 生态修复投资占比是指重建已损害或退化的生态系统、恢复生态系统的良性循环和功能的投资额占GDP的比重，根据国家相关规划，以生态修复投资占GDP的0.6%以上为目标值100分。

26. 社会和谐指数由民主法治、公平正义、诚信友爱、充满活力、安定有序、人与自然和谐相处等六个方面28个指标构成，综合反映社会主义和谐社会建设的状况，以满分100分为目标值。

27. 公众安全感指数反映民众对社会治安环境、社会治安秩序和包括工作、居住、食品、出行、社交等在内的社会公共安全感受，直接影响幸福指数，以满分100分为目标值。

将"两型"绿色化发展包容性评价纳入政府的考核评价体系中，成为政府考核工作的一项重要指标，实行政府内部考核与公众评议、专家评价相结合的评估办法。这一指标体系并不是以传统的地区生产总值增长数量为考核目标，而以保护环境和社会健康发展为支柱的"两型"绿色发展为评价目标，连同对新型工业化、新型城镇化和小康社会建设的评价一同进行考核，作为评价各级政府和领导干部工作业绩的重要内容，按奖优、治庸、罚劣的原则，把"两型"绿色发展的考核结果作为干部任免奖惩的重要依据，变成对干部从政行为约束的"硬杠杆"。与此同时还应建立生态环境损害责任终身追究制，通过对一个地区的水资源、环境状况、林地、开发强度等进行综合评价，在领导干部离任时，对自然资源进行审计，若经济发展很快但生态环境损害很大，就要对领导干部进行责任追究。同时，运用"两型"绿色发展包容性评价体系评价和指导产业政策的制定和实施，以改造产业结构，实现产业结构的优化，促进"两型"绿色经济的有效发展。总之，只有这样才能使"两型"绿色化发展真正纳入政府的决策和规划，起到科学规范政府行为的目的（如表6-2所示）。

表6-2   "两型"绿色化发展包容性评价体系单项指标目标值及权重

指标	目标值（100分）	权重
地区生产总值 U_{111}	总量排序进入全国前7	0.04
人均地区生产总值 U_{112}	进入全国人均GDP前10	0.03
产业结构高度化 U_{113}	第三产业占地区GDP70%	0.03
城乡居民就业率 U_{121}	劳动力实际就业率98%	0.04
城乡居民收入 U_{122}	全国平均水平的1.5倍	0.03
城乡恩格尔系数 U_{123}	城乡综合低于35%	0.03
环境质量综合指数 U_{131}	达到综合指数90分	0.04
碳排放强度 U_{132}	碳排放强度0.8以下	0.03
森林覆盖率 U_{133}	森林覆盖率60%以上	0.03
技术进步贡献率 U_{211}	达到70%以上	0.04
高新技术产业占比 U_{212}	占GDP的40%	0.03
万人发明专利拥有量 U_{213}	达到5件以上	0.03
财政性教育经费占比 U_{221}	占GDP的7%	0.04
专业技术人员占比 U_{222}	占城乡劳动力35%以上	0.03
人群平均健康指数 U_{223}	一类地区指数60%以上	0.03
城乡公共服务覆盖率 U_{311}	达到基本全覆盖100%	0.04
产业集聚的城镇化率 U_{312}	达到70%以上	0.03
农村居民集中居住率 U_{313}	达到60%以上	0.03
区域公共服务协同率 U_{321}	省内协同率100%	0.04
区域产业联系协同率 U_{322}	省内协同率60%	0.03

续表

指标	目标值（100 分）	权重
区域基础设施协同率 U_{323}	区际联通协同率 100%	0.03
固定资本价值形成率 U_{411}	占 GDP 的 25% 以上	0.06
基础设施建设投资占比 U_{412}	占社会投资的 40% 以上	0.04
自然资本价值保有率 U_{421}	占 GDP 的 60% 以上	0.06
生态修复投资占比 U_{422}	占 GDP 的 0.6% 以上	0.04
社会和谐指数 U_{511}	达到满分即 100 分	0.06
公众安全感指数 U_{521}	达到满分即 100 分	0.04

（二）促进绿色发展的税收制度及政策创新

税收是保护环境和资源的一个重要工具。20 世纪 70 年代以来在西方发达国家中掀起了绿色税制改革的热潮。以保护环境、合理开发利用自然资源，推进绿色生产和消费为目的，建立开征以保护环境和资源的生态税收的"绿色"税制，从而比较有效地保持人类的可持续发展。我们知道，税收并不命令人们或企业如何做，它只产生刺激力或制约力。所以，这种以保护环境和资源为宗旨的绿色税收是对环境保护法的有力补充，它由以往的"事后惩罚"改变为经济刺激，调动了经济主体对环境和资源保护的积极性和主动性。因此，创立绿色税收制度是湖南实现"两型"绿色化经济发展的一项最基本的体制创新。

第一，加快推进环境税费改革，全面开征环境保护税。我国原有环境保护管理的收费制度，如排污收费、矿产资源补偿费和矿区使用费等，但这些收费制度存在各种不同的缺陷，其主要问题是管理刚性不足，征管成效不佳。排污收费作为一种行政事业性收费，相比其他执法部门的执法和征管力度，其具有刚性不强的特点，收费难度相当大，不能足额征收，效果不理想。而且管理界限模糊，收费范围偏窄。当前出现"政出多头，多头乏力"的现象，一旦环境污染事件出现后，多部门去参与查处，但到关键时刻又处罚无力。此外，外界干扰过多，特别是一些地方政府对环保收费管理的随意性大，甚至还有些地方政府基于对经济发展规模和速度的追求阻碍对环保收费，大大增加了环保收费难度。基于此，应加快将现行环境保护的排污收费改为环境保护税。2011 年 12 月财政部同意适时开征环境税，2013 年 12 月 2 日环境税方案已上报至国务院。2018 年 1 月 1 日起《中华人民共和国环境保护税法》正式施行。将环境保护排污收费正式改为环境保护税，这是一个重大的改革和进步。从理论上分析，环境税是把环境污染和生态破坏的社会成本，内化到生产成本和市场价格中去，再通过市场机制来分配环境资源的一种经济手段。部分发达国家征收的环境税主要有二氧化硫税、水污染税、噪声税、固体废物税和垃圾税5种。其实践已充分证明，环境税的开征取得了十分明显的倍加红利效果，也就是通过征收环境保护税所获的收入可用来降低现存税制对资本和劳动产生的扭曲，获得倍加红利。具体表现为一方面通过环境保护税的征收，促进企业增强环境保护意识，强化污染治理，淘汰高耗能、高污染、高排放产业和技术，提高了环境质量；另一方面是由征税获得的净经济效益，形成了更多的社会就业、个人财富、GDP总值以及持续的GDP增长等，对生态环境、居民就业、税负再分配、经济行为和投资产生倍加增值的影响。这是一个极为重要的成功经验，为此我国和湖南省在环境税制改革进程中，决不能以增加收入为根本出发点，环境税制的政策目标只能是纠正市场失效、保护环境、实现可持续发展。因此，要高度重视发挥环境税本身固有的倍加红利作用。通过对原有税制扭曲效应的纠正，促进国民经济结构调整、保持有效的激励机制，发挥环境税的刺激经济主体行为的外部正效应作用。特别是通过环境税率结构设计上的技术性处理，引导企业提高资源利用率，减少污染物排放，最终达到优化产品质量和品种，增加产品技术含量和附加值、提高企业利润率和绿色竞争力的目的。

从立法的角度分析，环境税作为保护环境和资源的国家税收，是我国整个税种体系中独立的税种，其法律地位与流转税、所得税等税种是等同的。因此，环境税种的单独立法，是环境税法律体系逐渐完善的重要步骤。依据控制环境污染和保护改善环境、维护人类健康的立法宗旨，环境税在其立法过程中应遵循公平与效率兼顾的原则、税负负担与损害程度相适应原则、预防与治理相结合原则和环境规制与可持续发展相呼应的原则，在税种设置、纳税环节选择、税率设计，以及环境税收的专款专用和补偿等方面，使环境税能为保护生态环境、全面实现可持续发展发挥重要的引导作用。由于环境税是以环境中的物或行为特征为征税对象的一种税，从当前由环保收费改为环境税收制度即"费改税"模式来看，应重点设置开征环境污染税（又称污染物排放税），以任何单位和个人造成环境污染和公害的行为为征税客体，包括向环境排放废水、废气、废热、固体废物、噪声、放射性物质等行为。在税率设置和征税中可考虑，对达标排放的污染物实行基本税率，对超标排放的污染物实行特殊税率，对采用先进工艺或进行末端治理有效减少污染物排放量的企业给予减免税优惠的激励。

第二，创造条件开征碳税，减少温室气体的排放量。碳税是指针对二氧化碳排放所征收的税。其目的是通过对燃煤和石油下游的汽油、航空燃油、天然气等化石燃料产品，按其碳含量的比例征税来实现减少化石燃料消耗和二氧化碳排放，以减缓全球变暖，保护大气环境。可见，碳税也是环境污染排放税的一种，但二氧化碳等温室气体的排放对自然气候环境危害被列入了《京都议定书》和《联合国气候框架公约》等缔约方的重要议事，而且对二氧化碳排放制定了一定指标即碳排放指标，因此开征碳税具有巨大的国际影响力，可以提高我国"碳政治"的国际话语权，提升在国际"碳交易"市场的国际地位，因而可考虑从环境污染税中单列。碳税纳税对象主要有汽油、柴油、航空燃油、天然气、煤炭等石化能源，另外还有鞭炮烟花、卷烟等产品，这些产品使用时燃烧后都会释放二氧化碳。专家学者就碳税的开征模式存在比较大的争论，就中国而言，目前讨论中可提出的主要备选方案可以排列有三种：一是新开征环境保护税，碳税作为其中的一个税目引入[①]；二是比照我国的燃油税改革，在消费税中引入碳税；三是将碳税纳入资源税中，按照含碳量不同设定不同的税率。我们认为，第一种方案比较适宜，其理由：一是碳税既有消费税的品目，又有资源税的内容，所以将碳税纳入环境税最为适合，体现了促进环境保护政策效应；二是碳税脱离环境税后，使得环境税体系比较松散，缺乏系统性，影响环境税制度的社会效应；三是碳税纳入消费税、资源税或单独开征，增加了我国税种的繁杂性，不利于我国税制改革。因此把碳税纳入环境税体系更为妥当。从经济学意义分析，碳税的设立是从中性立场出发，引导资源配置优化，达到提高效率的目的。也就是说，建立碳税制度并以此来控制二氧化碳的排放量，可以使不同企业根据各自的控制成本来选择控制量。相比较而言，碳税较之其他控制手段，如排污收费、罚款，在同样的排污控制量的情况下，成本相对要低，所以征收碳税可以获得"双倍红利"，即用中性的碳税来替代如收入调节税等现有税收，在总税收水平不变的情况下，可达到减排温室气体的目标与调整现有税收制度对经济绩效扭曲程度的效果。而其税款又可用于各地生态造林或其他"碳捕捉"技术等低碳工程的政府补贴，遏制二氧化碳日益上涨的增量。总的来看，在"两型"建设中我国开征碳税势在必行。据财政部的研究课题，碳税政策正在酝酿之中，或将在"十三五"中期出台。其税率初步设在每吨二氧化碳征收 10 元，此后再逐步提高。碳税的征税对象一开始主要针对煤炭、原油、天然气，计税依据为能源消耗量，而征税环节放在消费环节。为减少碳税征收对能源密集型工业和面临较强国际竞争企业的负面影响，并对低收入居民进行保护，应合理运用碳税优惠政策，如对采矿、电力行业在一定时期内实行免征碳税，对能耗较高或国际竞争力受到较大影响的部分工业部门则减征 50% 左右的碳税等。同时，积极开展碳交易试点，在交易机制、交易规则和核算体系等方面进行创新探索，最终建立统一的碳交易市场体系。特别要动员企业做碳综合，积极运用碳汇交易，促进植树造林以较低的成本吸收二氧化碳，保护大气环境。

　　第三，深化资源税改革，完善资源产品价格形成机制。资源税是以各种应税自然资源为课税对象、为了调节资源级差收入并体现自然资源有偿使用和节约使用而征收的一种税。资源税在理论上可区分为对绝对矿租课征的一般资源税和对级差矿租课征的级差资源税，体现在税收政策上就叫作"普遍征收，级差调节"。要求所

---

① 我国 2018 年 1 月 1 日起已开始施行环境保护税。

有开采者开采的所有应税资源都应缴纳资源税；同时，开采中、优等资源的纳税人还要相应多缴纳一部分资源税。在这里，一般资源税就是指国家对国有资源，如我国宪法规定的城市土地、矿藏、水流、森林、山岭、草原、荒地、滩涂等，根据国家的需要特别是"两型"绿色发展的需要，对使用某种自然资源的单位和个人，为取得应税资源的使用权而征收的一种税。而级差资源税则是国家对开发和利用自然资源的单位和个人，由于资源条件的差别所取得的级差收入课征的一种税。目前我国的资源税征税范围较窄，仅选择了部分级差收入差异较大，资源较为普遍，易于征收管理的矿产品和盐列为征税范围。此外，包括煤炭、石油、天然气等在内的资源税费标准偏低，导致资源的使用成本相应较低，难以起到促进资源合理开发与节约利用的作用，也不利于形成合理的资源要素价格形成机制。随着我国经济的快速发展，对自然资源的合理利用和有效保护将越来越重要，因此，要积极推进资源税费改革，其基本思路是：要以建立矿业权有偿取得和资源勘察开发合理成本负担机制为核心，逐步使矿业企业合理负担资源成本，矿产品真正反映其价值。具体包括：进一步推动矿业权有偿取得；中央财政建立地勘基金，建立地勘投入和资源收益的良性滚动机制；建立矿区环境和生态恢复新机制，督促矿业企业承担资源开采的环境成本；合理调整资源税费政策，促进企业提高资源回采率和承担资源开采的安全成本；不断完善矿业权一级市场，加强资源开发和管理的宏观调控。目前深化改革的重点是扩大资源税的征税范围，将原油、天然气、煤炭和稀土资源税计征办法由从量征收改为从价征收，并根据资源保护与市场规制的要求合理提高其税负水平。同时要完善资源有偿使用制度，在全省范围内全面推行阶梯式水、电、气价制度，并建立有效调节工业用地和居住用地合理比价机制。

第四，建立生态补偿及修复机制，推行生态补偿费改税的改革。生态补偿与生态修复机制是以保护生态环境，促进人与自然和谐发展为目的，根据生态系统服务价值、生态修复成本、发展机会成本，运用政府和市场手段，调节生态保护利益相关者之间的利益关系的一项制度安排。我国的现行体制和做法是对开采矿产资源的行为征收生态补偿费和生态修复费等，其收费额度不大，对生态环境保护的力度很不够，与上述环境收费制度存在同样缺陷，因而实行费改税有其必要性。生态补偿及修复税的纳税主体是开发、利用土地、森林、草地、水、矿产、地热、海洋等自然资源的社会组织和个人。计税依据由自然资源的稀缺程度和开发利用的程度共同确定，对不可再生、本国稀缺的自然资源可以课以重税。生态补偿及修复税以行为作为课税对象也可设计为以物为课税对象，为避免生态补偿及修复税与现行资源税存在一定重复征收的嫌疑，应对其税目进行重新定义，可包括化学燃料税、水环境修复税、矿产环境修复税、森林修复税和草原环境修复税等。生态环境补偿税与资源税区别在于，前者对开采资源后遗留的环境破坏程度进行征税，后者是对其资源本身实行征税。森林、草地对地球生态环境作用和地位是其他资源无法替代的，森林是陆地生态系统的主体，它是二氧化碳的转换器和洪水的调节器，直接关系到全球生态环境、人类生存和发展的问题，而森林和草地植被相对较为脆弱，被破坏后予以修复是相当困难，且时间相当长，需要八至十年甚至更长；草地的退化可导致土地沙漠化、荒漠化，人类生存环境将受到威胁，因而治理修复所需成本相当高，对其设置税率要相对高一点。这体现体现了"税负与损害程度相适应原则"，做到谁污染、谁负担，让污染制造者负担起应尽的环境责任。另外人们开采地下水时对地下水系统造成一定程度的损害和破坏，人们生活和自然环境受到影响，如地面沉降等，因而需要对其开采行为征生态补偿及环境修复税。我们认为，生态补偿及修复税的税率确定可以借鉴资源税的税率机制按资源开采量从价计征，其税率幅度相当于资源税税率幅度的50%较为适宜，与拉弗曲线原理比较吻合。对所征收的税收必须完全用于生态补偿和环境修复，不得挪作他用。在具体的操作过程中应制订科学的补偿标准，建立健全森林、湿地、林木、水资源生态效益评估机制，实时实地严格监测，依据监测结果进行补偿，并切实加强生态补偿资金的分配使用和考核管理。同时，积极探索排污权交易、水权交易、生态产品服务标志等补偿方式，创建市场化补偿模式。

（三）企业行为规范的产权制度及政策创新

由于"两型"企业发展"两型"产业的本质是企业在与社会的交往中承担社会责任，创造节能降耗减排的社会效益（正外部性），所以在创建"两型"企业以及发展"两型"产业的过程中，政府制定鼓励和规制企业行为的综合性产权政策，其核心就是企业与社会间交易成本外部性内部化。为此，我们建议，湖南省政府应采取下述调控措施：

一是制定"两型"经济的法律法规和政策体系。针对"两型"产业和"两型"企业发展的规律，湖南省政府和地市政府应制订或完善节能降耗减排环保的地方法规和政府规章，建立执法责任制，加大节能环保的执法力度，严格规范企业使用能源和排弃废物的行为，形成倒逼机制促使企业建立"两型"生产经营的机制；对"两型"企业创建中符合条件的节能环保、清洁生产、资源综合利用等重大技术改造项目、科技创新项目要完善用地和财政政策，给予优先支持；在制定产业结构调整、进出口配额、政府采购等具体政策时，对"两型"企业生产的"两型"产品予以优先考虑；对经国家认定的节能环保、自主创新等"两型"企业产品，要完善税收优惠政策和收费价格政策，可合理提高产品的收费标准，并在政府采购活动中予以优先扶持和采购；要拓宽投融资渠道，建立和完善政府引导、企业为主、社会参与的多元化"两型"企业产品投融资机制，切实提高"两型"企业的融资能力和融资水平；加大财政支持力度，整合各类产业发展专项资金，创立湖南省"两型"产业发展基金，全面扶持"两型"企业各类节能环保产品的培育。

除了上述经济鼓励政策之外，各级政府还要运用税收和价格机制惩罚企业的高耗能高排放行为，加快淘汰落后产能，严控高耗能、高排放企业盲目扩张。这里特别要加大对水泥、造纸、印染、电解铝、炼铁、铁合金、制革等企业落后生产能力淘汰力度，合理控制信贷投放的规模和进度，严格限制对高耗能、高污染及生产能力过剩企业中落后产能和工艺的信贷投入，防止盲目投资和低水平重复建设。

二是引导和推动企业建立清洁生产机制。研究表明，清洁生产是"两型"企业的标志，也是全面实现以"两型"产业为内涵的新型工业化快速发展的一个核心问题。因此，省地市政府要有效运用财政和价格政策直接引导和推动企业从以下几个方面建立清洁生产机制：一是依据企业制成品的重量来征收生产废料垃圾处理费，引导企业建立轻型经济机制，促进产品的轻型化，从产品生产源头实现节能降耗减排。国际上从 20 世纪 60 年代开始到现在，产品的轻型化大行其道，大到轿车，小到铝制易拉罐和塑料袋，以及越来越轻便的电子数码类产品，由此节约了大量的生产材料、运输成本和废物排放。国际经验告诉我们，这种按制成品重量来收取生产废料垃圾处理费的方式，可将企业与政策博弈的主动权自动转移到政府的政策方，通过严格的会计审计物流监控制度，企业节能降耗治污的责任将在这种打表计费的制约机制下不再流于形式；二是对使用再生材料的厂家提供一定比例的补贴，同时为再生材料再造企业优惠提供贷款、技术、财税、场地方面的扶助，引导企业建立循环经济机制，实现资源的高效利用和循环利用。目前尽管利用再生材料在加工方面可以减少大量的温室气体排放，但是使用再生材料的厂家并没有从中得到看得见的实惠，相比之下，使用原生材料的厂家也没有为他们自己排放的温室气体买单。基于此，政府采取对企业生产和使用再生材料的双补贴政策，可以提高企业使用和生产再生材料的积极性，促使产品"垃圾链"扩展到再生产环节，并形成一种使用再生材料的社会示范效应；三是采取经济鼓励和行政约束的办法，明确规定制造商企业按一定比例回收和再利用该废弃设备的零部件，引导企业建立生产者延伸责任制，实现整个产品生命周期工业废弃排放极小化。生产者延伸责任起源于 20 世纪 90 年代的欧洲，针对产品尤其是各种还有有毒物质的产品的政策，代表了发达国家对废物管理模式的变革趋势。在欧盟主要针对交通工具的"废弃设备"的指导性文件中，明确规定制造商要回收那些在市场上不能再继续使用的设备，并且还更苛刻的要求企业到 2015 年后再利用该废弃设备的 85% 的零部件。可见，这是"两型"企业实现清洁生产的重要环节。

三是创立和实施湖南省"两型"企业认证制度。在"两型"企业绩效评价体系基础上，建立湖南资源节约型和环境友好型企业认证制度。建议湖南省政府牵头各行业管理办或行业协会，邀请专家组成评审认证委员会，并制定严格和规范的考核机制，对企业"两型"绿色生产和经营的效能进行综合评价，定期评定出达标的"两型"企业。对连续三年两型达标的企业，由湖南省政府颁发"'两型'企业认证书"。拥有"两型"认证的企业可在市场准入、税额减免、经营费用等方面获得优惠。同时，"'两型'企业认证"也和"中国驰名商标""质量认证"等一样，为消费者和使用者购买产品提供信誉保障，最终形成产品的品牌价值，或具有"两型"价值的品牌，这对提高"两型"企业产品的附加价值会产生极为重要的作用。当然，一旦这种认证因为企业不作为等自身原因而被强制取缔，那么企业的形象和声誉将会受到十分严重的损失，甚至在市场竞争中损失去立足之地。在这里，"两型企业认证"所形成的品牌规制就转化为了一种市场监督机制，最终把企业担负的资源节约和环境友好的社会责任内化为企业的市场活动，并持之以恒。

主要参考文献

[1] R. 科斯等：《财产权利与制度变迁》，上海三联书店 1991 年版。

[2] 斯蒂文·G. 米德玛：《科斯经济学》，上海三联书店 2007 年版。

[3] 青木昌彦著，周黎安译：《比较制度分析》，上海远东出版社 2001 年版。

[4] 库尔特·多普菲编，贾根良、刘辉锋、崔学锋译：《演化经济学：纲领与范围》，高等教育出版社 2004 年版。

[5] 汤姆·泰坦伯格著，高岚、李怡、谢忆等译：《环境与自然资源经济学》，经济科学出版社 2003 年版。

[6] 庞道沐等：《生态湖南》，人民出版社 2010 年版。

[7] 张萍：《两型社会建设与发展低碳经济——长株潭城市群发展报告》，社会科学文献出版社 2009 年版。

第七章

探索包容发展升级新路径

——湖南实现转型发展、创新发展、统筹发展、可持续发展、
和谐安全发展的战略要求及基本路径研究

成果简介： 本章内容为 2013 年湖南省社科基金重大委托项目（批准号 13WTA01）研究成果，其研究成果对于湖南在调结构转方式中实现经济社会的持续健康发展，为湖南省委省政府的决策发挥了重要的参谋咨询作用。2013 年底参加中共湖南省委召开的经济工作务虚会议并在大会做《后危机时代世界经济转型与湖南发展战略选择》专题发言，被 2014 年湖南省委省政府经济工作会议采纳。同时，参加由湖南省委宣传部主持召开的全省"加快实现小康梦两型梦崛起梦奋力谱写中国梦的湖南篇章"研讨会作大会主题发言；参加国家发展和改革委员会来湘调研依托长江建设中国经济新支撑带调研座谈会对湖南如何全面融入长江经济带发表对策建议。并接受《湖南日报》、湖南卫视、湖南经视和红网关于实现湖南崛起梦的采访，并由湖南教育电视台制作专题访谈播出，产生了综合性的社会影响。

党的十八大报告指出，从国际环境看，我国发展仍处于重要战略机遇期的基本判断没有变。同时，我国发展的重要战略机遇期在国际环境方面的内涵和条件发生很大变化。我们面临的机遇，不再是简单纳入全球分工体系、扩大出口、加快投资的传统机遇，而是倒逼我们扩大内需、提高创新能力、促进经济发展方式转变的新机遇。为适应和抓住这个新的战略机遇，十八大报告进一步提出以科学发展为主题，以加快转变经济发展方式为主线，适应国内外经济转型的新变化，加快形成新的经济发展方式，把推动发展的立足点转到提高质量和效益上来。其战略目标是：转变经济发展方式取得重大进展，在发展平衡性、协调性、可持续性明显增强的基础上，实现国内生产总值和城乡居民人均收入比二〇一〇年翻一番。

目前，湖南同全国一样，已由传统农业社会初步进入到了工业社会，经济总量和经济结构实现了历史性的大跨越。按照经济增长阶段性规律，目前湖南发展的主要矛盾是要防范因资源、资本和技术"瓶颈"而出现的经济粗放和经济波动甚至停滞的"中等收入陷阱"，保持经济持续健康发展。解决这个矛盾的关键是深度推

进经济结构战略性调整，从高投入、高消耗、高增长的数量型低端增长模式，逐步转向以经济结构转型、技术与制度创新、企业管理创新以及企业家创新精神等为特征的结构型创新发展模式，实现转型发展、创新发展、统筹发展、可持续发展、和谐安全发展，以进一步加快推进"四化两型""四个湖南"建设。总之，五个发展对湖南在新时期实现持续健康发展的意义十分重大，同时对探索转型时代新的发展模式也具有重要的理论创新价值。

一、湖南经济发展进入结构增长的新阶段

后危机时代制约世界经济发展的主要矛盾是需求创造，即针对消费者潜在的、多元化的消费欲望，大量地更高层次地运用先进的科学技术知识去创造新工艺、新产品、新产业和新的消费模式，刺激消费者潜在的消费欲望，以增加购买，增加就业，增加收入，持续提高消费水平，进而带动产业结构的低碳化和高度化。因此，后危机时代世界经济进入结构创新为主导的时代。

"十一五"时期以来，湖南采取新型工业化带动和"抓基础产业、基础设施、基础工作"的一化三基战略，湖南经济社会发展进入快车道，反映经济总量的GDP已连续多年位列全国前十以内，对湖南来说，这个成绩来之相当不容易。另外，作为传统农业大省，湖南的工业化率已经超过40%，工业对经济增长的贡献率超过50%，达到56.1%，这说明湖南已由一个传统的农业社会进入了工业社会，这是一个根本性的社会变革。而且伴随着工业化进程加快，整个湖南的经济结构、消费结构、技术结构、思想观念等都在发生变化，湖南已进入经济社会快速发展的上升期、黄金期。但是，从总体上看"一化三基"发展战略及其实践，是一种以要素投入为主的库兹涅茨总量增长模式，尽管这对湖南新型工业化的起飞是一个必经的重要阶段和过程，而且"十二五"时期在许多领域还要强调加大要素投入加快推进工业化，但总量扩张总是受资源、环境、资本等多种要素制约的，是有一定限度的，往往是不可持续的。实际上在总量扩张的同时，湖南发展不充分、不全面、不协调、不持续的问题已经非常突出，如湖南经济总量进入了全国第一方阵，但是经济发展质量没上来，排在全国的后十位内，生产效率、劳动效率偏低。特别是在我国经济全面进入中速增长的大趋势下，湖南经济下行的压力不断增大，形势十分严峻，2013年6月底全省规模工业增加值同比增长10.3%，增幅比1～5月继续回落0.1个百分点，其中，6月份增加值同比增长9.9%，较上月回落0.2个百分点。特别是湖南的支柱产业下滑明显，如专用设备制造业增加值占全部规模工业的8.8%，是湖南总量最大的大类行业，上半年增加值同比下降4.4%，比上年同期低25.9个百分点，对全省规模工业的增长贡献由去年同期的15.6%转为－2.9%。行业龙头企业三一集团和中联重科产值均出现下滑，两个企业合计产值占

行业的 62.1%，同比下降 15.2%；另外，黑色金属冶炼和压延加工业低位运行，上半年湖南全省三大钢铁企业湘潭钢铁集团、华菱衡阳钢铁、华菱涟源钢铁均出现下滑，三个企业合计产值占行业的 36.9%，同比下降 15.7%。[①]

以上分析说明，湖南经济单纯追求数量增长和规模扩张的时代已成过去，调结构转方式已成必然，湖南已进入结构增长的新阶段，结构优化已成为湖南能否实现持续健康发展的决定性因素。湖南发展在这个时期最突出的主要矛盾已经不是单一的数量增加了，而是在数量增长的基础上要着力寻求经济质量和效率的全面提升。其基本目标是要没有水分的、有效益、有质量、可持续的 GDP，坚决不要污染的、黑色的、带血的 GDP，努力让产业结构变"轻"、发展模式变"绿"、经济质量变"优"，全面促进经济总量、人均均量和运行质量"三量齐升"。正是基于结构增长新阶段的这些新要求和新目标，湖南实现转型发展、创新发展、城乡统筹发展、绿色可持续发展、和谐安全发展就势在必然、势在必行、势在必发，这是湖南在结构增长新阶段实现经济社会持续健康发展的重大战略部署。

二、"五个发展"的新人文主义理论内涵

"发展"就一般的意义而言，是指新陈代谢、推陈出新，是事物所具有的前进性、上升性趋势的运动。在哲学上，"发展"是指事物由小到大，由简到繁，由低级到高级，由旧物质到新物质的运动变化过程。而在经济学上，"发展"既包括经济增长即经济总量规模和经济增长速度，还包括产业结构、收入分配、居民生活以及城乡结构、区域结构、资源利用、生态环境等方面的变化。但无论是哲学还是经济学，发展最终极意义都是人的发展。人作为一个复杂的社会存在物，有多角、多层次的规定性，"人的发展"也就有着丰富的内涵，经济方面的发展只是人的发展的基本层面。1998 年诺贝尔经济学奖得主，哈佛大学教授阿玛蒂亚·森在《以自由看待发展》中指出"发展是涉及经济、政治、社会、价值观等众多方面的一个综合过程，它意味着消除贫困人身束缚、各种歧视压迫、缺乏法治权利和社会保障的状况，从而提高人们按照自己的意愿来生活的能力。发展的目的不仅在于增加人的商品消费数量，更重要的是在于使人们获得能力，发展就扩展人们的这种能力"，他认为人的实质自由是发展的最终目的和重要手段。人的发展问题也是马克思主义关于人的学说的重要组成部分，马克思指出人的发展是指社会上每一个成员的体力、智力、个性和交往能力等方面的发展，即包括量上的规定又具有质上的内涵。量的方面，指全体成员都得到了发展，才算是真正的人的发展。而质上的发展内涵则包括三个方面，即人的和谐发展、自由发展和全面发展。人的和谐发展是指

人与自然、人与社会、人与人以及人自身的各方面发展处于协调一致、同步运行的状态。自由发展是指人作为主体摆脱了不合理的束缚，真正做到发挥自己独特的创造性，展现自己的本质力量。全面发展指作为主体的人的实践活动、社会关系、需要、能力、潜能素质等方面的全面发展，这是马克思重点强调的方面。

从以上对发展问题的理论归纳来看，五个发展的实质是强调人的和谐发展、自由发展和全面发展。相对以往单纯的经济增长型发展而言，这是发展理论范式的重大转换，即从"同质化总量增长范式"转向"异质性结构增长范式"，建立和发展人文主义的结构经济学。一般来说，总量是反映社会经济现象在一定条件下的总规模、总水平或工作总量的统计指标，在这里总量是诸多个量的加总，然而只有具有同质属性的东西方可加总，因而具有统计意义的总量增长必定是同质化和物质化的，如国内生产总值（GDP）就是指在一定时期内（一个季度或一年），一个国家或地区的经济中所生产出的全部最终产品和劳务的价值。然而仅凭这个指标则看不出生产成本、能源消耗、环境污染、收入分配以及城乡居民需求满足状况等。当然，总量是深入地认识社会和改造社会的基础，特别是发展中地区在经济赶超和起飞期这个基础是十分重要的。但是，如果唯总量而不顾效率与质量、不顾人的发展需要、不顾社会的和谐与安全，这是违反客观规律和人类发展要求的。从人类社会最本原的层面分析，经济学的根本要义是"繁荣—市场—个人"，繁荣是指效率、增长和稳定，是人类社会发展的基本目标；市场是制度性场所，是规范经济主体行为和资源配置的规则与手段；个人既是经济活动的行动主体，且又是经济活动所要服务和满足的对象，任何经济活动最终都是为了满足个人生存与发展需要。因此，经济学属于复杂性很强的社会科学，是集自然成分与社会成分为一体的。而且经济学研究自然成分归根到底是为了满足人的需要和促进人的发展，故应以人文主义方法为主导，不可唯科学主义方法。所以，异质性的结构增长就是实现人类全面发展的自由王国。结构首先是指物质世界的多元性，是系统诸要素之间的结合形态，反映物质的质量和运动的效率。从更深一层看，结构又是指主观世界与物质世界的结合，反映人的主体意识形态对物质世界的认知和运营。

今天的主流经济学从总体上来看，是建立在同质化总量均衡基础上的。主流经济学为了实现总量的一般均衡，必然要把复杂的经济现象进行高度抽象和简化，于是这就形成了主流经济学关于信息对称、完全竞争、零交易成本和理性经济人这四大假设前提。古典经济学是在这四大假设前提下强调通过组织和市场来使稀缺资源合理配置，实现财富总量的最大产出；而新古典经济学则是在这四大假设前提下通过边际的价格均衡作用来达到稀缺资源的合理配置，实现物质福利总量的最大化。前者的组织是内生的，而后者的组织是事先给定的。但由于它们有共同的假设前提，于是它们的共同特点都是：偏好稳定，最大化，总量均衡。然而在现实生活中，特别是信息经济时代，多元复杂和运动多变的客观经济条件同主流经济学的严格假定有很大的距离，这些单一、静态、同质的假设前提都不存在，因而主流经济学面临现实经济活动的极大挑战：

（一）异质性结构均衡的挑战

主流经济学讲同质性总量均衡，即单一产品总量均衡。价格等于边际成本 P = MC，实现生产要素充分就业，产品供给最大化，这是数量型的社会福利。然而随着个人收入水平提高，需求多元化、高质化、个性化，社会福利不只是数量的满足，更包括质量、品种、服务的满足，后者就是异质性的均衡，是结构经济，一般不存在 P = MC 的同质竞争均衡。而且资本也异质化了，如人力资本和技术资本等，出现了边际报酬递增。

（二）不确定性市场竞争的挑战

主流经济学是讲信息对称，交易双方都知道对方的所有信息，不存在谈判的成本和利用市场机制的成本，正是因为如此，主流经济学不研究组织，只研究价格均衡条件下的资源配置。但是现实生活中的市场竞争是信息不对称、不完全的，于是经济学势必要研究组织和制度，要研究组织主体行为，涉及价值判断问题，这就无法从自然客体的角度去定义和进行实证或验证，仅靠价格竞争的均衡是难以解决的。

（三）个体性选择行为的挑战

主流经济学是研究群体性选择行为问题，微观经济学是研究厂商活动，中观经济学研究产业发展，宏观经济研究国家和地区的经济发展。而且是在偏好稳定和最大化产出约束下，寻求帕累托均衡。其实群体是由个体组合而成的，离开了对个体行为的分析，群体行为是无法解释的，经济现象的本质也无法理解。个体的偏好既是不稳定的，又是不可加总的，不存在一般均衡。因此，在个体选择差异基础上形成的结构问题通常只存在非均衡。

（四）人类主观性认知的挑战

一直以来主流经济学强调的是商品本身，是关于"物"的学问，即运用价格机制配置资源，总量一般均衡模型是高度的物化和抽象，完全看不到人的主观动机和信念。然而，社会经济活动是人们有意识和有目的地推动的，如果不考察物（商品）背后人的认知（知识、信念和动机），经济学理论就不能说明任何经济事实，人类的经济行为是不可能从"物"的角度去抽象、定义和验证的，唯数学化的形式主义很难行得通。

（五）垄断性结构效率的挑战

自商品和市场经济产生以来，竞争和垄断的关系就一直是市场机制的核心问题。主张竞争，反对垄断，也一直被主流经济学视为亘古不变的铁律。然而，当人类开始进入以信息化、网络化、全球化为代表的新经济时代后，"市场结构→市场行为→市场绩效"的同质竞争分析框架（SCP范式）失去解释力，立足于异质竞争的模块化垄断结构形成，在加速技术创新的同时不断增进社会福利，实现企业效益与社会福利的统一。垄断结构效率存在的客观条件就是过剩经济形态下的需求创造，是高端的结构经济。

总之，经济发展不只是一个简单的总量供需均衡问题，更重要的是人文主义的真实财富结构优化问题。人文主义本是文艺复兴时期形成的一种思想体系、世界观或思想武器，它主张一切以人为本，反对神的权威，把人从中世纪的神学枷锁下解放出来。今天我们从现代经济学范畴阐释的新人文主义，是指社会价值取向倾向于对人的关怀，对人的发展的维护，主张一切以人为本，注重强调人性尊严，追求现实人生幸福，提倡宽容，崇尚理性，反对等级观念，主张自由平等和自我价值体现的一种主张和目标。而作为新人文主义的真实财富结构则主要包括物质财产与精神财富如康乐、幸福、关爱及和谐关系等，涉及人力资本、社会资本、自然资本、人造资本、金融资本等五种异质资本综合，其核心的理论主张是幸福与财富是等价的，要高度关注社会财富的功能性结构与质量的优化，创造财富应使人更幸福，生活质量更高，社会福利持续改善，和谐社会全面发展。

长期以来，建立在同质化总量均衡基础上的主流经济学，由于同复杂化、动态化、个性化的现实经济完全脱节，存在严重缺陷，已在许多方面误导了人类经济活动，如片面追求GDP，生态失衡，社会分化，经济危机等。更为本质的是这种主流经济学是传统工业社会的观念产物，所概括分析的是物质化的二元社会，高度集中大规模化的同质性机器生产形成了以对抗和斗争为主要行为模式的简单化决策方式和同质化生产力，把人与人对立、人与自然对立、城与乡对立、国（地）与国（地）对立，进行残酷的斗争（竞争），造成了人类社会发展不均衡、不和谐、不可持续的诸多严重问题，人类还远未走出经济社会发展的必然王国。因此，经济学特别是关于发展的经济学理论，向人文化、多元化、个性化、协同化为特征的异质性结构经济学理论范式及其发展模式转换势在必行，这是人类发展行为目标的优化。同时，这也是研究转型时期湖南实现"五个发展"的重要理论工具。

自2006年以来，湖南省委、省政府结合全省实际贯彻科学发展观，深入探索发展道路，先后提出了一系列战略思路，如"一化三基""四化两型""两个加快""两个率先""四个湖南"战略等。党的十八大之后，国际经济形势有了新的变化，党中央明确提出抓住倒逼式新的战略机遇，实现中国梦的设想和目标，湖南省委、省政府在过去探索的基础上，进一步对湖南持续健康发展的战略路径进行新的认识和新的部署，针对结构增长的要求提出了实现转型发展、创新发展、统筹发展、可持续发展、和谐安全发展的思路，其内涵在于奋力走出一条全面建成小康社会新路子。这是对湖南今后一段时间发展的方向、关键、重点、根本方法和基本保障进行的一个全面的概括。所以，"五个发展"不只是经济总量的发展，而总量和质量、经济和社会、群体和个人、环境和生态的异质性结构增长。

"五个发展"彼此关联，是一个有机整体。转型发展是解决新时期发展的道路问题，以扩大内需、产业升级、扩大开放促转型，由粗放式高碳化的数量增长向集约式低碳化结构增长转型，全面推进湖南经济社会结构的高度化、生态化和现代化，创建生产发展，生活富裕，生态良好的文明发展道路；创新发展是解决新时期发展的动力问题，以体制创新激发活力，以科技创新增强动力，以管理创新释放潜力，大力推进制度创新、技术创新、产业创新和经营创新，激发各类市场主体发展市场经济的积极性和创造性；统筹发展是解决新时期发展的关系协同问题，在基础设施建设、要素配置和公共服务上统一考量、合理布局，做好统筹协同城乡发展、区域发展、经济社会发展三篇大文章，实现新型工业化、农业现代化、城镇化和信息化同步推进；可持续发展是解决新时期发展的行为准则问题，按照党的十八大报告提出的生态文明建设的要求，发挥长株潭城市群试验区引领示范作用，以"两型"社会可持续发展准则规范各类发展主体的行为，在资源利用和环境保护上正确处理代际关系，使湖南变成一个持续美丽的家园；和谐安全发展则是解决新时期湖南发展的社会目标问题，在经济又好又快发展的同时，抓好社会保障和改善民生，创新和改进社会管理，加强安全生产，维护社会公平、正义与和谐，通过深化经济体制和行政体制改革，让发展的成果更多更公平地惠及全体人民，提高全省人民的幸福指数，走出一条全面建成小康社会的新路子。

三、"五个发展"的包容性发展战略要求

如前所述，"五个发展"是总量与质量相结合、经济与社会相结合、发展与生态相结合、物质与精神相结合、科学与人文相结合的发展战略部署，分别说明了异质性结构增长这个新时期湖南发展过程中要解决的一些重大问题，是党的十八大报告提出的"五位一体"总体布局在湖南的具体实践。如果进一步从异质性人文主义发展理论及其方法论角度进行战略概括，"五个发展"的内在逻辑联系从整体上构成了湖南在转型时期实现结构增长的包容性发展战略要求。"包容性发展"内含异质和多元发展，其基本要义是经济持续增长（就业发展）、革除社会排斥（权利获得）、实现社会公平正义（机会平等）、分享增长成果（福利普惠）。包容性发展理论最早可以追溯到社会排斥理论和诺贝尔经济学奖得主阿马蒂亚·森（Amartya

Sen）的福利经济学理论，前者始于 20 世纪 60 年代西方国家对贫困以及剥夺概念的探讨，后者关注个人生存和发展能力，关注公平、正义等问题，关注人类福利的增长。从包容性发展的内涵可以看出，马克思、恩格斯的历史唯物主义关于社会历史主体的思想，是包容性发展追求"所有人的参与和所有人的发展"的理论依据。马克思、恩格斯开创的"因为人而为了人"的"以人为根本"的哲学思维范式是包容性发展理念最深厚的理论基因。

在人类的现实活动中，包容性发展首先是研究发展中国家和地区的贫困现象过程中萌发的。20 世纪 70 年代，经济学家们关注贫困人口的基本需要，提出了相对贫困的概念，认为贫困是指个人或家庭所拥有的资源，虽然可以满足其基本的生活需要，但不足以使其达到社会的平均生活水平。诺贝尔经济学奖得主阿马蒂亚·森在 20 世纪七八十年代的研究则将人们对贫困的理解带入一个新阶段，他所提出的能力贫困理论关注人们"能做什么和不能做什么、可以是什么或不可以是什么"，从而将贫困原因的解释从经济因素扩展到政治、法律、文化制度等方面。20 世纪八九十年代，为纠正忽视贫困人口主观能动性的问题，经济学家们将贫困概念扩展到权利贫困。这种观点认为，贫困不仅仅是收入和支出水平低下，也包括人们发展能力（教育、健康和营养等方面）的低下。由此，世界银行于 1990 年提出"广泛基础的增长"，其后更进一步提出"对穷人友善的增长"的理念。"对穷人友善的增长"关注穷人的收入和生活状况能否随经济增长而改善，而且这种改善既要满足绝对意义的要求也要符合相对意义的标准。进入 21 世纪，由于意识到亚洲地区各国在普遍实现持续增长的同时，收入和非收入不平等状况却在恶化的问题日益突出，亚洲开发银行在"对穷人友善的增长"基础上，率先提出了"包容性增长"的理念。亚洲开发银行对包容性增长的官方解释为倡导机会平等的增长，即贫困人口应享有平等的社会经济和政治权利，参与经济增长并作出贡献，而在分享增长成果时不会面临权利缺失、体制障碍和社会歧视。在这里，倡导机会平等是"包容性增长"的核心，强调机会平等就是要通过消除由个人背景不同所造成的机会不平等，从而缩小结果的不平等。时任国家主席胡锦涛在 2010 年 9 月和 11 月在亚洲太平洋经济合作组织的有关会议上先后两次提出和倡导包容性发展，强调"发展"不仅仅是指经济的"增长"，还包括社会、教育、医疗等各个方面的共同发展，以达到较高的福利水平和实质性自由水平。

由于包容性发展强调可持续的结构性增长，因而其财富内涵也完全不同于传统的财富观。主流经济学意义上的财富，是单一按物品价值计算的富裕程度，或对这些物品的控制和处理的状况。在这里，财富的概念只指所有具有货币价值、交换价值或经济效用的财产或资源，包括货币、不动产、所有权，是一个同质的物质财富概念。而从人文主义理论视角来看，凡是对人的生存和发展具有价值的东西就称之为财富，包括自然财富、物质财富、精神财富、智慧财富、健康财富等。前已述五个发展不是单一的物质化发展，包容了以物质、精神、生态和社会等多方面，是异质性的结构增长。这样，用常规的国内生产总值（GDP）或财政总收入就无法衡量五个发展的绩效，有必要运用异质性的包容性财富标准（inclusive wealth index，IWI）。

在这里，五个发展的绩效就是创造社会财富，而 IWI 与 GDP 最核心的区别是结构性真实财富。多年来世界各国衡量其经济发展水平和财富程度的核心标准是GDP，而 GDP 则存在严重的局限性。一方面它是一个流量而不是存量，衡量的是每年的收入，相当于一个公司的盈亏核算，因此不能说明国家和地区的财富情况；另一方面单纯的 GDP 增长不会自动带来国民生活水平的改善，因为 GDP 增长没有顾及环境破坏和外部成本等重要因素。IWI 则是财富存量，而且是结构性的财富存量，可以克服 GDP 的缺陷，能够全面衡量五个发展的绩效。IWI 最早由经济学诺贝尔奖得主肯尼斯·阿罗和帕撒·达斯古普塔等多位著名经济学家联合生态学家经过多年研究，于 2004 年正式提出。基本动机是为了描述经济的可持续发展状况，即"能够满足当代人的需要而又不损害后代人满足其自身需要之能力的发展模式"，其实质是生产力基础不萎缩的发展模式。而所谓生产力基础包括资本资产和制度，其中资本资产是异质性的，主要分为三大类：人力资本（健康、受教育程度、技能等）；生产资本（机械设备、厂房、铁路以及高速公路等基础设施等）；自然资本（自然资源如土地、矿产、水、森林、生态系统服务等）；而制度包括文化、法律法规、社会建制、社会网络等（可称制度为社会资本）。2012 年 6 月在巴西里约热内卢隆重召开的"里约 + 20"地球峰会上，联合国环境规划署（UNEP）联合其他机构（UNU，IHDP）推出第一份全球《包容性财富报告 2012》，以"包容性财富"作为度量经济可持续发展的新标准，对改造传统经济发展标准 GDP 作出了新的努力。该报告通过调查 1990～2008 年的数据，研究了 20 个国家的财富总量以及财富构成，推导出这些国家经济的可持续发展能力。在这份按包容性财富标准衡量的排名表上，美国是最富裕的国家，2008 年总财富达到 118 万亿美元，高居排名榜首，是美国同年创造的国内生产总值的 10 倍；排在第二位的是日本，其总财富是美国的一半，为 59 万亿美元左右，是中国的 2.8 倍；中国的总财富约为20 万亿美元，排第三位；德国的总财富为 19.5 万亿美元，仅次于中国，排名第四。在比较人均财富时，这份报告也得出了不同于以往总量增长的结果。按国内生产总值计算，美国人均收入比日本人均收入高 40%，而按照生产资本、人力资本和自然资本的包容年财富标准计算，日本人均财富为 43.5 万美元，比美国高12.5%，原因在于日本人在生产设备和基础设施方面的禀赋更好，比美国人平均高出 60%。这里出现的差别主要反映在结构性可持续财富存量上，包容性财富标准不仅强调产品产出数量，更强调生产能力和生产潜力，更强调生产主体的素质和生产环境保护。① 可见，包容性财富标准更能真实和全面反映一个国家和地区财富拥有状况和经济增长质量。

　　总的看，包容性发展战略和包容性财富标准的经济学意义是强调经济发展的可持续性和回归到增长的本原，即以人为本，以结构为主导，发展的目的不是单纯追求 GDP 的增长，而是使经济增长和社会进步以及人民生活改善同步进行，并且追求经济增长与资源环境的协调与可持续发展。也就是要在实现经济增长的同时，全面实现教育、医疗、社会保障等各种社会发展进步目标，提高社会公平的程度。实际上这就是经济增长对其他各项社会进步和人文目标的包容。特别对于发展中国家和地区来说，包容性发展是在经济与技术进步基础上，实现经济、社会、政治、文化、环境的统筹发展和可持续发展，尤其是要通过经济增长摆脱贫困落后、消除文盲、改善卫生健康状况与自然环境等多个方面，让经济发展的成果惠及所有的地区，并着力提高社会人文的素养。在这里，包容性发展理论蕴涵着的政策内涵是，包容性发展需要保持经济的高速与持续增长，同时又要求通过减少与消除机会不平等来促进社会公平与增长的共享性。这两个方面是相辅相成的，没有经济增长就没有机会，而没有机会则机会平等也就成为空中楼阁，经济便不可能保持高速而持续的增长。因此，就政策选择而言，为推进和实现包容性发展，关键在于形成一个完善的、有效的、能坚定执行的包容性宏观政策体系，其政策目标是实现人人都积极地参与经济增长过程，并有平等机会从中获得高质量的人力资本价值公平和市场竞争环境公平，并在合理分享增长成果方面不会面临权利剥夺、能力缺失以及社会排斥。由此，政府政策和公共行动应该致力于使不同境况的民众实现机会均等化，以便他们能自由地配置其人力资本，并最终能达到较高的福利水平和实质性自由水平。

　　对于湖南来说，包容性发展战略模式包容整合了"五个发展"的精髓及其目标要求，是科学发展观的具体体现，也是"两型"社会发展的深度推进。这个战略要求的关键是切实处理好经济增长与社会发展的关系，现阶段湖南既要重视增长的持续包容性，更要重视发展的多元包容性，这是化解当前湖南省诸多社会矛盾，转变增长方式，实现经济社会进一步转型的根本途径。首先，在转变增长方式中要继续保持增长的包容性。不能因为增长方式的转变，使众多的社会劳动者被排斥在经济活动或初次分配以外，成为增长方式转变的牺牲品。增长方式的转变必须从湖南省人口与劳动力众多的实际出发，走一条民众广泛参与、内源驱动为主的转型道路。其次，在增长方式转变过程中还要解决好发展的包容性问题。要确立以人为本、民生为重、权利平等、绿色导向的发展型社会理念，破除城乡二元社会结构、转变政府职能、加大国民收入再分配中直接用于民生的比重，实现分享度高、分享

---

　　① 联合国环境规划署：《2012 包容性财富报告》。

性强、分享面广的异质包容性发展。

四、"五个发展"协同升级的路径及政策

协同效应原本为一种物理化学现象，又称增效作用，是指两种或两种以上的组分相加或调配在一起，所产生的作用大于各种组分单独应用时作用的总和。也就是指不同元素或系统间的协调与合作，产生"1 + 1 > 2"的增效作用。根据此理，包容性的五个发展应以绿色、人文、可持续的理念，实施结构元素间协同升级发展的路径，整合形成协同效应，推动"五个发展"朝着全面建成小康社会的目标发展。

（一）推进消费需求升级

随着国民收入倍增计划推进、中产阶层扩张、消费主体年轻化与时尚化、消费信贷的发育、消费设施的改善，湖南省发展型消费将逐渐成为主导。扩大消费既是市场经济的本原要求又反映了社会主义生产本质；由投资拉动为主到消费与投资协调拉动是一场结构变革，主要是分配结构、技术结构和产业结构的战略性调整。分配结构调整是核心，其重点是初次分配结构和资源配置结构的调整，目标是增加就业和劳动工资收入。而技术结构和产业结构调整则是适应劳动工资水平提高后而转向技术创新来提高产品竞争力，并适应收入水平提高后消费多元化、个性化、高质化而进行需求创造。这里既要解决经济持续快速发展的有效需求不足的问题，又要解决有效供给不足的问题，后者更为关键，是问题的核心所在。此外从供给的技术路径上，消费需求升级除了扩大常规的消费品有效供给，更要高度重视信息消费的供给和升级。信息化时代信息消费是一种直接或间接以信息产品和信息服务为消费对象的消费活动。随着生活的改善和收入的提高，交流已成为人们的基本信息需求。这样，在扩大消费需求方面，"信息消费"这一新型消费领域的拓展，将给湖南省信息产业及其关联产业如移动电信、电子网络、电子商务等带来新的增长点。这里的发展重点是将信息化的各种业务深入到湖南省城乡居民家庭，为更多的信息化增值服务提供通道，形成家庭信息服务产业链，促进家庭信息服务的各种增值业务迅速成长。支持和鼓励从电子政务、远程教育、远程医疗等家庭应用信息化入手，积极发展数字多媒体、推动居民家庭教育信息化，居民学习娱乐信息化，居民家庭金融信息化，居民网上办事信息化，着力推进居民家庭信息化不断向高级智能化发展，扩大城乡居民信息消费的空间。

（二）推进产业结构升级

首先继续强化工业强省的意识，加大力度加快推进新型工业化，推进工业转型升级。要充分利用国际金融危机形成的倒逼机制，实现经济发展方式的绿色转型，

由一次性消耗世界转向可再生性循环世界，建设可再生、可循环的现代产业体系。现阶段湖南要把化解产能过剩矛盾调存量作为工作重点，采取"六调六新路径"，加大对传统产业改造升级的力度：一是对传统行业结构调整"偏重"问题；二是对传统产品结构调整"粗放"问题；三是对传统技术结构调整"低端"问题；四是对传统能源结构调整"高碳"问题；五是对传统组织结构调整"散小"问题；六是对传统区域结构调整"同质"问题。通过这六调，实现传统产业结构向现代产业结构的升级，进而着力发展新型装备、新型能源、新型材料、新型生物、新型制造和新型服务等"六新产业"，着力改变一枝独秀的单级产业格局，打造具有周期接替性的现代超级产业集群，发展多点支撑的生态化和"两型"化产业，为"水更清、山更绿、气更净"而努力。其次在发展现代工业的同时要大力发展现代农业，走农业工业化道路，即用新型工业化的生产方式改造湖南省的传统农业，培育新型农业生产经营主体，推进农业土地的流转，实现农业生产过程的工业化、生产结果的工业化（农副产品工业加工）和生产经营管理的现代化，在全省农业主产区全面发展标准化、规模化、品牌化、"两型"化的现代农业和农业制成品产业。具体设想是围绕优势产业带发展设施农业和精深加工，建设好六大制成品农业产业链，即粮食制成品产业链、蔬菜制成品产业链、食用油制成品产业链、畜禽水产制成品和乳制品产业链、茶果制成品产业链、竹木林纸制成品产业链。建议在长沙、湘潭、株洲地区和岳阳、常德、益阳洞庭湖区域重点打造米制品、油制品、肉制品和果蔬茶制品等四大农业工业化产业集群；在湘西南地区建设果制品和林制品产业集群；同时，在长株潭城市群城效地区重点发展以蔬菜、水果、花卉为主体的现代设施农业。再次加快发展以现代科学技术特别是信息网络技术为主要支撑的，建立在新的商业模式、服务方式和管理方法基础上的现代服务产业。湖南创建现代服务业产业体系，要充分发展金融保险、信息服务、科技服务、文化创意、策划咨询、服务外包、第三方物流、现代旅游、现代商务及居民社区服务等新兴服务业态，从以下六个方面发力：重点突破工业设计，发展产品设计、环境设计、传播设计、设计管理；全面提升工业物流，发展第三方物流、供应链管理、智能物流；优先提升信息服务，发展工业软件、行业应用软件、信息咨询、电子商务；培育新兴专业服务，发展汽车服务、节能环保服务、专业维修服务、商务服务；有序推进企业融资服务，发展创投基金、创业孵化、融资租赁、财务咨询；做强做好农业服务，发展农业技术服务、信息服务、产品营销、技术培训等。

（三）推进城镇化发展升级

由单级式的一般城市群向城乡一体化的大都市区化过渡，重点是环长株潭城市群按照大都市区模式提质升级。大都市区化是城市化发展的高级形态，是指大的人口核心区以及与这个核心区具有高度的社会经济一体化倾向的邻接社区，如县乡镇的组合，建设多元城市联结、城市乡村一体、工业农业融合的城市群网络体系。这种以城市群为构架的大都市区一般是为创造一个系统经济体相互作用的场效应，包括经济区位效应、产业关联效应、规模经济效应和潜在市场效应等，通过城市群网络自身的能量、动量和质量在一定条件下和实物相互转化，产生强大的极化力，形成低能耗低排放的、规模报酬递增的空间集约经济体系，实现城市与农村以及核心区与边缘区的统筹。总的来看，当前湖南城镇化向大都市区化升级是一个"三网联通"的发展过程：第一是要解决分散小生产问题，以各级产业园区为主要载体，发展城乡产业融合式的产业链网及其都市区产业空间布局体系。当前湖南省产业园区发展的战略重点是由产业集聚向产业集群提升。大力提升产业园区的发展质量和规模，真正形成产业入园区集聚、企业入园区共生、项目入园区建设的发展模式，按照产业分工配套发展的集群要求，培养一批新型工业化产业链生产基地，推进城乡产业一体化发展。第二是要建设以长株潭城市群为中心枢纽，以公路、铁路、飞机、水运和管道等多种交通方式联通市、县、镇、乡的大都市区交通运输网络体系。目前湖南交通运输网络结构不合理的问题明显，现有交通网络主要覆盖在长株潭和洞庭湖区域，湘西和湘南区域的交通通达度和密度比较低。而且各种运输形式技术等级也偏低，如全省23.4万公里公路里程中二级以上公路里程仅占4.93%，不及全国平均水平的一半。所以湖南交通运输联网一要抓补网以扩大山区交通网的覆盖面，二要抓融网以实现多种交通形式合理接驳、换乘和提高转运率，三要抓提质以建立高效综合的交通服务体系和交通运输设施改造升级。第三是要解决信息联网问题，全面发展和建设各种信息设施，特别要着力发展城市和农村宽带网，尽快在湖南省在城乡村镇普及信息化互联网，并实现电信网、广播电视网、互联网三网融合，将数据、声音、图像这三种业务用一个网络、一种平台进行服务，为城乡信息联网、大力发展信息业务创新提供更广的空间。

（四）推进区域布局升级

这里是对产业空间结构进行优化调整，即依据区域资源禀赋的空间差异和主体功能区定位，对各产业及产业内各部门在整个国土空间范围内的分布与组合进行优化重组。目前湖南的重点是全面发挥"一带一部"的区域优势，推进四大区域板块空间格局协同发展和县域经济特色发展这两大重点：首先，从四大区域板块协同发展来看，长株潭城市群应以工程机械、轨道交通产业和新型装备制造业、电子信息产业、生物医药产业、新材料产业以及新型服务业为主导，同时打开湖南大东门对接"长三角"，建设大都市区的现代大工业区；洞庭湖区应以食品加工、纺织服装、石油化工、医药生物、旅游服务为主导，建设支撑长株潭城市群和武汉城市圈的腹地经济区，全面融入长江经济带的开发；大湘南地区应选择性跨时空承接发达地区产业转移，以电子信息、精细化工、新型建材、农矿产品精深加工等为主导，创建"县为基础、市为主导、区为网络"的湘南都市区产城一体化协同推进模式；大湘西地区属于生态保护功能区，应以发展农林产品加工业、新能源产业、生物医药产业和旅游服务业为主导，坚决禁止矿产资源的乱采乱挖，建设绿色产业扶贫攻坚区。其次要根据全国和湖南省主体功能区定位，发展湖南县域特色经济。重点是要抓"六个一"工程：第一是"一城"即都市区发展中的新城区。在工业化全面推进的过程中，县域是都市区的基本圈层。县城应扩大建成 20 万人口左右的初级中等城市并与县级以上大中城市联结，县以下的核心镇应建成 5 万 ~ 10 万人口的小城市，构成大、中、小联结的都市区城镇网络；第二是"一区"即新农村建设中的新社区。"社区"是相互有联系、有某些共同特征的人群共同居住的一定的区域。农村新社区的建设不仅能提高农村居民的共同意识和合作力量，同时还能促进包括宅基地、承包地在内的农村土地的有效流转，发展集约化的大农业，并为县域工业化和城市化创造必要条件；第三是"一地"即"两型"农业专业化生产基地。通过专业分工的大生产基地发展生态农业，发挥县域在大都市区中的生态屏障和碳汇库作用；第四是"一园"即绿色工业产业园。主攻农林产品精深加工、生物医药、纺织服装和电子信息产业，力争在近五年内全省县区级工业集中区年工业增加值总量突破 4 000 亿元，与大都市的大工业区相对应成为湖南新型工业化的另一重要的增长点；第五是"一库"即自然生态和农业生态碳汇库。县域的生态资源和农业资源是一个巨大的碳汇库，在低碳发展中具有十分重要的地位。所以，县域经济应发展碳交易和碳汇金融；第六是"一场"即产品营销的国际化市场。县域经济要彻底打破封闭，全面改变自产自销的小生产小商品小交易的落后方式，建立相对完备的市场体系，把县域生产的有特色的产品推向国际市场，并从国际市场引进外资、技术和项目，提高国际化水平。

（五）推进创新驱动升级

创新是发展的强大动力，这里涉及生产条件的技术创新升级和作为生产主体的人力资本升级两个大的方面。首先，由于信息通信技术的融合和发展催生了信息社会和知识社会形态，推动了科技创新模式的嬗变，创新 2.0 正逐步引起科学界和社会的关注。普通公众不再仅仅是科技创新的被动接收，而可以在知识社会条件下扮演创新主角，直接参与创新进程。如果说以往的创新 1.0 是以技术为单一出发点，而创新 2.0 则是以人为出发点，特别关注用户创新，这是一种适应知识社会以用户为中心、以社会实践为舞台、以大众创新、共同创新、开放创新为特点的用户参与的创新形态。我们认为，长株潭城市群"两型"社会建设自主创新经验，就是这种以用户为中心、以企业为主体的"2.0 创新模式"。因此，湖南推行创新 2.0 科技创新模式，应出台专门政策在全省推广由引进模仿向自主创新升级的长株潭城市群"两型"社会建设自主创新经验。重点抓紧进行数字化和"两型"技术的研发和应用，由技术模仿向原始性创新、集成创新和自主创新升级，创立相对完整的低碳化和信息化技术体系。湖南技术创新升级的整体格局应该是：在面上形成先进技术、中等技术和适用技术的结构；长株潭城市群作为高端产业集群地区要主攻原创性的尖端技术如数字化制造技术、新型装备制造技术、新能源技术、新材料技术，普及清洁低碳技术；衡、岳、常、娄城区以发展集成技术为主。而全省技术创新的总体路径是主攻低碳绿色技术创新。湖南低碳绿色技术的亮点是电动车辆、混合动力客车、风电技术、生物质能技术、太阳能应用技术、电气牵引技术、绿色煤电技术和核电用泵技术等。此外，生物农业技术、有机农业技术、节水工程技术、农副产品保鲜及深加工技术和低碳物流技术也有一定基础和优势。可见湖南在低碳绿色技术创新方面，同发达地区和国家的差距并不是很大，具备突破的基础和大发展的条件。应该集中资源，充分发挥这些技术优势，加快向绿色新兴产业的转化，并把其做大做强。其次人力资本是能够自我控制其能力使用与供给的"主动财产"，是人的高技术、高知识、高智力的创新活动，在经济社会发展中起主导性作用。基于此，人力资本升级第一要高度重视企业家的主体作用，企业家是企业的灵魂，是市场的发动器。因此，应健全法制，保护企业家的权益，加强舆论宣传，使企业家受到应有的社会尊重，破除轻商意识和官本位意识，鼓励社会优秀分子积极去从事企业家活动，同时建立专门的培训机构，系统开发和培养企业家人才。第二要实现人口红利由蓝领劳动者转向白领劳动者，采取优惠政策鼓励企事业单位大力接纳大学生就业，并鼓励大学生自主创业，以充分挖掘专业人才特别是大中专毕业生的知识潜力。第三要大力发展职业教育和技能培训，当前最首要的任务是抓好技术工人和职业农民的培训，解决现代工业和现代农业生产的一线主体创新问题。第四要实施高层次人才引进战略，增加各类各层次人力资本积累，突出科技创新家、风险投资家、企业经营家和高级技工的创新作用。

（六）推进改革开放升级

其一湖南以五个发展为核心的包容性发展战略要遵循市场经济规律，建立与我国市场经济发展主体相适应的市场金融体系、土地流转体制、收入分配体制和社会保障体制，切实抓好营改增试点和行政审批制度改革，深化资源性产品价格改革，完善商品流通体制。其二长株潭城市群"两型"社会试验区是湖南五个发展的核心增长极，要用好用足先行先试各项政策，切实抓好国家级改革试点工作，集中抓好以生态补偿为重点的区域性环境联动机制改革、以排污权交易为重点的市场化减排改革和绿色 GDP 评价为重点的监管体系改革。其三要深化国有企业和国有经济体制改革，公共领域的国有经济要强化"两型"公共产品高效率的公平供给，竞争性领域的国有经济要遵循"两型"的原则，强化市场化、企业化和社会化。其四继续深化产权制度的改革，简化审批程序和环节，全面降低基础产业和主导产业等各种准入门槛，着力发展民营经济，实现个私小经济向民企大经济的转型，做大做强湖南民营企业，以扩大就业和增加城乡居民收入。其五开放型经济是湖南省极为薄弱的发展环节，要拓展国际市场，加大务实招商和高效招商的力度，发展省内外的产品价值链横向分工协作，实现省内外和国内外的大中小企业配套集群，以提升加工贸易的结构层次，扩大机电工业制成品出口，提高湖南经济外向度。其六优化发展环境，创建和谐的社会管理体制。通过制定一系列社会政策和法律规范，对社会组织和社会事务进行规范和引导。转变政府职能，减少审批环节和程序，合理调整各类社会利益关系。完善公共安全保障体制，建立矛盾排查调处体系，及时化解社会矛盾，着力解决突出的治安问题和安全隐患。健全基层社会管理体系，建设信息化智慧社区，维护社会公正、社会秩序和社会稳定，促进政治、经济、社会、文化和自然协调发展。

主要参考文献

［1］黄枬森：《马克思恩格斯关于人的思想》，载于《理论视野》，2008 年第 7 期。

［2］阿马蒂亚·森著，王燕燕摘译：《论社会排斥》，载于《经济社会体制比较》，2005 年第 3 期。

［3］阿马蒂亚·森著，任颐、于真译：《以自由看待发展》，中国人民大学出版社出版 2002 年版。

［4］姜奇平：《异质性经济学的价值》，载于《互联网周刊》，2006 年第 26 期。

［5］世界银行：《2000/2001 年世界发展报告：与贫困作斗争》，中国财政经济出版社出版 2001 年版。

［6］朱非、张磊、张博：《包容性财富指数：衡量可持续发展的新指标》，载于《中国经济周刊》，2012 年第 9 期。

第八章

构建"两型"产业集群新体系

——加快推进湖南新型工业化与创建"两型"企业的对策研究

成果简介：本章内容为 2011 年湖南省社科基金重大委托项目（批准号 11WTA03），本项研究成果已分别被湖南省社科基金《成果要报》和湖南省委政研室《送阅件》采用印发。主持人刘茂松教授作为湖南省第十次党代会报告起草组的专家顾问，先后几次带着本项研究的阶段性成果参加党代会报告起草组顾问座谈会，对党代会报告起草提出了颇具参考价值的对策建议，被党代会报告采纳转化。另外本项目主持人向湖南省党代会提出的湖南应申报创建"洞庭湖国家级现代农业示范区——关于洞庭湖腹地经济发展战略思路的建议"获中共湖南省委"三问活动办"优秀建议奖，产生了重要的社会影响。

建设资源节约型、环境友好型社会，是我国经济社会发展的一项重大战略任务。目前，长株潭城市群全国"两型"社会建设试验区已走完了打基础和重点突破的阶段，进入了推向全省并凸显成效的攻坚阶段。按照党的十七届五中全会关于坚持把建设资源节约型、环境友好型社会作为加快转变经济发展方式的重要着力点，放在工业化、现代化发展战略突出位置的要求，处于攻坚阶段的"两型"社会建设必须同经济发展方式转变有机结合，走中观化和微观化路径，以创建"两型"企业为重要抓手，力推湖南经济从高投入、高消耗、高排放的库兹涅茨总量增长模式向以经济结构转型、技术与制度创新、企业管理创新以及企业家创新精神等为特征的"熊彼特创新增长模式"转变，全面防范"中等收入陷阱"，实现以"两型"产业为内涵的新型工业化可持续快速发展。

一、湖南工业化中期的主要矛盾及本质要求

中华人民共和国成立 60 多年来湖南经济发展方式也一直处于演变发展的过程之中。根据罗斯托经济增长阶段理论，湖南经济发展阶段可以概括为：1978 年以前为传统农业发展阶段，整个社会的发展以传统农业为主导，属于粗放式手工技术

发展方式；1978 年改革开放以后到 2005 年为湖南经济起飞前准备阶段，农业化学化、机械化和电气化启动，工业化和城镇化起步，是一种粗放式低技术发展方式；2006～2015 年为湖南工业化起飞阶段，属于常规制造技术为主的集约式发展方式；2016～2020 年为湖南工业化的成熟阶段，以信息化技术为主体，实现工业化的持续发展：2021 年后湖南有希望进入以服务产业为主体的后工业化阶段，由工业化社会进化到服务化社会。湖南工业化的完成如果从改革开放的 1978 年算起，要经历 40 余年，如果从中华人民共和国算起则要经历 70 来年。这也大体符合罗斯托从传统社会到现代社会一般要经历 60 年的论点。

以上分析可见，工业化起飞阶段是经济社会结构发生革命性变化的关键时期。2006 年湖南实施新型工业化带动战略以来，到 2010 年全省地区生产总值达到 15 902 亿元，三次产业结构由 2005 年的 16.7：39.6：43.7，调整为 2010 年的 14.7：46.0：39.3；全部工业完成增加值 6 275.1 亿元，增长 21.2%；规模工业完成增加值 5 890.29 亿元，增长 23.4%，在全国排第 7 位；全省工业增加值占 GDP 比重达 39.5%，比 2005 年的 33.3% 提高 6.2 个百分点；工业对经济增长的贡献率达 56.1%，超过了 50%，比 2005 年的 37.2% 提高 18.9 个百分点；霍夫曼比值（重化工业比值）0.48，重化工业产值为消费品工业产值的 2.08 倍。特别是产业集群的水平提升，支柱产业贡献突出。2010 年，全省省级及以上产业园区规模工业实现增加值 2 221.94 亿元，占规模工业的 37.7%，比重比上年提高 3.7 个百分点；增加值同比增长 30.0%，增速比全省平均水平快 6.6 个百分点。千亿产业数量和总量再上新台阶。机械、石化、食品、冶金、有色金属、轻工、建材 7 大产业主营业务收入超过千亿元，比上年增加 2 个。在规模工业 38 个大类行业中，除石油加工、炼焦和核燃料加工业增加值同比下降外，其他行业均保持增长，其中增长速度在 20% 以上的行业有 23 个，在 30% 以上的有 8 个。专用设备制造业等六个大类行业对规模工业的增长贡献率为 46.6%，共拉动增长 10.9 个百分点。其中，专用设备制造业同比增长 41.7%，拉动规模工业增长 3.0 个百分点；化学原料及化学制品制造业增长 26.5%，拉动增长 2.1 个百分点；非金属矿物制品业增长 28.7%，拉动增长 1.7 个百分点；农副食品加工业增长 23.3%，拉动增长 1.4 个百分点；交通运输设备制造业增长 26.0%，拉动增长 1.4 个百分点；有色金属冶炼及压延加工业增长 18.1%，拉动增长 1.3 个百分点。① 同时，城市群大发展，经济增长极基本形成。以上这些充分说明湖南已由传统农业社会进入到了工业社会，湖南已全面进入工业化起飞中期并开始向后期转化的阶段，这在经济总量和经济结构上都是一个历史性大跨越。

按照经济发展阶段性规律，经济起飞进入到后中期阶段的主要矛盾是防范因资

---

① 根据《湖南省 2010 年统计公报》整理。

源、资本、技术和制度"瓶颈",经济增长方式转变受阻而出现经济不稳定甚至停滞的"中等收入陷阱",而要以集约化可持续的方式继续保持经济快速发展。一般来说发展中国家和地区的经济发展在突破人均 GDP 1 000 美元的"贫困陷阱"后,会很快奔向人均 GDP 1 000~3 000 美元的"起飞阶段";到人均 GDP 3 000 美元以后,快速发展中积聚的结构性矛盾集中爆发,自身体制与机制的更新进入到了一个临界点,这时有很多发展中国家和地区在这一阶段由于经济发展自身矛盾难以克服,发展战略失误或受外部冲击,陷入所谓"中等收入陷阱"阶段。其主要特征是粗放式的经济增长不可持续而出现回落或停滞,社会矛盾极为突出如贫富分化、腐败多发、社会公共服务短缺、就业困难、社会动荡、信仰缺失等。世界上曾有拉美地区和东南亚一些国家陷入"中等收入陷阱"而长期不能自拔。因此,仅从经济发展的层面来看,解决这个问题的关键是深度推进经济结构调整,彻底改变传统的高投资、高消耗拉动方式,实现由数量型的粗放经济向质量(或结构)型的集约经济转变,以适应消费多元化、个性化、高质化而立足于新技术进行需求创造。

目前,湖南经济发展存在总量上得快而质量水平低的问题,结构性的矛盾十分突出。一方面发展速度上去了,经济规模扩大了,并进入了全国十强,但另一方面经济发展方式比较粗放,产业结构低端化问题突出,劳动生产率偏低,经济效益不高。根据国家统计局发布的《2010 年全国统计公报》的数据分析,2010 年湖南人均 GDP 在全国排在第 20 位,GDP 质量在全国排在第 22 位,为全国 GDP 质量的后十位。这里,经济发展总量进入全国前十与经济发展质量为全国后十,前后相差 12 位,其反差悬殊,可见湖南经济结构问题的严峻性。问题还更在于湖南省这种粗放式的数量经济对资源高投入具有很强的惯性,在"十二五"期间已经难以为继,无论是资源、资本、人才、技术和市场等方面都存在很大缺口,将严重影响湖南经济的可持续快速发展,"中等收入陷阱"很有可能出现,需要引起高度警惕。

一是从推动湖南经济发展的三大因素(总消费、总投资、净出口)来看,权重最大的依然是总投资,占 2010 年湖南 GDP 的 56.8%;总消费只占 2010 年湖南 GDP 的 46.3%;而净出口对经济呈现负向拉动,占 2010 年湖南 GDP 为逆向比重 3.1%。在这里,消费贡献率比投资低了近 11 个百分点,比全国平均消费贡献率 52.5% 也低了 6.2 个百分点。消费贡献率过低造成一味依赖高投资拉动,这在"十二五"期间就极有可能同时出现消费需求瓶颈和资本供给"瓶颈",影响湖南经济持续快速发展,严重时甚至可能出现经济停滞状态。

二是从三次产业结构来看,其传统的低水平结构也是制约湖南经济可持续快速发展的主要矛盾。2010 年,全省地区生产总值达到 15 902.12 亿元,增长 14.5%,同比提高 0.8 个百分点。其中,第一产业增加值为 2 339.44 亿元,占 14.71%;第二产业增加值为 7 313.56 亿元,占 45.99%;第三产业增加值为 6 249.12 亿元,占 39.30%。以上第一产业占比高于全国平均水平 4.51 个百分点,说明湖南传统农业的比重还较大；第二产业和第三产业的占比分别低于全国平均水平 0.81 和 3.7 个百分点，而且新产品产值总量只占全省 GDP 总量的 15.6%，大大低于发达地区的水平。这同时说明湖南经济的现代结构水平低于全国平均水平。经济增长的动力来源于技术进步或创新、知识和人力资本积累等因素很少很弱，还是大量依靠劳动密集型产业所积累的生产能力，这在后危机时代已受到越来越强的市场约束而难以为继了。

三是湖南经济发展中的高耗能高排放问题十分突出，这更是湖南在工业化中后期实现经济可持续快速发展的主要矛盾。据湖南省统计局资料，2009 年湖南单位 GDP 能耗为 1.202 吨标准煤/万元，在全国 31 个省区市中居第 15 位，在中部六省居第 4 位，比全国单位 GDP 能耗 1.077 吨标准煤/万元高出 0.125 吨标准煤/万元。工业生产中的高耗能产业和高耗能规模企业所占比重很高，全省 39 个工业行业大类中，综合能源消费量超过 60 万吨标准煤以上的 9 个行业，占到全省规模工业综合能源消费总量的 90%。2010 年，规模工业六大高耗能行业增长 20.7%，比全国六大高耗能行业增速快 7.2 个百分点。工业增长对高耗能行业的依赖度依然较高，高耗能行业对规模工业增长的贡献率高达 30.5%，拉动规模工业增长 7.1 个百分点。高耗能行业个数占全部大类行业的 15.8%，但高耗能行业规模工业增加值占全部规模工业的比重达 34.9%，比全国平均水平高 4.6 个百分点。同时，国外大宗资源性商品如石油、有色金属等产品进口价格高位运行，加大了湖南省相关资源加工型企业生产成本，食品制造业、纺织服装、鞋、帽制造业、医药制造业、有色金属冶炼及压延加工业、黑色金属冶炼及压延加工业等多个行业主营业务成本增速超过主营业务收入增速，压缩了企业的盈利空间，企业降耗增利的压力越来越大。

四是从湖南省能源的生产消费结构分析，"十一五"以来，湖南大力提倡使用清洁、高效的优质能源，全省能源消费结构进行了调整，能源消费中天然气、液化天然气、水电、风电等新型清洁能源的消费量合计比 2005 年增长 53.2%，高于同期的全省能源消费增幅 15.9 个百分点。但总的来看，目前湖南的能源消费结构还是以煤品燃料、油品燃料等高污染、高排放的化石能源消费为主的，其比重还高达 77%。在能源生产总量中火电占 70% 以上，电力工业的 CO_2 排放量占总排放量的 41%，而水电开发量已占可供开发量的 90% 以上，已逼近开发的限值。目前和今后相当长一个时期，湖南能源供需缺口巨大。全省能源消耗总量一般每年在 1 亿吨标煤以上，而全省能源年产量则只有 6 000 万吨，能源自给能力不到 60%。据有关分析，仅从能源投入来分析，湖南省"十二五"期间地区生产总值如按 10% 增长，其煤炭缺口达 6 000 万吨，石油缺口达 2 600 万吨。[①]

上述情况表明，"十二五"时期湖南经济实现可持续快速发展的本质要求是防止滑入"中等收入陷阱"，要从高投入、高消耗、高排放的"库兹涅茨总量增长模

---

① 以上数据分析均来自《湖南省 2010 年统计公报》和湖南省统计局《决策咨询报告》2010 年第 69 期。

式"逐步转向以经济结构转型、技术与制度创新、企业管理创新以及企业家创新精神等为特征的"熊彼特创新增长模式",特别是着力调整三次产业结构和轻重工业结构,加快发展低碳化的战略性新兴产业,切实提高资源利用率和资源环境承载力。基于这个本质要求,湖南新型工业化发展的根本内涵在以往信息化与工业化融合的一般意义上,要进一步定位于绿色化的"两型"产业,把其作为新时期湖南经济实现又好又快发展的主攻方向。

二、工业化可持续发展的后发竞争优势理论

长期以来,指导发展中地区经济发展并参与国际竞争的理论基石是英国著名古典经济学家李嘉图提出的比较成本学说。李嘉图的这种比较优势理论认为,一国的竞争力主要来源于劳动力、自然资源、金融资本等物质禀赋的投入,各国应按照各自生产要素禀赋的比较成本优势从事生产,并通过对外贸易获得各自的比较利益。实践表明,我国和湖南省在经济追赶的初期即工业化启动时期所建立的以资源禀赋为基础的经济发展方式,实现了经济的快速增长,经济规模的快速扩大,比较成本优势发挥了重要的作用。但随着发展中国家和地区经济结构高度化的演变以及世界经济发展趋势的变迁,特别是在我国工业化中后期,一方面信息化技术的发展对工业化进程和国内外市场竞争产生了重大影响,另一方面发展中国家和地区的人口和土地等资源红利逐渐减少甚至消失,这时比较优势理论便出现了较大的局限性,难以指导工业化中后期经济的又好又快发展。

为此,我们认为发展中国家和地区在工业化中后期应立足于创新,打造后发竞争优势,实现工业化反梯度推移。一般来说,世界各国在经济技术的发展上总是不平衡的,客观上形成了经济技术的梯度。现代工业总是先集中在一个或少数几个发达的核心地区,余下的空间在区位上就成了不发育的边缘区。当核心区的经济和技术发展到一定程度后便按梯次向边缘区转移,带动边缘区经济技术水平的提高,即经济技术梯度推移产生了扩展效应。实施梯度推移的经济增长战略就是后发国家在经济发展中逐步接受发达国家产业及技术的转移,如劳动密集型产业的转移、向发达国家学习、模仿,或购买先进技术以实现本国的技术进步。从理论上来说,随着推移的加快,地区间的差异就可以逐步缩小,区域的二元结构可以最终消除。然而,我们应该看到,核心地区在进入现代工业化之前,会有一个要素集聚过程,利用其优势不断把边缘区的人、财、物吸附到核心区,出现极化效应。即或是在发挥扩展效应的过程中,发达地区扩散到发展中地区的通常都是一般性的技术和产业,甚至还有可能是落后技术和行将淘汰的产业,同时发达地区还会在扩散过程中从发展中地区又随手带走它所需要的东西,形成回程现象,所有这些都将影响到发展中国家和地区经济的又好又快发展,通常会处于"落后的增长"状态。在这种情况

下,后发国家和地区必须重新认识自身"边缘区"的区位特点,真正把握后发优势的实质,在与发达国家或地区经济关系的处理上,应当认真反思以往仅仅立足于以天然状态资源比较优势为主导的梯度推移发展战略,要突破传统工业化的一般发展程式,通过建立以竞争优势为核心的"赶超"能力,发挥自主创新型后发优势,选择一些先进产业、优势产业或带动力强的产业进行突进,跨越某些传统产业的发展阶段,实现工业化的反梯度推移。

我们知道,后发优势作为一种潜在优势虽然是与落后性共生、而非人为创造,但要将这种自然存在的潜在优势转变为现实利益,需发挥人的主观能动性才能得以实现。因此,后发优势的发挥不仅仅是指后进国家和地区资源禀赋方面的比较优势,更重要的是发展中国家和地区在自然资源、资本、劳动以及制度各生产要素的有效利用和配置方面所具有的能力,即立足于技术、管理、制度创新基础上的产业和产品的差异性竞争力,这在同类的发展中国家才具有竞争力。所以,后发优势的实质是创造和发挥竞争优势,而非以往人们一直认为的那种天然状态的比较优势。目前世界经济进入后危机时代,全球化和信息化会进一步加速推进,全球经济将出现两大主流趋势:一是以低碳化为代表的新一轮科技革命快速发展,全球特别是发达国家的产业、产品、消费向高品质、多元化、生态化的高端清洁生产方向发展,以满足消费者高质化和个性化的需求,国际范围内技术、产业、企业和市场又面临新的"洗牌",国际竞争的技术层面会更多地替代价格层面;二是由虚拟资本主导向实业资本主导转化,虚拟资本"消费"(炒股、炒房、炒汇等)向实体消费和体验消费转化,整个产业结构将向集约化、个性化、软性化深度拓展,大品牌、多品种、大产业、活组织和跨国生产进一步快速发展,以产品价值链分工为代表的国际横向分工一体化呈现出强势发展的态势。以上两大趋势的发展,必然导致世界市场经济在人才、技术、产品质量和市场占有率方面的竞争更趋激烈。这种竞争会迫使参与国际市场的各国都必须提高生产率,提高产品质量,由此推动世界各国的经济不同程度地由数量和速度增长型向质量和效益增长型转变。一直以来,对于在国际竞争压力不断加剧的情况下如何提高国际竞争力的问题,许多经济学家在理论上进行了有益的探索,美国经济学家迈尔·波特(Michael E. Porter)在 20 世纪 80 年代就提出了国际竞争优势理论。该理论认为,一国在国际经济领域兴衰的根本原因是能否在国际市场上取得竞争优势,而形成竞争优势的关键在于能否使其主导产业拥有优势,而建立优势产业的基础则是提高生产效率、引入竞争机制和技术创新机制。他把一个国家的竞争优势看成是企业、行业的竞争优势。他的钻石理论(竞争力模型)包括要素条件、本国需求条件、相关支持产业的国际竞争力和企业战略、结构与竞争程度等四个方面的因素。波特认为这四个方面的因素相互影响、相互加强,共同构成一个动态的激励创新的竞争环境,由此产生具有一流国际竞争力的明星产业。

总的来看,传统的比较优势是由土地、劳动力、资本、自然资源等基本生产要素决定的，是一种静态的天然的竞争力。而竞争优势不仅与土地、劳动力、物质资本、自然资源等天然状态要素有关，而且与机制、政府的质量、管理水平、人力资本、产品的品牌、技术创新等高级软要素相关。竞争优势的构成要素中的知识、技术、管理、制度等高级软要素是动态的、可变的，来自于一国的后天积累，是先天禀赋＋后天要素＋企业行为形成的竞争力，是一种动态的竞争力。落后国家拥有丰富的劳动力资源和自然资源，但并不意味着其产品在国际市场就具有竞争优势，还容易跌入静态比较利益陷阱。20 世纪 80 年代拉美地区和东南亚一些国家之所以会陷入"中等收入陷阱"，就是因为长期依赖天然的比较优势而忽视了后发竞争优势的开发和运用。实践证明，只有将比较优势动态化，进而转化为竞争优势，才能形成真正的出口竞争力，竞争优势是国际竞争中更具能动性的因素。对于发展中国家和地区在进入工业化中后期时，这是实现可持续快速发展的决定性因素。当然，竞争优势与比较优势之间并不存在相互对立的替代关系，它们是相互联系的。一方面，一国具有比较优势的产业往往易于转化成较强的国际竞争优势。也就是说，比较优势可以成为竞争优势的内在性基础因素，促进特定产业国际竞争力的提高。另一方面，在国际竞争中一国产业的比较优势只有转化为竞争优势才能体现，如果缺乏国际竞争力，其比较优势便不存在；反之，没有比较优势的产业，由于缺乏比较成本优势的基础，往往难以形成和保持国际竞争优势。基于以上分析，湖南经济在工业化中期实现可持续快速发展，不能单纯依靠天然状态的比较优势，而必须在发挥比较优势的基础上通过技术和制度创新打造后发竞争优势。这是新阶段湖南经济跨越发展战略的根本所在。

三、工业化中期以 "两型" 产业为核心的战略

根据后发竞争优势理论，湖南 "两型" 社会建设中，经济发展应认真反思以往立足于天然资源和劳动力比较优势为主导的梯度推移发展战略，突破传统粗放型工业化的一般发展程式，通过发挥自主创新型后发优势，建立以竞争优势为核心的 "赶超" 能力，选择一些先进产业、优势产业或带动力强的产业进行突进，以强大的竞争优势赶超发达地区，实现工业化的反梯度推移。基于此，笔者认为 "十一五" 时期湖南新型工业化所采取地偏重于政府行为和基础条件的 "抓基础产业、基础设施、基础工作" 的三基战略，从总体上看是一种以要素投入为主的库兹涅茨总量增长模式，尽管这对湖南新型工业化的起飞是一个必经的阶段和过程，而且在 "十二五" 时期在许多领域还要强调要素的投入，但新时期毕竟已进入结构增长阶段，经济结构调整升级已成为湖南新型工业化能否实现可持续快速发展的决定性因素。所以，要根据新时期的这个新特点和新要求进行战略调整转型，实现发展路径的结构化、中观化和微观化，紧紧抓住 "两型" 产业这个核心，推行内涵式的 "集约化、

集群化、集聚化"发展战略，通过全面创建"两型"企业来促进"两型"产业大发展，最终实现长株潭城市群"两型"社会试验区和全省新型工业化发展的目标。

（一）集约化：低碳技术创新 2.0，形成新型工业化的"两型"技术体系

对于"两型"社会的经济建设来说，集约化是以社会效益和经济效益为根本对诸生产要素进行重组优化，不断提高科技含量和素质，其本质和内核就是技术创新和技术进步。通常技术创新包括新产品和新工艺，以及原有产品和工艺的显著技术变化。如果在市场上实现了创新，或者在生产工艺中应用了创新，那么整个技术创新过程就得以完成。美籍奥国经济学家 J. A. 熊彼特（J. A. Schumpeter）1912 年在《经济发展理论》指出，技术创新是指把一种从来没有过的关于生产要素的"新组合"引入生产体系。这种新的组合包括引进新产品；引用新技术，采用一种新的生产方法；开辟新的市场（以前不曾进入）；控制原材料新的来源，不管这种来源是否已经存在，还是第一次创造出来；实现任何一种工业新的组织，例如生成一种垄断地位或打破一种垄断地位。进入 21 世纪，由于信息通信技术的融合和发展催生了信息社会和知识社会形态，推动了科技创新模式的嬗变，创新 2.0 正逐步引起科学界和社会的关注。普通公众不再仅仅是科技创新的被动接收，而可以在知识社会条件下扮演创新主角，直接参与创新进程。

历史经验也表明，经济危机发生时往往是催生新技术、加快结构调整的有利时机。总的看来，世界经济在经历了金融危机的冲击后目前制约经济全面复苏和快速发展的主要矛盾是需求创造，即由以往的资本创造转化为消费需求创造。这种需求创造受制于消费者潜在的、多元化的消费欲望，于是只有大量地更高层次地运用先进的科技知识去创造新产品、新产业和新的消费模式，才能刺激消费者的消费欲望，以增加消费、增加就业、增加收入，进而带动产业结构的现代化和高度化。因此，后金融危机时代整个世界经济正在出现以低碳化为代表的新一轮科技革命和虚拟资本主导向实业资本主导转化的两大发展趋势。鉴于湖南在工业化中后期"两型"社会建设的主要任务是改变高能耗、高排放、低效率的落后生产方式，实现可持续快速发展，因此技术创新的使命就是要以人为本，创立相对完整的低碳化两型技术体系。按照目前人类的共识，低碳技术是人类为实现经济社会可持续发展而创立的温室气体低排放的手段、方法和技术的总和，也是生产和消费共同参与的创新过程，因此，低碳技术创新的实质是人类高质量生活需求的绿色技术创新 2.0。它要综合考虑人的需要、环境影响和能源效率，系统组织清洁生产、源头控制、全程控制和总量控制，使产品从设计、制造、包装、运输、消费使用到报废处理的整个过程中，二氧化碳和工业废弃物排放极少，能源效率和其他资源利用率最高，企业和社会效益双重协调和优化。这个绿色技术系统包括高新技术、工艺技巧、信息知识、生产及管理经验、实体性工艺设备和消费使用模式的综合运用，最终从根本上解决能源高效利用、清洁能源开发、增加绿色 GDP 等实现经济可持续发展的重大问题。而且低碳技术的辐射面很广，既涉及对电力、交通、建筑、冶金、化工等传统产业改造，又涉及新能源、可再生能源、油气资源等许多新领域技术研发，基本涵盖了国民经济的所有产业和部门。

总的来看，低碳化的绿色技术是战略性新兴产业和"两型"产业体系的根本性标志。没有低碳化技术创新，就谈不上战略性和新兴，也谈不上"两型"产业的发展，更谈不上产业的现代化。因此，低碳技术创新应同产业创新协同发展。湖南低碳技术的亮点是电动车辆、混合动力客车、风电技术、生物质能技术、太阳能应用技术、电气牵引技术、绿色煤电技术和核电用泵技术等。此外，生物农业技术、有机农业技术、节水工程技术、农副产品保鲜及深加工技术和低碳物流技术也有一定基础和优势。可见湖南在低碳技术创新方面，同发达地区和国家的差距并不是很大，具备突破的基础和大发展的条件。应该集中资源，充分发挥这些技术优势，加快向新兴产业的转化，并把其做大做强，成为湖南省"两型"社会建设的主导性产业。鉴于湖南是个能源短缺大省且新能源资源比较丰富，而且新能源创新能力在湖南省也比较强，为此，湖南低碳化技术创新的战略重点是新能源的研发和产业化。新能源是指传统化石之外的新型能源，包括太阳能、风能、生物质能、核能、地热能、海洋能、氢能等。自 20 世纪 90 年代以来，全球新能源开发取得长足进步，太阳能、风能等新能源产业年均增长 40%，核能在发达国家得到广泛应用，生物质能也已被许多发达国家列入国家能战略。近年我国新能源投资增幅都在 20% 以上，2009 年风电装机容量超过 1 900 万千瓦，是世界上第三大装机国。从现有的情况分析，湖南发展新能源工业具有一定的基础和优势，特别是新能源资源比较丰富。如太阳能全年日照数为 1 400～2 200 小时，年热辐射为 885.3×1 015 千焦，太阳能利用主要原料硅蕴藏量达 2 亿吨以上，且品位比较高；风能的经济可开发量达 100 万千瓦左右；生物质能可开发总量约 3 150 万吨标准煤/年；纤维生物质资源年产 5 000 万吨；核能矿产资源丰富，目前全省已探明铀矿储藏量 2.6 万吨，居全国前三位，并有一定的开采冶炼能力。此外，页岩气作为一种重要的非常规天然气资源，在湖南的蕴藏量也十分丰富。根据有关专家初步估算，湖南有效页岩面积达 27.8 万多平方公里，主要集中在湘西和洞庭湖区域，页岩气远景资源量达 11 万亿立方米，约占全国总量的 10%。①

湖南不仅资源丰富而且新能源创新能力在湖南省也比较强，已拥有国防科技大学、中南大学、南华大学等一批在新能源领域具有较强创新研究发能力的高等院校，拥有国家级工程研究中心、重点实验室、企业技术研发中心 11 个、部省级重点实验室和工程中心 10 多个。基于此，湖南应大力调整能源生产战略思路，全面

---

① 参考湖南省统计局《2010 决策咨询报告》第 36 期提供的数据和情况整理。

发挥资源和技术的优势,抓紧加快研发和突破生物质能、页岩气、太阳能和核电等新型清洁能源核心技术,着力推进新能源生产,争取在十年内全省新能源生产和消费的占比达到60%左右。同时,火电也要大力推广绿色煤电技术的运用,着力提高加工转换效率。另外,还要运用《京都议定书》创建的清洁发展机制,积极开展与发达国家的工业减排项目交易,引进国外低碳工业技术及其相关投资,形成绿色工业技术和产业体系的长效体制和机制。

(二)集群化:产业有序联结自组织,打造新型工业化的"两型"产业体系

从理论上分析,产业组织的集群化是指在特定区域中,具有竞争与合作关系,且在地理上按相互默契的一定规则实现联结集中,有交互关联性的企业、专业化供应商、服务供应商、金融机构、相关产业的厂商及其他提供专业化培训、信息、研究开发、标准制定等相关机构组成的群体,许多产业集群还包括由于延伸而涉及销售渠道、顾客、辅助产品制造商、专业化基础设施供应商等。市场化条件下的产业集群是不存在外部指令,系统按照相互默契的规则,分工配套,各尽其责而又自动形成的有序自组织结构,是介于市场和等级制之间的一种新的空间经济组织形式。因此,产业集群超越了一般产业范围,形成特定地理范围内多个产业相互融合、众多类型机构相互联结的共生体,构成特定区域具有特色的竞争优势。据美国迈克尔·波特教授的分析,上述产业集群化现象可从"产业集群"和"企业集群"两个角度来概括。产业集群侧重于观察分析集群中纵横交织的行业联系,揭示相关产业联系和合作,从而获得产业竞争优势的现象和机制。"企业集群"侧重于观察分析集群中企业地理集聚特征,其供应商、制造商、客商之间企业联系和规模结构以及对竞争力的影响,揭示相关企业及其支持性机构在特定地方靠近集结成群,从而获得企业竞争力优势的现象和机制。

湖南在"两型"社会建设中实现新型工业化持续快速发展的核心和基础是打造低碳化"两型"产业集群,这在湖南"十二五"发展时期就是要集中力量做好战略性新兴产业集群。对此,我们建议分三大类来组织运营:第一类是新兴的超级产业,即在分工配套的基础上形成巨大空间、巨大投入、巨大规模、巨大效益的超级支柱产业。建议"十二五"期间湖南应继续做大做强工程机械产业并大力提高其高端先进制造的水平,在此基础上抓节能汽车和新能源汽车产业集群,到2015年形成年产100万~150万辆的规模,总产值突破两千亿元;第二类是新兴优势产业,有些新兴产业不一定能成为超级产业,但有资源、人才、技术和一定的市场优势,应有步骤地着力开发,如湖南省的新能源、新材料、文化创意产业等,优先开发新能源装备制造业,打造太阳能光伏产业链和风电装备产业链;第三类是新兴配套产业,包括生产性服务业。湖南制造现在一个很大的障碍就是本地配套率太低,通常只有20%多一点,很大部分零部件从国外进口或省外购进。因此,湖南省战略性新兴产业的发展要高度关注新兴配套产业特别是低碳化核心零部件的发展，如高档液压元器件低速大扭矩发动机、变速箱、混合动力系统总成、驱动电机及控制系统、高性能电池等，力争本地配套率提高到40%甚至60%，使产业链延长拓宽，既增加附加值又增加就业岗位。同时，还要大力发展物流、信息、金融、商务和科技等生产服务业，提高支柱产业集群的带动力和影响力。

对于湖南来说，"两型"产业的另一个战略重点是要狠抓绿色新能源装备制造业的发展。装备制造是为国民经济发展提供技术装备的基础性、战略地位性产业。它既是我国新型工业化发展的重要基础条件，且又是一个国家综合国力和技术水平的集中体现。由于能源是最具有战略性的母资源，因而新能源装备制造业就构成了整个装备制造业的中坚，更加集中反映装备制造业的基础性和战略性。湖南机械装备制造业有较好的基础，是湖南首位的支柱产业。在"十一五"期间其产值规模从709亿元增加到4 287亿元，规模企业也由1 240家增至2 324家，其中高技术企业346家。另外还有国家认定的企业技术中心13家，省级技术中心52家，国家工程研究中心1家，国家技术研究中心3家。"十二五"期间湖南省机械装备工业应乘势快上，年均增长速度争取达到20%以上，实现由千亿元产业、百亿元企业向万亿元产业、千亿元企业的跨越。[①]

从未来低碳发展的方向来看，湖南机械装备工业的发展尤其要高度重视新能源装备制造业的基础优势，打造新一代的超级支柱产业。目前全省有新能源相关企业100多家，形成了湘电集团、南车时代、南车电机、衡阳特变、长高集团等一批新能源装备生产的核心骨干企业，特别是2兆瓦以上风机产能及配套能力在全国居第一位。基于上述基础，我们建议湖南应集中打造四大新能源装备制造产业：一是太阳能光伏产业链，2015年前形成1 000兆瓦晶体硅太阳能光伏产业规模；二是风电装备产业，形成3 000套兆瓦级风力发电整机生产线；三是电动汽车产业化，发挥湖南省电动汽车动力电池控制系统等技术优势，发展电动汽车及关键零部件的产业链，五年内形成电动轿车50 000辆、电动客车10 000辆的产销能力，同时大力发展节能汽车，到2015年全省形成中高端和节能汽车整车100万辆的产销能力；四是核电装备产业，如核电站用泵、新型核泵用电机等，形成湖南在新时期带动经济跨越发展的新型产业集群。

此外，湖南建设"两型"产业体系还要有步骤地淘汰高耗能、高污染的电力、钢铁、建材、电解铝、铁合金、造纸等产业中的落后产能，全面改造传统产业，实现全省产业结构的优化升级。这里尤其要高度重视中低碳消费品工业的发展。立足于跨越发展这个主轴，实现资源深度开发与需求有效创造这两个车轮同步运行，走产业化、信息化和低碳化的发展路子，突破和实现四大关键工程，即农产品加工向

---

① 根据湖南省统计局《2010决策咨询报告》第62期提供的数据整理。

农产品制造深化的升级工程、乘用汽车工业向百万辆规模发展的腾飞工程、现代生物医药产业赶超发展的创造工程和以电冰箱为主体的家电复兴工程。作为一农业大省这里特别要以工业化谋划农业和改造传统农业，建设"两型"农业体系。特别是要联系洞庭湖的治理和开发，在洞庭湖地区建设国家级有中国特色的农业现代化示范区，集中发展专业化基地农业，标准化品牌农业、工厂化制成品农业，打造肉制品、米制品、油制品和果制品的农业工业化产业集群。

（三）集聚化：先进生产要素的聚集，建设新型工业化的"两型"都市新区

一般来说，在社会生产过程中，生产要素的集聚必然形成产业的空间集聚，进而带动城市群的发展。从空间经济学的视角分析，在工业化作用下形成城市，是根据市场潜力决定经济活动区位的理论原则，权衡经济集聚规模报酬递增与产销运输成本的关系而不断发展的，它经历了单极城市—多极城市群—城乡一体都市区的演化提升过程，如果仅就因要素集聚而实现单位运输成本下降（规模报酬递增）来看，集聚化的过程就是节能降耗减排的过程，也是"两型"社会建设的必由之路，其终极目标就是建设适应新型工业化快速发展的"两型"都市区。这种以城市群为构架的大都市区一般是为创造一个系统经济体相互作用的场效应（包括经济区位效应、产业关联效应、规模经济效应和潜在市场效应等），通过城市群网络自身的能量、动量和质量在一定条件下和实物相互转化，产生强大的极化力，形成低能耗低排放的、规模报酬递增的空间集约经济体系，实现城市与农村以及核心区与边缘区的统筹。基于此，湖南在"两型"社会建设中，应着眼于加快推进新型工业化，提升长株潭城市群的内涵，建设环长株潭"3＋5"大都市区，或者直呼长沙大都市区。如上所述，传统的城市和城市群一般是单极化城市或者是"摊大饼式"的城市群，这不仅容易造成城乡分割，而且还易出现大城市病，难以达到降低消耗的集聚效果。而以城市群为构架的大都市区一般是多极的城市群网，是大、中、小城市的结合，也是城市与其腹地的结合，形成具有强大极化力和辐射力的多极化、网络化、一体化的空间经济体系，实现城市与农村、农业与非农产业以及核心区与边缘区的统筹发展。为此，要抓以下四大工程。

其一，建设环长株潭"3＋5"大都市区应高度重视洞庭湖经济腹地的发展。研究表明，湖南发展新型工业化一般要经历"经济中心打造"和"经济腹地建设"两个大的阶段。这几年湖南省推行"一化三基"战略，湖南以长株潭城市群为中心的新型工业化增长极已基本形成，应该说打造城市群经济中心的主体工程已开始进入后期发展阶段。因此，湖南经济在"十二五"时期及其以后发展阶段的主体目标，应该是配合城市群经济中心的发展重点建设经济腹地，以充分发挥好长株潭城市群经济中心的辐射和带动作用。这就是后危机时代湖南经济发展的新要求、新目标、新任务。经济腹地是一个与经济中心即经济增长极或中心城市相对应的概

念,是形成较为合理的城市群体系的依托。其内涵是经济中心(经济增长极)的吸收和辐射能力能够达到并能促进其经济发展的地域范围。如果没有经济腹地,经济增长极也就失去了赖以存在的基础,而没有经济腹地,也就无所谓经济增长极。长株潭城市群经济中心的经济腹地主要有两个,一是湘西南地区,这是山区;二是洞庭湖区域,这是湖坪区。根据空间经济学关于规模报酬递增与运输成本之间的权衡关系理论,洞庭湖区应成为长株潭城市群经济中心最重要的经济腹地。因为环洞庭湖区域本身就是长株潭城市群的外围结构地区,且物产丰富,吞吐量大,对于长株潭城市群规模扩大和规模报酬递增,具有运输成本低和要素供给丰富(劳动力、土地、工业生产资源)的先决条件。同时人口密集,消费水平高,又是长株潭城市群工业产品销售的主体市场。这就构成了长株潭城市群经济中心形成和发展的重要依托。所以建设好洞庭湖经济腹地,是建设环长株潭"3+5"大都市区的重大战略举措。根据调查分析,洞庭湖腹地的经济优势是水域经济、土地经济、生态农业经济和以农业资源为基础的轻工食品经济,这些直接构成了洞庭湖区低碳化绿色生态农业消费品经济的综合优势,这也是洞庭湖腹地经济对长株潭城市群发挥依托作用的关键和本质。基于此,建议洞庭湖区应实施绿色涉农消费品产业集群发展战略,申请创建国家级的"洞庭湖现代农业示范区"。

其二,建设环长株潭"3+5"大都市区还应站在国家层面来合理选择区域定位问题。按照国家全国主体功能规划,中央把武汉城市群和长株潭城市群同步定为"两型"社会建设实验区,是作为长江中游的大都市经济区来考虑和安排的。目前,长江经济带的"头部"——上海"舞"起来了,而"尾部"——重庆也"摆"起来了,但"腰部"还比较软。长江经济"腰部"要硬起来,武汉城市群和长株潭城市群联合组成长江中部的一个特大型都市区就十分关键。如果这个判断成立的话,那么处于武汉城市群和长株潭城市群中间的岳阳在长江"腰部"经济就占有重要地位。从湘阴进入洞庭湖到岳阳城陵矶至陆城一带,是湖南的大水面、大排放口、大码头、大交通口,也是湖南环境容量最大,唯一适宜于摆放大运量、大消耗、大进出的高端制造工业的一块宝地,同时还是长株潭市群的腹地和联结武汉城市群的枢纽,可弥补长株潭城市群在这方面的功能缺陷。所以打造环长株潭大都市区要重点发展长株潭岳核心极区域,特别是湘江流域的重化工和有色冶炼项目应改造升级并有步骤地向大环境容量地区转移和布局,湘江两岸则集中发展绿色低碳的战略性新兴产业和现代服务旅游业,打造"东方的莱茵河"。

其三,建设环长株潭"3+5"大都市区还要创建紧密型的行政和经济一体化体制。这个问题是中国的国情决定的,是无法回避的。现以《湖南省2010年统计公报》提供的数据分析,长株潭三市生产总值6 715.87亿元,占全省总量的40%多,达到42.23%,三市地方财政收入712.82亿元,占全省总量也达到38.26%,三市工业增加值3 137.02亿元,占全省总量更高达49.99%。此外,长株潭三市产业互补性较强，大中型企业密集，工程机械、轨道交通、汽车制造、新能源装备制造、化学工业、农副产品加工制造和信息产业优势明显，三市城区已基本连成了大都市区中心城市群的雏形。国内外的实践证明，任何一个大都市区都需要有一个首位度很高的核心极城市。2010 年长沙市生产总值、地方财政收入、工业增加值分别占"长株潭"三市总量的 67.7%、71.1% 和 64.4%。可见，长沙市在客观上已成为长株潭三市的极核。为此，应采取市场经济与政府引导相结合的办法，"做大做强长沙，整合株洲湘潭"，把长沙打造成为都市人口过千万、生产总值超万亿元的高首位度超级特大城市即新长沙市，形成环长株潭"3＋5"大都市区或长沙大都市区的"火车头"。在具体的运作路径上，建议在"十二五"期间长沙市区划应按"河西长沙创造，河东长沙制造"的大格局进行调整，将市内现有的五个行政区和两个产业区（指河西的先导区和高开区）调整为大西区和大东区，以利于资源的整合和有效利用，并将长沙县（星沙区）、望城县和宁乡县分别改制为新长沙的三个城区；"十三五"时期要力争将株洲市区（含株洲县）、湘潭市区（含湘潭县和韶山市）、岳阳市区（含岳阳县和临湘市）改制为大长沙的三个城区，并将岳阳市的汨罗市划归星沙区，湘阴县与现开福区的一部分整合为新开福区。此外，将现株洲市中除株洲市区和株洲县以外的其他县市再加现长沙市中的浏阳市和现岳阳市中的平江县组合成新醴陵市，将现岳阳市中的华容县划入益阳市。通过以上行政区划的调整，最终就可建成一个能合理整合资源并与武汉城市圈相对接的环长株潭"3＋5"大都市区。而在这个大都市区中的城市与城市之间、城区与城区之间是就是城市群的延绵区，是支撑城市群经济中心发展的腹地即县域农村地区。这样，城乡统筹协调发展，合理配置城乡资源，全面实现城乡经济社会一体化。

其四，建设环长株潭"3＋5"大都市区还要解决一个颇为关键的问题就是实现产业园区集约发展。一般来说，产业园区主要包括高新技术产业开发区、经济技术开发区和工业园区等园区类型，是对外开放、招商引资、发展高新技术产业、促进产业集群的主要载体和重要平台，构成了区域经济跨越式发展的龙头。据湖南省统计局分析，2009 年全省 78 个省级及以上产业园区中工业企业的产品销售收入约占全省产业园区技工贸总收入的 80% 以上，产业园区工业增加值分别占全省工业增加值和地区生产总值的 30% 以上和 10% 以上。特别是随着产业园区基础设施投入力度的加大，产业配套体系逐步完善和集聚效应持续释放。目前，全省产业园区逐步形成了以工程机械为代表的专用设备制造业，以铅锌冶炼为主的有色金属冶炼及压延加工业，以轨道交通和汽车为代表的交通运输设备制造业，以饲料、粮油加工为代表的农副食品加工业，以工业化工原料、建筑涂料及日化用品等为代表的化学原料及化学制品制造业，以特种变压器、电线电缆电机以及新能源材料为代表的电气机械及器材制造业以及通用设备制造业等七大行业为主导的产业集群体系。2009 年这七大主导行业，共实现主营业务收入 2 967.72 亿元，占全省产业园区规模工业的 59.6%。可见，产业园区的工业制造业已成为促进全省新型工业化产业集群和湖南经济转方式、调结构、大发展的重要支柱。但按照"两型"都市新区发展的要求，目前湖南省产业园区的发展还存在优势集群少且规模偏小、特色产业集群不突出、园区间产业重构现象明显、产业配套能力不强和园区工业发展不平衡等问题。特别与周边省份尤其是发达省份相比，无论是发展规模和效益都明显落后。例如与中部地区的湖北相比，湖南产业园区规模工业企业个数仅为湖北的45.3%；产业园区规模工业增加值仅为湖北的 52.5%；产业园区规模工业增加值占全省规模工业的比重和占地区生产总值的比重，分别比湖北低 23.4 个和 10.1 个百分点；产业园区规模工业主营业务收入和从业人员数，仅分别为湖北的 60.7%和 54.0%。与沿海发达省份中的浙江相比，湖南产业园区规模工业企业个数仅为浙江的 18.8%，其中过亿元企业个数仅为浙江的 33.6%；产业园区规模工业增加值仅为浙江的 38.3%；产业园区规模工业企业利润总额和出口交货值，分别仅为浙江的 35.9%和 5.1%。① 为此，"十二五"期间湖南应对产业园区科学规划和定位，以环长株潭"3+5"大都市区为重心，以战略性新兴产业为主导，加强产业园区与区域经济发展的互动，加大"两型"特色优势产业的培育力度，鼓励和扶植特色优势企业争创名牌，鼓励重点企业、品牌企业在园区内以资金、技术、管理和信息等作支撑，聚集一批中小企业，提供专业化产品、加工原材料和零配件供应等配套协作，形成特色产业群的整体竞争力。要大力完善产业配套及延伸产业链条，鼓励骨干核心企业通过技术转让、生产外包等方式，在周边聚集一批为自己配套生产和服务的企业；另外要引导中小企业主动嵌入产业链进行专业化配套生产，构建围绕集群核心企业的初加工、精加工、深加工配套协作体系，并重点支持如长沙北汽福田配套园、山河智能配套园等工业配套园项目建设，形成一批围绕园区核心企业进行配套的专业特色园中园。此外，大力推进企业产品安全保障、物流配送、产学研等配套服务，同时强化政府服务职能，优化发展环境，促进湖南省传统集中"归大堆式"的产业园区向现代集群"配套组合式"的"两型"产业园区转变，使产业园区在湖南新型工业化发展中发挥更加重大的支柱性作用。

四、"两型"企业与湖南加快新型工业化发展

在市场经济的运行过程中，企业既是社会产品生产和经营的主体，也是耗费能源资源和产生环境污染的主要单位。按照党的十七届五中全会关于坚持把建设资源节约型、环境友好型的"两型"社会作为加快转变经济发展方式的重要着力点，放在工业化、现代化发展战略的突出位置，落实到每个单位、每个家庭的要求，结合

① 根据湖南省统计局《2010 决策咨询报告》第 1 期提供的数据整理。

湖南省关于长株潭城市群"两型"社会建设的总体部署，"十二五"期间湖南"两型"社会建设向纵深发展，必然要着力建设资源节约型和环境友好型的"两型"产业体系，全面创建"两型"企业，并以"两型"企业为主体加快推进新型工业化。

（一）"两型"企业的内涵及重大意义

企业是指依法设立的以营利为目的、从事商品的生产经营和服务活动的独立核算经济组织。一般以营利为目的，以实现投资人、客户、员工、社会大众的利益最大化为使命，通过提供产品或服务换取收入。它是社会发展的产物，因社会分工的发展而成长壮大。所以，企业是市场经济活动的主要参与者和利益主体，而公司制企业则是现代企业中最主要和最典型的组织形式。在社会主义经济体制下，各种企业并存共同构成社会主义市场经济的微观基础。企业的本质或者说企业存在的原因以美国经济学家科斯为代表的新制度经济学家认为，企业作为生产的一种组织形式，在一定程度上是对市场的一种替代，其目的是通过企业的组织形式节省交易成本即围绕交易契约所产生的成本。我国国民经济体系就是由数以百万计的不同形式的企业组成的，企业的生产和经营活动，不仅决定着市场经济的发展状况，而且决定着我国社会经济活动的生机和活力，直接影响国家经济实力的增长、人民物质生活水平的提高。所以，企业是最重要的市场主体，在社会经济生活中发挥着巨大作用。

基于上述企业的性质，对"两型"企业的定义可概括为遵循可持续发展理念，以清洁生产、循环经济为基础，以先进的生产技术和经营管理方式为手段，在追求持续创新与绩效发展的同时，促进资源节约与生态环境保护，实现自身与自然、社会和谐发展的企业。由此"两型"企业具有以下几大特征，一是以循环经济为重点，发挥资源优势。"两型"企业在生产经营中，要以提高资源利用效率为核心，以节能、节地、节水、节材和发展循环经济以及大力推进可再生能源使用为重点；二是以发展低碳经济为主，实现环境保护。"两型"企业的发展不以环境污染为代价，要以低污染或零污染为目标，提高对清洁能源的利用率，达到保护环境的要求；三是立足于技术和制度创新，表现出强势竞争力。"两型"企业能够在持续有效地向市场提供产品或服务的同时，不断进行创新，提升软实力，实现自身的持续发展。

对于湖南在工业化中后期实现可持续快速发展来说，探索和建立资源节约、环境友好的"两型"企业发展模式，其内涵一方面是通过企业自身的组织创新降低企业内部的交易成本（管理成本节约），另一方面是企业在同社会的交往中减少因高排放、高污染所产生的负外部性，提供更多的社会福利（降低社会成本）。因此，"两型"企业的创建对生产经营过程中能源资源消耗的降低、废弃污染物排放的减少，以及加快技术进步和产业结构调整升级，培育企业在后金融危机时代的综合竞争力，实现节约发展、清洁发展和高效发展等都具有重要推动作用。同时，在市场经济条件下，企业作为新型工业化发展的生产载体和利益主体的地位是不可替代的，因而在资源环境约束加剧的压力下创建"两型"企业，同时又是推进新型工业化加快发展的重要抓手，对于防范"中等收入陷阱"，提高经济结构水平，实现湖南经济发展方式的根本转变具有决定性的意义。

（二）湖南企业发展的成就与主要特点

湖南自"十一五"以来，以科学发展观为指导，实施"一化三基"战略，大力推进新型工业化，经济跨越式发展，产业结构调整升级，企业规模不断扩大，管理水平不断提高，特别是大企业的发展取得长足进展，涌现出一批营业收入过50亿元、100亿元、甚至数百亿元的高效大企业，大中型企业的支柱作用更加突出。2010年湖南规模工业中，大中型企业增加值增长18.1%，小型企业增加值增长27.9%。大中型企业和整个规模工业的增长速度差距为5.3个百分点，上年同期为8.9个百分点，缩小3.6个百分点，大中型企业对规模工业的增长贡献率为35.2%，拉动规模工业增长8.2个百分点。成效最为明显的是"两型化"的高加工度工业企业和高技术产业企业发展较快，其在总量中的比重稳步提高。2010年高加工度工业和高技术产业分别实现增加值1 885.00亿元和271.39亿元，增加值占规模工业的比重分别为32.0%和4.6%，比上年分别提高1.9个百分点和0.2个百分点；增加值分别增长33.5%和30.9%，比全省平均水平分别快10.1个和7.5个百分点。[①] 2010年9月湖南省企业联合会、企业家协会、工业经济联合会（简称"三会"）联合对湖南大企业发展状况和趋势进行调查研究，认为大中型企业又好又快地发展为湖南新型工业化在"十一五"期间的跨越式大发展作出了重大贡献，主要表现出以下三大特点。

一是企业经营规模不断扩大。2010年湖南百强大企业的营业收入总额为6 551.54亿元，比上年增长9.3%；资产总额为7 879.92亿元，比上年增长20.66%。其中，制造业50强企业的营业收入总额为3 351.08亿元，较2009湖南制造业50强增长8.61%，资产总额保持快速增长的态势，增幅达到23.69%。排名2010湖南制造业50强前五位企业的资产总额为2 471.63亿元，比2009年增长了60.44%。服务业30强企业的营业收入总额达1 731亿元，同比增长19.5%。同时，全省中小企业规模也不断扩大，共计16.66万家，较2009年增长9.6%，占全省企业总数的99.8%，是国民经济的主体部分。2010年全省中小企业增加值达到6 471.39亿元，较上年增长18.7%，占GDP的比重为40.7%，对GDP增长的贡献率为47.3%，比上年提高1.5个百分点。

二是企业经营绩效显著提高。进入后金融危机时代，国内外市场竞争更趋激烈，以往那种单纯依靠低要素定价和低劳动力价格进行竞争的企业经营模式正在丧

---

① 《湖南省2010年统计公报》。

失传统优势,大量生产低附加值产品和劳动密集型的企业正在失去市场生存空间。在这种新形势下,湖南省企业有针对性地调整现有的产品结构,开发市场需要的、盈利能力强的产品,提高产品的附加值和技术含量,增强了企业的盈利能力。如2010 年湖南百强大企业共实现利润 299.41 亿元,较上年增长 78.94%;纳税总额达到 608.76 亿元,增长 16.39%。其中制造业 50 强企业共实现利润 177.59 亿元,较上年增长了 68.27%;服务业 30 强企业共实现利润 125.58 亿元,比上年增加了88.87%。2010 年全省规模(限额)以上中小企业实现营业利润 1 521.59 亿元,较上年增长 38.8%,增速比上年大幅度提升。中小企业的快速增长带来了就业机会的增加。2010 年全省中小企业吸纳从业人员 642.88 万人,增长 3.9%,增幅较上年提高 0.2 个百分点。各行业中,制造业吸纳从业人员最多,为 279.58 万人。①

三是企业创新能力持续增强。2010 年湖南省纳入科技年报统计的 1 069 个大中型工业企业中有科技机构的企业 367 个,增加 53 个;有科学研究与试验发展(以下简称 R&D)活动的企业 460 个,增加 60 个。从整体看,全省有 R&D 活动的企业比重为 43.0%,R&D 人员 49 530 人,增长 29.1%;R&D 人员全时当量 35 206人年,增长 25.2%;R&D 经费 113.77 亿元,增长 37.9%;新产品开发经费113.82 亿元,增长 18.1%。从投入强度看,R&D 经费占主营业务收入的比重为1.32%,与上年的 1.38% 相比,基本保持稳定。2010 湖南百强大企业自主创新科研经费投入总额为 87.64 亿元,较上年增长 21.6%,其中制造业 50 强企业中研发费用占营业收入比重超出 5% 的 7 家企业拥有专利数量大幅增加,其利润增长率达到 127.8%,高出制造业 50 强企业利润平均增长水平的 65 个百分点。②

(三) 湖南企业"两型化"的主要差距

2006 年以来湖南企业虽然发展很快,但也必须看到湖南企业发展与"两型"社会建设和全面建成新型工业化的要求还存在很大差距,上述湖南省"三会"课题组对照湖南省"两型"企业创建的规范性指标体系,认为其差距主要存在以下几个方面问题。

其一是企业的产品档次偏低。存在着粗加工产品多、深加工产品少;一般产品多、名优产品少;低附加值产品多、高附加值产品少的"三多三少"现象。第二产业中,轻工、纺织、化工、机械、冶金、建材等传统行业占较大比重,而高技术含量和高附加值的行业比重较低;第三产业中零售和住宿餐饮业占约 40%,而信息、旅游、物流、法律服务等现代服务业及科技型中小企业所占比重不到 20%,产业层次低,发展方式粗放,结构调整压力较大。

其二是企业 R&D 投入总量偏少。按照国际标准,研发费用占企业营业收入的

---

① ② 《湖南省 2010 年统计公报》。

比重低于1%，该企业是难以生存的；占到2%的企业可以维持简单生存；只有研发投入占营业收入5%以上的企业才会有竞争力。统计显示，湖南大中型企业普遍存在投入不足、比重不高的问题。在2010湖南制造业企业50强中，达到和超过2%的企业只有一半，近40%的企业研发投入比例不足1%。

其三是企业生产经营规模偏小。从2010年湖南100强大企业的规模水平看，无一家营业收入达到1 000亿元的特大型企业，年营业收入达到500亿元以上的企业只有2家，而同为中部省份的河南省已有两家企业的营业收入超过800亿元，其中河南煤业化工集团有限责任公司的营业收入达到1 040.95亿元，比湖南100强前2名企业营业收入的总和还要多。

其四是企业的排污和能耗超标。据统计分析，2010年，湖南规模工业企业废水排放量为3.75亿立方米，同比增长了3.5%。全年虽有1 309家规模工业企业实现废水减排0.53亿立方米，但同时却有1 651家规模工业企业增加废水排放0.66亿立方米，比减排量多0.13亿立方米，其中332家是没有采取废水处理措施的新进规模企业。其他如工业二氧化硫排放量占到全省二氧化硫排放总量的80%，工业固体废物排放量全年达到30万吨，全省企业综合能源消费量每年增长5%以上。这表明，湖南工业高排放、高污染状况没有从根本上改变。

由于企业是"两型"社会建设的基础和新型工业化发展的载体，因此现阶段湖南深度推进"两型"社会建设和新型工业化发展，势必把重点放在改变湖南企业的上述落后状况上，全面创建"两型"企业，推进新型工业化，实现可持续快速发展。所以我们认为，"两型"企业的创建将最终决定湖南经济能否真正实现由资源投入为主导的"库兹涅茨增长"模式转向以结构创新为特征的"熊彼特增长"模式，最终决定着湖南"两型"社会建设和新型工业化发展的成败。

五、湖南创建"两型"企业的战略思路和对策

建设"两型"社会是我国国民经济和社会发展中长期规划的一项战略任务，已成为全社会的共识。企业作为经济运行的微观主体之一，在建设"两型"社会中处于基础地位，合理开发和有效利用资源并保持良好的生态环境是企业在建设"两型"社会中肩负的重要责任。

(一) 湖南"两型"企业创建的思路和目标

按照党的十七大提出的新型工业化道路的要求，以科学发展观为指导，以转变发展方式为主线，以降低资源消耗、减少废物排放和提高资源产出效率为主攻方向，以经济政策和立法建制为调控手段，引导各行各业的企业坚持节约发展、清洁发展和高效发展，积极建设"两型"企业。其建设蓝图是"生产平稳高效，资源

清洁循环，废弃物安全处理，产品优质节能，厂容整洁有序，研发创新出色，绩效稳步增长，管理制度完善。"通过 3～5 年的努力，全省规模以上企业在产品结构、产出效率、资源节约、环境保护等方面达到行业先进水平：企业资源产出效率达到国内先进水平；单位产品能源、水、原材料消耗显著降低，低于行业平均水平；废物循环利用水平大幅度提高，固体废物基本上实现综合利用，废水力争实现循环利用和"零排放"，废气、余热、余压等充分合理利用；污染排放量大幅度降低，"三废"排放达到国内先进水平。以此带动全省工业化水平的提升，真正实现以"两型"为内涵的新型工业化。

（二）湖南创建"两型"企业的评价体系

建立全面、科学的企业"两型"创建及其绩效的评价指标体系，是对企业行为进行有效管理，保证企业"两型"建设目标实现的重要环节，也是政府对"两型"企业创建实施监管的有效手段。现行的企业绩效评价指标是由财政部、国家经贸委、人事部和国家计委 1999 年颁布，2002 年 3 月修订的工商类竞争性企业绩效评价指标体系，区分为定量指标（占 80%）和定性标准（占 20%）两大部分。定量部分从财务效益、资产运营、偿债能力和发展状况四个方面设置了若干财务比率指标；定性部分则从经营者基本素质、产品市场占有能力、基础管理水平、发展创新能力、经营发展战略、在岗员工素质、技术装备更新水平和综合社会贡献八个方面设置评价标准。这一套企业绩效评价指标体系兼顾了企业的现有盈利能力和未来的发展前景，并将社会贡献纳入了评价体系，虽然比较完善，但存在的最大不足是没有反映企业对资源利用和环境保护方面的成效，不利于监督和约束企业高投入、高消耗、高污染、低效率的粗放型生产方式。目前，发达国家和国际组织非常重视对企业环境绩效的考核，联合国 1998 年发布的国际会计与报告标准《企业环境业绩与财务业绩指标的结合——生态效率指标标准化方法》，对于财务业绩和环境业绩的有机结合做了有益的探索。该指标体系从最终环境影响、潜在环境影响风险、排放物废弃物、投入量、资源耗费、效率指标、顾客指标和财务指标这八个方面明确了环境绩效的量化评价方法。我们认为，根据"两型"社会建设和新型工业化发展的要求，应增加"两型"创建的评价指标。在资源利用评价方面主要应反映能源、水、矿产、土地等战略性自然资源的投入、使用效率及对资源的依赖程度，如单位收入或产值资源消耗量、资源利用率、资源消费弹性系数（资源消费增长率/营业收入或产值增长率）等基本指标；在环境保护方面主要反映废水、废气、固体废弃物，即三废的产生、排放、处理和回收利用以及环境污染治理投入等，如单位收入或产值三废排放量、三废处理率、三废排放达标率、三废综合利用率、环保投资比率等基本指标等。同时，要促使企业将评价指标分解落实到生产经营的各个环节，并与各个部门的权责利直接联系，实行奖优惩劣，发现问题及时整改。

(三)湖南"两型"企业发展模式与对策

根据上述战略思路、创建目标及"两型"企业评价指标，我们建议，湖南创建"两型"企业应建立"企业公民"的发展模式。"企业公民"概念属于社会经济范畴，是指一个公司将社会基本价值与日常商业运作和经营策略相整合的行为方式。由于企业的成功与社会的健康和福利密切相关，因此，企业是社会的主要部分，企业是国家的公民之一。我们知道，企业是社会的细胞，社会是企业利益的源泉。企业在享受社会赋予的条件和机遇时，也应该以符合伦理、道德的行动回报社会、奉献社会。"企业公民"这一概念蕴含着社会对企业提出的要求，意味着企业是社会的公民，应承担起对社会各方的责任和义务。世界经济论坛认为，企业公民包括四个方面：一是好的公司治理和道德价值，主要包括遵守法律、现存规则以及国际标准，防范腐败贿赂，包括道德行为准则问题以及商业原则问题；二是对人的责任，主要包括员工安全计划、就业机会均等、反对歧视、薪酬公平等；三是对环境的责任，主要包括维护环境质量，使用清洁能源，共同应对气候变化和保护生物多样性等；四是对社会发展的广义贡献，主要指广义地对社会和经济福利的贡献，如传播国际标准、向贫困社区提供要素产品和服务，如水、能源、医药、教育和信息技术等，这些贡献可能成为企业核心战略的一部分。由于创建"两型"企业的实质是要科学处理企业生产经营与社会环境保护及社会资源利用的关系，最终达到环境友好、资源节约的社会和谐发展之目的。在这里，企业"两型化"的本质就是企业以企业公民的身份承担应有的社会责任，为社会创造福利，为社会可持续发展作出贡献。所以，企业公民是"两型"企业的重要属性，"两型"企业的创建应采取企业公民发展的基本规则和模式。在具体措施上建议采取以下六大主要对策。

1. 立足市场需求创造。对于企业来说，生产符合市场需要，产品适销对路就是最大的节约。这是"两型"企业的生命线，也是一个铁的标准。后危机时代，制约经济发展的主要矛盾是需求创造，即由以往的资本创造转化为消费需求创造。这种需求创造受制于消费者（使用者）潜在的、多元化的消费欲望，于是企业只有大量地更高层次地运用先进的科技工艺知识去创造高品质、低消耗、零排放的新产品、新产业和新的消费模式，满足消费者高质化和个性化的需求，才能刺激消费者的消费欲望，增加购买和消费，提高企业的产销率和满意度，进而带动产品产业结构高度化，大品牌、多品种、大产业、活组织和跨国生产必然快速发展。这里的关键是企业商业模式创新，即以实现客户价值最大化为目标，对企业的存在方式、经济行为和生产要素进行新调整和新组合，把能使企业运行的内外各要素整合起来，形成一个完整的高效率绿色化的具有独特核心竞争力的运行系统，并通过最优实现形式满足客户需求，实现客户价值，使企业系统达成持续赢利目标。商业模式创新的主要思路：一是调整企业现有的存在方式和经济行为，调整也是经营创新；

二是根据市场的新要求重新组合企业的各种生产要素，是对旧的组合方式进行"创造性破坏"；三是把创新重点放在提高企业低碳素质上，强化市场绿色竞争能力，提升企业"两型"产品的市场价值。如中联重科公司研制的修复沥青路面的"热风循环加热机"，既解决了传统打补丁修复法浪费资源且费时费力的问题，又避免了国外红外线烘烤法污染环境的问题，创造了沥青路面绿色修复机械产品的世界第一，进而开辟出了一个新的绿色工程机械产品的世界市场。三一重工根据用户需求开发出了"全功率自动适应节能技术、高效节能液压技术、冷却系统节能技术"等三大核心节能技术，在三一系列产品中广泛运用，使平地机产品平均节能30%、摊铺机产品平均节能28%，被世界誉为最节能的三一挖掘机。

　　总结先进企业进行市场需求创造的经验，主要是要掌握三个重要环节，第一是全面认清创新源。对于市场运行中的企业来说，产品用户、产品制造商和部件及材料的供应商都是重要的企业创新源，这其中产品用户是最为关键的创新源，创新一定要根据产品用户的欲望和意图来进行。第二是着力提高创新商。要实行全员创新模式，激发企业所有员工创新的积极性。这里的创新商就是对企业成员创新思想的市场化价值和创新信心程度的评价，只有高市场价值的创新思路与企业成员创新信心结合，创新才会成功，创新的效应才会达到最佳。第三是系统建立创新链。需求创造的创新是一种综合性的创新，涉及企业生产经营的多个方面，构成一个创新的链条，通常由"研发—工程—制造—营销—服务"五个阶段和环节构成，这个创新链的每一阶段都十分重要，只有各个环节都相互衔接，创新键才能有效运行，最终形成企业需求创造的一个完整创新系统和市场反馈的网络。

　　2. 建立清洁生产方式。根据《中国 21 世纪议程》的定义：清洁生产是指既可满足人们的需要又可合理使用自然资源和能源并保护环境的实用生产方法和措施，其实质是一种物料和能耗最少的人类生产活动的规划和管理，将废物减量化、资源化和无害化，或消灭于生产过程之中，最终生产出符合"三 E"和"三 R"的"两型化"产品（含服务）。这里讲的"三 E"是指经济实惠（economic）、生态效益（ecological）、符合平等和人道（equitable），而"三 R"则是指减少非必要的消费及功能（reduce）、可重复使用（reuse）和再生利用（recycle）。从其本质上分析，清洁生产是将整体预防的环境战略持续应用于生产过程、产品和服务中，以增加生态效率和减少人类及环境的风险，同时充分满足人类需要，使社会经济效益最大化的一种绿色生产模式。主要包括清洁能源（开发节能技术，尽可能开发利用再生能源以及合理利用常规能源）、清洁生产过程（尽可能不用或少用有毒有害原料和中间产品，并对原材料和中间产品进行回收）和清洁产品（以不危害人体健康和生态环境为主导因素来组织产品的制造过程以及使用之后的回收利用）三个重要方面，集中体现生产者、消费者、社会三方面利益的最大化，是"两型"企业生产运营的基本路径。总结国内外企业的经验和做法，我们认为，企业建立清洁生产方式应采取以下三大具体措施。

一是产品绿色设计。国际上对"绿色"的理解通常包括生命、节能、环保三个方面。因此，这里的关键是根据消费者绿色消费模式的需要，在产品设计之初就要充分考虑人们崇尚自然、追求健康，在追求生活舒适的同时，注重环保，节约资源和能源，实现可持续消费的期望，以及产品生产在未来的可修改性、升级容易度、可替换性的基础设计，达到只需要重新设计某些零件就可更新产品的目的，从而减少资源消耗和固体废物排放。在产品设计时还应考虑在生产中使用更少的材料或更多的节能成分，优先选择无毒、低毒、少污染的原辅材料，防止原料及产品对人类和环境的危害。

二是生产全过程控制。采用少废、无废的生产工艺技术和高效生产设备，尽量少用、不用有毒有害的原料，减少生产过程中的各种危险因素和有毒有害的中间产品，使用简便、可靠的操作和控制，建立良好的卫生规范（GMP）、卫生标准操作程序（SSOP）和危害分析与关键控制点（HACCP），组织物料的再循环，建立全面质量管理系统（TQMS），优化生产组织，进行必要的污染治理等。

三是材料优化管理。选择材料、评估化学使用、估计生命周期是能提高材料管理的重要方面。企业实施清洁生产，在选择材料时要充分考虑材料的再使用与再循环性，实行合理的材料闭环流动，主要包括原材料和产品的回收处理过程的材料流动、产品使用过程的材料流动和产品制造过程的材料流动。

3. 强化绿色技术创新。绿色技术是指根据环境价值并利用现代科技的全部潜力的无污染技术。包括能源技术、材料技术、生物技术、污染治理技术、资源回收技术以及环境监测技术和从源头、过程加以控制的清洁生产技术。其主要特点是：建立在"安全而又取之不尽用之不竭"的能源供应的基础之上；竭力仿效大自然本身的特点；大大提高能源和其他资源的利用效率；高效率地循环利用副产品；日益智能化即具有更高级的信息处理能力等。正是由于绿色技术具有以上功能性特点，因此其经济社会价值巨大。如湘潭钢铁公司大力推广使用焦炭干法熄焦技术、高炉煤气压差发电技术、烧结余热回收技术、转炉余热回收技术、钢坯热装热送技术等节能先进新技术，其节能减排效果就十分明显。南车时代公司运用高新技术对节能与新能源汽车共性技术和关键核心技术开展攻关，形成了电动及传统整车设计技术、电气系统集成技术、串/并联混合动力系统技术、电传动系统技术、充电机设计技术、电池管理系统技术、网络控制技术、辅助电源设计技术具有国际竞争力的八大核心技术，开发出了全新的绿色产品。由此可见，绿色技术的经济价值主要体现在三个方面：一是内部价值，即绿色技术开发者或绿色产品生产者获得的价值，如绿色技术转让费，清洁生产设备、环保设备和绿色消费品在市场获得的高占有率等；二是直接外部价值，指绿色技术使用者和绿色产品消费者获得的效益，如用高炉余热回收装置降低能源消耗，用油污水分离装置清除水污染，使用绿色食品降低了人们的发病率等；三是间接外部价值，即使用绿色技术（产品）所产生的正外部性社会效益如干净的水、清新的空气等，这是所有社会成员均能获得的效益，也是绿色技术创造的最高经济价值。可见，绿色技术创新是"两型"企业创建的关键。

总结国内外企业的经验，企业进行绿色技术创新要遵循五个基本要求：一是绿色技术不是只指某一单项技术，而是一个技术群，因此要形成一整套技术系统；二是绿色技术具有可持续发展的高度战略性，所以绿色技术创新要围绕可持续发展这个最高目标进行；三是绿色技术随着时间推移和科技的进步而不断变化和发展，绿色技术的创新应根据社会发展的要求拓展其内涵与外延；四是绿色技术和高新技术关系密切，要提高绿色技术对高技术的容纳度，使绿色技术具有更高的科学性和先进性。五是绿色技术要坚持创新 2.0 的路线，把技术创新与人的需要有机结构起来，始终以人为出发点，以市场需求为出发点，特别要关注用户创新。

4. 导入精益管理模式。精益管理是未来竞争的关键，是市场取胜的利器，也是"两型"企业品性的标志。所谓精益管理，是指企业的各项活动都必须运用"精益思维"（lean thinking）。即以最小资源投入，包括人力、设备、资金、材料、时间和空间，创造出尽可能多的价值，为顾客提供新产品和及时的服务，把浪费降到最低程度。如株洲南车时代公司为全面消除浪费，开发绿色产品，公司成立专门机构，有计划、有组织地在制造中心开展了精益生产管理工作，以全员培训与统计考核为手段，通过业务流程再造与信息化保障的推广，结合安全生产、全员生产维修（TPM）、标准化作业、优化供应链、质量管理、班组建设等一系列工作的开展，降低了生产环节成本并提高了产品节能性能。2009 年来该公司开发生产出了三 款 新 型 并 联 低 碳 混 合 动 力 客 车 （ TEG6101PHEV、 TEG6102PHEV 及 TEG6127PHEV），经国家权威检测机构测试其节油率均大于 30%，满足了长株潭绿色公交市场的需求。同时，该公司研发的变流技术在 HXN5 大功率内燃机车应用后，其碳排放和能耗均降低 20% 以上。综上所述，"两型"企业进行精益管理尽管方法很多但主要应采取以下三大举措。

一是由客户确定产品价值结构。企业的产品价值结构是指产品价值的组成、比例及其价值流程，即某种产品所提供的各种利益、支出及其比例关系以及价值的实现过程，其关键是要确定企业的某一种产品实际提供给顾客那些具体的利益。这里还包括要确定顾客购买产品的各种支出，各种支出的数量；各种利益、支出之间的联系；各种利益和支出是按照什么样的流程来实现产品价值的。总之，精益管理的出发点是产品价值结构，而价值结构只有由具有特定价格、能在特定时间内满足顾客需求的特定产品（商品或服务）来表达时才有意义。因此，价值结构由最终顾客来确定，就能更好地适应顾客强势购买力等外部环境因素的影响，充分满足顾客个性化的需求，并从根本上消除企业生产积压造成的浪费。

二是变"成批移动"为"单件流动"。成批移动就是在制品成批的在各工作地加工，并按工艺流程成批的经过各工作地移动，往往会造成很多浪费。而如果产品单件流动即按从原材料到成品的过程连续来生产的话，工作能更好、更有效地完成。在单件流动中，因为在每个工段中各工序衔接在一起，前工序做完一个在制品，就可立即"流"到下一工序继续加工，所以工序间几乎没有搬运距离，也没有在制品，因此在制品数量可以大幅度降低，生产空间也跟着减少了。产品生产"单件流动"过程中还要以现场 6S 管理（整理 seiri、整顿 seiton、清扫 seiso、清洁 seiketsu、素养 shitsuke、安全 security 六个项目）和看板管理为工具，消除产品价值链中的 muda（浪费），即除去产品生产经营过程中任何没有附加价值的作业环节和动作。

三是由计划推动式生产变为市场拉动式生产。推动式生产就是计划部门根据市场需求，按产品构成清单对所需的零部件规格和数量进行计算，得出每种零部件的需要量和各生产阶段的生产前置时间（lead time），确定每个零部件的投入产出计划，按计划发出生产和订货的指令。由于市场变化很快，生产计划指令无法及时反映市场需求，而导致企业生产经营的损害。而拉动式生产则是从市场需求出发，由市场需求信息决定产品组装，再由产品组装拉动零部件加工。每道工序、每个车间都按照当时的需要向前一道工序、上游车间提出需求，发出工作指令；上游工序、车间完全按这些指令进行生产。物流和信息流是结合在一起的。整个过程相当于从后（后工序）向前（前工序）拉动，以真正实现按需生产，以全面提高企业和社会效益。

5. 推行现代企业组织。从广义上说，组织是指由诸多要素按照一定方式相互联系起来的系统。企业本身就是一种组织形式，通过管理手段进行分工和协作对企业可控要素实行合理配置，形成协作生产力，以实现企业使命和目标，取得最大的企业效益和社会效益。在信息化时代"两型"企业首先要通过协作寻求规模经济和范围经济效益，当前要注重产品价值链的横向分工协作，实现大中小企业间的配套集群，以降低产品生产经营的固定成本和组织交易成本，从而达到节约资源和减少排放的目标。其次"两型"企业还应通过企业内组织结构设计来实现降耗减排。所谓企业组织设计就是根据企业外部环境、内部条件的变化，对企业内部的组织结构和运行制度进行重新的设计。包括企业职能设计、管理框架设计、协调方式设计、管理规范设计、人员配备和人员培训设计和激励制度设计等。组织结构设计的目的是通过减少企业组织层次（如扁平化组织）、扩大研发与营销层次（如哑铃化组织）、增加企业结构柔性（如矩阵化组织）、优化企业业务流程（如职能综合化组织）等，降低企业组织运行的资源消耗，提高企业管理效率和企业竞争力。

从信息化时代企业组织模型变革的趋势来看，当前"两型"企业建立网络组织是一种最优的企业组织结构安排。网络组织是"企业间契约关系的形态"，它不仅存在于企业内部两个相互联系的部门之间，而且以一定的逻辑方式存在于多个企业之间甚至企业网络之间，并形成企业网络。生产方式的差异决定着这种逻辑方式的特点，企业集团、分包制、虚拟企业、战略联盟、企业集群等，都是不同形式的网络组织。在这里，网络组织的应用不仅可以改善产品价值链中各部分的沟通，提高价值链的生产效率，更重要的是网络将会改变价值链的结构，尤其是会对现有产品零售和分销及服务方式带来极大的改善，节省流通费用。另外，企业通过网络组织控制产品价值链的下游环节和核心环节，并通过研发联盟、制造联盟、销售联盟等多种形式，在企业及各环节间进行知识的转移、核心能力的融合，实现资源的无限次重复使用和低耗低排放，高效抢占价值链的制高点，以此建立企业的核心竞争优势。

6. 坚持人力资本主导。所谓人力资本是指能够自我控制其能力使用与供给的"主动财产"。创建"两型"企业是人的一种高技术、高知识、高智力的活动，人力资本是起主导性作用的。由于"两型"企业处于当代科学技术的前沿阵地，因此在创建过程中要着力突出科技创新家、风险投资家和企业经营家的作用。如果就"两型"企业营运而言，这里尤其要充分发挥企业经营家的作用，建立企业家经营占有制，从产权激励和产权保护的两个方面，确保企业经营家作为高层次人力资本的所有者去掌握和支配企业财产的"两型化"运营。在信息化和全球化时代企业家实现利益最大化的唯一路径就是进行需求创造。由于企业经营家精神的本质是创新，持续推动生产要素"新组合"，即技术创新和制度创新，包括引进新产品、引进新技术、开辟新市场、控制原材料的新供应来源、实现企业的新组织等，协调各种生产要素进入企业生产过程并结合成先进生产力。所以，企业经营家是企业进行需求创造的发动机。此外，企业高素质员工队伍也是企业不可或缺的人力资本，是"两型"企业创建的重要基础。为此，大中型企业在节能环保职能中，应设立首席能源工程师，首席环保工程师，首席给排水工程师和首席能源技师、首席环保技师、首席给排水技师，严格实行高职、高待遇、高要求，调动"两型"人才的积极性和创造性，为创建"两型"企业提供强有力的智力支持和人才保障。

主要参考文献

［1］宫本宪一著，朴玉译：《环境经济学》，生活·读书·新知三联书店 2004 年版。

［2］索洛等著，史清棋等选译：《经济增长因素分析》，商务印书馆 1991 年版。

［3］约瑟夫.熊彼特著，向畏等译：《经济发展理论》，商务印书馆 1990 年版。

［4］张萍主编：《"两型社会"·发展方式·绿色低碳》，社会科学文献出版

社 2010 年版。

　　［5］湖南省统计局：《对湖南跨越中等收入陷阱的思考》，载于《决策咨询报告》，2011 年第 63 期。

　　［6］湖南省企业联合会、省工业经济联合会：《2010 湖南大企业发展的趋势和建议》，2010 年 4 月 19 日。

第九章

培育大湖绿色工业新模式

——湖南洞庭湖腹地生态经济区绿色工业化战略与对策研究

成果简介： 本章内容为 2012 年湖南省社科基金重大委托项目（批准号 12WTA14）研究成果，其研究成果对湖南省委省政府制订申报国家战略层次的洞庭湖生态经济区规划发挥了直接的决策咨询作用，产生了重要的社会影响。分别被湖南省委省政府 2012 年 2 月 22 日在岳阳召开的湖南省洞庭湖生态经济规划启动座谈会所采纳和"洞庭湖生态经济区发展规划编制大纲"采纳。本课题负责人刘茂松教授 2012 年 11 月 27 日还参加了时任湖南省委副书记梅克保同志、副省长徐明华同志主持的湖南省委省政府《洞庭湖生态经济区规划》专家论证会，对规划的进一步完善提出了有关绿色转型和生态融合等对策建议，被规划修改采纳，发挥了重要的决策咨询作用。

　　湖南省第十次党代会报告提出："加快建设洞庭湖生态经济圈"，这是践行科学发展观在湖南的重大发展。洞庭湖区独特的天然生态资源优势，主要是水资源、土地资源、湿地资源、农业资源丰富，以及由此形成的水运交通和口岸物流贸易的优势。它是我国重要的商品粮生产基地，也是湖南省长株潭城市群的重要腹地。但由于三峡水库蓄水运行的影响，长江流域生态环境发生新的变化，"长江之肾"出现了枯水危机，洞庭湖调蓄作用明显减弱。再加之传统粗放生产方式非常落后，造成了较为严重的湖体面源污染。目前洞庭湖区经济社会的发展面临严峻的挑战。实践表明，不论什么时候什么地方，发展都是硬道理。洞庭湖生态经济区如何应对新的挑战，真正按照生态文明的本质要求实现绿色发展、循环发展、低碳发展？我们研究认为，必由之路就是实施绿色工业化战略，建立生态保护与产业发展相融合的生产方式，发展生态化、信息化、循环化的大湖经济。

一、生态经济的本质要求与可持续发展

　　进入后金融危机时代，发展绿色经济已成为全球可持续发展的重要趋势。国际

社会普遍认为，发展绿色经济不仅可以节能减排，而且能够更有效地利用资源、扩大市场需求、创造新的就业，是保护环境与发展经济的重要结合点。目前，高能耗高排放的传统工业化，已给地球资源与环境造成巨大压力和影响，人类经济社会的持续发展面临严峻挑战，世界和中国需要一个绿色转型，着力发展生态经济。

（一）生态经济是"自然—经济—社会"的复合生态系统

何谓生态经济？在这个概念中生态是自然的，也是客观的，经济则是人为的，是人类的主观行为。由于现代的经济活动不是单个人孤立的活动而是人们通过分工的协作活动，因而人为的经济活动又是社会的。因而，生态经济是"自然—经济—社会"的复合生态系统，它既包括物质代谢关系、能量转换关系及信息反馈关系，又包括经济社会的结构、功能和过程的关系，具有生产、生活、供给、控制和缓冲功能。所以，生态经济包括客观的自然环境和主观的人为活动两大结构的相互结合、相互适应和相互均衡及其优化。依据这个分析，我们给生态经济定义为：在自然生态系统承载能力范围内，运用生态经济学原理和系统工程方法改变生产和消费方式，挖掘一切可以利用的资源潜力，发展结构合理、经济发达、生态高效的产业，建设体制先进、社会和谐、生态健康、景观适宜的人类生存环境。总之，对于发展中国家和地区来说，生态经济是实现经济跨越与环境保护、物质文明与精神文明、自然生态与人类生态高度统一的人为经济活动形式，它的本质要求是低消耗、低排放、低成本和均衡产出、系统协调、环境适宜的绿色经济，实现人类经济社会可持续快速发展。

随着经济的发展，人类经济活动同自然环境的冲突不断出现，于是人们越来越认识到片面追求经济增长必然导致生态环境的崩溃，单纯追求生态目标也处理不了社会经济发展的诸多问题，只有确保自然—经济—社会复合系统持续、稳定、健康运作，方有可能同时实现经济增长和生态保护这两个目标，从而实现人类社会的可持续发展。由此，我们认为生态经济既是生产不断发展与资源环境容量有限的矛盾运动的必然产物，也是实现可持续发展的一种具体形式，是把经济社会发展和生态环境保护建设有机结合起来，使之互相促进的一种新型的经济活动形式。在这里，生态环境既是经济活动的载体，又是重要的生产要素，建设和保护生态环境也是发展生产力。所以生态经济强调在生态利用时抓环境保护，力求经济社会发展与生态建设和保护在发展中动态平衡，实现人与自然和谐的可持续发展。

（二）生态系统和生态平衡是生态经济的两个重要内涵

从上述生态经济实现人类经济社会可持续发展的本质来看，生态经济有两个十分重要的内涵，这就是生态系统和生态平衡。我们知道，自然界的任何生物群落都不是孤立存在的，它们总是通过能量和物质的交换与其生存的环境不可分割地相互联系相互作用着，共同形成一种统一的整体，这样的整体就是生态系统。简言之，生态系统就是指在一定地区内，生物和它们的非生物环境（物理环境）之间进行连续的能量和物质交换所形成的一个生态学功能单位。不同类型的生态系统都有一个共性，这就是任何一个能够维持其机能正常运转的生态系统都必须依赖外界环境提供输入（太阳辐射能和营养物质）和接受输出（热、排泄物等），其行为经常受到外部环境的影响。但是生态系统并不是完全被动地接受环境的影响，在正常情况下即在一定限度内，其本身都具有反馈机能，使它能够自动调节，逐渐修复与调整因外界干扰而受到的损伤，维持正常的结构与功能，保持其相对平衡状态。因此，它又是一个控制系统或反馈系统。但如果超出了一定限度，生态系统就无法自行修复而失去平衡，最终给人类的生存和发展造成严重的冲击和巨大损失。所以，为了防范生态的失衡，生态经济特别强调生态系统内各生物之间和生物与环境之间高度的相互适应，种群结构与数量比例保持持久地平衡状态，生产与消费和分解之间，即能量和物质的输入与输出之间接近平衡，以及结构与功能之间相互适应并获得最优化的协调关系，这种状态就是生态平衡，是实现人类经济社会可持续发展的前提性条件和基础。当然这就是生态经济追求的根本目标。

（三）生态经济可持续特征是时间性、空间性和效率性

经济社会发展的绿色转型是要从根本上调和"高效益"与"生态化"两种发展诉求的有机统一，促使经济系统内各经济主体、非经济主体通过深度的分工和精密的协作，组成良性有序和功能强大的经济网络，使经济资源、社会资源、生态资源得以良性循环，最终实现生态经济可持续发展的目标。参考有关研究资源，我们把这种生态经济的可持续发展概括为以下三大本质特征。

第一个特征是时间可持续性。指资源利用在人类社会再生产的时间维度上所具有的可持续性。后代人对自然资源应该拥有同等或更美好的享用权和生存权，当代人不应该牺牲后代人的利益换取自己的舒适，应该主动采取"财富转移"的政策，为后代人留下宽松的生存空间，让他们同当代人一样拥有均等的发展机会。

第二个特征是空间可持续性。这是指资源利用在空间维度上具有可持续性。由于资源禀赋在空间上的差异性和不平衡性，这样就要求在经济发展过程中，对资源进行合理的空间配置。特别是区域的资源开发利用和区域发展不应损害其他区域而满足自己需求的能力，而且还要求区域间的资源环境做到共享和共建。

第三个特征是效率可持续性。人类利用资源在经济社会效率维度上具有的可持续性，也就是以技术进步和体制创新为支撑，采取低耗、高效的资源利用方式，通过优化资源的配置和精益管理，最大限度地降低单位产出的资源消耗量和环境代价，不断提高资源产出效率和社会经济的支撑能力，以确保经济持续增长的资源基础和环境条件。

　　根据生态经济内涵及可持续发展的本质特征，在具体的生态经济活动运行层面上，人类要敬畏自然，尊重规律，科学利用。以"技术成熟、市场需要、环境无害、域间公平、代际均衡"的要求来处理利用自然（包括不可再生自然资源和可再生自然资源）的关系，着重把握好微观层面单个生产体的生态经济、中观层面生产体之间的生态经济链和宏观层面社会范围的复合型生态经济这三个层面的互动关系，从单一到结合，从结合到复合，层层推进，促使经济运行质量得以改善和提高。在这个生态经济系统中单个生产体是发展生态经济的基础和主体，也是体现生态经济效益最直接的单体，结合型生态经济和复合型生态经济都是建立在这一层面上的。只有所有的生产体都积极实行生态经济的生产和管理，才会全面提高我国国民经济绿色发展的水平，更好地推动整个社会经济可持续快速发展。

二、洞庭湖区生态经济发展的腹地功能

　　洞庭湖位于湖南省北部、长江中游南岸，是我国第二大淡水湖，也是长江中下游重要的调蓄湖泊，南接湖南湘、资、沅、澧四水，北纳长江分支松滋、太平、藕池、调弦（1958年堵塞）四口，东接汨罗江和新墙河，江河来水进入洞庭湖后经湖泊调蓄，由城陵矶注入长江。洞庭湖在湖南境内有3.2万平方千米，占湖区总面积的86%，占湖南全省面积的15%，其中纯湖区1.5万平方千米，环湖区1.7万平方千米，耕地60多万平方千米。湖泊主体分为东洞庭湖、南洞庭湖和西洞庭湖，其中东洞庭湖面积最大，占54%；南洞庭湖居中，占33%；西洞庭湖最小，且分裂为若干分离的湖泊。洞庭湖区域是指洞庭湖水域及周围陆地，有广义和狭义之分。广义的环洞庭湖区指以洞庭湖为中心的河湖港汊、河湖冲积及淤积平原和环湖岗地、丘陵、低山等组成的一个碟形盆地，包括湖南境内的常德、益阳、岳阳和长沙4市及湖北的松滋、公安、石首等县市。狭义的洞庭湖区，主要指湖南境内的常德、益阳、岳阳、长沙4市的环湖地区，在行政区划上包括岳阳、华容、湘阴、平江、南县、桃江、安化、安乡、汉寿、澧县、临澧、桃源、石门13个县，临湘、沅江、汨罗、津市4个县级市，以及岳阳市的岳阳楼区、君山区、云溪区，益阳市的资阳区、赫山区，常德市的武陵区、鼎城区和长沙市的望城区共8个区，共计25个县市区。洞庭湖区历史上是典型的"鱼米之乡"，具有物产丰饶的农业优势、通江达海的交通优势、山水交融的生态优势，是我国重要的商品粮、油、麻、蚕桑、水产基地。

　　区域经济发展的空间规律表明，在市场经济条件下，区域之间的经济联系主要是城市之间的经济联系，这种联系的区域空间现象，就是城市经济圈或城市群经济圈的出现，即经济腹地的形成。长株潭城市群经济中心的经济腹地主要有两个，一是湘西南地区，这是山区；二是洞庭湖区域，这是湖区。根据空间经济学关于规模

报酬递增与运输成本之间的权衡关系理论以及自组织作用理论（经济中心规模自我强化扩大），洞庭湖区域本身就是长株潭城市群的外围结构地区，直接构成长株潭城市群经济中心最重要的经济腹地。从理论上来说，经济腹地是一个与经济中心即经济增长极或中心城市相对应的概念，是形成较为合理的城市群体系的依托。其内涵是经济中心（经济增长极）的吸收和辐射能力能够达到并能促进其经济发展的地域范围。如果没有经济腹地，经济增长极也就失去了赖以存在的基础，而没有经济腹地，也就无所谓经济增长极。因此，区域经济发展的空间规律表明，在市场经济条件下，区域之间的经济联系主要是城市之间的经济联系，这种联系的区域空间现象，就是城市经济圈或城市群经济圈的出现，即经济腹地的形成。总之对于经济中心而言，经济腹地是产业链赖以形成的基础，二者唇齿相依。在这里，腹地意味着市场、物流、人流，意味着产业结构调整的回旋余地，也意味着劳动力的供给。

传统的城市和城市群一般是单极化城市或者是"摊大饼式"的城市群，这不仅容易造成城乡分割，而且还易出现大城市病。而以城市群为构架的大都市区一般是多极的城市群网，是大、中、小城市的结合，也是城市与其腹地的结合，形成具有强大极化力（向心力）和辐射力（也可视为离心力）的多极化、网络化、一体化的空间经济体系，实现城市与农村、农业与非农产业以及核心区与边缘区的统筹发展。根据研究，湖南新型工业化的起飞和持续快速发展一般要经历"打造经济中心"和"发展经济腹地"两个大的阶段。"十一五"期间湖南省推行"一化三基"战略，发展长株潭城市群，修道路，建园区，抓项目，造产业，这些都是为了打造湖南现代化的经济中心即经济增长极。随着城市群基础设施体系大体成形，经济中心的主体工程已开始进入后期发展阶段。因此，在"十二五"时期应配合经济中心的发展重点建设经济腹地，以利于长株潭城市群经济中心充分发挥其辐射和带动作用。据笔者调查研究，洞庭湖区作为长株潭城市群经济中心的经济腹地，成本低、资源多、市场大，对长株潭城市群经济中心的大发展、快发展、好发展具有决定性作用。腹地功能具体表现在以下 6 个方面。

（一）提供农产品供给

农产品的充足供给既能降低城市居民生活成本，也能为工业生产提供原料。工业化的速度是以农产品增长率为条件的。就农业原材料而言，这种关系是显而易见的。只有当农产品以一个适当的比例增加时，使用农产品作为原料的工业部门增长率才能提高。这要求作为工业原料的农产品保持一定比例的扩张。否则，农产品价格上升必然使得工业成本上升。洞庭湖区是典型的鱼米之乡，物产丰饶。湖区以不到湖南省 1/6 的土地，每年生产出占全省总量 20% 以上的粮食、80% 以上的棉花、30% 以上的油料和 40% 以上的水产品。洞庭湖区还是全国重要的商品粮、棉、油、生猪生产基地。而长株潭城市群由于产业结构的升级，其第一产业在全部产业中的比重将进一步缩小，农产品对腹地的依赖性更强。所以，洞庭湖区与长株潭城市群经济中心在第一产业上具有很强的互补性，洞庭湖区农产品优势为长株潭城市群工业化的发展提供了雄厚的基础。

（二）提供生产要素供给

湖区土地肥沃，劳动力丰富，农业较发达，能为长株潭城市群提供土地、劳动、资本等生产要素的支持。（1）劳动力支持。目前洞庭湖区三市总人口1 580万人，占湖南全省的23.2%，其中乡村人口1 288万人，占全省农村人口4 053万人的32%。岳阳、常德、益阳是典型的劳务输出大市，能为长株潭城市群新型工业化的快速推进提供强大的人力支撑。（2）土地支持。随着工业化和城市化进程的加快，长株潭城市群对土地资源的需求将进一步增加，以长沙市为例，2007年长沙市建设用地需求在4 000公顷左右，而湖南省下达长沙市的计划为1 190公顷，项目用地紧缺已成为制约长沙市引进外资、加快发展的瓶颈。而作为经济腹地的洞庭湖区，虽然人口密度也大，但湖区农村闲置土地、荒山、滩涂开发的潜力也巨大。长株潭城市群可通过"两型"社会建设的政策优势，通过耕地跨区占补平衡政策，解决土地资源瓶颈问题。（3）资本支持。由于二元经济结构的长期存在，农业为工业资本的原始积累提供了大量资金，收益明显"外部化"。据有关专家测算，如果扣除国家对农业的资本注入，则在工业化资本原始积累过程中我国农业平均每年要把新创造价值的9.4%无偿贡献给工业，却无法得到相应的补偿。农业占GDP比重越大，农业对工业的贡献也就越大。洞庭湖区农业占有绝对优势，而长株潭城市群是湖南工业最集中的地区，可见，只要二元经济结构存在，湖区农业对长株潭城市群工业的资本支持还将通过工农产品价格"剪刀差"而继续存在。

（三）提供资源供给

洞庭湖区域内有着丰富的自然资源。其一，水资源丰富，"水"是洞庭湖最丰富的资源，洞庭湖也是长江流域水量最多的地区之一，年径流量3 001亿立方米，分别是鄱阳湖的3倍、黄河的5倍、太湖的4倍，地下水年平均36亿立方米。其二，区域内矿产资源富有，岳阳蕴藏矿产80余种，其中矿建材料储量占全省80%，常德有矿藏145种，金刚石、磷、石煤、石膏等矿储量为全省乃至全国之首，益阳具有"有色金属之乡"的美称，其中锑储量占全国的1/5。以上为长株潭的工业、交通和服务业的大发展提供了重要的客观资源条件。

（四）提供工业产品销售市场

在经济全球化条件下，作为内陆城市的长株潭城市群很有必要开拓国际性的外贸市场。但国外市场易受汇率、贸易壁垒等因素的影响，市场开拓有较大的难度。特别是在后金融危机时代，由于原材料及劳动力成本上升以及贸易保护政策和人民币汇率的影响，不确定性因素增多，外贸出口水平不稳定，从而加剧了外向型企业的经营风险。所以，即使在开放经济中，以出口为主的外向型企业也应该注意国内市场尤其是农村市场的开拓，以分散完全依赖出口的风险。以长沙市为例，家电（冰箱、空调等白色家电，含户式燃气空调）、汽车制造与工程机械是长沙市政府确定的未来三大优先发展的产业集群。家电产品在城市已接近饱和，而农村具有巨大潜力，汽车是新的消费热点，家电和汽车都是政府家电下乡活动的重点产品。洞庭湖区农业生产率较高，如2007年湖区农民人均纯收入4 511元，比全省平均水平3 904元高出607元。可见，洞庭湖区广阔的农村市场能为长株潭生产的工业产品提供有力的市场支撑。

（五）承接产业转移和对接产业分工

产业转移是当今世界经济发展的一个大趋势，是企业为扩展产品需求市场或者原材料市场而产生的生产要素跨区域流动，是实现资源优化配置以促进区域经济协调发展的重要手段之一。随着"两型"社会建设的发展，长株潭城市群将侧重发展科技含量高的技术密集型和资本密集型产业，而将部分处于低端产品市场或对土地和劳动力有较高要求的产业向腹部地区转移。另外，洞庭湖区具有通江达海的区位优势，产业基础也较好，能够较快承接长株潭城市群的产业转移。岳阳已形成石化、机械、饲料等支柱产业，常德已形成烟草加工、食品加工、机电制造、现代纺织为主的门类齐全的工业体系，益阳打造了林浆纸业、火力发电等十大产业基地。以此为基础，在未来产业布局中，长株潭三市以先进制造、高新技术产业、生产性服务业为主导产业，岳阳以石化工业为主导产业，常德以农产品深加工和制造业为主导产业，益阳以新能源工业和休闲旅游业为主导产业，经济腹地与经济中心产业之间将形成紧密的分工与合作关系，有利于促进产业聚集，提升经济质量，推进湖南新型工业化进程。

（六）提供生态环境保障

城市群经济中心以工业为主导，其发展需要有相应的环境容量。洞庭湖区作为长株潭城市群经济中心的经济腹地首先是绿色腹地和生态腹地，其形象特征就是绿水湿地。洞庭湖区内天然湖泊加四水尾闾河道共有天然水面积近600万亩，占全省水面积的39%。同时又是我国七大湿地之一，以人工湿地、河流湿地和湖泊湿地为主，其中人工湿地面积965 285公顷、湖泊湿地面积385 403公顷，分别占洞庭湖区湿地总面积的50.1%和20%。湿地与森林、海洋并称为地球上人类赖以生存并不可替代的三大生态系统，它不仅具有巨大的资源潜力，为经济中心提供食品、水和工业资源等生活生产资料，而且还具有巨大的生态功能和效益，在调节径流、蓄洪防旱、调节气候、净化污染、保护生态多样性以及碳循环等生态安全方面有着其他系统不可替代的作用。洞庭湖区作为长株潭城市群的外围结构地区，其绿水湿地就构成了其又好又快发展的重要生态环境保障，这是一种特殊的生产力。否则，就无法真正形成湖南强大的经济增长极。

三、洞庭湖区生态经济发展面临严峻挑战

洞庭湖区地势平坦、土地肥沃、气候温和、雨量充沛、物产丰富，是我国有名的鱼米之乡，素有"湖广熟、天下足"的美誉。总的来说，洞庭湖腹地的湖泊生态经济优势是水域经济、土地经济、生态农业经济、以农业资源为基础的轻纺食品经济和口岸物流贸易经济，且这些又都具有低碳经济的优势。而且这些优势能否充分发挥又直接涉及水利安全、粮食安全和生态安全的大局。但是，也必须清醒地看到，洞庭湖腹地的生态资源劣势随着三峡水库蓄水运行而逐渐显现，目前面临以下三大挑战。

（一）洞庭湖调蓄作用减弱，"长江之肾"出现枯水危机

洞庭湖古称云梦泽，长江洪水出三峡后，入云梦泽，再下汉口，由此洞庭湖对长江来水起重要的调蓄作用。然而，自三峡工程兴建并于 2003 年 6 月蓄水发电以来，历史形成的洞庭湖与长江之间旧的平衡被打破，传统的江湖关系（尤其是洞庭湖的调蓄功能）发生了新的重大变化，一个基本的事实是长江荆江段清水冲刷导致松滋口水位降低，长江入湖水量从往年的年均 3 636 亿立方米减少至 2 323 亿立方米，相对降幅高达 36%，枯季湖泊水位平均降低 15～20 米，洞庭湖由以往的水患变为水旱，出现经常性的干旱枯水危机，过去全国闻名的"水窝子"正在变成缺水的干旱地区。据湖南省水利厅提供的三口水系变化的数据，淞滋河东支沙道观从 1974 年开始出现断流，2002 年以前平均断流 150 天，而三峡工程正常运行后的 2003～2007 年平均断流骤增至 205 天；虎渡河弥陀寺由断流 2002 年前的 127 天增加到 155 天，而南闸以下一般断流时间达到 280 天以上；藕池河西支进康家岗由断流 241 天增加到近几年的平均每年 255 天，其中 2006 年断流长达 338 天，是有记载以来最长断流记录。由于断流造成枯水期延长，导致湖区干旱甚至频发旱灾，已成为这些年制约洞庭湖区经济发展的瓶颈。洞庭湖区是湖南最重要的商品粮主产区，但由于缺水干旱，南县、华容、安乡等原来水患突出的地区出现大面积灌溉困难，导致农作物改种甚至绝收。有的地方甚至要依赖人工降雨，这在洞庭湖历史上极其罕见。由于水位降低，洞庭湖原有的"水涨为湖、水落为洲"的湿地特性正在呈现逆向演化。湿地鸟类食物减少、候鸟越冬形势严峻。一些洲滩上，大量种植的欧美杨等外来物种取代了原有芦苇等地方物种，一些地方湿地正在变成"林

区"。由于洞庭湖蓄水量减少，湖水体自净能力降低，使洞庭湖区部分地区目前内河水体富营养化、干涸现象十分普遍。这不仅容易发生突发性的环境污染事件，而且增加了农村饮水不安全人数，加上现有取水设施的正常运行受到影响，目前洞庭湖区北部地区比原规划的饮水不安全人数增加了近 180 万人。

（二）洞庭湖水体富营养化明显，湖体面源污染日趋严重

洞庭湖为一典型的过水吞吐型湖泊，因泥沙淤积和历史上围湖造垸，现已分隔为东洞庭湖（1 478 平方千米）、南洞庭湖（917 平方千米）和西洞庭湖（约 345 平方千米）三大部分。由于洞庭湖蓄水量减少和传统生产方式影响，水体富营养化和干涸现象比较普遍，面源污染相当严重。目前，湖区农业主要以农业耕作及水产品养殖为主；工业已基本形成了资源开发型产业格局。洞庭湖水域具有生活饮用、航用、渔业、工业、农田灌溉、旅游、调节气候等多种功能。作为长江中游重要的"江湖吞吐器"，洞庭湖除了调、滞洪外，每年还接纳大量来自沿湖和三口四水上游的工业废水和生活污水，因此其水质富营养化状况加重，而在三峡水库运行后这种水体污染状况未见改善相反还日趋严重。据有关资料分析：其一，在工业源污染负荷方面：洞庭湖区年排工业废水约 2 亿吨，其中排放化学需氧量（COD）17 万吨，五日生化需氧量（BOD_5）3.7 万吨，悬浮物 3.7 万吨，氨氮 0.25 万吨；其二，在农业源污染负荷方面：洞庭湖区现有耕地 69.6 万公顷，农药年施用量为 1.8 万吨，化肥年施用量为 169.9 万吨，农药、化肥被农作物吸收利用的比例十分有限（氮肥利用率仅在 30%～35%，磷肥的利用率为 10%～20%），大部分随地表水进入了湖泊。另外，畜禽粪便排放造成的污染也很大，造成了洞庭湖严重的农业面源污染，已占湖泊营养物质负荷总量 60%～80%；其三，在生活源污染负荷方面：目前绝大多数县级城镇生活污水都未经任何处理，直接排放，加重了洞庭湖的污染负荷。据测算，洞庭湖及四水流域的居民每日流入洞庭湖的生活污水就多达610 136.8 吨，这些生活污水中包含了大量的氮、磷和其他营养物质，通过折纯计算，相当于每日排入洞庭湖 48.81 吨纯氮和 1.8 吨纯磷，对湖水水质构成严重威胁。[①]

（三）洞庭湖区产业结构不合理，经济发展方式比较粗放

目前洞庭湖区传统经济的格局还没有根本性的改变，传统农业仍占主体。根据《2011 年湖南省统计公报》数据分析，2011 年洞庭湖区（岳阳、常德、益阳三市和长沙市望城区）地区生产总值49 270.75亿元，占全省总量的25.07%，三次产业结构比为 15.28：52.56：32.16，其中第一产业比重高于全省 2.09 个百分点，第二产业比重高于全省 5.06 个百分点，第三产业比重低于全省 6.44 个百分点。从这里

---

① 参考《2010 洞庭湖发展论坛文集》有关文章综合整理。

要以看出，洞庭湖区传统农业占比很高，服务业落后。另外，城镇化水平也分别比全国和全省平均水平低 7.0 和 2.8 个百分点。在农业结构中，长期以传统种植业为主，林业、畜牧业、副业、渔业发展程度不高，而种植业中又以粮食作物占很大比重，产品品质优良率不高，多种经营的优势没有得到充分发挥。尽管珍珠养殖等新型水产品生产开始发展，但没有形成规模，尚不能为大规模加工提供充足的原料。而在工业结构中，尽管工业增加值占 GDP 的比重已达到 48.84%，比全省高出 7.6 个百分点，但现代化水平很低，长期以高消耗和高排放的传统化工、造纸、棉麻纺织和低端农副产品加工为主，现代化的大企业少，作坊式的小企业居多，生产方式落后，对生态环境破坏较为严重。湖区近万家农产品加工企业平均资产的规模仅30 多万元，而且技术水平落后，以作坊式加工为主体，加工和销售能力有限，市场占有率较低，导致湖区农产品商品率低，制约了农产品的加工转化增值。2011年洞庭湖区农业产值与农产品工业加工产值的比例仅为 1：09，相比发达国家 1：2 的水平差距甚大。也就是说，洞庭湖区的农业产品现在依然还是以传统的鲜货产销为主体，农产品初加工、粗加工、低加工和低附加值的状况还没有从根本上改变，农业资源优势尚未充分转化为产业经济优势，影响了农业经济效益和农民收入的提高。另外，湖区主体产业名牌产品少，缺乏市场竞争力。洞庭湖区的农产品品牌近些年有明显增加，产生了一批国家级、省部级名牌产品和驰名商标，然而总的来看，洞庭湖区的农产品品牌数量偏少，特色产品和附加值高的产品不多，尤其是缺乏全球和全国有影响力的大品牌产品，市场竞争力不强，产业带动力也比较弱。

上述三大挑战的实质是生态危机，已严重影响洞庭湖作为"调蓄之湖""生态之湖""鱼米之湖"和"腹地之湖"作用的发挥。基于此，洞庭湖区的发展方式必须进行绿色转型，彻底淘汰高消耗、高污染、高风险的粗放低端生产方式，发展"两型"产业，建立以保护湖泊生态为主导、以实现"生态安全""水利安全""粮食安全"和"效益良好"为目标的大湖生态经济产业发展模式。

四、洞庭湖生态经济发展功能定位与目标

当今世界，发展绿色经济已成为全球可持续发展的一个重要趋势。国际社会普遍认识到，发展绿色经济不仅可以节能减排，而且能够更有效地利用资源、扩大市场需求、创造新的就业，是保护环境与发展经济的重要结合点。传统石化能源的工业化（黑色工业），已给地球资源与环境造成巨大的压力和影响，人类社会的持续发展面临严峻挑战，世界需要一个绿色转型，洞庭湖区也需要绿色转型。湖区的人民要追求美好生活，定然要发展经济，也要发展工业。问题是庭湖区这块绿地上如何按照生态经济的本质要求来发展？做到既能有力保护又能有效开发。笔者认为必由之路就是实施绿色工业化战略，建立绿色经济的生产方式，推动产业的生态化、

轻型化、清洁化、高度化、智能化，走知识含量高、聚集度大、资源消耗少、对环境扰动小、对外辐射力强的绿色发展新路子就势在必行。

（一）洞庭湖生态经济发展的基本原则

绿色是植物的颜色，在中国文化的语境中有生物、生态、生命和环境保护的含义。发生在 20 世纪 60 年代的绿色革命就是指运用先进技术提高粮食产量的农业革命。如果从更广义的角度来看，绿色革命则是指在生态学与环境科学基本理论的指导下，人类适应环境，与环境协同发展、和谐共进所创造的一切文化与绿色经济活动。在这里，绿色经济（green economy）是指以效率、和谐、持续为发展目标，以生态农业、循环工业和持续服务产业为基本内容的经济结构、增长方式和社会形态（季铸，2008）。所以，绿色经济的本质是以生态平衡、经济协调发展为核心的可持续发展经济，是以维护人类生存环境、合理保护资源、能源以及有利于人体健康为特征的经济发展模式。归根结底，绿色经济是一种既保护气候、符合环境要求，又有利于降低消耗和排放，提高经济效率、促进社会发展的人与自然和谐共生的新经济形态。从产业发展的角度来看，绿色经济具体包括两个方面，一是产业绿色化，即优化产业结构与布局，提升各产业部门的绿色度，增强其绿色竞争力，实现绿色增长；二是促进绿色产业化，即提升环保产业的竞争力和规模，促进环保产业发展为举足轻重的绿色行业部门。基于绿色经济发展的内涵及其要求，洞庭湖区在生态经济发展中实施绿色工业化战略要坚持以下六大原则。

1. 生态平衡原则。生态经济是"自然—经济—社会"的复合生态系统，即包括物质代谢关系、能量转换关系及信息反馈关系，又包括结构、功能和过程的关系，具有生产、生活、供给、控制和缓冲功能。所以，生态经济包括客观的自然环境和主观的人为活动两大结构的相互结合、相互适应和相互均衡及其优化。基于此，实施绿色工业化战略应以可持续发展观为指导，以自然生态规律为基础，通过政府主导和市场导向，在人为的经济活动中，推动和保障社会产业活动各个环节的绿色化，实现经济、社会和环境的一体化发展，以确保生态系统的平衡。

2. 生态价值原则。生态经济将环境资源的保护和合理利用作为其经济系统运行的重要组成部分，在生产、流通和消费各个领域尽可能减少对自然环境的影响和破坏，并将自然环境代价与生产收益一并作为产业经济核算的依据，确认经济发展过程中自然环境的价值。事实上，经济的发展与环境资源的消耗是并行的，在量化经济发展的各项收益指标时，环境消耗价值理应据实计算并从中扣除。此外，生态环保产业是举足轻重的绿色行业部门，也直接创造国民生产总值。

3. 生态公平原则。公平性是可持续发展的重要特性。追求经济利益最大化，不断提高人类的生活质量，是经济和社会发展的基本目标。但不能以自然资源系统遭受严重破坏和污染为代价，更不能将子孙后代或全人类的环境资源用以满足少部分当代人或少数区域人的物质利益需求，忽略后代人或其他欠发达区域人的生存需要，这是极端不公平的。生态经济发展方式通过自然资源的可持续利用，最大限度地提高自然环境的利用率和再生能力，并全面兼顾当代人和后代人的代际利益平衡和当代人之间的区域利益平衡。

4. 生态融合原则。生态融合是在生态平衡即经济、社会和环境的一体化的基础上进行产业的生态设计，将生态环境因素纳入产品设计中，帮助确定设计的决策方向。生态设计要求在产品开发的所有阶段均考虑生态环境因素，从产品的整个生命周期减少对生态环境的影响，最终引导产生一个更可持续的生产和消费系统。生态设计是一种源头控制途径，既从保护生态环境角度减少资源消耗、实施可持续发展，又从商业角度考虑，降低成本、减少潜在的责任风险，提高竞争能力。同时生态设计还打通了各产业的界限，以生态经济为平台实现产业间的融合，形成绿色工业化的产业链。

5. 生态替代原则。一般来说自然资源在人类的时间尺度上是不可再生的，一些可再生的资源超过自身种群繁殖的下限后也会逐渐枯竭。因此，在人类的经济发展中，自然资源永远是制约因素。但相对于自然资源，人的智力是取之不尽用之不竭、具有无限创造力的资源，有着可以无限开发的潜力。如 20 世纪 90 年代以来的信息技术革命以及由此带动的以高新科技产业，就具备了使自然资源在消耗减少的同时实现经济持续快速发展的可能性。因此，立足于知识和科技创新，用智力资源"替代"自然资源，使经济发展与资源恶性消耗、环境污染脱钩就是绿色工业化的一个重要原则。

6. 生态促进原则。以生态保护政策为先导，以生态环境价值为杠杆，推动产业优胜劣汰，促进工业社会生产方式的巨大变革：一是生产领域中，建立以提高自然资源的利用率、消除或减少环境污染为中心的可持续发展生产方式，明确生产者的环境保护责任；二是在流通领域内实行附加环境保护义务的自由贸易，控制和禁止污染源的转移；三是转变消费观念，引导和推动绿色消费。这一系列的制度性变革，必然促进传统工业社会向绿色工业社会的回归，依据自然生态规律，建立起由不同生态系统构成的绿色工业化系统。

（二）洞庭湖生态经济发展的功能定位

基于生态经济的本质要求，洞庭湖区产业发展要以充分发挥湖泊生态经济总体优势为主轴，实现"六个结合"，建设"六大功能区"：一是与"两型"社会建设相结合，建成湖南乃至我国中部的生态屏障区，提高对地理环境污染的生物自净力和容纳力；二是与新型工业化发展相结合，建成低碳化消费品工业的产业集群区，提高湖泊生态资源的加工利用力和节约力；三是与新型城市化发展相结合，建成长株潭城市群经济中心的腹地依托区，提高洞庭湖区对经济中心的腹地支撑力和承载力；四是与中部崛起战略相结合，建成长江中游大都市群的延绵调节区，提高对"中三角"城市群的产业融合力和承接力；五是与新时期湖区治理相结合，建成世界级最具特色的湿地经济区，提高对湿地资源的绿色开发力和保护力；六是与现代农业发展相结合，建成国家级现代农业示范区，提高粮食安全的生产保障力和农民收益创造力。上述"六个功能区"定位在世界经济呈现出绿色发展的大趋势下，综合起来就形成了洞庭湖生态经济区的主题战略：洞庭湖生态经济区绿色工业化。

（三）洞庭湖区绿色工业化战略的内涵与目标

所谓绿色工业化是指绿色经济的生产方式，不能将其狭义理解为绿色工业制造。国际经济学界对工业化曾采取了比较狭隘的观点，认为工业化所着重的是制造工业及"次级"生产的增加，农业的发展及其在工业化中的重要作用被忽视，这在理论和实践中都造成了极大的危害。到20世纪40年代，我国经济学家张培刚教授把工业化定义为"一系列基要生产函数连续发生变化的过程"，并提出"工业化的概念是很广泛的，包括农业及工业两方面生产的现代化和机械化"（张培刚，1949）。可见，工业化有广义和狭义之分。张培刚教授提出的是广义工业化，它不是仅指工业制造成业，而是指现代大生产方式及其过程。广义工业化更能说明工业及其工业社会的本质。本书在这里提出的绿色工业化战略思路是一种广义工业化，它相对于传统工业化有两个重大突破：一是绿色经济，即全面脱离以化石能源为主导的高碳工业化，在生态学与环境科学基本理论的指导下，人类适应环境并与环境协同发展，以效率、和谐、持续为发展目标，以资源节约、环境友好的"两型"产业为基本内容的低碳经济结构、增长方式和社会发展形态。二是工业化方式，即从大生产方式和过程上来认识工业化，推进产业间的融合与整合，提高产业分工和协作的水平，组织规模化、专业化、集约化生产，实现产业经济结构的高度化和现代化，并进一步创造条件发展以能源互联网（智能电网）与可再生能源相融合为主导的"后碳时代"第三次工业革命生产方式。

综上所述，洞庭湖区绿色工业化是生态经济的产业表达，是指绿色生产方式，其产业内容包括绿色制造业、绿色农业和绿色服务业。根据这个内涵，绿色工业化的战略构思就是贯彻"生态平衡、生态价值、生态公平、生态融合、生态替代、生态促进"原则，将洞庭湖区的产业活动与生态环境协同融合，实现"资源—产品—再生资源"的循环发展，走知识含量高、聚集度大、资源消耗少、对环境扰动小、对外辐射力强的绿色低碳发展路子。由此可以看出，绿色工业化是洞庭湖区生态文明建设的重要抓手，是涉及生产方式和生活方式根本性变革的战略任务。基于这个认识，我们认为洞庭湖区绿色工业化的发展路径应该着力于推进绿色发展、循环发展、低碳发展，力争到2020年实现以下五大战略目标。

1. 产业生态化。以现代科学技术为依托，运用生态规律、经济规律和系统工程方法，在自然系统承载能力内，对特定地域空间内产业系统、自然系统与社会系统之间进行耦合优化，达到充分利用资源，消除环境破坏，协调自然、社会与经济的持续发展的一种产业综合发展模式。由此可以认为，产业生态化的核心问题是产业系统内的企业之间能够进行物质传递和循环，以实现其社会和经济效益最大、资源高效利用、生态环境损害最小和废弃物的多层次利用。洞庭湖区实现产业生态化最首要的目标是改变现有土地利用的思维模式，以复合生态系统平衡的视角，改革现有的产业流程，在生产中大力推广节约资源、环境负面影响小、经济效益高的技术，不断探索既有利于保护环境又能提高企业效益的经营管理模式，淘汰那些设备陈旧、高物耗、高能耗、污染严重的产业部门和环境负效应严重的产品，加快创建具有"环境标志"的绿色产品制度，建立涵盖第一、第二、第三产业各个领域的"大绿色产业"。其目标是到 2020 年洞庭湖区万元 GDP 综合能耗下降 25%，工业固体废弃物综合利用率达到 95%，污水处理率达到 100%，单位工业增加值用水量降低 40%。扣除环境污染、自然资源退化、管理不善等因素引起的经济损失成本后的绿色 GDP 占现行统计 GDP 的比重由 60% 左右提高到 85% 以上。

2. 产业轻型化。根据资源节约和环境友好的原则，在产业的设计、开发、生产上达到产品体积轻便、生产过程轻洁、消耗排污轻度和产业结构轻型的要求。归纳起来看，包括物理轻型和管理轻型两个方面。物理轻型是指在生产经营中通过优化产品设计，选用轻型材料和能源，在保证产品功能的前提下减少产品的体积体重，以直接降低原材料和能源的消耗和废弃物的排放；管理轻型则是通过管理体制和管理方法的改进，提高生产和工作效率，实现产业结构轻型化（如低消耗低排放的现代服务业和高新技术产业比重提高等），相对减少资源消耗和废弃物排放。洞庭湖区产业轻型化应从三个方面突破：其一是投入轻型化，重点是调整能源投入结构，减少传统煤电和油电能源的消耗，充分利用湖区生物资源和矿物资源，发展分布式的生物质能、太阳能和页岩气，建立冷热电三联供系统，到 2020 年洞庭湖区轻型新能源的消费率提高到 70% 以上，同时在满足产品高强度、高刚度、高硬度、耐高温、耐磨、耐蚀、抗辐照等性能要求的前提下大力使用新材料（如有机高分子材料、先进复合材料和无机非金属材料等）；其二是生产轻型化，通过科学管理和调度，在湖区全面推广清洁生产，做到在生产过程中，节约原材料与能源，淘汰有毒原材料，减降所有废弃物的数量与毒性，进而对产品减少从原材料提炼到产品最终处置的全生命周期的不利影响，同时还要将环境因素纳入设计与所提供的服务中。力争到 2020 年洞庭湖区 90% 以上工商企业的生产经营基本实现废物减量化、资源化和无害化；其三是产出轻型化，总的要求是优化产品设计，改进产品性能结构，从物理上解决产品"重、厚、长、大"的问题，提高产品的技术和知识含量，从根源上降低消耗和排污。

3. 产业高度化。也称产业结构高级化，指一国或地区产业结构重心由第一产业向第二产业和第三产业逐次转移的过程，是经济发展水平高低和发展阶段、方向的标志。产业结构高度化具体反映在各产业部门之间产值、就业人员、国民收入比例变动的过程上。产业结构高度化以产业结构合理化为基础，使结构效益不断提高，这主要包括由第一产业占优势向第二和第三产业占优势演进，由劳动密集型产业占优势向资金密集型和技术知识密集型占优势演进，由初级产品产业占优势向中高端产品产业占优势演进，由低加工度和低附加值占优势向深加工度和高附加值占优势演进。在这里，合理化和高度化是构成产业结构优化的两个基点。洞庭湖区发展绿色工业化必须彻底改变目前粗放式的生产方式，一方面主攻消费品工业和精细化工产业的高端制造，集中发展高新技术新兴产业；另一方面下大决心以大手笔发展现代服务产业，特别是应把旅游业和物流业重点培植打造成战略性支柱产业。到2015年洞庭湖区三次产业结构比达到10∶55∶35，农产品加工值与农业产值比值达到2∶1，战略性新兴产业占比达到40%以上；到2020年以上三大指标再分别提升到"5∶50∶45""2.5∶1"和"55%"以上。

4. 产业集约化。集约是相对粗放而言的，是以效益（社会效益和经济效益）为根本，立足于技术和制度的创新，对生产和经营要素重组，实现规模化、集群化和智能化经营，以最小成本获得最大回报。由此，产业集约化要求在产品质量上把质量经营放在重要位置上，在资产质量、负债质量、管理质量、服务质量等方面上档次；在企业规模上要求生产要素相对集中，实现集团化和规模化；在技术创新上要求不断提高产品科技含量，特别要加快实现生产经营手段电子信息化；在人力资本上要求建立优胜劣汰的用人机制，启用优秀人才参与日益激烈的市场竞争。总之，产业集约化是实现洞庭湖区绿色工业化的重要产业组织形式和核心目标。因此，到2020年洞庭湖区每个县区应建好一个年产值100亿元以上的产业园区、3~5个年产值10亿元左右的大企业、10~15个国家级和省级著名品牌；整个洞庭湖区打造2~3个千亿级的产业集群，科技进步贡献率达到60%以上。

5. 产业国际化。指产业的发展面向国际市场，产品设计和制造适应世界不同区域要求的一种生产营运方式，是有意识的追逐国际市场的行为体现。作为产业国际化战略，则是指企业在国际化经营过程中的发展规划，是企业为了把公司的成长纳入国际化轨道，不断增强企业的竞争实力和环境适应性而制定的一系列决策的总称。洞庭湖区发展绿色工业化是在全球化和信息化条件下进行的，势必要扩大国际开放，走向国际市场，提高产品进出口水平。其目标是到2020年湖区每个县区利用外资5 000万美元以上的企业至少达到10个以上、年出口创汇1亿美元左右，主体产业和产品的技术水平和品质水平达到国际先进水平。

五、洞庭湖区绿色工业化产业体系构建

现代产业体系是指现代元素比较显著的产业构成，通常指第一、第二与第三产

业的构成。不同区域由于经济发展水平及资源禀赋不同且现代产业体系便有不同特征。洞庭湖作为湖泊生态区，绿色工业化作为现代大生方式，是该区生态经济发展的产业发展战略定位。其现代产业体系的显著特点是低碳化的"两型"产业，由生态化工业、工业化农业、低碳化服务业构成。并在此基础上创造条件实现产业的"去碳化"，进一步过渡到以可再生能源与智能电网相融合为主导的"后碳时代"第三次工业革命的新经济模式。

（一）洞庭湖生态经济区生态化工业

全面脱离以化石能源为主导的高碳工业化，依据生态经济学原理，以节约资源、清洁生产和废弃物多层次循环利用等为特征，以现代科学技术为依托，运用自然生态有机循环原理将不同的工业企业、不同类别的产业形成类似于自然生态链的关系。循环利用资源、减少废物产生、减少环境破坏、提高经济发展规模和质量的一种综合工业发展模式。其关键是工业生产结构的生态化，即通过法律、行政、经济等手段，把工业系统的结构规划成"资源生产""加工生产""还原生产"三大工业部分构成的工业生态链。在这里，资源生产部门是生态系统的初级生产者，主要承担不可更新资源、可更新资源的生产和永续资源的开发利用，并以可更新的永续资源逐渐取代不可更新资源为目标，为工业生产提供初级原料和能源。这里最为关键的是要充分利用生物资源大力发展以可再生能源，从动力源头彻底改变传统工业化的生产方式。对于洞庭湖区来说，轻工原材料、新材料和生物质能源的生产是重点；加工生产部门相当于生态系统的消费者，实现生产过程无浪费、无污染的目标，将资源生产部门提供的初级资源加工转换成满足人类生产生活需要的工业品。因此，农副产品的精深加工是其核心；还原生产部门则将各副产品再资源化，或进行无害化处理，或转化为新的工业品。总之，生态化工业的目的是通过模拟自然系统建立工业系统中的"生产者—消费者—分解者"的循环途径，建立互利共生的工业生态网，利用废物交换、循环利用和清洁生产等手段，实现物质的闭路循环利用和能量多级开发，达到物质和能量的最大利用以及对外废物的零排放。

综上所述，打造洞庭湖区工业生态链的核心是对湖泊生态资源进行工业加工的深度利用，发展低能耗、低排放、高就业、高效率的"两型"制造业。其一是发展绿色消费品工业。要发挥农业生态资源的优势，发展食品工业、纺织服装、医药生物、饲料加工等低能耗低排放的消费品工业，实现工业同农业的产业融合，延长农业的产业链条，扩大工业的生产领域，促进湖区农业剩余劳动力就地向工业领域转化就业。这里特别要充分发挥金键米业、隆平高科、正虹科技、巴陵油脂、常德卷烟和泰格林纸等消费品工业龙头企业的作用，与专业化农林生产基地相联结，构建农林产品工业精深加工产业链，重点把岳阳粮油调味品茶加工产业打造成过千亿元的超级产业，带动洞庭湖区域特色消费品工业产业的大发展、好发展、快发展，形成全国最大的绿色农林产品工业精深加工基地，促进湖南工业结构由偏重化向轻重化协调转化。其二是发展可再生能源产业。要充分利用湖区农业生产过程中的废弃物如农作物收获时残留在农田内的农作物秸秆（玉米秸、高粱秸、麦秸、稻草、豆秸和棉秆等）、农业加工业的废弃物如剩余的稻壳、果壳和果核等、木材废弃物包括薪炭林、在森林抚育和间伐作业中的零散木材、残留的树枝、树叶和木屑以及动物粪便等生物质，以生产气态燃料、液态燃料和化学物质，大力发展生物质能、太阳能等可再生能源产业，建设洞庭湖区分布式能源系统。其三是发展信息化装备制造产业。要与长株潭城市群的机械装备工业和电子信息工业配套与协作，以岳阳经济开发区、常德经济开发区、益阳经济开发区三个国家级工业产业园为主体，着力发展绿色低碳的汽车和工程机械配件、能源装备制造业、农机装备制造、船舶制造产业和新材料产业，培育发展电子计算机、光电观测仪器、网络八息器材制造业等光电设备制造产业，实现产业区域分工与融合集群，打造一批超百亿上千亿元的产业链群。这里应要高度重视益阳沅江太阳鸟游艇、岳阳湘阴可持续建筑、常德灌溪汽车起重机及液压油缸等三大特色装备产业生产基地的建设。特别是湘阴要充分发挥近挨长沙的经济地理优势，加快对接远大集团、中联重工、中铁重工、富士电梯等大企业、大项目，尤其是要建设好远大低碳科技园，集中力量建设好插接式斜支撑新型钢结构可持续建筑生产基地，形成年产值 300 亿元以上的绿色工业园。其四是发展湖南长江沿岸大容量工业。要合理运用洞庭湖区域环境容量大的优势，充分发挥岳阳 163 公里湖南长江岸线大港口、大腹地、大环境承载力的优势，着力发展"低碳化、智能化、循环化"的大精细化工、大装备制造、大消费品工业，要重点以长岭炼油、巴陵石化等现代大企业为牵引，建设湖南绿色精细化工产业基地，发展非乙烯石油化工、化工新材料和特种化学品三大特色产业，形成碳三（丙烷）、碳四（丁烷）、芳香烃、催化剂及助剂、特种化学品和化工新材料六条产业链，力争"十二五"期间在岳阳打造湖南省超千亿级的绿色精细化工产业集群。同时发挥芦苇资源丰富的优势，实施林纸一体化项目和节能减排技改项目，力争在木材、芦苇、废纸等资源的循环利用、废弃物的综合利用及能耗、环保治理水平和产品市场地位上处于国内领先地位，达到国际先进水平。其五是发展城市矿产和再制造产业。"城市矿产"是指工业化和城镇化过程中产生和蕴藏于废旧机电设备、电线电缆、通信工具、汽车、家电、电子产品、金属和塑料包装物以及废料中，可循环利用的钢铁、有色金属、贵金属、塑料、橡胶等资源。其利用量相当于原生矿产资源。开展"城市矿产"示范基地建设是缓解资源瓶颈约束，减轻环境污染的有效途径，也是洞庭湖区发展生态化工业、培育战略性新兴产业的重要内容。要重点办好汨罗国家级"城市矿产"示范基地，积极创新回收方式，通过自建网络或利用社会回收平台，形成覆盖面广、效率高、参与广泛的专业回收网络，在此基础上着力进行资源化深度加工，形成分拣、拆解、加工、资源化利用和无害化处理等完整的产业链条，打造再生铜、铝、钢、塑、橡胶 5 大产业加工集群，力争工业加工量在 5 年左右突破 100 万吨、产值过 1 000 亿元。并在此基础上创造条件向工业再制造提升，采用专门的工艺和技术，对废旧的机器设备等产品实施高技术修复和改造，形式一种可持续的生产和消费模式。

（二）洞庭湖生态经济区工业化农业

洞庭湖区是我国粮食和大宗农产品主产区、发展工业化农业是指生态工业化大生产方式在农业产业中的延伸，即运用生态工业化生产方式（含经营方式和管理模式）来谋划农业产业发展，在农业生产过程（产前—产中—产后）中推动一系列基要生产函数连续高度化的演进，实现农业与工业的高级形态的产业整合，实现农业生产过程的工业化、农业生产结果的工业化和农业产业经营管理的现代化，最终形成工业化的新型现代农业生产方式，真正达到增值增业、工农融合、城乡一体的目标。这里必须郑重指出，农业工业化中所讲的工业化，不能与工业制造业直接等同，其内涵是指现代工业化生产方式如生态化、专业化、规模化、标准化、集约化、精细化和信息化等。所以，农业工业化绝不是以传统高投入、高能耗、高排放的工业生产模式来改造农业，搞破坏生物多样性及生态环境的化学农业和单一农业。而是运用现代生态工业化生产方式来改造传统农业。形成低碳化、专业化、规模化、标准化、集约化、精细化和信息化的现代大农业生产方式。

基于此，洞庭湖区工业化农业应根据生物多样性以及消费者需求多元性，发展节水、节土、节能和减排、去污、无毒且安全性高的生态化大农业。一是建设专业化基地农业。围绕龙头企业和市场建立的连接众多农户而形成的某种主导产业的专业区域和组织形式，核心是生产专业化，即按照农产品的不同种类、生产过程的不同环节，在地区之间或农业企业之间进行分工协作，向专门化、集中化、基地化方向发展的过程。抓住"三大重点"：即建设国家级大型商品粮生产基地，实施基地县超级稻等优质粮食产业工程；重点抓好生猪、柑橘、草食动物、淡水产品等优势农产品产业带建设，发展壮大粮油棉麻、肉奶水产、果蔬茶、竹木林纸四大产业链，建立完整的生产加工、储藏运输、市场营销的产业体系；重点培育产业化龙头企业，围绕农产品加工增值，培育农产品加工大县和农产品加工园区，着力扶持辐射范围广、带动能力强、有竞争实力的优质农产品加工龙头企业，力争农产品加工转化率达到80%。二是建设标准化品牌农业。运用"统一、简化、协调、优选"原则，把先进的技术和成熟的经验组装成农业标准，并通过标准的制定和实施，对农业产前、产中、产后各个环节进行标准化生产和标准化管理，科学使用农业生产资料，节水、节肥、节约、节地，使农产品和农业制成品达到优质、高产、高效、安全的目标，在此基础上形成向消费者传递产品信息以及生产经营者信誉的独特的品牌标记。所以，推进农业标准化，推出品牌产品，打造名牌产品，对于洞庭湖区发展农业工业化，建设现代农业具有十分重要的意义。目前，洞庭湖区标准化品牌农业已有一定基础，但总体水平仍不高。按照农业工业化的要求，今后总的发展目标应围绕创建无公害农产品、绿色食品生产基地开展标准化品牌农业的生产，力争在 2020 年前湖区优势农产品和特色农产品生产标准化率达到 95% 以上；示范基地标准入户率达到 100%，地市级龙头企业全部实现标准化生产。同时，注重树立品牌意识，加快农产品商标的注册和绿色产品的申报，强力发展品牌农业，不断推出市场前景好、经济效益高的农产品。三是建设工厂化制成品农业。以高科技农业生产方式为基础，以农产品工厂化生产和精深加工为核心，以需求创造为手段，以提高农产品的科技含量和附加值为目的，实现农产品和农业制成品的产供销各个优势环节跨区域的发展，形成有市场竞争力的新型产业。在这里，工厂化制成品农业最显著的内在性特征是工业化的设施装备，工厂化制成品农业的设施装备体现了现代工业技术或产品的集成，使农业生产有了固定的生产车间（温室）、产成品加工车间、生产设施和工具装备，每个生产单元都有生产计划、生产工艺、生产和产品技术标准，按工业化作业流程组织生产，而且在单个生产企业内部有产、供、销系统和独立的成本核算制度。总之，工厂化的农业生产方式通过可控条件和低碳化的工业手段，使农业产品和农业制成品实现工厂化连续作业和常年生产，以满足消费者的多元化和高质化的需求，并促使农民增加就业增加收入，进而提高整个社会生活水平。这些年，洞庭湖区工厂化制成品农业的发展虽然取得了初步成就，但总体上还处于一般性农产品加工的低水平阶段，设施农业仅仅是零星发展，尚未真正达到工厂化批量生产程度，尤其是定制式的工厂化农业制成品生产尚未起步，在生产过程的科学化管理方面，与发达国家和地区的现代农业相比，还有不小的距离。因此，需要大力推进工厂化制成品农业的进程。总的思路是：从洞庭湖区实际出发，建设优势产业带，围绕优势产业带发展设施农业和农产品精深加工，建设好六大制成品农业产业链，即粮食制成品产业链、生猪肉食制成品产业链、食用油制成品产业链、畜禽水产制成品与乳制品产业链、蔬菜茶果制成品产业链、竹木林纸制成品产业链，重点打造米制品、油制品、肉制成品三大产业集群；同时，在城市群周边地区重点发展以蔬菜、水果和花卉为主体的设施农业。四是发展现代创意农业。创意农业起源于 20 世纪 90 年代后期，由于农业技术的创新发展，以及农业功能的拓展，观光农业、休闲农业、精致农业和生态农业相继发展起来，于是人们借助创意产业的思维逻辑和发展理念，利用农村的生产、生活、生态资源，发挥创意、创新构思，有效地将科技和人文要素融入农业生产，研发设计出具有独特性的创意农产品或活动，以提升现代农业的价值与产值，进一步拓展农业功能，创造出新的、优质的农产品和农村消费市场与旅游市场。创意农业是"无边界产业"，要求第一、第二、第三产业的融合发展，绝非传统农业的单一生产功能，它以技术创新和文化创意作为两大驱动"引擎"，实现城乡之间互动互融，以自然农业生态为依托，以高效的农业生产为基础，以提高人居生活品质为依归。参考发达国家的经验，洞庭湖的创意农业价值应主要采取城乡互融互动的手段，实现消费市场和生产者之间的有效对接，通过对城市消费市场的培育以及对农业生产文化、农居生活与乡村自然环境的综合塑造，使创意农业的新业态和创意农产品直接转化为市场效益。此外，农业品牌本身是具有文化意义的标志，创意农业可以借助"地理标志产品"以及农产品著名品牌、商标等不断扩展市场基础。

（三）洞庭湖生态经济区低碳化服务业

服务产品是一种劳务性的生产经营活动，与其他产业产品相比，它具有非实物性、不可储存性和生产与消费同时性等特征。低碳化服务的本质上是绿色服务，是有利于保护生态环境，节约资源和能源的、无污、无害、无毒的、有益于人类健康的服务。它要求根据可持续发展战略目标，足于现代技术创新与进步，充分考虑自然环境的保护和人类的身心健康，从服务流程的服务设计、服务耗材、服务产品、服务营销、服务消费等各个环节着手节约资源和能源、防污、降排和减污，实现服务业的低碳化、信息化、品牌化、集聚化，形成以专业服务为重要特征的绿色服务产业集群，以达到经济效益和环保效益的有机统一。这种低碳化的现代服务业是适应"两型"社会建设和现代人及现代城市发展的需求，而产生和发展起来的具有高技术含量和高文化含量的服务业。主要有基础服务（包括通信服务和信息服务）、生产和市场服务（包括金融、物流、批发、电子商务、农业支撑服务以及中介和咨询等专业服务）、个人消费服务（包括教育、医疗保健、住宿、餐饮、文化娱乐、旅游、房地产、商品零售等）和公共服务（包括政府的公共管理服务、基础教育、公共卫生、医疗以及公益性信息服务等）四大类。在后金融危机时代，现代服务产业为适应全球经济结构的调整升级，正呈现出生态化、信息化、产业化和都市区化的发展趋势。

洞庭湖通江达海，交通便捷，水碧云天，风光秀美，湿地资源丰富，生物类别多样。而且历史悠久、文化厚重，发展服务业的空间广阔，潜力巨大。其重点，一是高标准发展绿色湖光人文旅游业。旅游业是以旅游资源为凭借、以旅游设施为条件，向旅游者提供旅行游览服务的行业，是"两型"的无烟工业和无形贸易。旅游产业具有多样性和分散性，它不是一个单一产业，而是一个产业群，由交通、游览、住宿、餐饮、购物、文娱六个环节的产业活动组成。其中游览观光业、交通客运业和餐饮住宿业是旅游产业的三大支柱。随着经济社会的发展和进步，旅游业的发展能够满足人们日益增长的享受型和发展型消费需求，使人们在体力上和精神上得到休息，改善健康情况，开阔眼界，增长知识，推动社会生产的发展。特别是能直接、间接地促进国民经济有关部门的发展，已成为我国资源消耗低、带动系数大、就业机会多、综合效益好的战略性绿色支柱产业。洞庭湖绿色工业化应以旅游业为主导产业，其重中之重是加快湖泊旅游精品化建设：（1）以国家5A级旅游景区岳阳楼—君山岛景区为基础，打造集名山、名水、名地、名楼、名人于一体的文化生态旅游品牌；（2）以岳阳南湖和常德柳叶湖、花岩溪、清水湖，益阳的皇家湖、胭脂湖等为核心的具有国际化水平的洞庭湖旅游度假区品牌；（3）以世界级优质湿地公园资源为依托，完善湿地保护区旅游设施建设，打造国际级的洞庭湖湿地水上自然风光旅游品牌；（4）以历史文化古迹为亮点，打造由大头矶、三江口、岳阳楼、慈氏塔等十处国家级文物组成的洞庭湖水上历史文化景观带品牌；（5）以洞庭湖渔船集中聚居为契机，打造洞庭湖渔民生活体验及湖鲜美食品尝的洞庭渔村体验旅游品牌；（6）以开国元勋任弼时故居及纪念馆、澧县以城头山古城文化遗址、岳阳县屈原故宅和张谷英民俗村等为代表，打造洞庭湖人文历史景观旅游品牌；（7）以望城水乡名镇和商业古镇群为代表，成立"世界休闲农业与乡村旅游城市联盟"，打造湖区休闲农业和乡村旅游品牌。二是高起点发展绿色湖泊交通运输。运输是人和物借助交通工具的载运，产生有目的的空间位移，实现合理的配置。交通运输是经济发展的基本需要和先决条件，社会经济的基础设施和重要纽带，现代社会的生存基础和文明标志，是现代工业的先驱和国民经济的先行部门，对促进社会分工、大工业发展和规模经济的形成，扩大国际经贸合作和人员往来具有重要作用。现代化的交通运输方式主要有铁路运输、公路运输、水路运输、航空运输和管道运输。五种运输方式在技术上、经济上各有长短，都有其适宜的使用范围。特别是近年来，江河水运作为低碳化的"两型"交通运输方式，以其独特优势越来越受到人们的重视。洞庭湖水系众多，湖区水网密布，航道纵横交错，是我国内河航运较发达的地区之一。因此，洞庭湖区发展绿色湖泊交通运输具有条件和优势。当务之急是要加快建设环湖高速公路、湖区港口码头、城陵矶综合枢纽，全面疏浚湖区航道，建成以水运为主体、以岳阳和长沙港口为中心枢纽、以其他沿湖港口为节点、以标准化、专业化、大型化船舶为载体，并与其他运输方式无缝衔接的洞庭湖绿色交通运输体系，并最终形成联结湘、资、沅、澧四水并能贯通长江入海的洞庭湖大宗物流综合体系，促进洞庭湖区生态经济又好又快地大发展。三是高层次发展绿色湖泊口岸贸易。口岸贸易的原意是指由国家指定的对外通商的沿海港口商埠。目前，口岸已不仅仅只是经济贸易往来，还包括政治、外交、科技、文化、旅游等方面的往来港口；而且口岸也不仅仅指设在沿海的港口，随着陆、空交通运输的发展，对外贸易的货物、进出境人员及其行李物品可以通过铁路和航空直达一国腹地。因此现代的口岸也包括货物和人员出入境的车站、机场和通道。目前我国对外开放由沿海地区向内地纵深发展，洞庭湖已成为湖南加快发展开放经济、提高对外开放水平的重要通商港口。因此，口岸贸易已成为洞庭湖服务产业发展新的增长点。从发展口岸贸易的要求来看，要下功夫高品位地建设岳阳港口及物流商贸设施，特别是重点建设面积在20万平方米以上的城陵矶临港综合保税区，集保税区、出口加工区、保税物流区、港口的功能于一体，大力发展国际中转、配送、采购、转口贸易和出口加工业务，形成全省大宗产品进出入境的物流和商流集散交汇区。

六、洞庭湖区绿色工业化发展政策建议

绿色工业化是生态文明建设的一种产业文明新形态，其生产经营过程要求运用生态学规律和市场经济规律来进行。因此，绿色工业化不是一种纯商业活动，是社会生态效益主导下的具有一定公共品性质的经济活动，这对于担负生产经营的微观经济主体来说企业经济效益与社会生态效益二者是缺一不可，而且企业经济效益必须建立在社会生态效益的基础之上，具有很大的正外部性。所以，绿色工业化不可能完全由市场来主导，需要有强有力的政府引导及其保障。当然，政府对绿色工业化的引导和保障最终又必须符合经济规律的客观要求。基于此，对洞庭湖区绿色工业化的实施特提出以下对策建议。

（一）制定洞庭湖区绿色工业化战略的发展规划，强化政策导向

规划是对洞庭湖区绿色工业化未来整体性、长期性、基本性问题的调查、考量和设计的整套行动方案，以集中解决好三个问题：一是科学组织市场调查预测，掌握产业发展的未来变化趋势，规划洞庭湖区市县区的产业结构、产业规模、产业布局等，分类选择和实施具有支撑和带动作用和重大产业项目，以解决市场不确定性问题；二是分析区域要素禀赋差异，合理进行洞庭湖区域内不同地区产业发展的空间定位，突出优势，抓好重点，分工协作，以解决区域内同构性的低端恶性竞争问题；三是根据功能分区制订准入政策，按照洞庭湖生态系统与经济地域的内在联系，划分湖体核心区、湖滨保护带、限制发展区、集约发展区，并针对各功能区性质统一制订产业进入政策，其核心是严控"两高一资"项目，扶植发展低碳环保产业，以解决产业发展与生态保护相冲突的问题；四是实施绿色评价制度，将生产经营中的资源消耗、环境损失和生态效益纳入绿色工业化发展的评价体系，以考核绿色GTP为重要抓手，推进产业与生态的深度融合，监督规划的全面实施；五是强化规划实施的组织领导，由湖南省政府成立创建洞庭湖国家级绿色工业化生态经济区领导小组，由一位副省长持帅，省级相关职能部门参加，专门负责洞庭湖区经济社会发展的战略指导和统筹规划，出台相应的政策，协调解决发展中的重大问题。

（二）构建洞庭湖区绿色工业化产业园区发展体制，力促产业集群

产业园区是产业集聚集群发展以获取规模经济、协作经济和专业经济效益的载体。构建洞庭湖产业园区体制的目标是实现产业高新化、集群化、融合化、生态化

和园区功能综合化。首先是全面建设。目前洞庭湖区已有省级以上产业园区 19 个，其中国家级产业园区 3 个。但尚有华容、岳阳、安乡、桃源、津市 5 县市没有省级产业园，应抓紧申报建成省级产业园区，促进湖区产业进园区集聚发展，以彻底解决以往县域产业分散布局的问题；其次是合理定位。洞庭湖区产业园区应发挥湖泊生态资源优势，集中发展食品工业、纺织服装、生物医药、精细化工、电子工业和竹木林纸等产业，要优化园区土地利用结构，提升园区土地集约化程度，着力提高开发水平；最后是强化创新。出台增加科技创新的物力、人力、财力投入的政策，构筑园区公共服务平台和中介组织体系，鼓励科研院所、高等学校的科技力量参与企业技术改造和技术开发；鼓励优势企业、重点企业、品牌企业在园区以资金、技术、管理和信息聚集中小企业，分工配套协作，打造产业链，建设"配套组合式"的产业集群园区。

（三）变革大量生产、大量消费、大量废弃的模式，实现循环发展

洞庭湖区绿色工业化本质上是资源节约、环境友好的经济，其生产经营过程要按照自然生态系统物质循环和能量流动规律，建立"减量化、再利用、资源化"的循环经济模式。基于此，应制定和出台循环发展的政策措施，推广汨罗循环经济的模式，全面完善湖区减排工程，严格整治湖区污染产业和企业，在洞庭湖区建立"企业—园区—社会"一体的循环发展体制和资源循环利用的工艺体系，尤其要依据产业共生的原理重点发展产业生产链式的循环经济。这里，企业内（包括农户、生产基地等经济实体）小循环主要是构建清洁生产体系，将整体预防的环境战略持续应用于生产过程、产品和服务中，开发节能技术，不用或少用有毒有害原料和中间产品，并以生态环境为主导因素来组织产品的制造过程以及使用之后的回收利用；园区内的中循环是在产业内外的纵向、横向上建立企业间能流、物流的集成和资源的循环利用，重点在废物交换、资源综合利用，实现园区内生产的污染物低排放甚至"零排放"，建立以二次资源的再利用和再循环为重要组成部分的循环经济产业体系；区域性社会大循环以整个社会的物质循环为着眼点，建立激励绿色生产和绿色消费的政策体系，积极支持生物质能等新能源产业发展，促进对生产生活废弃物的回收利用和无害化处理，构筑物质能量大循环的社会体系。

（四）设立洞庭湖区绿色工业化基础设施产业基金，创造发展条件

针对后三峡时代洞庭湖区面临的新矛盾，发展绿色工业化的首要问题是要从大湖治理和产业发展两个方面完善基础设施的配套建设，当务之急是加快建设汛期防洪及民生水利设施、松滋闸控工程及城陵矶综合枢纽工程、环湖高等级公路及港口码头工程、湖区信息网络设施等。以上基础设施的建设需要加大资金投入，为此我建议设立洞庭湖区绿色工业化基础设施产业基金，其资金来源，一是整合国家对洞

庭湖区水利堤防、退田还湖、湿地保护、公路港口、农村建设等方面的预算内投资；二是省政府设立引导专项，每年按一定比例拨出专项资金投入基金；三是利用市场机制吸引民间资本进入，特别是要创造条件争取国家同意发行洞庭湖基础设施私募债。对于绿色工业化产业的发展，要争取国家建立重点产业的项目补助资金，省市政府按一定比例给予配套，取消或减少县以下地方配套。同时，还应充分运用市场的办法，大力引进战略投资者和对外招商选资，实现又好又快地发展。

（五）创建洞庭湖区生态产业利益补偿调节机制，促进可持续发展

据联合国环境署的权威研究，一公顷湿地生态系统每年创造的价值高达 1.4 万美元，是热带雨林的 7 倍。洞庭湖湿地有 859 平方公里，是长江干流重要的净化池和生态前置库，生态服务功能总价值为 289.6 亿元/年。绿色工业化是以生态效应为主导的，在其生产中要保护湿地生态效益（公共品）就必然要放弃部分市场经济效益，因此应得到相应的补偿。在市场经济条件下，只有如此才能激发生产经营者积极性，真正落实生态保护的战略目标，实现可持续发展。目前国家发改委正在制定《关于建立完善生态补偿机制的若干意见》，湖南省应抢先行动，将洞庭湖申报为国家生态环境保护和补偿试验区，积极争取对洞庭湖生态补偿政策和资金的倾斜。在此同时，建议设立洞庭湖生态保护基金，其资金来源由湖南省财政投入部分资金，发行环境债券和环保彩票，以及政府征收排污费等。在具体的操作过程中应制定科学的补偿标准，实时实地严格监测，依据监测结果进行补偿。此外，洞庭湖是我国粮食主产区，担当着国家粮食安全的重责，因此建议由国家建立洞庭湖区粮食安全补偿机制，取消地方配套资金部分，全额由中央财政承担，并提高种粮农民补贴标准，充分调动地方和农民种粮积极性，建立确保国家粮食安全的长效机制。

主要参考文献

[1] 汤姆．泰坦伯格著，高岚、李怡、谢忆等译：《环境与自然资源经济学》，经济科学出版社 2003 年版。

[2] 周起业等：《区域经济学》，中国人民大学出版社 1989 年版。

[3] 王克英：《洞庭湖治理与开发》，湖南人民出版社 1998 年版。

[4] 颜永盛：《洞庭湖发展论坛文集（2010）》，湖南大学出版社 2014 年版。

[5] 张培刚：《农业国工业化问题》，湖南出版社 1991 年版。

[6] 周震虹：《中国农业产业化之路——洞庭湖区个案研究》，人民出版社 2006 年版。

第十章

复兴消费产品工业新结构

——湖南省信息化低碳化消费品工业发展战略及对策研究

成果简介： 本章内容为 2010 年湖南省政府"十二五"规划前期重大研究课题，其对策建议《湖南进入持续快速发展阶段后在转方式中应高度重视消费品工业发展的建议》系刘茂松教授 2010 年 3 月 18 日参加由时任湖南省委书记张春贤同志主持的湖南加快经济发展方式转变座谈会上的发言，张春贤书记在总结讲话中给予了充分肯定，认为发展消费品工业是湖南调整工业结构的方向。本项最终成果被湖南省"十二五"规划采用，转化为该规划的第9 条，并被湖南省"十二五"规划领导小组办公室和湖南省发展和改革委员会评为湖南省"十二五"规划研究优秀成果。

湖南是一个发展中的农业和人口大省，大力发展消费品工业是加快推进新型工业化，实现赶超发展的重要路径，而且也是后危机时期积极清洗国际金融危机"毒素"，调整经济结构，扩大内源需求，转变经济发展方式，促进又好又快发展的需要。基于此，本书从工业化反梯度推移的总体视角，对湖南消费品工业发展战略进行讨论，提出资源深度开发与需求有效创造有机结合，走产业化、信息化和低碳化道路的发展战略，以促进湖南消费品工业在"十二五"期间上新台阶，求大发展。

一、消费品工业的基本性质与重大现实意义

消费品工业是直接满足人们生活消费需求的产品制造业，与人民生活水平和质量息息相关。国内外无数事实一再证明，工业化是进步的象征，工业化也是发展的杠杆。发展中国家和地区为了彻底改变长期落后的面貌，必须发展工业化，这是不可逾越的一个发展阶段。而在工业化的发展中，消费品工业的发展又起着十分重要的基础性和本原性的作用。可以说，没有消费品工业的发展，就没有整个工业化的起步，而没有消费品工业的进一步发展，就没有工业社会向现代社会的全面转型。

(一) 消费品工业发展的基本规律

我们知道,从宏观经济学的角度来看,社会总需求与总供给,实际上就是社会总产品 (或国民收入) 的供给与需求。而社会总产品则是某个时期 (一般为一年) 社会生产的各项物质财富的总和,它包括生产资料和消费资料。而消费品工业则是指用工业加工的手段生产日用消费品的产业,是一个由多个门类、各门学科和多种工艺技术构成的加工制造业,其产品涉及人们的衣、食、住、行、用和文娱、体育、教育等方面。在我国的工业部门分类中,消费品工业主要包括轻工、纺织、食品、医药、烟草五大工业门类。当然,这里的轻工业,是一个与重工业相对应的概念,按照国民经济行业的分类与代码 (GBT4754—2002) 它又是指农副食品加工业、食品制造业、饮料制造业、烟草制品业、纺织业、纺织服装业等工业行业。如果从宽的口径来分析,消费品工业中还应包括家用汽车制造业、家用通信工具制造业以及与工业消费品生产相关的装备制造业。此外,消费品工业还包括为农业、工业、国防、医药等部门生产提供配套的原材料产品,如为农业生产提供的农用塑料薄膜、中小农具和喷灌设备等,又如为重工业生产提供的诸如纸张、塑料制品、灯泡等,据有关资料显示,这部分产品的产值约占消费品工业总产值的30%左右。

马克思在研究社会再生产时,将社会生产概括为两大部类,即生产生产资料的第Ⅰ部类和生产生活资料生产的第Ⅱ部类。消费品工业属于社会再生产的第Ⅱ部类。马克思的再生产理论认为,社会再生产的顺利进行要求社会两大部类的生产保持合理的比例,两大部类的发展必须相互适应和相互满足。也就是说扩大再生产要同时具备两个"补偿"和两个"追加"的条件。即第Ⅰ部类的生产具备用于补偿维持社会简单再生产所需要的生产资料和用于社会扩大再生产的追加生产资料,第Ⅱ部类的生产也具备用于补偿维持社会简单再生产所需要的生活资料和用于社会扩大再生产的追加生活资料。这两个条件必须同时具备,才能实现扩大再生产,否则社会发展就会出现比例失调。这里的经济学含义是指两大部类的生产必须按一定的比例来进行,以达到社会总供给与总需求的均衡。具体就是第一部类生产的生产资料在扣除用于补偿第Ⅰ部类简单生产所需要的生产资料后,它所提供的剩余生产资料要大于第Ⅱ部类简单再生产所需要的生产资料。只有这样,两大部类才能同时获得扩大再生产的追加生产资料,即 $I(v+m) > IIc$;同理,第二部类生产的生活资料在扣除用于补偿第Ⅱ部类简单再生产时全体生产和管理人员对消费品的需要后,它所提供的剩余生活资料要大于第Ⅰ部类简单再生产时全体生产和管理人员所需要的生活资料。只有这样,两大部类才能同时获得扩大再生产的追加生活资料,即 $II(v+m-m/x) > I(v+m/x)$。由此可见,社会扩大再生产也即经济社会发展的这两个条件,是同等重要的,不存在谁重谁轻的问题,如果忽视消费品工业的发展,就必定会破坏社会扩大再生产的比例关系,阻碍国民经济的协调发展。当然,在这里，还有一个正确理解马克思主义关于生产资料生产优先增长规律的问题。根据社会再生产原理，人类社会任何一项物质生产，首先都要按一定比例投入生产资料，才能获得最终产品，这是一个前提性的条件。因此，在社会再生产流程中，生产资料的生产和供应是在先的，应该优先发展。但是，生产资料的优先增长不是绝对的和无条件的，是依赖着消费资料生产的增长而优先增长的。因为生产资料是为发展消费资料服务的，是生产消费品的中间产品，其生产规模和生产结构最终是由消费资料的生产所决定的。正如列宁所指出的那样，"生产消费（生产资料的消费）归根到底是同个人消费联系着的，总是以个人消费为转移的。"① 也就是说，社会再生产实际上还存在着一个消费资料生产最终起决定作用的规律。所以，保持社会两大部类合理的比例关系和先后秩序，进而实现社会再生产的协调发展，这是生产资料生产优先增长规律发生作用的前提条件。

（二）消费品工业生产的功能特征

基于以上分析，消费品工业具有以下基本功能性特性。

一是以生产最终产品为主体，既直接影响消费者的消费规模、水平、结构以及消费行为，又从根本上制约着生产资料的生产。可以说，消费品生产对社会经济活动起着某种最终的决定性作用。

二是以相对的劳动密集型生产方式为主体，相对于生产资料的生产即资本品生产而言，消费品生产所需要的技术和资本的程度相对较低，一般以适用性技术为主，单位投资所容纳的劳动力较多。

三是以竞争性产品生产为主体，消费品工业多是传统产业，市场化程度高、进入门槛低、产能规模大、企业数量多，而且产品品种多、类型多、层次多，不同产品之间的替代性很强，因而对消费者收入水平的变化比较敏感，厂商之间的竞争性强烈，市场机制的作用普遍。

四是以加工农业资源为主体，在农业经济社会里，以食品和衣着为主的消费品生产是手工生产，属于农业生产的一个重要方面，随着工业化的出现，消费品手工生产才逐步从农业生产中分离出来，单独形成了一个以农产品为生产原料的工业加工部门，实际上是农业生产链条在工业生产领域的延伸。

五是以满足社会非必需品消费为主体，一般来说，工业消费品生产主要是满足人们在基本生存需求得到满足后所产生的发展型、享受型等非必需品消费需求，不仅受消费者本身的收入、身份、知识、习惯和心理的影响很大，而且工业消费品的质量、品种、功能、样式、品牌等因素对其需求也有巨大的引导作用。

---

① 《列宁全集第 4 卷》，人民出版社，第 44 页。

（三）消费品工业生产的重大现实意义

理论和实践证明，大力发展消费品工业对于湖南在后危机时期调整经济结构，增加城乡劳动力就业，扩大本土的市场需求和供给，特别是对增加农民的就业和收入，有效提高湖南省农村居民的消费水平，以促进经济发展方式由单纯依靠投资带动向依靠消费、投资和出口协调带动转变，使湖南经济在进入起飞的中后期阶段后进一步实现持续快速发展意义重大。

其一，消费品工业的发展直接关系社会主义生产目的的实现。作为社会主义国家，其生产目的就是要不断满足全体社会成员日益增长的物质和文化生活的需要。在社会主义市场经济条件下，社会主义社会的这个生产目的并没有改变，而是要通过市场机制去合理配置社会资源来更有效地实现这个生产目的。而且社会主义生产目的高水平、高质量地实现，也是小康社会的内涵和要求。由此，作为直接生产和提供人们物质和文化生活所需要的日用消费品的工业生产部门，其生产的规模、质量、品种以及效率如何，便决定着社会主义生产目的和小康社会的实现程度。改革开放以来，我国消费品工业取得空前发展，人民收入水平和消费水平大幅度提高，1978～2008年，我国城乡居民消费水平由1978年的134元提高到2008年的8 169元，30年间增长了60倍；湖南省城乡居民消费水平也由1980年的239元提高到6 018元，28年间增加了25倍。消费品工业的发展为满足城乡居民生活需要，提高人民生活水平作出了巨大贡献，食品、布料、服装、家电、自行车和汽车等的消费量呈几十倍、几百倍的上升。特别是耐用消费品从自行车、缝纫机、手表，到冰箱、彩电、洗衣机，再到电脑、空调、小汽车已进入寻常百姓家。2008年末湖南城镇居民家庭每百户家庭拥有电冰箱、电视机、空调、移动电话分别为92.1台、124.3台、97台和154.5部，分别比2000年增长10.4%、13.6%、1.9倍和6.2倍；农村居民家庭每百户拥有电冰箱、电视机、空调、移动电话分别为31.9台、91.5台、9.4台和91.8部，分别比2000年增长3.7倍、2倍、94倍和60.2倍。①

其二，消费品工业的发展能直接带动关联产业的大发展。我们知道，消费品属于最终产品，具有强大的后向联系带动力。美国经济学家赫希曼在分析产业结构时提出了产业关联理论，认为任何一个产业的产出都与其投入有直接的关联即供给与需求的关系，各产业都需要其他产业为自己的发展提供各种产出，以作为自己的要素供给；且同时又把自己的产出作为一种市场需求提供给其他产业进行消费。这种产业之间的关联方式分为前向关联和后向关联。所谓前向关联是指通过提供产品供给与其他产业部门发生的联系，主要是原材料、半成品等中间产品生产部门提供的产品同最终产品生产部门发生的联系。后向关联则是指通过自身生产所产生的需求

---

① 引自湖南省统计局：《湖南经济社会发展60年综述》2009年9月。

同其他产业部门发生的联系，主要是生产最终产品的部门对能源、原材料和零部件等中间产品的需求关系。赫希曼正是依据这种投入产出原理提出要依后向联系水平来确定主导产业，也就是说要以生产最终产品的部门作为主导产业部门。其意义就在于：一是后向联系度高的最终产品直接联系着最终的消费，其市场需求有保证；二是最终产品的生产其确定性的需求大，这种需求可产生巨大的连锁反应，带动能源、原材料和零部件的发展。据湖南省政府经济研究信息中心专题研究计算，湖南主要工业消费品的关联度纺织业 1.13、服装业 1.10、家具业 1.10、木材制品业 1.10、皮革制品业 1.10、汽车制造业 1.17、家用电器业 1.12、医药制造业 1.00、农产品加工业 0.95。以上可见，除农产品加工的关联度略低于 1 外，其他都大于 1，这说明消费品工业产业所提供的需求量大，对原材料等中间产业的带动力强。特别是消费品工业约 70% 的行业、50% 的产值涉及农副产品的深加工，全国有 2 亿多农民从中直接受益，是农业最重要的后续产业。因此对于湖南这个农业大省来说，消费品工业的健康发展，对加快农产品转化增值，增加农民就业，促进农民增收，推进新农村建设，以及带动湖南省相关产业的协调发展意义重大。

其三，消费品工业的发展能大幅度增加城乡劳动力就业。一般来说，消费品工业的资本有机构成较低，比资本品工业（生产资料工业）能吸纳更多的劳动力就业。在我国，工业企业平均每百万元固定资产容纳的劳动力，重工业只有 94 人，而作为消费品工业的轻工业则为 257 人，是重工业的 2.73 倍。特别是工艺类、日用五金、皮革、服装 4 个行业，每百万元固定资产容纳的劳动力更高达 800 人，为重工业的 85 倍。此外由于消费品工业 70% 的行业和 50% 以上的产值直接涉及农副产品的深加工，因此目前全国消费品工业的发展又带动了 2 亿多农村劳动力的就业和受益。从湖南省的情况来看，在 2000～2007 年带动就业增长的行业类型看，消费品工业即轻工业类型对就业的拉动作用大于重工业即资本品工业。以新增从业人数 1 万人以上为标准，对新增就业人员数量影响最大的 14 个行业中有 8 个是消费品工业行业；若以从业人数增长了 1 倍以上为标准，就业增长潜力最大的 7 行业中有 5 个属于消费品工业行业。综合看来，不论增长率还是绝对数量，湖南省对就业作用最大的行业主要是食品制造、木材加工及木竹藤棕草制品业、皮革毛皮羽毛及其制品、纺织服装鞋帽制造业。受金融危机影响，湖南省返乡农民工有 220 万人，这部分农民工的就业很大程度上就是通过农产品加工企业来消化的。据测算，如果湖南省农产品加工业产值与农业总产值之比由目前的 0.88∶1 提高到 1∶1，每年可多吸收 30 多万劳动力就业。可见，消费品工业是解决劳动力就业特别是解决农村剩余劳动力就业的重要力量，有助于从根本上改造传统的二元经济体制，全面实现现代化。

其四，消费品工业的发展有利于我国经济模式向低碳化转变。目前世界主要经济体的经济已企稳向好，进入了后危机时期。总的看来，后危机时期制约经济发展的主要矛盾是需求创造，即由以往的资本创造转化为消费需求创造。以低碳化为代表的新一轮科技革命使发达国家的产业、产品、消费向高新、高效、低碳的方向发展，以满足消费者高质化和个性化的需求，国际竞争的技术层面会更多地替代价格层面。应该说，这对我国和湖南长期以来高能耗、高排放、高污染的粗放式经济发展方式是一个十分严峻的挑战！自 1979 年～2009 年我国国民经济以年平均 9.8% 的高速度增长，但结构性矛盾突出，目前我国每万元 GDP 能耗比发达国家高 4 倍多。湖南的经济的结构性问题也很突出，2009 年六大高耗能行业增加值占比达到 35.5%，高于湖北和安徽，高新技术产业占比只 11%，广义技术进步的贡献率仅 56.4%，大大低于发达地区的水平。这说明我国和湖南省的经济发展方式总体上还处在"高投入、高消耗、高污染、低效率"的"落后的增长"阶段，这是后危机时期要解决的基本问题。消费品工业生产相比资本品工业来说，具有能源消耗水平较低的明显优势。湖南省社科院经济所关于产业碳排放强度研究课题用单位产值能耗指标（吨标煤/万元）来对各产业的碳排放强度进行排序，其结果是：消费品工业产品的碳排放强度一般都在 0.1 吨标煤/万元以内，最高的也没有超过 0.3 吨标煤/万元，如农副食品加工业 0.1335 吨标煤/万元、食品制造业 0.2178 吨标煤/万元、饮料制造业 0.1928 吨标煤/万元、烟草制品业 0.0610 吨标煤/万元、纺织服装鞋帽业 0.0890 吨标煤/万元、木材加工及木竹藤棕草制品业 0.2354 吨标煤/万元、家具制造业 0.0610 吨标煤/万元、医药制造业 0.1860 吨标煤/万元、乘用汽车和摩托车制造业 0.0876 吨标煤/万元、家用电力器具制造 0.0643 吨标煤/万元；而资本品工业产品的碳排放强度普遍都在 0.5 吨标煤/万元以上，如有色金属冶炼及压延加工业 0.5926 吨标煤/万元、黑色金属冶炼及压延加工业 1.4175 吨标煤/万元、电力与热力的生产和供应业 0.6981 吨标煤/万元、石油加工炼焦及核燃料加工业 0.7381 吨标煤/万元、化学原料及化学制品制造业 1.0167 吨标煤/万元、非金属矿物制品业 1.3082 吨标煤/万元，至少比消费品工业的碳排放强度高 1 倍以上。以上分析可见，消费品工业碳排放强度相对较低，属于中低碳经济产业，对于节能减排保护大气环境，实现我国及湖南经济模式向低碳化转变具有重要意义。

其五，消费品工业部门能促进开放和非公有制经济的快速发展。消费品工业是对外开放的生力军，为扩大出口贸易提供了重要商品货源，为我国引进国外先进技术和设备，实现经济和技术的全面进步，提高现代化水平，提供了外汇储备和市场。经过 30 多年的改革开放，目前我国已确立了世界消费品工业生产大国和消费大国的地位，日用工业品中有钟表、自行车、缝纫机、空调、冰箱、洗衣机、家具、家用电器、皮革等 14 个行业产品出口额名列世界前茅。目前我国日用消费品在世界贸易是中的比重，小家电占到 80%，空调、微波炉、羽绒服占 70%，自行车占 65%，日用陶瓷占 60%，电冰箱和鞋占 50%，洗衣机占 40%。另外，消费品工业利用其竞争性产品的优势和船小好调头的灵活性，率先从供销、定价、投资、进出口等方面打破僵化的计划经济体制，引进市场机制，建立和健全市场体系。利用与农业、农村合作的行业特点，学习农村家庭联产承包责任制，率先对统收统支的企业体制进行改革，建立产权清晰、权责明确、政企分开和管理科学的现代企业制度，确立了以公有制为主体、多种所有制共同发展的所有制格局。以 2008 年我国轻工业产值中各种所有制经济所占比重为例，国有及国有控股企业占 6.7%，集体及集体控股企业占 5.8%，民营企业占 55.4%，港澳台及外商投资企业占32.1%。这也就是说，非公有企业已占到 87.5%。2009 年湖南以消费品工业为主体的非公有制规模工业实现增加值 2 451.77 亿元，比上年增长 27.1%，其增加值占全省整个规模工业增加值的57.69%，比 2008 年提高 3 个百分点。而且非公有经济类型工业企业实现利润同比增长 44.1%，占全省规模工业企业盈亏相抵后实现利润的 62.7%。[①] 以上可见，我国和湖南省消费品工业企业已成为社会主义市场经济的骨干和主体。

其六，消费品工业的发展有利于建设支撑长株潭城市群经济增长极的腹地经济。从理论上分析，区域经济有三大构成要素，即经济中心、经济腹地、经济网络。在这里，经济腹地是一个与经济中心即经济增长极或中心城市相对应的概念，是形成较为合理的城市群体系的依托。其内涵是经济中心（经济增长极）的吸收和辐射能力能够达到并能促进其经济发展的地域范围。如果没有经济腹地，经济增长极也就失去了赖以存在的基础，而没有经济腹地，也就无所谓经济增长极。因此，区域经济发展的空间规律表明，在市场经济条件下，区域之间的经济联系主要是城市之间的经济联系，这种联系的区域空间现象，就是城市经济圈或城市群经济圈中经济腹地的形成。根据空间经济学关于规模报酬递增与运输成本之间的权衡关系理论以及自组织作用理论，湖南省洞庭湖区和湘西南区作为长株潭城市群经济中心的经济腹地，对长株潭城市群经济中心的大发展、快发展、好发展是具有决定性作用的。从世界范围的发展规律来看，一般经济腹地支撑经济增长极，并承接其辐射的主要产业就是生产消费品的产业，包括消费品工业和农业。前述湖南省消费品工业的主体是农副产品加工业和食品工业，其原材料的 70% 多来源于农业，而且消费品工业部门的劳动力绝大多数又是农民工。所以，消费品工业构成了腹地经济的主体，也是支撑长株潭城市群经济中心的主导产业。

二、湖南消费品工业发展的历史过程与现况

湖南地处长江中游南岸，气候温和，物产丰富，自古就有"鱼米之乡""有色金属之乡""非金属矿物之乡"的美誉，发展工业具有较好的资源条件。中华人民

---

① 根据新华社：《中国轻工业 30 年巨变：确立轻工业品生产大国地位》2008 年 10 月 24 日报道整理。

共和国之前，采矿和金属冶炼曾是湖南最古老的原始手工业之一，金、铜、铁、煤等矿产品都有生产。此外，陶瓷品和湘绣也是湖南最著名的传统手工业消费产品，曾远销海内外。中华人民共和国成立后，湖南进入了一个前所未有的工业经济大发展时期，消费品工业的发展由小到大，由低到高，由手工到机械，由分散到集中，为湖南工业化的发展作出了重大的贡献。

（一）湖南消费品工业发展的历史过程

1949 年中华人民共和国成立以来，湖南的工业化立足于农业资源和矿产资源的优势，从消费品工业发展起步，一直进入到了目前的新型工业化的时期。2009 年湖南规模以上企业实现工业总产值 12 769.40 亿元，比改革开放之初的 1978 年增长 94 倍。综合起来分析，湖南消费品工业在中华人民共和国成立以来经历了三个大的发展时期。

1. 1949～1979 年计划经济时期。消费品工业从无到有，由少到多的快速和起伏发展。1949 年 8 月湖南和平解放，当月长沙军管会接管裕湘纺织厂，翌年 7 月湖南省政府投资 695 万元扩建厂房，新增纱锭 3 万锭。1950～1952 年在经济恢复阶段，湖南省政府投资 6 677 万元，用于纺织、造纸、机械、电力等国营工业建设，建起了一批国营小纱厂。同时，保护和扶植了一批有利国计民生的私营消费品工业企业，如长沙中州棉纱厂、邵阳电灯厂、益阳达人袜厂、长沙天伦造纸厂等。到 1952 年，全省轻工业产值达到 5.48 亿元，重工业产值 2.22 亿元，轻重工业的比例为 71.17∶28.83，其中棉纱的产量达到 9 200 万吨，比 1949 年增长 4.32 倍，棉布的产量达到 8 100 万米，增长 42.1%。1953 年开始，第一个五年计划，湖南确立优先发展重工业，适当发展轻工业的方针，消费品工业处于缓慢发展状态。5 年中全省共完成工业固定资产投资 4.78 亿元，其中轻工业只有 0.87 亿元，仅占总投资的 18.2%，到 1957 年全省轻工业产值只比 1952 年增长 99.6%，而重工业增长了 226.6%；轻重工业之比为 60.09∶39.91，工业的比重比 1952 年上升 11.08 个百分点。三年"大跃进"和十年"文化大革命"使消费品工业的发展遭受重大挫折，日用工业品严重短缺。为此，1962 年全省 99 个县中有 70 多个县市成立日用工业品生产领导小组，抓生产保供给，1963 年全省完成轻工业产值 1 465 亿元，纺织、服装、日用搪瓷、胶鞋、食油等有明显增产，到 1965 年全省消费品工业生产基本恢复正常，轻重工业比例调整为 49.13∶50.87。1970 年毛泽东主席视察湖南，提出湖南"十年建成工业省"，这一年一批消费品工业项目上马如衡阳自行车厂成立，先后投资 1 303 万元，年产 10 万辆，于 1979 年竣工投产，排名全国第二的湘潭市日用玻璃制品厂建成投产，年产各种玻璃瓶 12 万吨；长沙和衡阳手表厂试产成功以及韶山电视机厂首次成功试产韶峰牌黑白电视机等。在 20 世纪 70 年代纺织工业形成了全省第一大支柱产业，共有 282 家纺织厂，1978 年产值达到 8.84 亿元，占全省工业总产值的 6.49%；粮油工业也是当时全省的第四大支柱产业，有 515 家工厂，1978 年产值达 6.58 亿元，占全省工业总产值的 4.83%。1977 年湖南省第四次党代会提出"力争到 1980 年把湖南建设成为工业省"，确定了优先发展重化工业的目标，到 1978 年和 1979 年，全省重工业产值比重分别达到 60.93% 和 60.97%，为历年最高水平，此时消费品工业发展速度再次放慢。①

　　2. 1980～2000 年市场取向改革时期。为解决轻工业发展大大滞后于重工业的比例失调问题，1979 年湖南省委、省政府对工业经济结构进行调整，加快消费品工业发展，1980 年湖南省政府专门召开日用机电产品生产会议，决定大力发展自行车、缝纫机、钟表、收音机、电视机、电风扇、洗衣机、录音机、电度表等 9 种日用工业品生产，并制订了全省布点规划方案，1979～1981 年间全省消费品工业投资年均增长 33%，比同期资本品工业投资增长率高 31.5 个百分点。这以后在整个"六五计划"期间（1981～1985 年）实行了消费品工业发展"六优先"政策，即原材料、燃料、电力、基建、挖潜改造、贷款和外汇使用等优先，5 年间全省消费品工业完成固定投资 16.69 亿元，比"五五"计划期增长 1.89 倍，一批新建的大中型轻工业项目竣工投产，如益阳苎麻纺织厂、洞庭苎麻纺织厂、湘潭化纤厂、长沙毛纺织厂、白云家用电器总厂、常德德山大曲酒厂等。1985 年全省完成轻工业产值 139.76 亿元，轻重工业比例调整为 46.49∶53.51。这在湖南省历史上是消费品工业发展最好的一个时期。1986 年后全省轻重工业的发展进入了一个比较稳定和协调发展的阶段，"七五"计划期和"八五"计划期，全省消费品工业完成固定投资额环比分别增长 1.75 倍和 1.48 倍。"九五"计划时期完成投资的增幅有所下降，只比"八五"计划期增长 35.8%。到 2000 年，全省轻重工业比例保持在 42.70∶57.30 这个相对协调的水平上。在这个时期，消费品工业中作为全省工业的支柱产业出现结构性变化，1990 年食品制造业和纺织工业仍为全省的优势产业和支柱产业，其中食品制造业的企业达到 2 656 家，总产值 42.2 亿元，占全省工业总产值的 6.91%，为第 3 大支柱产业；而纺织工业虽然仍为全省的支柱产业，但排位则已由 1978 年的第 1 位退到了第 5 位。进入 20 世纪 90 年代后，全省优势产业重新"洗牌"，纺织工业退出了支柱产业行列，食品加工仍然是全省 5 大支柱产业之一，特别是烟草加工业快速发展，1991～2000 年共完成固定资产投资 41.75 亿元，引进具有国际先进水平的生产设备和检测仪器，打造出了精品白沙、芙蓉王等国家级名牌产品。2000 年全省有烟厂 20 家，总产值达 134.53 亿元，占全省工业总产值的 8.26%，卷烟产量居全国第 3 位，总产值居全国第 2 位。在此期间，湖南的家用电器产业也有很好的发展，中意冰箱、白云冰箱、LG 曙光彩色显像管和韶峰电视机曾一度享誉省内外。②

---

　　①②　湖南省地方志编纂委员会：《湖南省·工业综合志》，珠海出版社 2009 年版。

3. 2000～2005 年进入新世纪初时期。工业化与信息化融合，湖南消费品工业也进入了一个提质升级的阶段。2000 年全省提出推进工业化进程，以信息化带动工业化，着力发展先进制造业，而且把以农产品深加工为主体的消费品工业作为先进制造业的重点进行发展。在食品工业方面，依托唐人神、正虹、金健米业、湘泉等农业产业化龙头企业，发展以农副产品为原料的名、优、新、特产品，生产规模得以扩大，上述唐人神等 4 大企业的年产值都超过 10 亿元，"金健"大米、"酒鬼酒""金健"烹调油成为国内知名品牌。与此同时，纺织工业进行重组改造，支持了益阳苎麻纺织、洞庭苎麻纺织和金迪公司进行改扩建，重点发展苎麻纺织服装、麻纺织面料等高档纺织品和纺织原料，"益鑫泰"麻衬衫成为国内知名品牌，纺织工业调整升级发展步伐明显加快。在这个时期，湖南消费品工业还出现了医药工业加快发展的势头，通过技术创新，初步形成了湖南古汉、九芝堂、千金药业等五大企业集团，拥有古汉养生精、乙肝灵冲剂、驴膏冲剂、妇科千金片、正清风痛灵等产值过亿元的中成药大品种，形成了有较大规模的中药产业群体。同时，医药生物技术在湖南省取得重大突破，基因领域的科研项目在全国处于领先水平，浏阳医药生物产业园筹备建立。此外，在造纸工业方面，岳阳纸业集团开发的轻量涂布纸等 13 个品种的产品，先后获得国家质量金奖，成为湖南省纸业的主导产品。当然在这个时期湖南消费品工业还有一个重大发展，就是乘用汽车工业进入快速成长阶段。如长丰集团公司 2001 年 9 月移交湖南省管理，其核心子公司湖南长丰汽车制造股份有限公司是全国最大的轻型越野汽车生产厂家，2000 年已通过 ISO9002 国际质量体系认证，2002 年成为湖南省重点扶植的年销售收入过 100 亿元的大型企业集团。到 2005 年，猎豹汽车生产规模达到年产 8 万辆。[①]

历史的经验证明，工业化是发展中地区走向现代化，实现整个国民经济结构高度化的必由之路。而在工业化过程中，始终存在着消费品工业与资本品工业两大比例关系调整问题。什么时候这个比例关系比较协调，工业化就能有效推进，反之，则然。从湖南的实际来看，由于是一个农业和人口大省，一方面农业和人力资源丰富，另一方面农业又是一个弱质产业，附加值低，且人口又多，劳动力就业压力大，因此，消费品工业的发展便显得更为必要和关键，关系着湖南经济社会又好又快发展的大局。回顾湖南工业化发展的历史，可以说，凡是不能正确处理这个比例关系，甚至压制消费品工业发展时，经济发展就会出现大的起伏，大的波动，大的曲折，日用工业品短缺，人民生活水平下降，造成生产力严重损失。应该说，这就是消费资料的生产最终决定生产资料生产的规律使然。历史的教训值得我们认真记取。

---

① 湖南省地方志编纂委员会：《湖南省·工业综合志》，珠海出版社 2009 年版。

（二）湖南消费品工业运行状态的特征分析

伴随着新世纪前进的步伐，湖南人对工业化的认识在不断的深化，2006年中共湖南省委、省政府在总结21世纪初"工业化、农业产业化、城镇化"发展战略的基础上，提出新型工业化带动战略，进一步强调以信息化为基本特征的现代工业化，强调信息化与工业化对湖南经济社会的整体带动作用，进而把工业化提到了一个更高层次，使包括消费品工业在内的湖南工业化几年内发生了新的巨大变化，取得了显著成就。2009年全省第二产业增加值达到5 682.19亿元，比2005年增长118.16%，其中规模以上工业增加值4 250.06亿元，比2005年增长176.71%。由此，带动全省生产总值呈加速增长态势，2009年全省GDP在金融危机冲击下仍然突破1万亿元，达到12 930.69亿元，比2005年翻了一番，同比增长率达到13.6%，比全国平均水平高4.9个百分点。[①] 在湖南经济发展的历史上，这是一个很大的跨越，完全得益于包括消费品工业在内的工业化和城市化的强力带动。

据我们调查分析，近年湖南消费品工业运行状态呈现出以下5大特征。

一是优势产业发展势头强劲，经济效益状态较好。近年来湖南消费品工业优势产业的发展速度较快，增长率高于总体水平。如医药生物工业2008年增加值同比增长32.4%，比全省消费品工业增加值的增长率高出11个百分点。食品工业总产值的同比增长率为42.2%，其中谷物磨制加工、肉类加工，饲料加工、食用植物油加工和水产品加工等传统优势农副产品加工业同比增长更高达46.4%；食品制造业和饮料制造业的增长率也高达30.6%和45.3%。同时，经济效益状态也比较好，2008年全省消费品工业企业实现利税498.10亿元，平均每万元增加值提供利税4 352元，比重工业的2 364元高84.1%；其中每万元消费品工业增加值实现纯利1 526元，比重工业的908元也要高68.1%。

二是行业门类比较齐全，特色产业发展潜力较大。按照国家工信部对消费品工业所界定的五大行业及其子行业，湖南都已具备。而且拥有自身的产业特色。如食品工业，目前湖南省已形成了农副产品加工业、食品制造业、饮料制造业和烟草制品业4大门类、23个中类、56个小类的工业体系。作为一个农业大省，除了农副食品加工业依托其丰富的农产品资源而形成传统特色外，烟草制品业也形成了鲜明的品牌特色，目前品牌规模达到了410万箱，保持全国品牌烟和高档烟产销的领先地位。此外，在轻工业中陶瓷、烟花爆竹产业的地方特色和纺织工业中苎麻纺织的材料特色都十分鲜明，发展潜力巨大，其产销量都占到了全国的50%以上。

三是企业分布由分散向集中转化，产业集聚正在有重点地推进。湖南省消费品

---

① 《湖南省2009年统计公报》。

工业大多是在原集体轻工业和乡镇企业的基础上发展起来的，企业规模小且主要分布在县乡，产业的集中度较低。近年为了提高消费品工业的产业竞争力，提高规模经济效益，全省正在对重点产业推动企业重组和产业集群，建设产业园区。目前，食品工业已建成湖南高科技食品工业基地、常德金健工业城等一批食品工业园区和湘阴藠头、平江豆制品等一批特色食品加工企业集聚区。纺织工业形成了常德棉纺织、益阳棉麻纺织、株洲纺织服装3个产业集群，以及华容棉纺和家纺、汉寿棉纺和苎麻纺织、蓝山毛针纺、宁乡服装等7个产业基地。医药生物产业目前在长沙建有国家生物产业基地。浏阳生物医药园，已入园企业达到110家，年销售产值突破了110亿元。

四是培育发展有竞争力的名优产品，实施品牌战略初见成效。消费品工业产品的市场竞争性强，产品更新换代快。基于这个特点，湖南消费品工业行业立足于技术起步和工艺创新，全面推行科学管理，着力调整产品结构，打造有竞争力的名优产品。目前，品牌战略不仅在烟草工业已取得巨大成效，而且在其他四大消费品工业行业也初显良好态势。如食品工业到2009年已拥有中国驰名商标25件，中国名牌产品12个，湖南省名牌产品105个，分别占全省总数的40%、41.4%和18.6%；轻工业到2009年底，全行业共有75个企业的75个产品荣获湖南名牌产品称号，纺织工业改变了知名品牌少的局面；汽车工业方面，长丰集团"猎豹"牌的CJY6470E、CFA6470G/F/H、CFA2030A/B/C/D（V6－3000）和"猎豹·飞腾"牌的猎豹先锋、三菱V－73、皮卡等轻型越野系列汽车占全国越野车43%以上市场份额，各项指标综合比较占全国越野车第一名。

五是推动工业化与信息化融合，在节能减排中实现产业升级。工业化与信息化的"两化融合"是新型工业化的本质要求，对于传统的消费品工业则又显得更为迫切和必要。目前两化融合已在湖南5大消费品工业行业逐步推行。如轻工业在制浆造纸业中以泰格林纸集团和常德恒安纸业公司为代表，通过引进和消化世界上最先进的自动化制浆造纸技术和装备，基本实现了机械化和自动化，实现了产业的提质升级。目前泰格林纸集团年生产纸张能力已达到100万吨，主要技术和装备达到国际领先水平，位列全国纸业四强；常德恒安纸业集团掌握了世界上最先进的卫生纸生产技术，目前位列全国卫生纸业三强。由于传统造纸业对环境污染大，因而在"两化融合"中突出了造纸业的节能减排，整治环境污染。目前在湖南省造纸企业比较集中的洞庭湖地区，通过对造纸企业废水污染的彻底整治，其水质已由原来的V类上升到Ⅲ类，洞庭湖水质化学需氧量平均值已由原来33.9毫克/升下降到10.9毫克/升，产品升级和环境治理效果都比较明显。

（三）湖南消费品工业发展的国内比较

湖南是一个发展中的地区，又是一个农业大省，工业化的基础差，底子薄，技术水平低，消费品工业虽然取得了较为显著的发展，但还很不适应新型工业化又好又快发展的要求，与全国及先进省区相比存在较大差距。分析 2008 年的数据可以看出，湖南消费品工业总产值在全国总量中的占比只有 2.2%，比东部发达地区的浙江、广东分别低 9.5 和 15 个百分点，在中部地区也低于河南和湖北，而且还低于西部的四川省。特别是湖南有资源优势的食品工业发展程度很低，其在全国总量中的占比最低，只有 3.1%，分别比中部地区的河南省和西部地区的四川省低 4.3 个和 2.9 个百分点。我们调查研究认为，湖南消费品工业发展的主要矛盾和问题是：

第一是企业小，规模经济水平低。由于消费品工业起源于手工业和城乡集体经济，而湖南又是一个小农经济生产方式历史悠久的传统农业地区，生产分工协作的程度很低，致使消费品工业长期处于作坊式小生产状态。例如汽车制造业，2008 年湖南汽车产量仅占全国的 1.55%，列全国第 18 位；汽车产量仅相当于湖北省的 19.2%、安徽省的 26.8%。从单个企业看，2007 年湖南省汽车整车制造企业平均产量不足 1 万辆，比全国平均水平少 2 万多辆，产量最大的企业生产汽车不足 7 万辆，产量最小的企业产量不足 200 辆。由于规模经济水平低，制约了企业效益水平的提升，使湖南汽车制造业的成本费用利润率长期低于全国平均水平，如 2004～2007 年全省分别为 3.33%、2.53%、2.97% 和 6.22%，分别比全国低 3.52、2.35、2.5 和 0.72 个百分点。又如食品工业，2007 年全省近 18 000 多家食品工业企业中大型企业只有 4 家，中型企业也仅 47 家。年销售收入过 10 亿元的只有 7 家，而河南双汇集团和吉林大成集团年销售产值则高达 200 亿元以上。

第二是初加工，集约化生产水平低。从湖南的情况来看，消费品工业主要是对农副产品资源的一般性再加工，无论是食品工业、纺织工业和医药生物工业，都基本是如此。这些年来，由于没有从根本上改变作坊式小生产的方式，因而初加工居多，深加工很少，农副产品由一般加工升华到工业制造就更少。2007 年全省农副产品加工业完成的工业总产值达到 507.9 亿元，占到了全部食品工业总产值的 62.2%。这也就是说，全省食品工业（除烟草工业）的 2/3 是处于一般性的原料初级加工的低端化状态，而发达国家和地区目前食品制造业占整个食品工业总产值的比重则高达 80%。在纺织工业中，这种情况也很突出，2008 年全省纺织工业初级产品所占的比重已超过 90%，终端产品不到 10%。这里一个重要原因是没有形成从原料到终端产品生产配套的产业链，影响服装生产的关键行业即印染后整理生产水平太低。

第三是低技术，企业创新水平低。小企业、专业化程度低，技术装备落后，技术创新能力不强，这是湖南消费品工业的又一个突出矛盾。在湖南省轻工业行业中，小企业占到了 99%，绝大部分企业处于低技术生产状态，工艺陈旧，设备老化，目前企业技术装备达到了国际 20 世纪 90 年代水平的不足 10%。而且小企业科研经费投入严重不足，基本不具备技术开发能力和品牌研发能力，这又导致了企业自主技术和专利少，自主品牌少，产品单一，花色品种少，产品质量不高，产品难以适应国内外市场需求的变化和国际技术发展趋势。如湖南电视机厂原来生产的"韶峰"牌电视机和中意电冰箱公司生产的"中意"牌电冰箱曾供不应求，特别是"韶峰"牌电视机曾 5 次获国家级优质产品奖，3 次获电子工业部优质产品奖，5 次获湖南省优质产品奖。但由于这些产品在其生命周期进入成熟时缺乏后续的技术创新和产品工艺与品种的创新，导致产品竞争力下降，如今均已退出市场。此外，低技术的生产还造成了消耗高、污染大的问题。湖南省轻工业万元产值能耗和万元工业增加值能耗都高于全国和国际同类产品水平，特别是造纸、食品发酵、皮革等行业对环境污染比较严重，整个轻工业和食品工业排放的废水占到了全省工业废水排放量的 1/5。此外，在纺织工业的服装生产中，由于技术、工艺和品牌创新能力低，目前贴牌生产现象比较普遍。

第四是弱配套，产业链接整合能力低。产业配套大体上可分为主机配套和配套主机两个方面，反映产业和区域经济的分工水平，其问题的实质是要充分获取规模经济效益和范围经济效益。湖南的制造业特别是消费品工业历来存在分工水平低、配套能力差的问题，小企业多，但小而专的企业少，无法形成大的、完整的产业链，限制了规模经济和范围经济的发展。这些年像长丰汽车制造有限公司的发动机等关键部件、远大空调的主要零部件以及三一重工的一些重要配件等均需从国外进口，在一定程度上受制于人。2009 年伊莱克斯长沙公司的关闭，尽管从内因上看是缺乏在中国的独立产品以及产品高端路线不成功所致，但也存在区域性分工配套不力的问题。20 世纪 90 年代湖南的白云电器曾称雄一时，白云电冰箱年销量超过 50 万台，有北"海尔"，南"白云"之称，是家电行业中的著名品牌。但由于地处湘西边陲，受信息、交通、物流、上游供应链等诸多产业与区域配套因素制约的影响，再加上产品和技术的创新跟不上，使白云电器竞争力式微，以致退出市场。此外长沙 LG 曙光电子有限公司生产的彩色显像管，也是由于主机配套的影响，产品过于单一，主要是配件产品，缺乏主机产品，进入 21 世纪来在平板显示器的冲击下，市场竞争加剧，产品价格持续低迷，持续产生大量亏损，生产经营陷入困境，最终导致企业破产。

第五是环境差，政策扶植和投入水平低。同重化工业比较，消费品工业由于缺乏规模效益，且大多处于初级加工阶段，产业联系度不高，因而对经济增长的拉动力和影响力较小，于是在许多地方便难以获得政府及有关经济职能部门的全力支持和扶植，因而对其在技术改造、产品升级、科技研发等方面的投入十分有限，直到目前湖南还没有设立消费品工业企业的技改专项资金来给予支持。另外，由于中小企业居多，经济实力和赢利能力都有限，银行慎贷、惜贷的现象比较普遍，导致企业融资困难，资金周转不灵，特别是农副产品加工企业因原料生产的季节性强，使得企业流动资金需求量的季节性矛盾突出，严重制约了企业生产的发展。正是受这些因素的影响,目前湖南消费品工业的发展规模、速度、结构和效益同资本品工业的差距呈扩大趋势。2008 年湖南工业增加值总量的轻重工业比由 2005 年的 35. 23:64. 77 变化为 32. 05:67. 95,以消费品工业为主体的轻工业比重下降了 3. 17 个百分点,这是消费品工业发展相对萎缩的一个信号,务必引起高度注意。

三、湖南消费品工业发展市场变化趋势分析

生产的目的是要生产出可供消费的产品。马克思认为;"消费是把产品消灭的时候才使产品最后完成,因为产品之所以是产品,不是它作为物化了的活动,而只是作为活动着的主体对象。"① 这个活动着的主体对象就是被消费者消费的产品,马克思在这里告诉我们一个重要的真理;企业生产出来的产品只有在消费者的消费中才能证实是能够满足人们某种需要的产品,这种产品的价值和使用价值才能最终全部实现。在市场经济条件下,这种证明要通过市场的交易来完成。所以,分析和了解市场的需求及其发展变化的趋势,是消费品工业企业能否生产适销对路和产品以及有效开发新产品,提高市场占有率和经济效率的前提。

2008 年以来受国际金融危机的影响,我国经济发展速度放慢,外贸出口曾出现负增长,但国民经济的基本面和长期趋势没有改变,经济平稳较快发展的潜力依然较大。由于我国是一个有着 13 亿多人口的大国,且又仍处在工业化、城市化进程中,城镇化水平和工业化水平还不高。2008 年我国城镇化水平为 45. 7%,比2006 年世界平均水平低 3. 3 个百分点,城镇化水平将要继承提高。在缩小城乡差距过程中,蕴藏着巨大的投资需求和消费需求。同时,我国经济目前仍处于黄金战略机遇期,据估计未来 10 年内,我国经济仍将保持年均 8% ~9% 左右的增长速度。因此,我国内需市场特别是消费品市场还会保持增长状态。特别是自 2008 年下半年以来,随着我国宏观调控政策从"双防"转向"一保一控",再 2009 年上初转向"保增长、扩内需",年底又转向"转方式、调结构",全国经济仍将保持较快增长速度。据估计,中央制定的 4 万亿元的财政刺激计划将拉动 2009 年 GDP(国内生产总值)增长 1 个百分点。据《国民经济和社会发展统计公报》,2009 年我国全年国内生产总值 335 353 亿元,比上年增长 8. 7%。此外,我国 2009 年全年全社会固定资产总投资 224 846 亿元,比上年增长 30. 1%,更远远大于 2007 年的13 万亿元。基于此,我国经济在"十二五"期间仍将保持较大活力,消费品工业的发展有较大的市场空间。

湖南省 2008 年地区生产总值逆势而上,一举突破万亿元大关,经济发展进入快车道。2009 年全省以"弯道超车"战略化解金融危机的冲击,又实现了科学跨

---

① 《马克思恩格斯全集》(第 46 卷),人民出版社 2006 年版,第 391~392 页。

越，GDP 达到 12 930.7 亿元，同比增长 13.6%，比全国平均增长幅度高出了 4.9 个百分点；全社会固定资产投资达到 7 695.4 亿元，同比增长 36.2%，也比全国平均增长幅度要高 6.1 个百分点。湖南省人均 GDP 在 2009 年超过了 2 800 美元，2010 年将突破 3 000 美元。按国际经验和湖南省的实际判断，湖南目前正处于经济结构快速转换和升级的阶段，直到 2020 年，经济保持年均 9% 左右的增长是完全有可能的。

随着经济的发展，城乡居民的收入和消费也呈持续增长的态势。2009 年全省城镇居民人均可支配收入 15 084 元、农村居民人均纯收入 4 910 元，实际分别增长 9.5% 和 9.3%；全省城镇居民恩格尔系数 39.9%，农村居民恩格尔系数 51.2%，分别比上年上升 3.8 和 1.6 个百分点；全省社会消费品零售总额 4 913.75 亿元，比上年增长 19.3%。按 2006～2009 年的增长幅度，全省社会消费品零售总额在 2010 年将会达到 5 900 亿元，有可能突破 6 000 亿元。当然，就发展潜力来分析，2009 年湖南省城乡居民消费水平大约只相当于广东 5～6 年前的水平，若剔除物价因素，可能落后广东 7～10 年。根据投入产出模型测算，如果达到广东 2009 年水平，整个消费需求就能带动湖南省经济总产出增加 19 250 亿元，可新增地区生产总值 1 万亿元左右，而这其中消费品工业将是在消费主导湖南省经济良性增长中起决定性作用的。总之，随着经济社会的快速发展，居民收入水平和消费水平的大幅度提高，湖南消费品工业将在结构性调整中实现跨越发展，其消费需求呈以下发展变化的趋势。现根据《2011 年潇湘晨报指数》和《2011 年湖南省居民消费情况调查》提供的数据，对湖南消费品市场发展趋势作如下分析。

(一) 家用电器的消费进入结构调整升级的发展期

据调查推算，目前湖南居民家庭电视机、电风扇、洗衣机、电饭煲的拥有率在 90% 以上，处于消费成熟阶段。2005～2008 年，全省限额以上企业家用电器和音像器材类零售额增速分别为 1.1%、20.4%、21.5% 和 15.3%，呈现一定的波动性。从 2008 年 9 月开始到 2009 年 2 月其零售增速出现下滑，由 22% 的增速回落到 7.1%。随着国家 "家电下乡" 政策的实施及房地产开发投资回暖的影响，全省家庭设备用品市场又日趋活跃，特别是新型、性价比更好的产品如液晶电视、滚筒洗衣机、节能变频空调等成为居民更新换代的首选，新一轮热销又逐步显现。2009 年 1～11 月，全省限额以上企业家用电器和音像器材类实现零售额 74.43 亿元，同比增长 28.8%。依据这种趋势，预计湖南省在 "十二五" 期间以液晶电视机为主体的高端电视机产品的消费会有一定的上升，而普通电子管彩电在农村有广阔的市场需求，将呈现较大的上升趋势；空调机在湖南省的拥有率目前尚只有 69.47%，由于气候的变化以及收入水平的提高，估计未来对空调机会有较强的需求，其价格预期一般在台均 3 100 元左右。总的来看，目前湖南城镇居民家用电器消费正处于升级换代过程中，而农村居民对家用电器的消费则处于普及过程中。就城镇居民家庭而言，尽管目前家电普及率比较高，但随着住房条件的改善以及一部分居民购买多套住房，同时还由于家用电器质量的提升与换代，故家电消费结构在未来几年会有一个较大的调整，产生新的消费需求。而对农村居民家庭来说，随着社会主义新农村建设的发展，农民收入增加和农村水、电、和通信设施条件的改善，家用电器的消费将进入一个快速普及期，预计会产生较大的市场需求。

（二）以家用汽车为代表的新一轮消费升级已经开始且需求巨大

汽车产业是一个典型的社会化大生产产业，它的产业联动效应十分巨大，据有关专家分析，汽车产业对上游产业有 2.5 倍的带动效应，对下游产业有 5 倍的带动效应，对国民经济和社会发展具有重大影响。从发达国家消费支出结构分析，当经济发展到一定阶段即国民收入达到人均 2 000 美元时，汽车就将进入家庭；当人均国民收入达到 3 000 美元时，汽车消费就会成为居民消费支出的主要组成部分。在美国，平均每个家庭有 1.3 辆车，居民消费支出中的 23% 与汽车相关。目前湖南居民的消费也出现了这种趋势，2009 年 1～11 月，湖南限额以上贸易企业汽车类商品零售额 237.28 亿元，增长 41.2%。特别是轿车快速进入家庭，价格 20 万元以内的中低档汽车销售火爆，2009 年前三季度限额以上企业共销售中低价位轿车 102 872辆，占全部轿车销售量的 91.2%。截至 2009 年 9 月末，全省每百户城镇居民家用汽车拥有量达到 5.3 台，较去年同期增加 1.2 辆，人均汽油消费量也增长了12.5%。在私人汽车中私人轿车的增长更为迅猛，2008 年底，湖南私人拥有小轿车总数为 43 万辆，比 2005 年底的 15 万辆增加 28 万辆，年均增长 42.1%。当然，湖南的汽车消费水平远远低于发达地区，而且也低于全国平均水平。2009 年 1～11月湖南限额以上贸易企业汽车类商品零售额只占限额以上贸易企业零售额的22.1%，其占比比全国平均水平低 4.4 个百分点，比广东省更是低了 7.6 个百分点。这进一步表明，湖南省汽车消费潜力巨大，并且随着居民收入的不断增加，这种消费热点必将演变成市场热点和消费品工业发展的增长点。

（三）主流性快速食品新品种的需求量依然巨大

在食品消费中，"口味适合我且安全"这个因素对居民选购快速食品是起决定性作用的。然而消费者的口感状态又不是绝对静止的，一方面高度忠诚于自己喜欢的品牌，同时又追求有新的口感。如果所喜欢的品牌其口味不能跟随消费者口感的变化而调整，就会产生"口感疲劳"的现象。因此，要着力对进行快速食品的口味创新，在保持主流性快速食品口味基调的基础上对其口感调新，进行产品升级，从味觉、嗅觉、视觉和养生上产生新刺激，以消除口感疲劳。特别对于喜欢追求流行、时髦与新奇的湖南居民来说，主流性快速食品的品种创新及安全是大有可为的，将会成为生产和经营快速食品企业市场营销的主体战略。

（四）医药保健品市场广阔其功效需求将提升

目前湖南医药保健品行业正处于成长期，除了非处方药品的购买消费比例已基本达到被访问者的50%外，其他对医疗设备购买消费的比例只有2.7%，对保健品购买消费的比例也只有11.8%，还具有巨大的市场开发空间。我国自2005年65岁及65岁以上老龄人口占总人口比重达到7.7%后，标志着我国已开始进入老龄化社会，而中老年人正是医药保健品的主要消费者。另据世界卫生组织最新资料显示，全球有70%的成年人处于亚健康状态，在我国脑力劳动者是亚健康高发人群，据一份健康报告表明我国知识分子平均寿命远低于全国人均72岁的寿命。亚健康高发人群保健延寿的需求，将是医药保健品消费市场的重要对象。另外，中国学生营养促进会对全国大、中、小2亿多学生的健康状况调查表明，其蛋白质、钙、锌、VA等的摄入量普遍不足，缺铁性贫血比例达30%～40%，全国有7 000多万人，这又为具有改善机体亚健康状态的保健食品提供了广阔的商业空间。此外，随着收入水平的提高，居民对医药保健品的功效需求将出现新的变化。一般而言，医药医疗保健品特别是保健品的发展历史大致可分成三个阶段，第一代保健食品包括各类强化食品，是最原始的功能食品，仅根据各类营养素或强化的营养素的功能推断该食品的营养功能，这些功能未经任何实验检验。第二代保健品是必须经过动物和人体实验，证明具有某项生理机能。第三代保健食品不仅需要用动物和人体实验来证明具有某项功能，还需要确知具有该功效的有效成分（或称功能因子）的结构及含量。随着经济和科技的不断发展，目前第三代保健品逐步成为主流，保健品将更加专一化和系列化。

（五）农村居民日用工业品消费市场快速发展

湖南作为一个农民大省，有4 000多万农民，这本身就是一个巨大的消费市场。2007年全省农村居民消费的恩格尔系数大幅度下降，比城镇居民要多2.5个百分点；2008年因涨价因素恩格尔系数同比虽上涨了1.6个百分点，但要比城镇少涨2.2个百分点，这意味着农民对日用工业品消费的需求将大幅度上升。而且随着现代农业的发展，农民收入水平的继续提高，这种非必需品消费的需求还会继续扩张，其市场潜力是非常广阔的。实际上目前农民购买消费日用工业消费品已处于快速增长时期，据调查，2007～2008年湖南省农村居民平均每周饮用瓶装啤酒2.2瓶、罐装啤酒1.8罐，分别比上年度高1.2瓶和0.8罐，其增长幅度翻番。家用电器随着电力、交通、电信条件的改善，特别是国家有关家电下乡优惠政策的实施，农村家电普及速度将会加快，市场需求量将会成倍扩大。如长沙市在"家电下乡""汽车下乡""家电以旧换新"等一系列激活农村日用工业品消费的政策和措施拉动下，2009 年 1 ~ 9 月，全市县级及县以下市场实现社会消费品零售总额 199.8 亿元，同比增长 19.1%，增速高于全市平均水平。其中长沙县完成 56.7 亿元，同比增长 30.8%，增幅为全国平均水平的 2 倍多。此外，农村新生代对服装追求式样和时尚，成衣的销售市场也将十分广阔。

（六）现代零售业态将是日用工业品市场竞争的利器

在城乡居民生活中，对日用工业消费品购买大多是消费者自身购买，除大型家电外其购买频率都很高，要求购买便利、随时、快捷，能及时方便地买到手，所以，消费者对商店形式的选择，对于香烟、饮料、酒类和各种小类食品，首选的是小超市、食杂店、便利店和小卖部等；对于医药保健品首选的是大型连锁药店、小型药店和超市；对于服装和家用电器的购买，首选是大型超市和专业店等。此外，由于大型连锁店和超市的维护成本日渐上升，使有些企业另辟蹊径，开发新的销售方式，如直复式营销、连锁专卖店、厂家直销店、店中店、电话销售、会务销售、展会销售和网络商店等，特别是采取专卖店和大规模销售队伍相结合的直复式销售，目前正在成为一些城市居民家庭购买医药保健品、家用电器、服装的主要渠道之一。因此，日用工业消费品销售的市场网络建设，对于扩大销售的规模和提升其市场占有率起着十分关键的作用。可以预期，对工业消费品零售网点的科学布局，建立起完整、全能、周到、便捷的现代化零售业态，这将是现代消费品工业行业进行市场竞争的基本方式。

四、复兴湖南消费品工业的目标与战略路径

几十年来，湖南消费品工业与中华人民共和国成立前相比有显著发展，但跟全国和发达地区相比，发展还不太大，进步还不太快，效益还不太高，小生产、小规模、小产品的问题未能从根本上解决，而高消耗、高污染、高成本的问题则依然存在。究其原因，我们认为在宏观层面存在两个问题，一个是认识误区。基于传统和落后的农业省要加快工业化的发展，而高度重视具有大工业和技术集约特性的资本品工业化的发展，有些片面地强调生产资料生产优先发展的规律，而对消费品工业的发展重视不够，没有很好地遵循消费资料的生产最终起决定作用的规律，导致了消费品工业发展的相对落后，在一定程度上制约了国民经济又好又快地协调发展。目前"三农问题"比较突出，从本原上来看就是这个矛盾的实质性反映。另一个问题是战略缺失。从严格意义上说，湖南消费品工业这几十年的发展虽然在一些具体的工作层面提出过一些发展思路和对策，但从一个社会生产部类的整体角度，并没有提出过一个明确的大发展思路、大发展战略、大发展对策，处于一种分散的、自然态的发展状态。特别是当全社会都高度重视资本品工业发展的时候，消费品工

业部门缺乏一个整体的对应思路，来指导企业的生产经营和影响政府的整体战略及政策的调整。在湖南消费品工业发展的历史上，家电产业尤其是电视机和电冰箱生产的衰落与此是有直接关系的。总之，在全球化、信息化和我国新型工业化加快发展的今天，湖南消费品工业要改变目前相对资本品工业的发展已经明显落后的局面，首先要在战略层面有一个整体性的发展目标和思路，以协调和规范全行业的行动，实现跨越式的大发展。

（一）湖南消费品工业发展的主要目标

自 2006 年湖南实施新型工业化带动战略以来，地区生产总值以年平均 13.3%的速度增长，"十一五"计划期末即 2010 年将接近 15 000 亿元，"十二五"期间，湖南 GDP 年增长率底线保持 10%，2015 年预计达到 24 000 亿元。全部工业增加值在 2008 年 4 280 亿元的基础上到"十一五"期末预计达到 5 500 亿元，预计"十二五"期间按底线 16%的增长率，到 2015 年达到 12 000 亿元。其中规模以上工业增加值到"十一五"期末达到 5 100 亿元，预计"十二五"期间按底线 16%的增长幅度，到 2015 年达到 11 000 元。

全省消费品工业增加值（含乘用汽车工业）在 2008 年 1 222.3 亿元的基础上，2010 年预计达到 1 890 亿元，预计"十二五"期间年均以 19%的增长率发展，到 2015 年预计达到 4 500 亿元，轻重工业比例即消费品工业与资本品工业之比调整为 40：60，消费品工业所占比例预计比 2008 年提高 8 个百分点，其总量规模在 2008 年的基础上扩大近 3 倍。分行业预期目标数值如下。

食品与烟草工业：粮食、植物油、生猪、茶叶、柑橘等农产品精深加工和卷烟制造是湖南食品工业的主打产品，在全国具有重要地位。2008 年由这两大行业构成的湖南大食品工业，规模以上的工业总产值达 1 684 亿元，是湖南省三大过千亿级的超级产业之一。预计"十二五"期间保持约 20%的速度增长，到 2015 年全省大食品产业的工业增加值规模将达到 2 330 亿元，其中烟草工业增加值争取达到 830 亿元。在此期间全省大食品产业规模以上工业总产值将突破 7 000 亿元大关，成为湖南最大的超级产业之一，并进入全国大食品产业的 5 强。

轻工业：这里是指不包括食品和烟草工业的轻工业行业，是湖南省传统产业基础雄厚且比较优势明显的产业。造纸是湖南省的传统优势，陶瓷、烟花爆竹是湖南省的地方特色，这三大产业构成了湖南轻工业的拳头产品。同时抓住家电下乡开拓农村市场的时机，通过引进和重组复兴以电冰箱为主体的大家电产业。2008 年全省规模以上轻工业总产值超过千亿元，预计"十二五"期间以 15%的速度增长，到 2015 年规模以上工业增加值达到 950 亿元，其工业总产值跃上 3 000 亿元，进入全国轻工业的 10 强。

纺织工业：湖南是全国重要的纺织省份之一，近些年通过体制改革和产品结构调整升级，呈现出持续快速度发展的态势。2008年全省规模以上纺织工业总产值近400亿元，预计2010年达到550亿元，其中工业增加值估计180亿元，"十二五"期间以超过20%的速度增长，2015年全省轻工业规模以上工业增加值预计达到400亿元，其工业总产值突破千亿元大关，达到1 400亿元，综合实力由目前的全国第14位进入全国10强。

医药生物工业：这个产业是传统与现代的有机结合，是当今世界产业发展中具有战略性、基础性和先导性的产业，发展前景十分广阔。湖南既有中药的优势，又拥有现代生物医药技术创新的实力，是湖南省消费品工业正在冉冉升起的一颗新星。预计到"十一五"期末达到450亿元，"十二五"期间将以高于30%的速度增长，2015年工业总产值突破千亿元，达到1 600亿元，成为湖南省又一个千亿级的新兴超级产业和全国医药生物工业的强省。

乘用汽车工业：湖南省现拥有整车生产能力约40万辆。随着汽车引进项目的建设投产和汽车产业规模的整合扩大，2010全省汽车整车生产能力将达到70万辆，2015年预计达到160万辆。由于消费水平提高，汽车产能平均利用率力争达到40%，预计2010年即"十一五"期末全省汽车产量达到30万辆，总产值450亿元，比2008年增长67.3%；"十二五"期间汽车产能利用率平均以10%的速度增长，预计湖南省2015年汽车产量过100万辆，其中以居民家用为主体的乘用汽车约占70万辆以上，工业总产值达到1 500亿元左右，为湖南省过千亿级的新型超级产业（2017年湖南省汽车产量达到100万辆，产值突破2 000亿元）。

（二）湖南消费品工业发展的基础与优势

总的来看，在下一轮中国经济又好又快协调发展的新经济周期，湖南消费品工业作为带动全省经济赶超发展的"超级快车"，实现"十二五"期间规模以上消费品工业总产值过万亿元，消费品工业增加值破4 500亿~5 000亿元大关，是具备现实可能性的。根据我们的调查研究和分析，具有"一大基础、五大优势"的条件：

所谓一大基础是指具有消费品生产的产能基础。如果以新增企业数作为创业活跃与否的指标进行统计，湖南省2000~2008年企业数量增长较多的有19个行业，其中相对全国具有比较优势的10个行业中就有木材加工及木竹藤棕草制品业、农副食品加工业、食品制造业、造纸及纸制品业4个消费品工业行业。同时创业和就业增长都很快的还有医药制造业、纺织业等消费品工业行业。另从消费品行业结构来看，全省轻工业（不含食品工业）共有26个子行业，2 000多家企业，从业人员超过100万人，形成了造纸、制盐、皮革、家具、日用电器、日用硅酸盐、陶瓷、烟花爆竹等优势产能，其产值规模排全国第13位；大食品工业中卷烟制造已形成400万箱品牌香烟的生产规模，农副产品加工企业全省已近两万家，具有年工业总产值 2 000 亿元以上的产能规模；纺织服装工业这几年通过产能结构调整，已初步形成了 3 大产业集群和 7 大产业基地，到 2008 年末，全省在工商部门注册的纺织服装企业有 7 145 家，从业人员约 70 万人，棉纺锭已突破 300 万锭，苎麻纺锭快逼近 20 万锭；医药生物工业发展势头又好又快，全省现代中药有独家产品 100 多个，中药保护品种 70 多个，有 3 家中药企业上市公司。特别是生物医药产业后来居上，其产业集聚程度比较高，浏阳生物医药园的 110 余家企业的年销售产值已占全省生物医药产业的 40%，是全省生物医药业发展的核心区域；汽车工业目前也形成集约化发展的势头，长沙经济开发区目前聚集了 21 家汽车生产骨干企业，年整车生产能力近 40 万辆，产能约占全省的 80% 左右。开发区及周边共有汽车及零部件制造企业 120 多家，形成了一条从零部件到整车生产的产业链，一条布局完整、配套完善的"湖南汽车产业走廊"。

五大优势是指资源优势、人才优势、技术优势、区位优势和后发优势。湖南是个农业资源大省，粮、棉、油、猪、鱼、蔬、麻、果等出产丰富，能够支撑食品工业的大发展。而且森林覆盖率高，木材和中药材资源也非常丰富，全省拥有中药材品种 2 384 种，其中重点药材品种 241 个，这些为湖南省造纸工业和医药生物工业发展奠定了极好的资源条件；古往今来，湖南这块土地上人才辈出，具有人力资本培养和积累的潜在优势。如在食品工业人才方面，全省设有与食品工业相关专业的院（系）就有 8 所高校，拥有 10 家省食级食品科研院所，教学、科研、技术力量比较雄厚，形成了高校、科研院所、企业三位一体的人才培养、技术创新和产品研发体系；湖南省与人才相关的技术优势也尤为明显。例如，全省在医药生物相关领域就拥有院士 15 人，有医药研发专业机构和重点实验室、工程研究中心、企业技术中心等近 100 家，在基因工程药物、干细胞技术、组合生物合成技术等领域处于国际一流水平，在白质工程和中药新药高通量筛选、中药粉体技术等领域处于领先地位，新药研发数量已居全国第 4 位。除了以上三大优势外，湖南还具有紧挨沿海地区、交通四通八达、物流成本较低的区位优势，以及处于工业化发展中期阶段，能够通过对外开放引进和学习发达国家和地区的技术、资本与经验的后发优势。总之，只要我们认真学习和实践科学发展观，合理决策，精心组织，科学运用现有的产能基础，充分发挥上述五大优势，湖南消费品工业完全有能力实现又好又快地赶超发展，全面达到预期的宏伟目标。

（三）湖南消费品工业结构的战略构想

根据以上对湖南省消费品工业发展现状和市场需求趋势的分析，按照新型工业化发展的规律，以及湖南实现科学跨越的"一化三基"战略安排，我们认为，在目前这一轮基础设施和基本建设逐步到位，资本品工业大型骨干项目相继完成的情况，下一个周期湖南经济的发展将是消费品工业为主导的时代。基于此，在发展战略的大思路上，应该立足于把消费品工业打造成拥有巨大规模、巨大空间、巨大投入、巨大收益的"超级产业集群"，成为带动湖南经济在下一轮新经济周期实现又好又快发展的"D车组"。其总体构思是：立足于工业化反梯度推移这个主轴，实现资源深度开发与需求有效创造这两个车轮同步运行，走产业化、信息化和低碳化的发展路子，突破和实现四大关键工程，即农产品加工向农产品制造深化的升级工程、乘用汽车工业向百万辆规模发展的腾飞工程、现代生物医药产业大发展的创造工程和以电冰箱为主体的家电复兴工程。上述湖南消费品工业的战略构思可概括为"一轴两轮三化四突破"战略。

1. 以反梯度推移方式组织消费品工业的跨越发展。所谓工业化反梯度推移，是后发地区发挥后发优势的一种"起飞"战略。即在社会自觉影响与控制下，利用全球化和信息化的外部性条件，培植基于竞争优势的后发优势产业，实行主导产业的非连续性转换，跨越其中的某些传统成长阶段，快速进入现代工业化阶段，其本质是由区域倾斜转向产业倾斜为主。因为在全球化和信息化条件下，包括高新技在内的生产要素能够在全球范围流动，而且高新技术的起点在不同地区的差距并不大。正是在这种新形势下地区间的经济技术水平梯度，不一定就是先进技术引进和经济开发的顺序。如果低梯度区的经济发展存在着比较好的外部经济效应，且又有市场的需要，并具备必要的基础条件，就可以通过跨时空的技术和资本引进以及自主性的技术更新与创造，对具有自身优势的产业进行大规模地高端开发，快速形成具有高新技术水平的支柱性产业，并着力做大做强产业集群，进而实现对发达地区的赶超。历史上，美国超英国，日本超英国德国，都是实行的这种工业化反梯度推移战略。总之，对于湖南消费品工业的赶超发展而言，工业化反梯度推移有三大好处：一是挖掘"半边缘区"（即紧挨沿海）的区位优势并以其为载体，以湖南的劳动力、土地、运输等相对成本优势，实行强势开放，承接和吸纳发达国家和地区产业、技术和资本的差位性转移，尽快把消费品工业规模做大；二是以食品工业、医药生物等优势产业来聚集生产要素，打造超千亿级规模的超级产业，形成强大的极化效应和反极化效应（指抗御沿海发达地区的极化）的增长极；三是通过学习、引进、借鉴，能够用比较短的时间和比较低的成本，学习和运用全球化知识经济的成果，推动消费品工业结构全面升级，实现由传统技术向现代先进技术的跨越。

2. 实现资源深度开发与需求有效创造的有机结合。湖南是一个农林资源丰富的大省。按国家统计局的产业分类目录，消费品工业除了家用电器、家用交通工具、日用塑料制品和生活小五金之外，其余占60%～80%都是以农林产品为原料的，是农林业的后续产业。目前湖南消费品工业发展的一个主要问题和瓶颈是粗放式的初级产品生产，基本上处于原料的初次加工阶段。这样一来，产业链条很短，产品附加值极低，且吸纳的劳动力就业量也十分有限。所以，湖南消费品工业的转型升级，实现大发展和快发展，首要的问题就是要解决资源深度开发利用的问题。

农林产品作为消费品工业的生产原料，在物理生化性质上具有多元素性、多组合性、多层次性的特点。随着社会成员收入、知识、心理的变化，以及技术和工艺的发展，对这些原料的再加工可以形成多样化的、能够满足不同层次需求的产品和产业，获得最大化的企业效益和社会福利效应。如1吨米，卖原粮的产品收入不超过1 000元；加工成淀粉出卖可收入1 800元，增值近1倍；淀粉加工成糖类卖出，每吨果糖可卖3 600元、葡萄糖可卖4 000元，可增值2~3倍；糖类进一步加工成抗菌素和维生素C，那就会有更大幅度的增值。又据有关资料，玉米可以加工制造出几百种不同产品，也就是可形成几百种产品范围的产业价值链，其增值空间巨大。例如把玉米加工成玉米粉或淀粉，是属于玉米物理形态变化的初加工环节，而进一步以玉米粉和淀粉作为原料生产出糖类、酸类和维生素等，则是玉米产生物理生化反应的精深加工，创造出了全新的产品，是玉米产品工业制造的开发过程，即由一般加工到工业制造的提升，这就是消费品工业提质升级的根本内涵。我国吉林长春大成集团是从事玉米精深加工的农业产业化国家重点龙头企业，自1997年建立以来，从初期的玉米初加工发展到现在的依托生物、精细化工等技术的玉米产品精深加工制造阶段，建成了玉米淀粉工业群、淀粉糖工业群、氨基酸工业群、化工醇工业群、生物饲料肥料工业群以及相关机械制造六大玉米类产品精深加工制造工业群，有5大产品系列240多个品种，具有年加工玉米300万吨、年产值可达400亿元的产能规模，可实现年利税100亿元。在这里，大成集团的成功经验就是，依托农业和农民发展玉米种植的原料基础，以技术和工艺创新为手段，以开发高附加值产品为目标，由集团带动百万农户，建立起一条从玉米种植到玉米初加工、深加工、精加工阶段，再提升到生物化工制造阶段的玉米工业经济产业链和产品价值链。随着农林产品精深加工和制造产业的运行，社会财富在倍增，企业效益在倍增，国家税收在倍增，劳动力就业和员工收入也在大幅度增加，进而消费需求也在倍增，这就会真正实现工业与农业的联合、城市与农村的统筹和城乡经济社会的一体化，实现了国民经济的良性循环。

消费品工业对农林产品资源的深度开发，其实质就是实现一般农林产品加工向工业制造提升，这个提升成功的关键是新产品的开发以及相关工艺技术的开发。按照马克思关于"产品只有在消费中才能成为社会需要的产品"的理论，新产品的开发实际上就是进行消费需求创造。因为产品生产出来是要由消费者购买和消费的，其使用价值和价值才能完全实现。从社会再生产角度分析，这个新产品就是为满足新的消费需求而生产的，是在原有基础上的扩大再生产。在这里需求也是一个动态的、发展的、多元的概念，社会越发展生产力水平越提高，社会成员的需求就越是多样、越是扩展、越是高质化。而这种发展着的需求又促进着社会再生产不断扩大，生产结构不断调整升级，使新增需求不断得到了满足。可见，资源深度开发的方向，就是把消费者随着收入增加、生活水平提高而产生的新的消费需求欲望，通过一定的工艺和技术创新，把其制造成相应的物质产品或服务，以满足和实现这个新的消费需求。同时这也是根据对市场需求趋势的预测，生产出能够激发和满足消费者潜在消费需求和欲望的新产品即"需要的手段"，使消费者有支付能力的购买力转化为现实的买卖行为，最终消除消费品工业发展的"需求瓶颈"。总之，消费品工业对资源的深度开发不能盲目，要适销对路，消费需求创造就是为资源深度开发提出方向，开拓潜在的市场需求，以生产满足消费者新"需求的手段"。

3. 建立产业化、信息化和低碳化的消费品工业生产方式。如前所述，目前湖南消费品工业发展过程中，存在小生产、低技术和高消耗（污染）的困境和矛盾。这意味着要达到资源深度开发与消费需求创造的结合，实现消费品工业的跨越发展，必须改变这种落后的"小、低、高"的生产方式，全面进行产业化、信息化和低碳化的技术创新和制度创新，建立现代的大生产、高技术、低消耗（低污染）的生产方式。这里，首先要做到产业化与信息化的融合。产业化的内涵是工业化和产、供、销一体化经营。工业化具有两层含义或要求，一层是工业制造业的发展，对于消费品工业来说就是要在相当高的程度上实现资源一般加工向工业制造的转化。目前，在发达国家这种转化的比例已高达80%以上，而我国只有35%，湖南省则只有26%左右。按照工业化的要求，这个比例在我国2020年至少应达到60%左右，在湖南也应突破50%；另一层意思是产业组织化程度提高，通过深化分工和协作，并进行企业的兼并重组，改造小企业和作坊式的生产方式，组织专业化的大生产，以提高规模经济水平。这里的要害问题是，在专业化生产的基础上，组织大、中、小企业分工协作配套生产，以产业链为联结形成企业集团，实现产业集群。目前在发达国家的产业组织形式中，中小企业的数量一般也占企业总数的90%多，但他们是专业化的配套生产，是小而专。而我们的中小企业则是小而全、小而散，各自作战，分散生产，抗风险能力差，市场竞争力低，这是目前湖南消费品工业生产在产业组织方面同发达国家和地区的一个最大差距。以往湖南省农林产品原料精深加工所占的比例低，从内源性原因上来看就是受制于小企业小生产。所以，只有从根本上改变小生产方式，组织大企业集团进行现代化的大生产，才能真正实现社会分散资本的集中，实现企业人力资本与物质资本的合理配置，以强大的知识和资本的实力进行技术和产品的开发创新，推动资源的一般加工向工业制造快速而有效地提升。

在全球化和信息化加快发展的时代，国际市场竞争日趋激烈，特别是后金融危机时代，经济全球化和信息化仍将加速推进，整个世界经济将出现了两大主流趋势：一是以低碳化为代表的新科技革命使发达国家的产业、产品、消费向高新、高质、高效、低碳的方向发展，即由20世纪90年代的高技术产业化→21世纪初叶传统产业复兴→2010年后高技术与传统产业融合的产业结构革命，国际范围内技术、产业、企业和市场又面临一次新的"洗牌"，国际竞争的技术层面会更多地替代价格层面；二是产业结构的调整向集约化的广度和深度拓展，大品牌、大产业、大企业和跨国生产会进一步快速发展，以横向分工一体化为主的国际分工将呈现强势渗透的态势。正是在这种新的国际条件下，消费品工业的产业化就势必要同信息化融合，大力推广应用信用技术，改善消费品工业的技术状态和管理水平，快速推动产业结构的优化升级，降低消耗和成本，实现消费品工业发展方式由粗放式增长向集约式增长转变。同时，在消费品工业生产经营过程中，大力采用计算机信息系统和网络化运行，改善信息的传递和流动状态，实现高速度和精确化，提高消费品工业生产自动化水平，并且运用公共信息平台加强大、中、小企业之间和各市场要素之间的联系和联合，推进产业集群。

总之，信息化的作用在于，大幅度提高消费品工业产业化发展的专业化、自动化、网络化和柔性化的水平，充分挖掘和发挥企业内由于资源不可无限分割性和资源间永不平衡性所形成的"未利用资源"的作用，全面获得规模经济、范围经济和成长经济效益。而这一切在当今能源资源日趋短缺、温室气体效应越来越严重的情况下，又势必立足于可持续发展，走低碳化的发展路子。所谓低碳化是以低耗能、低排放、低污染为基础的经济发展模式，是一次新的科技革命和产业革命。湖南的工业化目前尚处于工业化中期，而消费品工业相对于资本品工业又是中低碳产业，碳排放量要低于全省工业的总体平均水平，具有发展低碳经济的优势和基础。另外低碳技术属于高新技术范围，对此发展中地区与发达地区的起点基本上处于同一平台，差距不是太大，加之发展中地区碳排放的"锁定效应"较低，因而可以相对低的成本超前发展。湖南消费品工业发展低碳经济，要运用绿色技术改造传统产业和传统企业，淘汰一部分高耗能的过剩产能，发展绿色消费工业产品，使产品从设计、制造、包装、运输、使用到报废处理的整个生命周期中，二氧化碳和其他废弃物排放极少或为零。此外，还要从集约化的角度，通过扩大产品生产规模和范围的途径降耗减排，形成绿色消费品工业体系的长效组织体制。

五、湖南消费品工业发展的配套措施及对策建议

消费品工业又好又快地赶超发展，是后危机时代新一轮经济发展周期中，湖南经济实现经济发展方式转变的结构性革命。表面上是产业结构和行业结构的调整升级，而实质上则是既得利益结构和资源配置结构的重新"洗牌"，是宏观经济结构的重大调整，涉及的问题和矛盾更为复杂和深刻。所以，湖南消费品工业在"十二五"期间实施"一轴二轮三化四突破"的结构发展战略，需要采取强有力的配套措施和可操作的对策。为此，我们建议：

（一）抓大项目导向，立足于需求创造精选重点项目，引导农业产业化龙头企业优化升级

综上所述，湖南省以农副产品为主要原料的食品工业，目前已占湖南消费品工业的半壁江山。因此，无论是从充分利用湖南这个农业大省丰富的农业资源，发展农业工业化，增加农民就业，全面解决"三农问题"的角度，还是从消费品工业自身提质升级的角度，食品工业特别是实现一般农副产品加工向农产品工业制造升级都是重中之重。目前，湖南省食品工业的2/3是一般性的农副产品加工，长期处于小生产、小企业、小产品和低技术的粗放式生产状态，制约了整个湖南消费品工业的发展。另外，农副产品加工的龙头企业，虽然有了一定的产能规模，但产品层次仍不高，如金健米业主要还是由稻谷到大米的一般加工，真正属于工业制造的米制品即以大米为原料的米类工业制成品并不多；唐人神也主要是由生猪到腊肉的一般加工和饲料加工，以猪肉为原料的肉类工业制品占比不高，猪副产品综合利用更是很低。可见，改造农副产品加工业首先应该是现有农副产品加工龙头企业加快升级为农副产品工业再制造的超级企业，像长春的大成集团和河南的双汇集团那样形成大产业集群，由它再带动整个食品工业的提质升级。所以，湖南省要把改造农副产品加工业作为消费品工业产业升级的突破口，以大项目为导向，大企业为主体，通过一系列大项目的招商选资和兼并重组以及技术和产品的创新，推动一般加工向工业制造的提升。

我们认为，在"十二五"期间，湖南省要全力抓好以下一些农业制成品项目：唐人神集团投资26亿元建设1 000万头生猪产业链一体化工程项目和湘潭伟鸿食品公司投资10亿多元建设禽肉精深加工生产线及生产基地项目等，促使该企业产品结构由猪肉及饲料加工提升到以肉制品为主体的食品制造层次上来，重点发展鲜冷藏肉、低温肉制品、方便即食肉制品、和发酵肉制品，开发鸡鸭鹅等禽类高档休闲熟食制品，深化猪禽副产品的综合利用，进而带动湖南整个生猪加工业跃上肉类制品工业的新台阶；湖南金健米业、口口香米业、天龙米业和克明面业等四大粮食加工企业，扩大优质米面和食品加工专用米的精深加工和米蛋白、米淀粉、米糠多糖等高附加值产品的制造，提高整个湖南稻麦的综合利用水平，同时推动这四大米面业企业进行战略联盟，打造湖南粮油制品的超级企业集团；湖南金浩、巴陵油脂、永大高科、银光粮油和盈成油脂等公司进行食用植物油精深加工，发挥湖南省茶籽、菜籽、米糠等资源优势，加快油脂精深加工技术改造，提高精深加工水平和产品附加值，大力开发科学营养调和油和复合氨基酸产品；洞庭水殖、益阳益华、顺祥水产和山东江湖渔业等四大水产企业，进行水产品的精深加工和综合开发，加快发展快速冻鱼片、鱼糜制品和风味即食小包装鱼制品，打造湖南的水产品制造产业和鱼制品系列产品，并大力提高水产品加工附产物综合利用水平；湖南老爹、李文食品、湖南熙可、辣妹子食品和怀化北京汇源五大果蔬加工企业，深化利用湖南省水果蔬菜资源，开发低工资糖型、混合型等具有地方特色罐头产品和果蔬饮料新包装制品，建成湖南现代大规模的果蔬制品产业；湖南茶业、湖南湘丰、潇湘茶业、兰岭绿态、君山银针等五大茶叶加工企业，进行大宗绿茶和名优绿茶的标准化、无公害生产，发展高档绿色有机名优茶、优质黑茶、功能保健茶和茶饮料产品，开展黄酮化合物、茶多糖、茶氨酸、茶色素等天然产物提取和相并产品的制造。

（二）以产业链分工为核心推动企业兼并重组，打造大企业集团，实现消费品工业的产业集群

湖南消费品工业之所以小生产、小企业、小产品居多，其根源在于几千年的小农经济生产方式，在于缺乏专门化的分工生产和协作生产。目前，已进入全球化和信息化时代，生产分工的方式在许多地区和领域已由产业间和产品间的分工，提升到了产业内的产业链分工甚至产品内的生产环节分工。所以，要做大湖南消费品工业的企业规模，关键要抓产业链或生产环节的分工协作，组织系统的配套生产，而绝不是"归大堆"，搞"拉郎配"。这里的现实途径就是大力发展工业外包，建设工业园区或产业基地。所谓工业外包又叫工业分包，是指一些大型产品制造商将部分中间产品（如半成品生产环节、零部件生产环节等）的生产任务分派给具备认可能力的中小企业加工完成，并在此基础上形成最终产品的过程。包括旨在扩大产品生产规模的产量导向型分包和旨在延伸产业链条的专业导向型分包。在这里，工业外包的实质是更好地发挥和提高企业的竞争优势，核心企业即大企业将产品价值链中增值率相对较低的生产环节分包出去，自己集中力量从事产品的设计、营销和质量监控，以促进技术和产品的研发，提升质量和效益。而这也有利于中小企业发挥专业化生产的优势，实现小而专和小而精。这样，大中小企业分工配套，实现本来意义上的产业集群，把产业做大做强。就湖南省消费品工业来说，通过产业链的分工协作来实现产业集群，提高产业的聚集度，主要应做好两件事：一是以股份制或战略联盟的形式，进行企业重组兼并，根据平等互利的原则，进行产权交易，签订权责利关系对等和明确的契约，建立规范而有效的治理结构，以确保产业链分工的高效链接与规模化运行；二是以工业园或产业基地的形式进行产业链分工的空间布局，避免过于分散而增加物流成本。目前湖南省消费品工业的许多行业正在大力创办产业园或产业基地，这个势头很好，但要避免"归大堆"的做法，进园的主要企业应该是以某一个或几个大的产品进行生产环节的分工协作，形成系统化的产品生产链。

在"十二五"期间湖南食品工业要重点发展长沙粮油乳茶和株洲湘潭肉食等8个食品工业产业集群，尤其要在企业规模上进行突破，力争在五年内打造出一两个年主营业务收入达到 300 亿～500 亿元的超级企业集团；在全省轻工业规划发展的 50 个产业集群中，争取建成 10 个年主营业务收入达到 100 亿元以上的轻工类产业集群；在纺织工业上要突出发展终端产品，依托环洞庭湖的棉、麻原料优势，培育壮大常德棉纺织、益阳棉麻纺织产业集群，以株洲服饰市场群为中心发展现代服饰产业，创建长株潭城市群 100 公里服饰产业圈；生物医药是湖南医药工业的特色，这几年发展迅速，特别是湖南生物医药集团的组建，打造了湖南省医药产业旗舰，已成为带动湖南医药生物产业实现跨越式发展的生力军。应抓住机遇顺势而上，以自主技术创新和制度创新为动力，加快突破新药创制重大关键技术和工艺；以企业整合重组为重点，加快培育知名品牌和大企业。一方面，挖掘湖南中药资源优势，加快现代中药产业发展，以中药保护品种和国家级新药为重点，以重大疾病治疗药物为突破口，依托九芝堂、康普制药、哈药慈航、天赐生物、千金药业、安邦制药、紫光古汉、汉森制药、泰尔制药等企业，做大乙肝宁颗粒、肝复乐片、妇科千金片、驴胶补血颗粒、康赛尔、古汉养生精等品牌中药产品。另一方面，发挥生物技术研发优势和国家基地平台优势，依托湖南省生物医药集团、斯奇制药、景达生物、南岳制药、新康、宏灏生物、色凯铂和华纳大等企业，做大做好新型流感疫苗、免疫球蛋白、人血白蛋白等生物药制品。同时，要发挥湖南省技术研发优势和国家基地平台优势，集中力量做大做强长沙国家生物产业基地浏阳生物医药园，建好公共服务平台，创新管理体制机制，重点发展生物制品、现代中药、化学原料药及制剂和医疗器械等产业，争取到 2015 年实现年销售收入 500 亿元以上。家电产业也应该针对城市居民家电换代升级和农村居民家电需求扩大的新形势，在湖南省原有的基础上，通过国内外投资兼并和企业重组的方式，引进战略合作者和知名品牌落户湖南，以获取先进的资产、人才和技术，来实现湖南省家用电器产业的复兴。

（三）以品牌创造为核心改造传统产业，集中资源进行技术和管理创新，着力提高品牌竞争力

我们知道，消费品工业产品是市场竞争性产品，如何提高产业的市场竞争力这是关系湖南省消费品工业能否实现赶超发展的核心问题。在全球化和信息化的时代，市场竞争的方式已经历了同质化价格竞争和同品种质量竞争的阶段，目前正进入立足于技术创新的品种和品牌竞争的阶段。在这种差异化竞争中，企业只要有了一个好品牌、大品牌和名品牌，就有大市场、大产业、大效益。在这样一个市场竞争的条件下，传统产业和传统企业之所以没有市场竞争力，关键就是缺乏品牌产品。从目前湖南消费品工业的发展来看，凡是有品牌的企业，技术水平都较高，生产规模都较大、经济效益都较好，产品质量的安全也能得到保证。后之，则然。所以，目前改造传统产业和传统企业，不能停留在一般地技术改造上，而是要紧紧围

绕品牌创造这个现代产业的主心骨来进行技术和管理的创新。从产业组织理论来分析,打造产业、企业和产品的品牌,实质上是进行差异化的竞争,通过品牌来彰显企业的特点、优势、信誉和能力,在一定范围形成以产品影响力与顾客忠诚度相结合的市场势力。基于此,湖南省消费品工业企业的品牌创造应该掌握和运用好"创新源""创新商"和"创新链"三大要素。创新源是企业技术和产品创新的最终服务对象。一般来说,产品用户、产品制造商和供应商都是企业重要的创新源,但这其中产品用户是最终的创新源,因为消费品最终是要卖给消费者去消费的,只有了解消费者的需要才能进行有效的需求创造;创新商是对企业成员创新思想的市场化价值和创新信心程度的评价,只有充分调动企业全体员工的积极性和创造性,使高市场价值的创新思路与企业员工的创新信心相结合,品牌创造才会成功,且成功后的品牌产品在生产中其质量也才能有保证;创新链是指品牌创造是一个系统的而持续进行的过程,通常由研发—工程—制造—营销—服务五个阶段和环节构成,其每一个阶段和环节都十分重要,缺一不可。因此,要运用信息化的技术手段构建品牌创造的反馈网络和公共研发平台,以使消费品工业企业的品牌创造,能更好地掌握市场变化趋势和充分利用国内外科技资源,创造出具有强势竞争力的大品牌和名品牌。

总的来看,湖南食品工业在"十二五"期间至少要新增中国驰名商标 10 个、中国名牌产品 8 个;轻工行业中造纸产业的中高档产品比重应由目前的 40% 要提高到 60% 以上,打造"浏阳焰火""醴陵花炮""醴陵陶瓷"等地理品牌和地理标志。在这里,烟花爆竹产业要立足于技术和品牌开发,实现机械化安全生产,突破国内外市场营销,形成"品种研发—焰火设计—烟花生产—程序编排—燃放表演"一体化的品牌产品价值链。陶瓷产业要进行低碳化技术创新,降低能耗和减少污染物排放,开发高档次和高性能产品,形成日用陶瓷、电力陶瓷、工业陶瓷、特种陶瓷和艺术陶瓷的产业集群,做大做强陶瓷产业链,实传统陶瓷向高新技术品牌陶瓷的跨越;纺织服装产业是一个幸福、美丽、艺术化的产业。随着城乡居民生活水平的提高,纺织服装已由"御寒、防晒、遮羞"的生活必需品上升到实现自身尊严、人体装饰、形象设计的时尚品和奢侈品,即非必需品,其潜在市场需求空间巨大,因此要实施品牌竞争到标准化竞争的策略,以东方时装、忘不了、派意特、梦洁、多喜爱、晚安、富丽真金、韶峰和金鹰等品牌企业为依托,从研发、制造、营销、物流打造湖南纺织服饰的品牌标准,提升差异化竞争能力,建设湖南的纺织服饰产业链和家纺制品产业链,打造我国中部地区的纺织服饰品牌产品生产基地;金融危机对世界汽车产业格局产生了重大影响,中国汽车市场的潜在需求巨大。预计今后 15 ~ 20 年是我国汽车产业发展的黄金时期,中国成为世界第一大汽车大国已不是梦想。在这种新形势下,湖南乘用汽车产业要乘势而上,突破年产百万辆的营销规模,势必抓住机遇,发挥现有优势,引进国内外战略合作者和国际知名品牌,在长丰猎豹品牌的基础上创造出几个湖南自己的独立品牌。在品牌创造过程中，尤其要关注，随着汽车品牌越来越多，消费者的需求越来越理性，高度关心汽车的性价比，包括燃油经济性、售后服务、安全性、舒适性，以至配置细节都将成为消费者选车的理由。为此，湖南汽车企业要努力满足新一代精益型汽车消费者的需求，务必认真细分市场，立足于技术和工艺创新，提供能全面满足消费者需要的品牌产品。同时，在付款方式、售后服务等方面进行创新和改革，以吸引更多的消费者。

（四）抓好县域消费品工业发展，建设厚实的消费品工业生产基础，促进全省县域经济上新台阶

目前随着改革开放的发展，湖南省县域经济已摆脱了过去以必需品消费为主要动因的温饱型经济状态，进入了向以非必需品消费为主要动因的小康型经济阶段转变的过程。一方面非必需品消费水平提高，农村消费品市场扩大；另一方面农业进入小部门化时期，农业过剩劳动力大量增加。上述两个因素为发展县域消费品工业提供了市场条件和相对廉价劳动力的条件，这也正是湖南消费品工业发展的落脚点和比较优势。实践一再证明，县域消费品工业的发展是完全可以有为、大为和好为的。湖南省湘阴县这些年来在现代农业发展过程中，大力发展农产品加工业，全县共有农产品加工企业312家，其中省、市级农业产业化龙头企业23家，年产值在50万元以上的企业有208家。在这些加工企业中有福湘、长康、义丰祥3个商标被认定为中国驰名商标，8个商标被认定为湖南省著名商标。以上这些企业的40多种主导产品远销日本、美国、加拿大、韩国等20多个国家。目前全县100万亩耕地实现了与加工业的"对口"调整，形成了蔬菜、茶叶、植物油、调味品等8大类农产品加工的强势产业链，带动农户14万多户，直接和间接地吸纳了7万多农民就业。2008年该县农产品加工业总产值占全县工业总产值的70%以上，农产品加工总产值与农业总产值之比达到1.6∶1，全县有80%多的初级农产品通过工业加工转化实现了增值。湘阴县发展农产品加工业的基本经验是依据本县的资源条件建设标准化专业化的农产品生产基地，依托龙头企业打造优质原料车间，以品质优势赢得市场竞争力，以品牌的市场势力带动农产品的精深加工。

参照湘阴县的经验，湖南省各个县区应根据当地所拥有的农副产品资源，以专业化和标准化的生产方式，以"企业＋基地＋农户"的组织形式，建设有特色的优质原料基地，发展农副产品加工业。在发展中要集中资源，不要遍地开花，理想的发展模式是"一县一大品""一品一特色"，提高产业集聚的水平。尤其是应在"3＋5"长株潭城市群范围内建设米制品、肉制品、油制品和果制品等四大有地方资源优势的县级食品工业产业集群。在"十二五"期间重点建设好望城高科技食品工业园，现已有亚华乳业、光明派派乳业、沐林集团、旺旺集团等5家年产值过10亿元的食品工业企业，产能和产品品牌基础比较好。可以在此基础上提质升级，加快大型企业集团的发展，提高自动化水平，扩大生产规模，着力打造成近期过100亿元、远期过500亿元的以乳制品、米制品为主的县级食品工业基地。

（五）强化宏观协调和管理，制定有效的促推政策，加大政府对消费品工业发展的指导和扶植力度

针对湖南省的现实情况，这里一是要理顺管理体制，解决多头管理、各自为政的问题。建议湖南省政府成立全省消费品工业发展领导小组，由一位副省长持帅，相关职能部门领导参加，专门负责全省消费品工业发展的战略指导和统筹规划，协调解决发展中的重大问题，提高政府服务意识和水平，优化产业发展环境。

二是要制定好产业发展规划和政策，建议湖南省委、省政府专门就湖南消费品工业发展问题作出一个带纲领性的决定，明确湖南省消费品工业发展的中长期目标、重点、方针和重大政策。对优先发展和重点发展的产品，制订税收激励、融资支持、基地建设支持、品牌建设鼓励等整套优惠政策；而对于限制发展和需要淘汰的产品，则要有十分明确的和规制力很强的政策，给予应有的限制和处罚。在产业政策制订中，要特别注意体现低碳经济的理念和原则，鼓励和促进节能减排，制订具体和强刺激力的政策，促进低碳化的绿色消费品的生产，坚决淘汰高耗能高污染的产品。

三是要实施税收优惠政策和信贷政策。凡属于增值税一般纳税人的消费品工业企业，在购进和自制生产经营用固定资产发生的进项税额从其销项税额中予以抵扣；消费品工业企业为开发新产品、新技术、新工艺所发生的研发费用在对企业的征税环节上应按规定加计扣除和摊销；消费品工业企业引进技术或进口设备，符合国家有关税收政策规定的应免征关税或进口环节增值税；农产品加工企业应按有关税法和条例给予企业所得税的优惠。在融资贷款上，要创新贷款抵押担保方式，扩大企业有效抵押担保范围，并积极开展应收账款、订单、仓单等质押贷款和产业链融资等业务，支持符合条件的消费品工业企业发行企业债券、中小企业集合债券、短期融资券，积极打造以股权质押、知识产权质押、私募股权及上市融资等融资平台，千方百计为消费品工业企业特别是中小企业解决融资困难。

四是要增加对消费品工业发展的财政投入，省市政府要通过新增和整合财政资源，设立诸如新兴消费品工业产业引导资金、消费品工业产学研用发展专项资金、乘用汽车产业发展基金、农业工业化专项资金、消费品工业企业技术改造资金、消费品工业中小企业配套发展资金等，每年都应安排相当数量的资金，通过重点项目贷款贴息、重点项目引导资金、重大项目引进奖励、自主研发与技术创新补贴、高技术人才补贴、产业配套奖励、服务体系建设补贴以及政府专项投资等形式，扶持消费品工业又好又快的发展。特别是加大对重点项目、重点品牌、重点企业、重点园区和产业集群公共平台建设的支持力度，以促进湖南消费品工业结构的优化升级，实现集约化、规模化、高端化的赶超发展，带动湖南经济在新一轮经济发展周期中实现可持续的跨越式发展。

五是强化专业技术人才和产业技术工人的培养。目前湖南省消费品工业正处于加快发展时期，专业人才和技术工人紧缺，如湖南省乘用汽车产业要达到百万辆的发展规模，仅技术工人就缺 30 万人。这个问题如不抓紧解决好，就会严重影响湖南省消费品工业的大发展。对此，省市政府要加大投入，强化专业人才培养和职业工人的培训。设立专项资金，制订专门的培养计划项目，对学校和培训机构的对口教育和培训进行专项投资或补贴。同时，要鼓励企业培训和民间培训，尤其是要扩大农民工的培训规模，按照培训所产生的绩效给予奖励；要引导和鼓励相关大学和职业技术学院调整专业设置，改进教学方式和手段，增加培养合格的急需人才，壮大湖南省专业技术人才和产业技术工人队伍，以适应和促进消费品工业又好又快发展的需要。

主要参考文献

［1］《马克思恩格斯选集》（第 2 卷），人民出版社 1995 年版。

［2］孙尚清、马建堂：《中国产业结构研究》，中国社会科学出版社 1988 年版。

［3］刘茂松：《湖南崛起论》，湖南人民出版社 2008 年版。

［4］《湖南省志—工业综合志》，珠海出版社 2009 年版。

［5］《湖南消费市场研究白皮书》，湖南教育出版社 2009 年版。

［6］湖南省统计局：《2000～2009 年湖南经济社会统计年报》。

附　　录

本书作为战略对策课题研究成果集，在研究过程中一直紧贴湖南经济社会发展的现实进行调研和创新，及时为各个阶段湖南经济社会发展进行咨询服务，20多年来本书作者先后参加由湖南省委书记、省人大常委会主任、省长、省政协主席、省委副书记、省委常委和副省长、省人大常委副主任、省政协副主席主持召开的专家咨询会议30多次，参加省直有关部门和省内有关地区召开的各种发展战略对策专家咨询会议上百次，使本书研究成果进入了高层决策咨询过程，充分发挥出了应有的参谋作用。以下原文实况选录16篇作者直接参加湖南省委、省政府主要领导主持召开的专家咨询会议发言的对策建议文稿，反映作者主持的重要课题研究成果的转化效果，供参考。

1. 关于社会主义市场经济理论与实践的几个问题
——1995 年 8 月 28 日在中共湖南省委常委学习
中心组小集中学习会上的理论辅导讲座报告

（本文为 1995 年 8 月 28 日作者在时任湖南省委书记王茂林主持的中共湖南省委常委学习中心小组集中学习会上的理论辅导报告稿，创造性地概括了邓小平社会主义市场经济理论体系，并提出工业强省和农业工业化战略建议，得到了参加学习的全体省委常委和副省级领导的高度肯定。对湖南这个传统的农业大省在社会主义市场经济条件下解放思想、更新发展观念和实现发展战略的转型起到了先导性的作用，产生了较为长久的影响。全文载于湖南省县以上党委学习中心组理论专刊《理论学习与研究》1995 年第 4 期。）

社会主义市场经济理论，是邓小平建设有中国特色社会主义理论的重要组成部分。它科学地回答了我国社会主义初级阶段如何组织国民经济高效率发展等一系列重大问题，为我国经济体制改革指明了正确的方向。目前，我国的改革已进入整体配套，重点突破的关键时期，需要我们系统学习和把握这个理论及其有关知识，去研究和解决新问题，以取得这场体制改革攻坚战的胜利。

一、社会主义市场经济理论的重大意义

计划与市场乃至社会主义与市场经济的关系，在世界范围内已经争论了近一个世纪，其影响已远远超出理论研究的范围。在这个问题上，无论是社会主义学者还是反社会主义学者，都存在一个教条，这就是把市场和市场经济与所有制关系直接等同起来，都认为市场和市场经济是私有制的产物，属于社会基本制度的范畴。对此，邓小平同志以无产阶级革命家开辟社会主义建设新道路的巨大政治勇气和开拓马克思主义新境界的巨大理论勇气，进行了历史性的突破。他把马克思主义基本原理同当代中国实际和时代特征结合起来，依据对社会主义实践经验的科学总结，提出了社会主义可以搞市场经济的思想，并随着我国经济体制改革的深化，形成了较为完整的社会主义市场经济理论体系。从而了结了世界社会主义发展史上"社会主义与市场经济不能相容"的这个百年公案，这确实是对马克思主义的重大发展。

（一）马克思主义创始人的两大设想及其局限

马克思主义创始人马克思和恩格斯在 19 世纪中叶，提示了社会主义必然取代资本主义的规律，创立了科学社会主义理论。至今，这个伟大理论仍闪耀着的光辉，对当代国际共产主义运动起着重要的指导作用。但对如何进行社会主义革命和社会主义建设的问题，马克思主义和恩格斯受当时历史条件的限制，有些预言和设想却并不那么准确，与现实有较大距离。在社会主义发展史上，计划与市场乃至社会主义与市场经济可否相容的争论，就与马克思主义创始人的两个设想有直接关系。

一是"发达国家同时革命论"设想。马克思和恩格斯认为"共产主义革命不仅是一个国家的革命，而将在一切文明国家里，即至少在英国、美国、法国、德国同时发生"。[①] 这就是说在生产力高度发达的资本主义国家里，由于私有制与社会化大生产的矛盾，无产阶级作为先进生产力的代表，必然起来革私有制的命，同时爆发革命，建立社会主义制度，以适应高度发达的生产力进一步向前发展的要求。尽管马克思也曾作过落后国家跨越资本主义"卡夫丁峡谷"的假想，即指像俄国农村公社这样落后的国家在一定条件下"有可能不通过资本主义制度的卡夫丁峡谷，而享用资本主义制度的一切肯定成果"，但马克思为这个假想规定了两个前提条件：一个是要有发达国家无产阶级革命的响应和支持，另一个是要有可以学习的现存的样板和经验。[②] 从这两个前提条件来看，这个假想仍然只是对他们的发达国家同时革命论设想的补充。现在看来，马克思和恩格斯过分乐观地估计了发达国家无产阶级革命的时机和条件，因而与实际有较大的反差。列宁依据对帝国主义基本

---

① 《马克思恩格斯全集》（第 1 卷）第 221 页。
② 《马克思恩格斯全集》（第 19 卷），人民出版社，第 438 页。

经济政治特征的分析,特别是对经济政治发展不平衡规律的分析,得出一个很重要的结论:"社会主义可能首先在少数或者甚至在单独一个资本主义国家内获得胜利"① 而且"帝国主义战线的链条通常一定要在它最薄弱的环节被突破,但是无论如何不一定要在资本主义比较发达,无产者占百分之多少、农民占百分之多少等的地方被突破。"② 在列宁这个"一国数国首先胜利论"理论的指导下,1917 年俄国十月革命取得胜利,并建立起了第一个社会主义国家,第二次世界大战后一批生产力落后的国家也相继建立了社会主义制度。可见,列宁提出的这个新理论是对马克思主义创始人"发达国家同时革命论"的突破和发展。试想,如果没有这个突破和发展,很可能就不会有俄国十月革命的胜利,也不会有第二次世界大战后一批社会主义国家的诞生。

二是"社会主义计划经济"设想。马克思和恩格斯的这个设想是与他们的第一个设想直接联系在一起的,或者说是以第一个设想为前提的。正是因为社会主义革命是在一切生产力高度发达的国家共同发生的,也就是说社会主义制度是建立在现代生产力基础上的,于是商品、市场、价格、竞争这些市场经济的概念在社会主义社会就失去了存在的价值。正如马克思和恩格斯所说:"一旦社会占有了生产资料,商品生产将被消除,而产品对生产者的统治也将随之消除。社会内部的无需政府状态将为有计划的、自觉的组织所代替。"③ 马克思主义创始人这个论断的实质有二,一是认为社会主义经济是计划经济,二是把市场经济作为社会主义的对立物。近一个世纪以来,马克思主义创始人的这个设想,一直被所有社会主义国家视为社会主义经济的铁律。列宁虽然在社会主义革命的问题上突破和发展了马克思主义创始人的第一个设想,但在社会主义建设问题上却基本上继承了马克思和恩格斯的计划经济设想。列宁把市场经济等同于资本主义制度,把计划经济等同于社会主义制度。他说:"只要还存在市场经济,只要还保持着货币权力和资本的权力,世界上任何法律也无力消灭不平等和剥削,只有实行巨大的社会化的计划经济制度,同时把所有土地、工厂、工具的所有权交给工人阶级,才能消灭一切剥削。"④ 十月革命胜利后,列宁明确提出,把取消商品、货币和市场机制,建立计划经济当作建立社会主义制度的基础任务。虽然 1921 年苏联在国内战争结束后,果断停止军事共产主义,实行新经济政策,提出要发展商品、市场。但这在列宁看来,也只是过渡时期退却政策,是一种权宜之计。1922 年 3 月在苏联共产党(简称"苏共")第 11 次党代会上,列宁明确指出"我们退却已经一年了。现在我们应该代表全党来说,已经够了!退却所要达到的目的已经达到了。这个时期就要结束,或者说已

① 《列宁选集》(第 2 卷),人民出版社,第 207 页。
② 《斯大林选集》(上卷),人民出版社,第 207 页。
③ 《马克思恩格斯选集》(第 3 卷),人民出版社,第 757 页。
④ 《列宁全集》(第 27 卷)人民出版社,第 189 页。

经结束。"① 列宁之后，在斯大林时期，苏联形成了社会主义高度集中的计划经济体制，这对所有社会主义国家起到了十分深远的示范作用。当然，斯大林对社会主义制度下商品经济问题，作出过重大贡献，他将公有制与商品经济联系在一起，认为在两种公有制形式存在的条件下，社会主义还存在着商品生产和商品交换的必然性。他还认为这是一种没有资本家参加的商品生产，不会导致资本主义。但斯大林在总体上仍坚持认为计划经济是社会主义经济的本质特点，在他领导下制定的计划完全是指令性的，计划就是法律，违背计划就是违法。在这种情况下，市场被看作是社会主义计划经济的异己物，而被严格限制。毛泽东同志曾在一定程度上肯定过市场在社会主义时期的作用，主张运用价值规律来管理经济，甚至在 1958 年还明确提出过发展社会主义商品生产。但毛泽东对市场问题长期处于一种矛盾的境地，有时主张利用，有时主张限制，特别是 1974 年发表无产阶级专政理论的谈话，把按劳分配和商品交换都看成是资本主义性质的东西，要加以限制，这在人们的观念中形成了一个很大的"禁区"。所以，从总体上看，毛泽东同志也是把市场经济看成是资本主义的，是与社会主义不相容的。

应该看到，马克思主义创始人的两个设想，是立足于生产力高度发达这个客观基础之上的，马克思和恩格斯基本上没有考虑在生产力落后的国家如何进行社会主义革命和社会主义建设的问题。而现实生活中的社会主义革命又都是在生产力落后即资本主义薄弱环节进行的，与马、恩的设想有较大的距离。这样，在社会主义建设问题上就应该根据这个现实情况即社会主义还只是处于初级阶段，人与人之间还存在利益关系，商品经济和市场经济是这个阶段发展生产力最适宜的一种经济形式等来设计经济体制。如果还是机械地照搬马克思恩格斯那个不太符合现实的设想，就必然会滑入空想社会主义，造成巨大损失。

（二）邓小平对"社会主义计划经济设想"的突破与发展

从上述情况看，在 20 世纪 70 年代以前，无论是从世界范围分析，还是从国内来看，都没有解决好如何建设社会主义的问题。只是从党的十一届三中全会开始，邓小平同志提出以实事求是的思想路线为指导，以市场经济的办法来发展生产力，以经济建设为中心来建设社会主义，才逐渐形成了建设有中国特色社会主义的道路。如果说列宁的主要功绩在于突破和发展了马克思创始人的"第一设想"，解决了社会主义革命的问题，实现了科学社会主义从理论到实践的第一次飞跃的话，那么，邓小平的历史功绩就在于突破和发展了马克思主义创始人的"第二设想"，解决了社会主义建设的问题，在新的历史条件下实现了科学社会主义从理论到实践的第二次飞跃。其间，社会主义市场经济理论的提出和发展，又是实现这个飞跃的关键。

邓小平社会主义市场经济理论萌发于 1975 年间，当时他就提出要解决好企业

---

① 《列宁选集》（第 4 卷），人民出版社，第 629 页。

的管理问题，要提高产品在国际市场上的竞争能力，要打破平均分配，提高劳动者的积极性。1978 年他又提出我国经济体制的主要问题是权力过于集中，企事业单位权责不明，无人负责。1979 年 11 月 26 日在与美国《大不列颠百科全书》副总统吉布尼谈话中他正式提出"社会主义也可以搞市场经济"的观点。自那时起，直到 1992 年 1 月 18 日至 2 月 21 日南方视察谈话中强调"计划和市场都是经济手段"的十多年间，邓小平同志前后十多次专门谈到社会主义与市场经济和计划与市场的关系问题，形成了一套较为完整的社会主义市场经济理论思想。我认为，这套理论是由五大理论观点、三大理论结构、六大体制构想组成的。

1. 五大理论观点：一是手段论。邓小平同志把市场经济同社会基本制度区分开来，始终认为市场经济是发展生产力的一种经济手段。这就正确说明了市场经济的本质属性；二是活力论。邓小平同志认为计划经济的缺点在于集中过多，经济搞得不活。因而他强调要运用市场经济的办法搞活经济，加快发展。市场经济之所以能搞活经济，在小平同志看来主要是生产者和经营者有自主权，价格信息灵通，可以有效地使用人财物资源。这便正确说明了市场经济的调节功能；三是结合论。邓小平同志在计划与市场的关系上，一贯认为要使二者有机地结合起来，扬长避短，用市场的活力来弥补计划的呆滞性，用计划的全局统筹性优势去弥补市场的局部性和事后性，实现优势互补，加速经济良性发展。这就正确说明了社会主义市场经济的运行方式；四是开放论。邓小平同志认为市场经济是一种开放的经济，是一个统一的市场，它主要体现在对外开放和对内开放上。对外开放就是要大胆引进外资和外国的先进技术，使中国经济走向世界。对内开放就是要进行改革，打破封闭，拓展市场。这些论述正确说明了社会主义市场经济的存在形式；五是效益论。讲求经济效益就是市场经济的根本问题。对此，邓小平同志有许多重要的论述。在微观经济上，他强调要搞好企业管理，加强经济核算，提高劳动生产率和资金利用率。在宏观经济上，他强调速度和效益的统一，以提高经济效益为前提，要控制投资规模，提高总的社会效益。这样就正确说明了社会主义经济的运行目的。

2. 三大理论结构。邓小平同志上述社会主义市场经济理论观点和思想，具有一个严谨的理论结构，主要表现为三大组成部分：一是关于市场经济产生条件的理论。在邓小平同志看来，市场经济产生的条件就是社会分工和商品生产。封建社会、资本主义社会和社会主义社会，由于都存在着这个客观条件，因而就都有市场或市场经济的存在和运行，而且这几种社会的市场经济在方法上也都是基本相似的，只是程度和形态有所不同而已。条件结构理论的提出，为邓小平同志把市场经济定位于"经济手段"层次上，作为一种社会资源配置的方法，提供了有力的理论依据。只有这样，才有可能在社会主义与市场经济关系的问题上，突破姓"资"姓"社"的思想禁区，进而把社会主义市场经济体制作为我国经济体制改革的目标模式。二是关于市场经济运动形态的理论。一般来说，市场经济运动有两种形态，即完全自由的市场形态和有宏观控制的市场形态，各自与特定的经济条件相适应。马克思主义创始人对完全自由的市场形态有全面论述，认为这是一种盲目的、无政府状态的经济，表现为个别企业内部的有组织性与整个社会生产的无政府状态的矛盾，而这种矛盾就是私有制造成的。人们正是根据这种经典分析而断定市场经济就是资本主义私有制的产物。其实，完全自由的市场经济只是自由资本主义时期的一种市场形态。而到了现代资本主义时期，国有资本与私人资本相结合，形成国家垄断资本主义后，国家就有可能借用国有资本和国家市场来对市场经济的运动进行宏观调控了，不仅仅是个别企业内部有计划，而且整个社会生产也有一定程度的计划。邓小平同志正是根据这个事实，提出了计划和市场都是经济手段以及计划和市场可以有机结合的著名论断，从而确立了现代市场经济的形态理论，这是对马克思主义政治经济学关于市场形态理论的重大补充和发展。形态结构理论的提出，为社会主义市场经济体制的具体构造提供了理论依据，同时也进一步说明了社会主义与市场经济结合的可行性。三是关于市场经济根本性质的理论。邓小平同志坚持用生产力标准来观察、分析计划与市场的关系，始终把市场经济与生产力发展联系在一起，强调市场经济的根本属性就是对社会资源进行配置的经济手段，目的是促进生产力更好地发展。当然，生产力总是在一定的生产关系中运行的，市场经济作为一种手段，它的运动也总是与特定的生产关系相联系的。正因为如此，邓小平同志在指出社会主义市场经济在方法上与资本主义市场经济是相似的同时，也指出了二者的不同，这就是市场经济所联系的所有制关系不同。社会主义市场经济是与公有制联系在一起的，所以要坚定不移地坚持公有制为主体和共同富裕的原则。本质结构理论的提出，一方面为解放思想，转变观念，大力发展市场经济提供了思想武器；另一方面又为正确贯彻执行党的基本路线，把市场取向的改革与坚持四项基本原则结合起来提供了具体而明确地规范。

3. 六大体制构想。改革也是解放生产力。这是邓小平同志根据生产力与生产关系、经济基础与上层建筑之间决定与被决定关系的原理，而提出的重要思想。那么，如何选择我国的经济体制？邓小平同志依据他创立的社会主义市场经济理论的基本原则，对社会主义市场经济体制进行了六个方面的具体构想和设计；第一是在所有制结构上，要改变纯而又纯的单一公有制结构，坚持以公有制为主体，其他经济成分并存。发展一点个体经济、私营经济和外资经济，对社会主义经济进行有益的补充；第二是在收入分配制度上，要打破平均主义，坚持按劳分配原则，允许一部分人通过诚实的劳动而先富起来。这样便充分满足了市场经济效率第一的要求，能正确协调效率与公平的关系，逐步实现共同富裕；第三是在商品流通体制上，要彻底改革政府指令性定价制度，放开和理顺价格，发展各种市场，实行市场定价制度。要坚决取消购销价格倒挂和国家价格补贴等违反价值规律的做法，使价格灵活地反映价值和供求关系；第四是在国有企业制度上，要改革国有国营的传统体制，用多种形式把所有权同经营权分开，扩大企业自主权，发展多种经营形式，搞股份制的企业联合，创办企业集团；第五是在农村经济体制上，要改变"一大二公"的人民公社制度，实现两个飞跃。即在实行家庭联产承包责任制，调动农民的生产积极性，解决好温饱问题的基础上，发展适度规模经营，发展集体经济，以适应科学种田和生产社会化的需要，提高农业经济效益；第六是在宏观经济体制上，要改变"一统就死，一放就乱"的状况，树立中央的权威，实行走向小康社会的宏观管理。也就是在大的问题上，在方向问题上实行宏观管理，主要管目标，不管具体过程，要以银行作为现代经济的核心，实行间接调控。

邓小平社会主义市场经济理论的提出，以及他对社会主义市场经济体制的设计，无论是从国际共产主义运动发展史进行考察，还是从中国社会主义革命和建设发展史来考察，都是对马克思主义的重大发展，在社会主义发展史上是一个具有划时代意义的新贡献。对于我国来说，在这一理论指导下进行的建立社会主义市场经济体制的改革，将从根本上决定着社会主义制度的巩固和发展，其意义十分重大。

二、现代市场经济学知识的基本结构

(一) 近现代经济学发展的新趋势

近代，经济学的发展以亚当·斯密研究国民财富产生的原因和性质的著作《国富论》为起点，按两条线索展开，一条是在劳动价值论的基础上，以批判传统资本主义经济为主题的政治经济学。以李嘉图和马克思为代表，最后发展形成了社会主义经济学。而传统社会主义经济学的基本内容则是计划经济学，它全面排斥商品经济和市场经济。当然，计划体制在社会主义制度形成初期，曾经起了很大的历史作用，这是应该肯定的。但到了当代，随着社会主义经济由传统经济向现代经济转化，计划经济由于存在信息不完备（信息利用率低）和单一利益主体的不具备（仍存在多元利益主体）等两个无法经弥补的缺陷，难以适应现代经济发展的要求。而市场经济具有自主性、客观性、高效性的优势，可弥补计划经济的缺陷。这样，社会主义经济学便正在由计划经济学向社会主义市场经济学转变。另一条是在均衡价格理论的基础上，以研究经济的组织、运行和调节为主题的市场经济学。以马歇尔、凯恩斯和萨尔谬尔森等为代表，逐步演化成西方经济学。西方经济学是以资本主义制度作为既定前提的，只单纯研究经济的组织和运行，因此它在早期是一种鼓吹市场万能的自由放任经济学。但随着资本主义经济由自由经济向垄断经济的转化，资本主义国家的政府逐步具备了调控经济的能力。另外资本主义社会的基本矛盾随着生产力的发展而不断激发，经济危机频频发生，特别是 1928 年到 1933 年的大经济危机动摇了整个资本主义世界，对资本主义国家的政府也提出了干预经济的要求。在这种情况下，西方经济学也正在经历由自由放任的古典经济学（由看不见的手自动调节经济）向主张政府干预经济的新古典经济学综合（看不见的手与看得见的手相结合）的转化。由此，从两条线索展开的近代经济学发展到现代已出现了相互借鉴、补充、交融的新趋势。这是因为它们都有一个共同的客观基础，这就是社会分工与商品生产。

（二）现代市场经济学的共同性

所谓市场经济，就是以市场机制作为社会资源配置的基础方式的经济。尽管当代市场经济有不同的模式，如资本主义市场经济与社会主义市场经济，消费者导向型市场经济（美国）与行政管理导向型市场经济（日本、法国）和社会市场经济（德国）等，而且在不同市场经济模式下市场当事人的行为也有些差异。但所有的市场经济学都要研究和说明以下几个带有共同性的问题：第一，不论何种市场经济，都要以价格信号（包括商品价格、劳动力价格和资金价格）作为国民经济活动和市场当事人行为的调节器，离开了价格信号就无所谓市场经济；第二，不论何种市场经济，都要追求效率的最大化，投资者要追求资本利润最大化，消费者要追求商品效用最大化，劳动者要追求工资收入最大化，宏观决策者要追求稳定、公平和社会福利最大化。没有对效率最大化的追求，就没有市场竞争，也不会有市场经济。到了当代，这种效率最大化目标又与国民生活质量改善结合起来；第三，不论何种市场经济，都需要政府对市场进行必要的干预，以弥补"市场失灵"的缺陷。

（三）市场经济学的基本范畴

正是由于所有的市场经济在运行中都具有上述共性，所以，作为研究和说明市场经济运行规律的市场经济学便需要使用一些与此相适应的基本范畴。现在比较一致的看法是价格、供求、竞争三大要素。

首先，价格是商品价值的货币表现，也是价值规律的主要表现形态。可以说，价格是市场经济的"心脏"，因为市场机制对社会资源的配置就是通过价格围绕价值的波动来实现的。对于生产者、消费者和国家来说，价格的作用有不同的效果。对于同业性的生产者来说，价格变动是扩大市场份额的竞争工具；对于非同业性的生产者来说，价格变动是调整生产结构和方向的信号；对于消费者来说，价格变动是改变需求结构和规模的指示器；而对于国家来说，价格变动则是实现总供给与总需求平衡的杠杆。那么，如何发挥价格的这些作用？唯一的前提就是不搞价格管制，让价格灵活波动。只有这样，价格才可能及时反映价值和供求关系，引导生产者、经营者和消费者调整决策，实现社会资源的有效配置。所以，价格自由波动，是唯一没有资源浪费的准则，因为它总是不断地引导市场当事人去生产和经营市场最需要的东西，去购买效用与成本最适当的商品。

其次，由于存在社会分工，这样社会生产与社会需要之间便存在着一定比例关系。在市场经济条件下，这种比例关系便表现为市场上商品的供求关系。在这里，所谓市场供给是指生产者在一定时期内在一定价格水平上愿意而且能够出卖的商品量。因此，既有出售愿望又有供应能力，是形成市场供给的两个前提条件。所谓市场需求，则是指消费者在一定时期内在一定价格水平上愿意而且能够购买的商品量。同样，市场需求的形成也需要两个前提条件，即有购买欲望和有支付能力。从上述市场供求的定义可以看出，它与市场价格是有着密切联系的，客观存在的供求比例只有借助价格的波动，才能转化成一种现实的、可以计量和传导的信号，进而对生产和消费产生调节作用。

最后，市场经济在本质上就是一种竞争型的经济。没有竞争，就没有价格的运动，也就没有市场经济。纵观世界各国经济现代化的历史，可以得出这样一个结论，构建一个竞争性的市场体系和机制，是实现经济现代化的前提条件。因为"只有通过竞争的波动从而通过商品价格的波动，商品生产的价值规律才能得到贯彻，社会必要劳动时间决定商品价值这一点才能成为现实。"① 市场竞争的实质就是市场当事人之间相互争夺较好的市场条件，以取得更大的利益。在竞争充分展开的条件下，谁也不能垄断市场，谁也无法长久地主宰市场价格，于是供求和价格就能充分地发挥作用，实行优胜劣汰，充分激发市场当事人的创造性，发挥各自的比较优势，促使社会资源流向市场最需要且又最有效率的地方。当然，市场竞争也有不同的类型，一般可分为完全竞争和垄断竞争。完全竞争是指不受任何外部力量控制的自由化市场，其特点是有数目众多的市场主体，出售的商品是同质的，各种商品可以充分流动，市场当事人具有充分知识和信息。可见，这是一种纯粹理想化的市场，在现实生活中是不存在的。实际上，市场活动是既有竞争，也有垄断，二者结合起来就称为垄断竞争。它的特点是市场主体比较多，但商品不同质，正是因为如此，在垄断竞争的市场上，价格的涨跌就不是唯一的竞争手段，还存在非价格的竞争，如改进质量和技术等。

（四）市场机制的做功机理

上述市场经济学的三大基本范畴或三要素，在现实的市场经济活动中就构成了以市场为基础进行社会资源配置的机制即市场机制。其内在的耦合关系是：竞争引起价格波动，价格在波动中反映商品价值和市场供求关系的要求，而价值与供求的客观要求借助价格尺度转化为可视信号（能够观察、接收、处理、传输）被市场当事人接受，进而诱导其经济行为，最终达到社会资源的有效配置。这里，资源的有效配置有两个质的规定性：一是指资源配置在市场最需要的地方，可使消费者需要的商品效用最大化；二是指资源的价值形态即资本用在效益最高的地方，可使所有者的利润最大化。二者的结合，便是市场效率的最大化。市场机制的上述做功机理，一般就是市场经济学研究的基本内容。

三、现代市场经济运行中的一般规律

从总的来说，市场经济作为商品经济的一种发达形式，它所遵循的基本规律依

---

① 《马克思恩格斯全集》（第1卷），第613页。

然是价值规律，要贯彻等价交换的原则。然而，市场经济与商品经济又并不完全是一回事。商品经济是根据产品是否通过等价交换进入消费这种外部表征来界定经济体制的；而市场经济则不仅仅是个等价交换问题，它要进一步从社会资源配置方式这种内在特征的角度来界定经济体制。因此，市场经济涉及的范围更广，触及的问题更为深刻。它在价值规律总的影响和制导下，还具有自己特殊的运行方式和规律。主要表现在六个方面。

（一）产权关系明晰化

我们知道，市场经济指建立在自由交换基础上的商品生产、分配和消费。在这里，等价交换的实质就是权利的让渡。如果权利的主体不明确，那就不会有等价交换，当然也就不会有市场经济了。这种通过某种法定形式明确的权利和规则就是产权。所以，产权关系明晰化应该是市场经济运行的前提，它要求所有进入市场的当事人都必须是独立的权利主体，能够自主决策，自负盈亏。现在对产权这个问题认识很不一致，可以说，围绕产权明晰化的是是非非，已形成了我国经济理论界的第三次大争论。争论的焦点依然是姓"资"姓"社"问题。一种观点认为，产权就是所有权，提产权明晰化就是要搞私有化；另一种观点认为，产权不等于所有权，提产权明晰化，恰恰是为了保卫所有者的利益和意志，是巩固公有制而不是瓦解公有制。如何看待这个问题？马克思的所有制理论有三个重要的观点是我们认识产权问题的思想基础。首先，马克思认为所有制不能以个人意志为基础，把现存的所有制关系表现为普遍意志的结果，这是一个法律幻想；其次，马克思认为所有制形式是财产的交往形式，物的交往形式包括所有权与使用权分离是获得财产的新方式；最后，马克思还认为所有制形式发生在把生产条件变为主体活动条件的现实关系中，它不是想象中的关系，离开了对财产的经营和使用，所有者是无法获得利益的。马克思的这三个重要的理论观点，可以集中归结为马克思在分析借贷资本和股份制时，提出的法律上的所有权与经济上的所有权的分离的著名论断。用马克思的所有制理论来分析产权，可以得出一个基本结论：产权不等于所有权。产权关系是指人们相互之间基于财产的存在而对财产进行有效利用所明确的一组行为性关系，包括所有者与所有者之间以及所有者与经营者之间的权、责、利关系。目的是解决资产在经营和使用中有人负责的问题，确保所有者的意志和利益要求得到全面贯彻，实现资产的保值和增值。因此，产权明晰是所有者行使所有权，实行自我保护的行为。

（二）市场体系完备化

现代市场经济是覆盖全社会各种经济活动的，不仅调节流通，而且要调节生产；不仅调节消费品的生产和分配，而且要调节生产资料的生产与分配；不仅调节实体性商品（如消费品和生产资料）的生产和分配，而且还要调节非实体性的生产要素商品的生产和分配。总之，整个国民经济活动都要程度不同地接受市场的调节。这样，就势必要求建立一个完备的市场体系结构，包括消费品市场、生产资料市场、资金市场、技术市场、劳动力市场、信息市场、房地产市场以及资本与产权市场等。如果市场体系不完整，市场机制就不能充分发挥调节作用，社会资源的经济性流动就会受阻，难以实现有效的配置。培育市场体系要抓好五个方面的事情：一是市场基础的建设，主要是各种市场的场地建设和设施建设；二是市场组织的选择即建立市场体系运转的组织形式，如商行、交易所、批发公司、综合商社等；三是市场制度的建立，主要是市场交易的政策、制度、秩序、法规和程序等；四是市场关系的培育如价格体制、信息网络、流通渠道、契约、商誉和市场形象设计等；五是市场结构的健全，即从市场客体上要建设门类齐全且又统一的市场，既有商品市场、又有各种生产要素市场，而且没有地方封闭，向世界市场开放。

（三）资本利得最大化

前述无论是何种社会形态的市场经济，其市场当事人参与市场活动的直接目的都是追求效益最大化。这里一个是消费者追求商品效用最大化，再一个是生产者和经营者（统称投资者）追求投资利润最大化。商品效用要靠生产者和经营者提供，而生产者和经营者能否提供最大的商品效用，又需要一个激励机制，这就是资本利得最大化。所以，没有资本利得最大化的激励，也就没有竞争和市场经济。在这里，资本具有与"生产一般"相联系的属性，只要是搞市场经济，就会存在"资本"，这里所能改变的，只是资本所带来的剩余价值的占有形式，而绝不能改变剩余价值（资本）本身。社会主义企业要理直气壮追求资本利得最大化。

（四）市场活动竞争化

我们知道，现实生活中的市场竞争是垄断竞争，既有价格的自由波动，且在一定范围又有垄断的存在。而竞争发展的结果又大多是非价格竞争，特别是品种竞争尤其如此。这种非价格竞争也并不是竞争的频率越高越好，因为高频率的竞争会造成资源浪费。如产品的经济生命周期太短，就会使工艺技术的寿命缩短，增加技术开发经费，造成资源的浪费；又如产品差异过大，竞争对手无法与之抗争，这就可能造成大规模的市场垄断，阻碍竞争，反过来又不利于资源配置和技术进步。所以，竞争特别是非价格竞争如果过度，就会走向反面，形成新的垄断。这样，市场活动的竞争就必须适度，要有组织、有秩序地进行。目前，发达国家的市场竞争一般采取"可操作性竞争"作为政府制定经济政策的依据。所谓"可操性竞争"是指衡量竞争程度的标准，其内容主要是指进入市场的各类企业操纵抬高价格的能力和限制对手参与竞争的能力。

（五）宏观调控间接化

市场经济由于存在"市场失灵"的缺陷，因而需要政府的干预，进行宏观调控。但是这种宏观调控不能重走老路，用指令性计划经济的手段来对市场经济运行进行管制。如果是这样的话，那么"干预"就会变成"干涉"，会妨碍市场经济正常运行。这是因为市场经济是以市场机制作为社会资源配置的基础性方式的经济。在这里，市场手段是基础，其他手段包括计划手段、行政手段、法律手段等，都必须适应这个基础的要求，并只能在这个基础上来发挥作用，形成市场经济的一个有机的组成部分。如果脱离这个基础另搞一套，那就会与市场经济产生极大的摩擦。那么，这个基础的基本要求是什么呢？如上所述，就是价格自由波动，市场有序竞争，市场当事人自主决策。为适应这个要求，政府的宏观调控就只能是间接型的，即以经济手段为主，以完成市场不能有效完成的任务为目标，保证市场机制充分地发挥作用。就国外经验来看，间接型的宏观调控一般应有以下几个主要的经济职能：一是为市场经济有效运行确立维持竞争的规则；二是建设市场经济发展必需的基础设施，并提供维持社会稳定和公正的公益产品；三是控制货币发行和投资规模，扼制通货膨胀，保持社会总供给与总需求的大体平衡。

（六）市场管理法治化

市场经济的发展既需要所有市场当事人的积极性，且又需要按照一定秩序和规则来运行。所以，市场经济体制实际是以权益和法治为基石的现代经济体制。很明显，如果没有权益的动机激励人们去生产和经营，去拼搏和冒风险，市场机制便无法运转；没有法治即没有一系列维护市场秩序的规则，没有财产保护和惩罚腐败行为的法律，市场经济也无法运行。在这里，法治经济的含义是市场当事人在一般性法律约束和保障下，自由选择一切经济活动方式来实现自己的经济目标。这种法治是市场经济秩序的内在要求和组成部分，需要靠国家的法律来确认、保护和维系。

四、由计划经济向市场经济过渡的对策

目前，我国社会主义市场经济正在向纵深发展，整个社会无论是经济、政治、社会管理，还是人们的价值观念都处于全面转型的时期。在这个过程中新旧体制的摩擦，新旧观念的冲撞，新旧经济的交替，显得错综复杂。此外，改革深化所需要的经济和社会条件也不完全具备（如历史包袱处理和社会保障体系等），重大改革措施无法尽快到位。在这种情况下，改革和发展都面临着严峻的考验。这说明由计划经济转向市场经济，要经历一个过渡时期，这个时期的经济就被称之为过渡经济。

（一）过渡经济负面效应的表现

在过渡时期，由于社会主义市场经济尚未完全建立起来，旧的计划经济体制或多或少、或明或暗还在起作用，于是就表现出一种既非真正的市场经济又非完全的计划经济的状态，这便是过渡经济的一个很重要的特征。这样一来，必然会造成某种制度漏洞。目前，尽管经济的主流是好的，但因这个制度漏洞也出现了一些较为严重的问题即负面效应。根据我国近些年的情况，这些负面效应可以归纳为六个方面的"恶性经济"：一是寻租经济，所谓寻租（租的本意是指一种生产要素的所有

者获得的收入中，超过这种要素的机会成本的剩余），是指社会中某些非生产性的追求经济利益的活动。狭义的寻租是指利用行政法律手段阻止生产要素通过市场机制在不同产业间的合理配置来牟取或维护既得利益的行为。说得通俗点就是以权谋私、权钱交易。二是伪劣经济，即在利润诱惑下，大量制造假冒伪劣商品，坑害消费者，腐蚀市场经济，现在可以说已到了令人发指的地步。据全国打假办提供的材料，近两年来全国查处假冒伪劣商品涉及 200 多个大类几千种品种，标值总额达 52 亿多元，统一销毁假冒伪劣商品标值总额达 15 亿多元。三是地下经济，如毒品业、赌博业、色情业、迷信业、贩人业等，这些不道德的经济活动，不仅危害国民经济的发展，而且严重危害社会治安和人民的正常生活，是一大毒瘤。四是泡沫经济，所谓泡沫经济，简单地说就是虚拟经济资本或非实体资本的价格暴涨，大大超过实体资产的价格，而引发的恶性投机行为。近几年出现的非正常的股票热、房地产热、期货热等，就是人为吹起来的泡泡，特别是非法动用公款或银行资金去炒地、炒股票、炒期货，打乱了国民经济运行的秩序，造成了极严重的后遗症。五是短期经济，生产者和经营者的经济行为没有形成预期，对长远经济没有打算，只顾眼前利益，于是拼设备、拼消耗，分光用光，不搞技术进步，以致出现国民收入超分配现象（这在承包制期间是十分明显的）。六是诸侯经济，完全从本地方的利益出发，用行政手段搞地方封锁和市场割据，不服从国家的统一政策和统一调度，统一市场无法形成，市场机制难以发挥作用。这在财政包干、分灶吃饭时最为严重，目前也仍很突出，伪劣经济之所以难以消除就与这种地方主义的诸侯经济有关。总之，诸侯经济不除，社会主义市场经济所需要的统一市场和市场秩序都建立不起来。

（二）过渡经济负面效应产生的原因

应该说，这里有市场当事人的思想、觉悟和道德问题，但深层次的原因则在于改革过程的阶段性利益失衡。改革是对全体社会成员既定利益关系的调整。据有的学者研究，随着这种利益调整程度和性质的演化，改革过程一般会出现三个阶段：一是改革顺利进行的阶段，这个阶段的改革对人人都有利，如农村家庭联产承包责任制和价格双轨制的改革，因而大家拥护改革；二个是局部性僵持阶段，即某些改革措施的出台使一部分人和集团受益，而使另一部分人或集团利益受损（或减少），如放开农副产品价格和国有企业承包制的改革等，受益者赞成，受损者不太赞成，于是改革处于局部性僵持阶段，这时国家通常采取"补偿"受损者利益的办法来推动改革；三个是全面性僵持阶段，当改革发展到整体配套改革的时期，需要从根本上淘汰传统的旧体制，于是全体社会成员的利益在眼前都会受到某种影响（尽管长期利益会很大）。这样，人们的思想和行为便处于一种矛盾（僵持）的状态，从根本利益上看是拥护改革的，而从眼前利益来考虑，又会失去一些既得的东西，而不太愿意这种改革。当这种僵持状态发展到一定程度，特别是在有制度漏洞的时候，于是相当一部分人便会充分运用自己占有的条件去非法捞好处，以补偿改革可能会对自己造成的损失。而这种不良行为会感染其他社会成员，发展成一种极不正常的社会风气。于是，"恶性经济"就比较普通地出现了。

（三）减少过渡经济负面效应的对策

面对以上严峻的局面，如何打破全面性的僵持局面，以减少过渡经济的负面效应？我认为：

第一要端正思想认识。上述恶性经济不是市场经济，它只是一种过渡经济现象。当前有两种思潮值得警惕，一种是把恶性经济等同市场经济，进而否定社会主义市场经济，散布"退回去"的言论；另一种是以恶性经济为由，鼓吹把暗地里的私有化变为公开的、规范的私有化，试图把私有化塞进社会主义市场经济中来。这两种倾向都要反对，要以党的十四届三中全会通过的《中共中央关于建立社会主义市场经济体制若干问题的决定》和中央经济工作会议的精神为准，坚定不移地把改革进行下去，达到党的十四大规定的目标。

第二要加快制度创新。改革作为一种新的制度安排，也是有成本的。恶性经济的出现，从某种意义上来看，就是改革所付出的代价。从经济学的原理分析，应该把这个代价控制在最小的范围内。所以，从旧体制到新体制的过渡时期不宜拉得太长，应该积极创造条件加快制度创新，以促进新的经济的生长，来为社会成员眼前的利益损失提供正当的补偿。这主要是外资嫁接现有企业、发展私营和个体经济，办好乡镇企业和区街企业以及采用多种形式改造国有企业等，以增加社会成员的就业渠道和收入渠道，增加社会总福利。就当前我国的情况看，在制度创新这个问题上的任何徘徊或后退，都会带来更为严重的损失。必须统一认识，有条件地加快进行。

第三要强化行为规制。从本原上看，市场经济的哲学基础是理性经济人假定或叫作经济主体自利取向（西方把此叫作方法论个人主义），即个人、企业和组织一般都是从追求自身的利益出发来根据市场信号选择其行为的。这种哲学基础与社会主义的集体主义是有一些矛盾的。如果社会导向机制和市场调控机制不健全，就必然会导致金钱拜物教等功利主义泛滥。所以，必然强化行为规制，这在过渡经济时期尤为重要。社会成员的行为规制主要有两个方面：其一是法律规范，健全各种法律法规并严格执法，所有人都只能在法律允许的范围内选择其行为，坚持打击违法行为。现在看来，法律以及执法必须强调抽象性和普遍性原则，不是为个别人、个别组织和某种目的服务，也不是权比法大，更不能以权代法，所有的人和组织都要遵守法律，在"法律面前人人平等"，形成一个法治社会。其二是思想引导，用社会主义思想去净化和制导市场主体的自利行为。人不仅是"经济人"，同时也是"社会人"，人的需求不仅有生存与享受的低层次需求，也有发展和信仰的高层次需求，而高层次需求可以导致低层次需求，这是一个行为规律。所以，在发展市场经济的过程中，加强思想政治工作特别重要。思想工作不能口号化，不能有其名无其实，应该具备三要素即"形式—气氛—手段"，这样才能创造出具有神圣感召力的精神，对过渡的自私自利心态进行克制。这一点，不仅是社会主义社会需要这样做，其实发达国家也很注意这项工作。如日本就通过"三硬件"（终身雇用制—年功序列工资制—企业工会）和"三软件"（民族精神—企业宗旨—行为激励）来对人的行为进行规制。

第四要快速发展经济。既然打破全面僵持的核心是利益"补偿"问题，因此经济快速发展既是改革所要达到的目的，又是深化改革的重要条件。就湖南省来说，经济如何依据市场经济的原则快速发展？笔者的看法和建议是："区域经济产业化，产业经济高度化"。湖南作为一个省级的区域经济，它的基本问题是"散、小、差"，有资源优势，但没有产业优势。所谓区域经济产业化，就是资本集中化、生产专业化、技术现代化，坚决打破传统的小生产方式，形成大批量的生产体系。这就必须有确立非均衡协调发展的区域经济发展战略，不平均使用力量，不分散使用资源，不照顾性使用投资，要向重点地区、重点行业、重点产品倾斜。具体而言，就是抓好两极；一是抓好县城经济这个"经济稳定极"；二是建设好区域性的"经济增长极"。县城经济是省级区域经济的基础，全省80%多的人口、70%的产值、60%的利税都在县，且县域经济又是城乡接合部，所以说县域经济是全省的"经济稳定极"，其核心问题是实现农业与非农业的良性循环。区域性"经济增长极"是主导产业部门和有创新能力的企业在特定地区的聚集，形成对周围地区产生强大辐射作用的中心。就全省来看，应集中力量抓好"长株潭"和岳阳这两个增长极。此外，还应抓好张家界旅游产业的建设，带动全省旅游业的发展。再从产业经济高度化来看，它是指产业结构的演变由低价值产业向高价值产业发展，即由第一次产业向第二次和第三次产业发展，其实质就是高附加值化。国外经验一再表明，产业高度化的规律有两条；一是产业结构的高加工度化也就是工业化，二是产业结构的服务经济化即以第三次产业为主体。湖南省是个农业大省，且农业又是一个先天性的弱质产业，市场竞争力极低（受自然条件制约，生产周期长，蛛网波动性大；产业层次低下，生产低价值的初级生活必需产品，成本高且政策性强，存在市场初级需求局限；生命性产品季节性强，储存期短，运输损耗大，存在生命产业局限；传统小生产，手工操作，生产分散，技术落后，存在劳动生产率低下局限），单靠农业是无法富起来的。因此，产业经济高度化必然要推进工业化，走农业工业化、乡村城市化、农村经济非农化（指以非农产业即工业和服务业为主体）的路子，推行科教兴农、工业兴农和制度兴农的战略（以食品工业为支柱，形成种植业机械化＋养殖业规模化＋加工业专业化的现代农村经济体系，并带动其他工业如纺织、皮革、制鞋、服装、机械、化工、电力等的发展），最终实现由传统农业大省向现代工业强省的转变。

2. 湖南工业化反梯度推移战略与对策建议

——2001 年 5 月 18 日参加中共湖南省委实现湖南经济跨越式发展座谈会的发言

（本文为 2001 年 5 月 18 日笔者参加时任湖南省委副书记郑培民主持召开的"如何实现湖南经济跨越式发展"座谈会的发言，系笔者在进入 21 世纪之际向湖南省委省政府提出 21 世纪湖南实施工业化反梯度推移跨越发展战略对策建议，当时得到培民同志的高度认可，为湖南省委省政府对 21 世纪湖南发展的战略决策提供了新的理论和战略参考。）

湖南地处我国中西部地区的前沿，直接面临发达地区的冲击。由于农业等传统经济的比重高，以往经济技术水平非常落后。因此，尽管改革开放 20 年使湖南发生了巨大变化，但这只是同自身过去比较而言的，如果同横向水平比较，却进一步落后了。"八五"期间湖南省 GDP 的年均增长速度比全国平均水平低 1 个百分点，翻两番比全国迟了一年，其 GDP 占全国总量的比重由 1990 年的 4% 下降到 3.8%，GDP 总量在全国的排位由第 11 位下降到第 12 位，经济竞争力在全国的排位也由 1980 年的第 14 位下降到第 17 位。其中原因当然是各方面的，但客观上的一个主要原因是湖南区位的特殊性所致。作为中西部地区的前沿，从经济地理上看属于"半边缘区"。如果自身的实力相对较强，那么，就会形成较为强大的"呼吸场"，在核心区工业化成长的前期会对发达地区的极化效应形成一道屏障，以控制生产要素向核心区的不正常流动；而在后期则会对发达地区的扩展效应形成拉力，充分吸收其产业、技术和资本对边缘区的转移。问题恰恰就在于湖南的实力较弱，再加之战略选择不当，在过去的十多年里并未形成这么一个强大的"呼吸场"。于是，发达地区工业化高速发展的前期，各种短缺的生产要素以比其他中西部地区快得多、便捷得多（因为紧挨核心区且交通方便，生活习惯和文化相近）的回程速度向发达地区集聚。据不完全统计，这 10 多年来，湖南的高级人才流向沿海发达地区就有 10 多万人，在 1993 前后的房地产热中流向沿海炒地皮资本约千亿元之巨（至今还有大量被套），还有大量的原材料和初级产品也源源不断地流向沿海发达地区。而发达地区流向湖南省的却是家电、日化、食品等工业制成品，占据整个市场的 80% 之多。问题更严重的是，当发达地区工业化走向成熟时期，其扩展效应逐渐发挥之时，湖南又由于自身的水平低，缺乏拉力，而未能吸收发达地区转移出来的产业、技术和资本，其扩展效应大量跳过湖南而被湖北、江西吸收了，使得这两个省的增长速度比湖南高，发展更快。于是，区位优势却变成了区位劣势，正向的梯度推移，湖南收益不多，而负向的梯度回程流动，湖南却受害不轻。

一、湖南应认真反思以往的发展战略

正是在上述情况下，湖南必须重新认识自身"半边缘区"的区位特点，在与发达地区关系的处理上，湖南要认真反思以往的战略，如"三乡一地战略""农业强省战略""五区一廊战略""呼应两东战略"等。客观地说，这些战略设计，反映了历史发展的过程，具有许多科学合理的成分。但也不能不看到，这些战略设计也是有缺陷的。一方面大多是从区位出发，强调是如何接受核心区的能量辐射即正向梯度推移，基本上没有考虑到负向梯度回程流动的矛盾即核心区的极化效应问题；另一方面在产业建设上，又基本上是一种"循序渐进"式的战略安排，把农业大省的基调强调得十分突出，其发展顺序往往是由传统农业—现代农业—轻工业—重化工业—服务业，对产业的整体创新考虑较少，特别是没有充分研究和设计"追赶型"或"跨越型"产业升级问题，对湖南这样一个"半边缘"的发展中地区来说，确实是个很大的缺陷。其实湖南才刚刚进入工业化的初中期，产业的二元结构矛盾是相当突出的，也就是说农业和农业部门就业的劳动力，无论是其总量规模还是其所占的比重都太大；而工业和工业部门就业的劳动力，其总量规模和所占比重却太小。应该说，目前湖南二元结构矛盾的主要方面在于工业，而不是农业。只有通过工业的大发展包括农业工业化的大发展，才能从根本上化解二元结构矛盾。

二、实施工业化反梯度推移发展战略

在当今知识经济时代即将到来的新情况下，湖南的工业又如何发展呢？走以大量消耗不可再生资源的传统工业化路子是不行的，必须以知识资本为主导，着力进行产业创新，实现产业的超越式升级，建设现代工业化，以追赶发达地区。基于这样一种战略思考，笔者认为，湖南应该而且有条件实施工业化反梯度推移发展战略。其主要的思路就是充分利用"半边缘区"的优势，根据市场特别是潜在市场的需要以及整个国民经济发展的趋势，建立具有湖南特色的创新体系，大力创造、引进和使用先进技术，重点发展高新技术产业和高附加值产品，培植新的经济增长点，进行集聚式的大规模开发，打破超稳定的二元结构，最终实现对传统工业化的超越。同时向高梯度地区进行反梯度推移，赶上甚至在很多领域超过发达地区，并在此基础上与发达地区建立平等贸易和协作的经济关系。总体来看，这样做有三个好处：一是挖掘"半边缘区"的区位优势并以其为载体向优势产业转化，实现产业跨越式发展，快速追赶发达地区。因为现有生产力水平梯度顺序，不一定就是技术创新、技术引进和经济开发的顺序。只要有市场的需要，且条件具备，就可形成具有反梯度推移能力的优势产业；二是以优势产业来聚集生产要素，既能构筑反极化效应的"抗力场"，又能形成借扩展效应的"拉力场"，于是"半边缘区"便能左右逢源，对核心区既抗又拉，而对边缘区则可又吸又扩，真正发挥联系核心区与边缘区的中介作用；三是通过学习、引进、借鉴，能够用比较短的时间和比较低的成本实现由传统技术向现代先进技术的跨越，变后发劣势为后发优势，充分运用知识经济的成果，建设现代工业化。

湖南具有科技人才的优势，科技创新和发明（如专利申请和授权）在全国居第 8 位，在中西部地区 18 个省市中居第 2 位，科技综合实力在全国居第 11 位；某些高技术如电子计算机、新材料以及生物工程等处于全国前列，经过大规模开发，其产业化水平完全有可能在全国居于领先地位；交通、电力、通信等基础产业的建设已达到一定水平，有的在全国还处于先进水平；农业的生产率不断提高，在全国也居前列，尤其是传统农业正在向现代农业转变，农业工业化和新的农业科技革命正在兴起，杂交水稻生产水平已居全国领先水平；工业生产的结构已经开始调整和重组，生产布局较为集中，"长株潭"三角区作为全省现代经济增长极已具雏形，经过产业、市场和制度等三个方面的区域经济整合，有望建设成吸附能力强大的聚集中心。所有这些，都是湖南实施工业化反梯度推移发展战略的有利条件和基础，只要对其进行科学合理整合和相应的制度安排，必能大见成效。湖南迎接 21 世纪知识经济挑战以及赶上发达地区水平是大有希望的。

三、湖南工业化反梯度推移的具体构想

在巩固发展和提高农业这个基础产业的前提下，采取"高轻工、新重工、大服务"的现代工业化加快发展思路，并依据这个模式来选择湖南在不同发展阶段的主导产业。

"高轻工"是建立在高新技术基础上的轻工业。它具有三层含义：一是提高认识水平，彻底改变长期以来轻视轻工业的思想观念。突出轻工业的发展既符合产业成长规律，又符合湖南的现实。目前湖南二元结构转化的粘性很大，原因在于传统经济所排斥出的剩余劳动力转移的空间小，产业经济的积累效率太低。之所以会产生这种"粘性"，是因为轻工业落后。实践证明，轻工业的后向关联度大，可大量吸纳传统经济的产品作为原料，还可为传统经济的剩余劳动力提供大量的就业机会。因此，湖南要跨越发展，必须突破轻工业。二是提高规模水平，理顺轻、重工业关系。湖南作为一个农业大省和农民大省，迫切需要发展农业工业化，深化农副产品的工业加工。因此，必须加大对轻工业（含食品工业和农副产品加工业）的投资比重，扩大轻工业规模，特别是要对传统轻工业进行改造，实现轻工业的升级，使轻工业总产值占工业总产值的比重由目前的近 40% 提高到 50% 左右。三是提高技术水平，增加市场占有份额。目前湖南包括食品在内的轻工产品的品种单一、质量低下，且大多是手工业生产，传统制作，很不适应当前消费升级和消费多样化的要求。解决这个问题的关键是改变轻工的模式，加大技术创新力度，提高湖

南轻工业技术集约化程度进而不断创造出新产品、多品种、高品位的轻工业产品。

"新重工"是指重工业的新发展。重化工业在湖南有一定的基础，但结构不合理，生产方式粗放，经济效益不高，对 21 世纪湖南经济跨越发展是很不适应的，必须进行重大调整和全面改造。基于此，"新重工"也包括三层含义：首先是新结构。在湖南现有的重化工业总产值中，采掘工业、原料工业和加工工业的比例关系为 13.2：43：43.8，采掘工业和原料工业二者相加，达到重化工业总产值的 56.2%，加工工业的比重偏小，对矿产资源的依赖太强。因此，必须大力发展机械电子工业等深加工产业，建立以装备制造工业为主体的重化工业结构。其次是新技术。由于湖南的重化工业一直是以矿产资源为主导，因而长期以来都处于中低技术水平的层次，甚至手工操作还占有相当比重，而且技术转化率也比较低，只有 40% 左右，比全国平均水平低 1/3。很显然，这样一种低技术的重化工业是无法满足湖南工业反梯度推移的要求的，必须大量运用现代高技术对其进行全面改造，形成以新技术为主导的重化工业。最后是新产品。对于湖南的重化工业来说，品种单一、式样陈旧、功效低下、质量不高，是湖南工业长期落后于沿海发达地区的重要原因。近些年尽管加大了新产品开发力度，取得了一些效果，但差距仍然很大。目前世界新产品产值占整个制造业产值的比重已超过 17%，美国已超过 20%，我国已接近 9%。但湖南省 1998 年底新产品产值率（即占工业总产值的比重）仅为 7.3%，虽然比自己的过去有所增长，但仍然远远落后于世界水平，也落后于全国平均水平。所以，"新重工"的最终落脚点就是要开发出适应目前及今后市场需要的新产品，达到发达地区的水平。唯有如此，湖南经济才有可能真正实现跨越发展。

"大服务"是湖南经济跨越发展的一个新的支撑点。如前所述，湖南有比较好的交通区位条件，具备发展大流通的商贸服务基础。以往在这个问题上的缺陷在于地方割据，各自为政，重复建设严重，未能形成统一的、上规模的、高档次的物流系统和商流体系。所以，大流通应该全省统一规划，实行专业市场与城市市场、物流系统与商流体系相结合，使湖南真正发挥"承东启西、南联北接"的市场枢纽作用。"大服务"还要充分挖掘湖南旅游资源丰富的潜力，以张家界为核心极，实现全省各景点联网，并与国内各著名景区联合。同时，大力发展旅游产品，达到全程服务、多元服务、优质服务的要求，建设湖南大旅游的产业体系。此外，湖南的"大服务"应向科教领域推进，建设科技服务和教育服务体系。尤其湖南是个人口大省，素有较深厚的文化底蕴，教育意识比较高，教育和文化服务的潜在市场很大，应该抓住目前深化教育体制改革的机遇，实现教育和文化产业化，建设湖南大科教文化服务体系。综上所述，"大服务"也有三层主要含义，即大流通服务、大旅游服务、大科教文化服务。

根据以上分析，湖南实现工业化反梯度推移发展的主导产业，在未来的 30 年可分为两个阶段来选择：

第一阶段：2000～2010 年，是湖南工业化由重基础产业向重加工工业转化的时期，目标是实现高加工度化。笔者以为，这一阶段湖南的主导产业应选择：轻工（食品）工业、机械电子工业。

第二阶段：2010～2030 年，是湖南工业化向高技术集约化推进的时期。笔者认为湖南在这一阶段的主导产业应选择：电子信息业、生物产业、旅游服务业。

总的指导思想是，未来湖南主导产业的选择要以后向关联度大的处于最终产品制造业的产业为主。这样，产业发展立足于最终需求，可以形成一种市场推进的发展机制，使材料、能源等中间产品充分转化为符合最终消费要求的产品，进而带动相关产业的大发展，全面推动湖南产业由初级生产向深加工生产的升级。

3. 关于加快推进湖南新型工业化的几点建议

——2008 年 7 月 12 日参加中共湖南省委推进新型工业化专题调研座谈会的发言

（本文是 2008 年 7 月 12 日参加时任中共湖南省委书记张春贤主持召开的"推进新型工业化专题调研座谈会"的发言稿，得到张春贤书记的高度肯定。在同年 7 月 21 日召开的湖南省加速推进新型工业化暨承接产业转移工作座谈会上，张春贤书记的重要讲话采纳了这个建议，明确提出"力争把工程机械率先打造成湖南省的超级产业，实现跨越式发展"。根据这次会议精神，湖南省委省政府及有关部门发布了大力发展量级规模过千亿级的"四千工程"，加快推进新型工业化的意见与相关文件。另外，座谈会后湖南省委政策研究室《送阅件》第 50 期还刊登了笔者在这次座谈会上提出的湖南农业工业化战略的对策建议，张春贤同志和时任副省长陈肇雄同志对其作出肯定性批示，要求湖南省农业、工业、信息、国资委等部门研究采纳。）

自湖南省委提出新型工业化带动战略以来，湖南省工业化发展已取得重大成就。2007 年全省第二次产业增加值达到了 3 900 多亿元，比 2005 年增长 50.2%，比 2004 年增长 78%。由此，带动全省生产总值呈快速增长态势，2006 年增长率达到 12.1%，增长率比上年高 0.5 个百分点；2007 年高达 14.4%，增长率比上年更高 2.3 个百分点，这是一个很大的跨越，完全得益于工业化的跨越式发展。同时，工业化的跨越式发展，也带动了地方财政收入的快速增长，2007 全省地方财政收入达到 603 亿元，分别比 2006 年和 2007 年增加 26.2% 和 52.6%。[①]

---

① 《湖南省 2007 年国民经济和社会发展统计公报》。

但是，目前湖南省工业化发展中的矛盾也是非常突出的。总的来看，湖南省工业化的现有结构还不是本来意义上的新型工业化结构，更多呈现出传统工业化的构架。如2007年湖南省重工业增加值占规模工业的67.5%，而其中钢铁、有色金属、石油、化工、建材、电力6大高耗能行业占了规模工业的一半，比重太高，节能减排的压力极大，对"两型"社会建设也是一个严峻的挑战。而与此形成鲜明比照的是2007年全省高新技术产业增加值仅840亿元，只占整个工业增加值的25%，新产品产值853亿元，仅占规模工业总产值的10.2%。① 这种情况很像美国经济学家纳克斯曾经指出的发展中国家传统工业化的"落后的增长"。所以，笔者认为湖南如果不彻底解决上述工业化的传统结构问题，就很难有真正意义上的新型工业化。为此，提出以下三点建议。

一、继续深化对新型工业化的认识，推行工业化反梯度推移战略

对于工业化，狭义的概念是指工业制造业，而广义的概念则是指国民经济中基本要素由低到高的演进。国内外学术界目前普遍向于广义工业化的提法。今天我们讨论新型工业化问题，笔者认为其同传统工业化的根本性区别就在于信息化，而信息化则是后工业化时代的产物，是整个国民经济结构的现代化。所以，推进新型工业化就必然要跨越传统工业化的一些阶段；就势必要淘汰一批传统的产业，就一定要立足于整个国民经济结构的高度化。工业化反梯度推移战略就是基于这种认识提出来的。可以说，传统工业化一般是梯度推移，由核心区到边缘区沿着产业和技术的梯度逐级转移。当然，承接转移这对于工业化初中期的地区是必要的，对于传统工业化也许具有一定的规律性。然而，由于地区间的利益制约，核心区转移出来的产品和技术大多是成熟的、低端的，边缘区如果一味承接其转移，是不太可能产生追赶效应的，应该要有选择地承接转移。而在今天的信息化条件下，发展中国家和地区的新型工业化，本质上就是反梯度转移，即借助信息化技术发展新兴产业，改造传统产业，推进跨越式发展，实现国民经济结构的高度化和现代化。历史上，美国超越英国，日本超越英国、德国，都是实行的工业化反梯度推移战略。湖南要推进新型工业化，要实现科学跨越，也应该分层次、有步骤地推行工业化反梯度战略，其具体的行动路径是"强势开放，新式工业，城市群带动"（见附件1）。

二、逐步改造"存量"，做好做大"增量"，打造湖南的超级产业

很显然，对于湖南这个发展中的农业大省而言，传统产业包括前述六大高能耗产业不可能在短时期淘汰，更何况这其中许多产品涉及目前国民经济发展的战略资源。因此，只能有步骤地用高新技术去改造升级，下大力气节能减排。然而，在宏

---

① 《湖南省2007年国民经济和社会发展统计公报》。

观战略上，笔者认为要集中力量加大高新技术产业和低耗低排产业发展的力度和强度，把新经济这块增量做好做大，使其在湖南省经济总量中的比重上升为主体。为此，笔者建议调整现有的"十大优势产业"的提法，集中力量打造湖南的超级产业，以担当湖南工业化反梯度推移的产业先锋和"火车头"。所谓超级产业，是指在一定历史时期，具有巨大规模，需要巨大投入，占有巨大空间，产生巨大效益的，能够成为一个地区经济又好又快发展的引擎产业。在这里，超级产业应该是先进产业，同时也是对支柱产业在量和质上的提升，使其更具中枢带动力。通过定量模型，选取 28 个样本进行实证分析，认为湖南省在 2015 年前应重点培植中联重科、三一重工、山河智能、江麓集团等先进制造企业，运用光机电一体化先进技术把工程机械业打造成湖南的超级产业，把长沙建设为"中国工程机械之都"，争取工程机械的年销售收入达到 1 000 亿元以上，其占全省地区生产总值的比重达到 8%～10%。2015 年后，应选择生物医药和新材料作为湖南省超级产业进行培植（见附件 2）。

三、把现代农业作为新型工业化的重要内容，发展农业工业化

马克思早在一百多年前就曾指出，只有通过工业对农业的反作用，资本才能掌握农业，农业才能工业化。可见，今天我们提出工业反哺农业，其实质就是，工业资本进入农业，工业技术装备进入农业，工业生产方式进入农业。一句话，就是以工业谋划农业和改造农业，搞农业工业化。对于湖南这样一个传统农业大省来说，这一点是具有重大战略意义的。在农业小部门化时期（即农业增加值占 CDP 总量的比重大幅度下降，而农业就业人员却未同步同比例下降），三农问题的要害是什么？笔者认为是产业发展，只有产业发展了才能增加就业，增加农民收入，改变农村面貌。而农业产业如何发展？作为小部门化的农业其出路在于同工业整合，运用工业来改造它，实现农业生产过程的工业化、农业生产结果的工业化和农业产业经营管理的现代化。这至少要在湖南的农业主产区全面实现。特别是当代的城市化将向都市区化的方向发展，都市区中既有工业又有现代农业，工业与农业相互交融整合，形成大都市连绵带，这其中农业工业化将发挥极为重要的作用。为此，笔者建议在环洞庭湖地区建设专业化农业基地，标准化品牌农业和工厂化制成品农业，打造肉制品、米制品、油制品和果制品的产业集群（见附件 3）。

附件 1　加快推进湖南新型工业化的战略路径

工业化是国民经济"一系列基要生产函数连续发生变化的过程"，也可以说是产业结构高度化和现代化的过程。湖南在呼应中部地区崛起的过程中，提出新型工

业化带动战略,这是一个符合湖南省情的、科学的发展战略,同时也是非常符合当前信息化时代要求的赶超战略。那么,湖南作为一个二元经济结构矛盾非常突出的发展中地区,新型工业化应该包括哪些内容?应选择什么样的路径?这是需要认真研究和精心安排的。下面拟就此谈些看法。

一、目前湖南面临"落后的增长"的制约

改革开放以来,湖南经济发展有长足的进步,根据《湖南省国民经济和社会发展统计公报》的数据分析,"十五"时期,湖南省 GDP 年均增长 10.2%,其中第一、第二、第三产业增加值分别增长 4.6%、12.7% 和 10.6%。三次产业结构由 2000 年的 22.1∶36.4∶41.5 转变为 2005 年的 19.4∶40.2∶40.4,其中第一产业比重下降 2.7个百分点,第二产业比重上升 3.8 个百分点,第三产业比重下降 1.1 个百分点。第一产业除了 2004 年是由于农产品价格的上涨强化了当年第一产业占 GDP 比重的提高外,基本上呈稳步下降趋势。

然而,我们也必须清醒地看到,湖南省"十五"时期的这种高增长其现代化水平是很低的,传统经济所占的比重较高,大多呈现出消耗高、技术低、污染大、粗放式的"落后的增长"状态,这在中部地区表现得比其他省更为突出:

(一)经济结构呈低度化趋势

2006 年三次产业结构为 17.8∶41.7∶40.5,其中第一产业的比重比全国平均水平高 6 个百分点,第二产业比重则比全国低 7 个百分点。这说明湖南的传统农业占有很大的比重,同时也表明湖南工业化水平较低。2006 年湖南省工业增加值占 GDP 比重为 35.6%,比全国平均水平低 7.5 个百分点。而且高新技术产业化程度也很低,2006 年全省高新技术产业完成增加值 597.49 亿元,只占全省 GDP 总量的 7.97%,对 GDP 增长率的贡献也只有 1.16 个百分点,全省经济增长主要靠低端产业。

(二)规模工业生产效益落后

近几年湖南省工业经济效益有明显提高,但差距依然很大。如 2005 年全省工业经济效益综合指数为 167.69%,比全国平均水平低 8.9 个百分点,排第 16 位。此外,高耗能产业和高耗能规模企业所占比重高,如 2004 年,湖南省规模工业增加值增长 25.1%,能源消费量按等价值增长 27.1%,规模工业能源消费弹性系数为 1.08,能源消费弹性系数大于 1,说明湖南省规模工业的能源综合利用效率很低,成本水平很高。

(三)经济对外开放水平很低

2001~2004 年,湖南对外贸易呈跳跃式发展,进出口贸易总量在 2004 年实现了历史新跨越。但总的来看,湖南经济的国际开放程度还很低,远远落后于全国平均水平,在中部地区也处于后位。依据 2005 年统计公报数据计算,湖南经济开放度为 0.03,仅为全国平均水平 0.17 的 17.6%,在中部地区排在第五位。

（四）优势产业同中部地区相似度高

钢铁、化工、有色金属、建材四大产业既是湖南省的优势产业，也是支柱产业，具有一定优势。但是，湖南的这些优势产业与中部其他省份相似度高。据工业普查资料分析，中部六省纺织、塑料、化纤、冶金、建材等一般水平的加工工业产品重复尤为严重。特别是在湖南很有资源优势的有色金属产业，由于"小有色"企业多，技术水平低，产品深加工率只有 10%，其附加值和科技含量不高，产值和效益水平都不高，现中部地区已退居第 2～3 位。

（五）农业工业化程度不高

湖南是个农业大省，但在中部地区六省中，传统优势产业和优势产品的组织化和加工化程度较低，龙头企业大都处于发展初期，规模小。据分析，湖南 2005 年农产品加工业产值与农业产值之比约为 0.49∶1，远低于全国近 1∶1 的平均水平。

从以上分析可看出，湖南经济的二元结构程度相当高，经济增长主要是立足于传统产业。用美国经济学家纳克斯的话来说，这是一种以落后产业为主导的、会形成相对贫困累积性效应的"落后的增长"。面对这种局面，湖南呼应中部崛起，就只能在用好比较优势的基础上创造竞争优势，走高效率的新型工业化道路。

二、新型工业化的实质是工业化反梯度推移

我们认为，在信息化条件下，湖南的新型工业化不只是简单地发展制造工业，而应该"三位一体"：首先是加速开发高新技术产业，湖南的新材料技术产业、生物医药技术产业、电子信息技术产业等都已有很好的基础，只要进一步打造，完全可以赶超发达地区；其次是用高技术去改造传统的重型机械工业、钢铁工业、汽车工业、石化工业、建材工业等，形成现代的先进制造业；最后是要用工业化去改造传统农业，搞农业工业化，全力发展市场化、标准化、机械化、集约化、高效化的现代农业和现代食品工业，实现由传统农民向农业工人的转变。这种新型工业化的实质，就是工业化的反梯度推移发展。

工业化反梯度推移，就是后发地区发挥后发优势的一种"起飞"战略，是指某种产业经济的流程改变从高梯度区向低梯度区扩展流动的常规方向，而反过来由低梯度区向高梯度区推移。我们知道，传统的工业化演进路径是"农业—轻工业—重化工业"依次连续性地转换替代，而产业革命则是在社会自觉影响与控制下，利用全球化和信息化条件，实行产业非连续性转换，跨越其中的某些传统阶段，快速进入现代工业化阶段。这就是工业化反梯度推移战略的内涵和实质。之所以能如此，这是因为现有的生产力水平的梯度顺序，并不一定就是先进技术引进和经济开发的顺序，如果发展中地区的经济发展有比较大的外部经济效应可资利用，且又有市场的需要，并具备必要的基础条件，那就可以通过跨时空地开放引进和创造先进技术，大规模开发自身具有优势的高加工度和高附加值产业，甚至优先开发高新技术产业，做大产业集群，打造超级产业，培植基于竞争优势的后发优势，实现对发达地区的赶超。

三、实施工业化反梯度推移战略的措施

湖南呼应中部崛起，实施工业化反梯度推移战略，建设现代工业化，在操作层面上应抓住以下三大关键环节：

（一）充分发挥发展中地区后发优势

发展中地区走工业化反梯度推移的发展道路，是要发挥后发优势而实现跨越式发展，其前提是开放，即在世界范围内选择和引进先进技术和资本，来实现产业结构的跨越式升级。湖南目前的问题是开放度很低、分布不集中、政策不规范、服务不健全、引资项目质量不高等。因此，我们以为，面对全球化、信息化的新经济形势和新型国际分工格局，湖南的对外开放战略构思应对原来的"一味引进，全盘吸收"思路作调整，实施"反梯度"选资战略，即围绕建立具有湖南优势的、能向高梯度地区产生反向辐射的创新型产业体系这一核心，着眼整个国际分工和产业体系，选择有未来市场竞争力的潜在产业加以定位，充分吸引大量沿海大型企业和国外跨国公司进入，参与相关的产业内、产品价值链环节上的分工，从其中反向选择"质量型"技术进行模仿创造，提升高新技术产业的比重，逐步将自行创造的核心技术转化为现实的产业优势，并通过产业群规模开发，稳固在国内、国际上的技术竞争优势地位，同时以对外直接投资形式向高梯度地区分工推移，在把握技术核心分工地位的同时延长下游生产链条，形成自有的产业延伸链条，从而赶超发达地区并与发达地区建立平等的贸易和协作经济关系。

（二）坚持以新型工业化为主导

工业化反梯度推移是立足于信息化，发展包括农业工业化在内的新型工业化。根据现有基础，湖南在未来的30年可考虑分为两个阶段来推进新型工业化：

第一阶段：2000~2010年，是湖南工业化由重基础产业向重加工工业转化的时期，目标是实现高加工度化。这一阶段的主导产业应选择：轻工食品工业、机械电子工业，全力发展先进制造业和农业工业化。经验表明，轻工业的全面发展阶段对于发展中的农业地区来说，是不可跨越的。在湖南发展轻工业，应重点发展食品工业。从直接消耗系数来看，食品工业对农业的直接消耗系数为0.2317，即每1万元的食品工业总产值消耗农业产品2317元。换句话说，每一单位的农产品通过食品工业的加工，可增值4.3倍。可见，食品工业对农业工业化的带动力是相当大的。可以考虑以"金白沙""芙蓉王"和"酒鬼酒"品牌，打造湖南超大型烟酒企业集团，同时在"3+5"长株潭城市群范围内建设米制品、肉制品、油制品等三大有地方资源优势的农业工业化产业集群。

机械电子工业作为湖南未来30年中第一阶段的主导产业，同样有极为重要的战略意义。从湖南产业关联的角度来看，机械电子工业的劳动力系数和感应系数都大于1，而且需求弹性系数、贸易区位商系数和生产率上升率系数也都大于1，特

别是其中电子工业的带动力系数和感应度系数比全省平均水平要高出 20% 以上。因此，湖南机械电子工业应有大的发展，要集中力量打造"五大产业集群"：依托"三一重工""中联重科""山河智能"等企业，与国际知名品牌企业的合作，打造工程机械超级产业；依托株洲电力机车厂、湘潭电机厂等企业，引进国内外战略投资者，建立轨道交通配套产业基地，培育壮大轨道交通产业集群；依托长丰集团等企业，引进国际先进技术和战略投资者，提高汽车研发能力和核心制造能力，完善汽车产业链，形成越野类汽车产业集群；依托特变电工衡阳变压器公司等企业，进行技术改造和技术创新，打造输变电设备制造的超大型企业集团；依托湖南计算机股份有限公司、创智集团、湘邮科技、湖南长海控股集团有限公司等主力军团，形成湖南 IT 产业的集群。

第二阶段：2010～2030 年，是湖南工业化向高技术集约化推进的时期。湖南在这一阶段的主导产业应选择：电子信息产业、新材料产业和生物技术产业，以发展高技术产业为主导。同时，大力发展现代文化产业和旅游服务业，提升现代服务业的水平。

（三）打造现代工业经济增长极

城市化首先是工业化的空间载体，工业化反梯度推移必然要通过城市化来实现资本集中和产业集群，形成具有竞争力的现代经济增长极。目前湖南省长株潭三市初步形成了现代工业发展的增长极。从经济上看，三市所占有的现代经济和技术资源已达全省的 60% 以上，而且三市产业互补性强，大中型企业密集，重化工业、加工工业和信息产业优势明显，对湖南全省经济的发展举足轻重。因此，要抓住目前世界产业转移的时机，实现"长株潭"一体化。为加快一体化进程，当前可采取"做大做强长沙，牵引株洲湘潭"的行动方案。长沙现已有很好的经济、社会、科技、文化、教育和交通的基础，工业化、城市化、现代化的规模和质量都大大高于株洲、湘潭，在这个基础上，应集中力量建设岳麓山高新技术产业新区和星沙先进制造产业新区，实现"长沙创造"与"长沙制造"互动，打造若干个产值上百亿元的大企业集团，建成都市区人口过 500 万、生产总值上 4 000 亿元的新长沙，然后通过产业和企业的扩展，重组株洲、湘潭的产业和企业，形成前述的机械电子工业等"五大产业集群"和农业工业化"三大产业集群"，打造区域性的高新技术产业和先进制造业集中的巨型核心城市，并进一步与衡阳、娄底、岳阳、益阳、常德等五座城市一体化，形成南与广州、北与武汉、西与重庆、东与上海相应对的、能带动全省经济的新型工业化城市群带。

总之，现阶段湖南工业化发展面临着全球化和信息化的巨大机遇和挑战，要缩短与发达地区的差距，实现赶超式的发展，就必须打破粗放式的"落后的增长"，充分利用全球化和信息化的外部效应，选择以竞争优势为核心的工业化反梯度推移战略，通过自主创新使技术创新内生化为经济持续增长的动力，围绕高新技术的超级产业发展产业集群，创造优势产业的"赶超"能力，这是湖南新型工业化的必然选择。

附件 2　发展湖南超级产业集群，提升经济增长自主性

随着经济全球化的不断深入，世界各国经济都被纳入了统一的世界经济体系之中。国际竞争的主体是超级产业竞争，在竞争环境日益激烈的全球化背景下，各国和地区在经济方面的竞争主要是通过保护、支持和直接建立"超级产业"而进行。在国家实施"中部崛起"战略的今天，湖南要抓住机遇以"工业化反梯度推移理论"为指导，以年产出千亿元以上的超级产业带动其他产业，增强经济增长的自主性，加快实现经济跨越式发展。

一、超级产业的内涵与特征

所谓"超级产业"指的是在一定的历史时期，具有巨大规模（产业规模、产业内企业规模），需要进行巨大投入（人力、物力、财力等），产生效果需要巨大空间（经济意义上的市场空间和自然地理意义上的空间），能够带来巨大利益，成为一个地区经济增长的引擎的产业。需要对这一定义加以说明的是，"在一定历史时期"，表明"超级产业"是一个历史概念，在不同的历史时期，有不同的超级产业。而"巨大规模""巨大投入""巨大空间""巨大收益"是相对意义上的巨大，而不是绝对的，如果一个产业在当时的历史时期属于"夕阳产业"时，那么其他方面再巨大，也不属于超级产业的范畴。因此，超级产业必须具有以下一些特征：

一是超级产业的发展需要有足够大的空间规模。只有大规模的产业部门才能成为带动区域经济发展的超级产业。这里足够大的规模不仅是指的足够大的市场空间，而且是足够大的自然空间。根据克鲁格曼的城市理论，产业的集聚中心最终成为城市，产业的不断集聚，城市将不断扩大。产业的产生、成长和壮大都与城市化有密切的联系。事实上，随着产业的不断发展，国际上许多城市甚至大城市为了适应日益激烈的竞争，都纷纷建立城市群或大都市带。这些城市群和大都市带是城市化进入高级阶段的标志。像美国的波士顿—华盛顿、芝加哥—匹兹堡两大都市带集中了 20 多个 100 万人口以上的大都市区和美国 70% 以上的制造业。这一地带是美国工业化和城市化水平最高的地区。从经济学角度看，城市作为一个"经济景观"，是社会经济活动空间聚集的结果，它是一定地域中各种市场力量相互交织在一起的大规模集中而形成的必然结果。它是市场作用的产物，分工的深化和生产的内部规模经济的存在为非农经济的空间聚集创造了条件，从而导致了城市的形成。而劳动力与企业的空间集聚，则产生了整体的城市集聚效应。随着现代产业的进一

步集聚，城市集聚经济效应增强，必将吸引更多的产业和居民向城市空间集聚。不仅如此，现代产业在城市空间的集聚还增强了城市持续演进的自我增强动力机制。所以超级产业与城市化有着强相关性。

二是超级产业具有显著的规模经济和范围经济效应。什么是规模经济，按照权威性的帕尔格雷夫经济学辞典的解释，是指给定技术的条件下（指没有技术变化），对于某一产品（无论是单一产品还是复合产品），如果在某些产量范围内平均成本是下降或上升的话，我们就认为存在着规模经济（或不经济）。范围经济是研究经济组织的生产或经营范围与经济效益关系的一个基本范畴。如果由于经济组织的生产或经营的范围的扩大，导致平均成本降低、经济效益提高，则存在范围经济（economies of scope）。超级产业规模大、影响力大、带动性强，对产业组织要求高度集中，因而对其他产业具有较强的回顾效应、旁侧效应和前向效应，因而能带动产业集群的发展壮大，具有突出的规模经济和范围经济特征。这种带动作用可以通过产业关联度来衡量，产业关联度是衡量产业之间相互关联性的指标。关联性强的产业在它本身增长较快的同时，也能够带动区域内其他产业部门的发展。产业之间的这种联系可以是直接的，也可以是间接的，这种联系越广泛，则产业的发展就越能通过聚集经济和乘数效应的作用，带动整个区域的经济发展。产业关联性越强，越有利于产业的聚集，有利于企业间通过专业化分工结成紧密协作生产网络，提高区域产业竞争力。

三是超级产业的市场结构是不完全竞争的。正是由于超级产业的投入巨大，特别是所需要的科研费用更大，所以超级产业的市场结构是不完全竞争的，产业组织结构高度集中，少数大规模企业居主导地位，寡头垄断是它的主要形式。在当今经济全球化和信息化时代，超级产业的发展要求产业组织结构的高度集中，因而需要产业组织从"市场结构"向"垄断结构"转换。这里所讲的垄断结构就是指产业集中度高、交易成本低且产业效率也高的规模经济和范围经济。这种有效率的垄断结构是在信息经济时代产生的具有柔性的、开放式的、横向的模块化组织。由于模块化系统内部具有市场的某些特征，同一系统内部的子模块供应商之间可以展开竞争，但它们又可以从属于同一个更高级的模块系统，而更高级的模块系统会具有垄断结构的性质。因此，这种垄断结构并不会妨碍竞争，反而会通过模块系统的对外接口使子系统有更多的选择范围，进而在高级模块系统之间也有竞争（刘茂松，曹虹剑，2005）。超级产业以横向一体化为主导，扩大企业规模，加强其对市场的控制力，以便所投入的巨大的研究开发费用能从高额占有的市场份额中收回投资，因此，超级产业的发展要求产业组织结构的高度集中。

四是超级产业技术进步率很高。从超级产业的演进历史来看，技术的不断进步推动了超级产业的不断升级。特别是经济全球化和信息化时代，高新技术在经济发展中的作用越来越显著。新科技革命的发展使区域内的产业、产品正在向高新、高效、高质、更加集约化和现代化的方向发展,产品的技术含量和知识密集的程度不断提高。因此,在经济全球化和信息化时代,超级产业的发展趋势是以高新技术为标志的新兴产业。这些产业往往会具有进入门槛高,技术密集和规模经济性明显等特点,这对于发展中地区来说,将是严峻的挑战。

五是政府在超级产业发展中的作用举足轻重。超级产业需要强大的政府支撑。政府对超级产业的重要作用,不仅体现在超级产业的形成需要有政府的引导,同时超级产业在成长初期也需要政府保护。具体而言,首先,在进入超级产业之前,政府要围绕该产业进行相对较大份额的社会先行资本的投入。因为只有超级产业方面的投入,而没有其他方面的投入是难以配套的。其次,政府还是超级产业的保护者,在超级产业的成长阶段,政府要制定相应的超级产业发展政策来保护它的成长和发展。我们知道有效的产业政策对于产业的振兴有重要作用,第二次世界大战后,日本政府根据日本产业结构审议会于1971年提出的《知识密集化》构想,在研究开发密集产业、高度组装产业、知识产业等领域制定和实施了各种战略重点产业的振兴政策。这些产业政策的制定保障了日本以电子计算机、宇航等尖端技术领域为中心的知识密集型产业作为主导性产业的发展,实现了产业结构的高度化。因此,我们在培育和发展超级产业时,政府应采取"产业倾斜"政策,对超级产业的发展给予政策优惠,改善融资环境和区域内的软硬环境。

二、湖南产业结构存在的主要问题

无论是从自身发展来看,还是与全国的横向比较来看,湖南的产业经济发展都是相对落后的。这些问题主要表现在以下几个方面。

首先,从湖南区域经济布局结构上看,湖南产业分布呈现出资源经济的特征。机械、电子、化工等工业产业布局沿京广铁路和京珠高速公路等交通线展开,分布在长沙、株洲、湘潭、衡阳和岳阳。由于呈带状分布,分散于交通沿线,因此产业的集聚度不高。冶金、煤炭、纺织、造纸等工业产业和农业主要分布在资源地,如煤炭工业主要分布在娄底、郴州两市;有色金属工业主要分布在株洲、衡阳、郴州;电力工业主要分布在娄底、怀化、益阳、岳阳和郴州;食品工业主要分布在长沙、常德、衡阳和益阳;商业化农业主要分布在洞庭湖地区等。而这些资源产地往往受到交通和市场的制约,信息不灵,加工度不高,主要采取低技术的粗放型生产方式,因而附加值低,产业竞争能力不高。

其次,中心城市和城市规模小,难以形成有竞争力的增长极。湖南人口居全国第7位,国内生产总值居全国第12位,但湖南最大的城市——长沙却只列全国城市的第22位。由于经济发展水平的地区差异,导致中部地区工业化和城市化水平的偏低,并直接导致中部地区中心城市规模偏小。相对于湖北的省会武汉,湖南的省会长沙明显经济发展水平和城市规模都要小一些。湘潭和株洲作为湖南省内的另外两大城市，单独看规模也还偏小。至今湖南省还没有形成一个强大的产业集聚中心。

最后，关键是缺乏有带动力的超级产业。回顾历史，湖南经济发展不快，市场竞争力下降，原因很多，但与主导产业规模太小，分布过散有重要关系。早在1995 年时，湖南这样一个农业大省居然有 14 个工业产业为主导产业，这 14 个主导产业总产值占全省工业总产值比重为 76.1%，平均每一个主导产业的所占比重仅为 5.43%。2005 年全省确立了"十一五"期间的工业领域的十大优势产业，包括装备制造、钢铁有色、卷烟制造三大支柱产业；电子信息、新材料、生物医药三大新兴产业；食品加工、石油化工、建筑材料、造纸工业四大传统产业。这相对于十年前而言，重点突出、力量集中了。但是，十大优势产业的提出，仍然比较分散。在这些优势产业中有些产业的优势并不突出，与中部地区其他省份趋同，既不具有资源优势，也不具备技术优势，而且食品加工、造纸工业的带动力不强。

三、湖南超级产业选择的实证分析

根据超级产业的内涵和特征，选取了 28 个样本（来自投入产出表的 40 个部门），主要集中在制造业。纳入本次实证分析的指标有：需求收入弹性，影响力系数，感应度系数，区位商，市场占有率，就业吸纳率，科技进步率。我们对选用的湖南省 28 个行业，建立超级产业评价模型，先后进行产业关联度、产业动态比较优势、产业发展潜力、产业就业功能、产业科技水平和技术进步能力等五个方面的量化分析，并采用层次分析法对备选产业进行综合评价，最后评选出了五大备选超级产业，如表附 3 - 1 所示。

表附 3 - 1　　　　　　　　　湖南超级产业备选产业排名

产　　业	名　　次
专用设备制造业	1
普通机械制造业	2
烟草加工业	3
有色与黑色金属冶炼及压延加工	4
医药产业	5

通过以上定量分析的方法，结合湖南省的省情，兼顾产业升级原则和产业发展的外部约束条，湖南实现工业化反梯度推移发展的超级产业，在未来的近 30 年可以分为两个阶段来选择：

第一阶段：2007～2015 年，在此期间，湖南正是处于向重加工工业转化的时期。这一阶段湖南的超级产业应该选择以专用设备制造业和通用设备制造业为主的工程机械制造业。根据国家计委的相关资料，我国加大了对基础设施建设的投资，其中仅城市交通投资"十一五"期间将达到8 000亿元，市场前景广阔。近年湖南的工程机械产业异军突起，以中联重工科技发展股份有限公司、三一重工股份有限公司、山河智能机械股份有限公司、湖南江麓集团等为核心的现代湖南工程机械产业群，已经成为我国第四大工程机械生产基地。这些企业有雄厚的科技实力和研发能力，且市场竞争力也很强。三一重工的混凝土输送泵占全国市场的半壁江山；中联重科的托式混凝土输送泵和泵车占整个行业销售总量的30%；环卫机械的产销量全国排第一，起重机械全国排名第二；山河智能的液压静力压桩机国内市场占有率达到了35%。因此，应进行产业整合和企业重组，形成湖南的超级产业群，争取到2015年工程机械制造业年销售收入超过1 000亿元，比2007年翻两番。同时，把长沙建设成"中国工程机械之都"。

第二阶段：2015~2035年，将是湖南工业化和信息化进一步结合，实现高技术集约化的时期。我们认为湖南在这一阶段应该以市场需求为导向、以机制创新为动力，围绕经济赶超发展进行科技创新，力求重点突破，强化自主创新，重视技术引进，着力培育新兴产业，努力改造传统产业，打造以生物医药、电子信息和新材料等高技术为支撑的超级产业，全面实现工业化反梯度推移。

四、促进超级产业集群发展的政策安排

发展中地区面对着先进国家和地区有关产业、企业的竞争时，如果不以政府的力量，推动超级产业的集群发展，将很难形成竞争优势。因此，规范的经济制度环境，完善的社会化服务体系，以及相应的经济政策、产业规划、清晰的产权制度等正式制度的安排，对超级产业的集群发展有着加速的作用。

（一）制定超级产业发展的财税推动政策

超级产业需要极大的投入，无疑在其成长初期需要政府的有力扶持。对于现阶段工程机械制造业是超级产业，政府要加大对这些产业扶植的财政转移力度。我们知道超级产业的发展是建立在科学技术突破进展基础上的。因此，要保持产业的先进性，就必须由政府对产业的科研给予关注和扶植。通过政府对超级产业在科研方面的扶植可以降低风险，这对超级产业的成长是非常有利的。

（二）引导金融部门加大对超级产业发展的信贷投入

财政投入毕竟是有限的，而湖南的资本市场也不发达，因此商业银行对超级产业发展的金融支持不可或缺。超级产业具有很强创新性，财政的资金支持是创新资金来源的一部分，商业银行要根据超级产业的发展情况，给予一定的金融支持，而政策性银行要在中央有关政策的导向下，为湖南超级产业的发展提供担保或直接投资。

（三）引导企业组织形式的转变

要鼓励发展股份制，鼓励通过企业间的兼并、重组来发展大的企业集团，从而培育成为有竞争力的龙头企业。这里要根据宪法和物权法的规定，允许和支持非公有制经济进入国家重大项目、重点领域的投资经营。

（四）加大对中小企业的政策支持力度

重点扶持能和产业集群协作配套发展的中小企业，特别是其中科技含量高、竞争能力强、发展潜力好的民营企业，引导中小企业向特色化、专业化的方向发展，促进相同或相关企业在特定空间上的聚集。首先，在引导工业园向产业集群发展的过程中，有意识地引入一些与龙头企业相配套的中小企业；其次，要鼓励这些中小企业的技术创新，提高中小企业的技术含量和竞争能力。最后，政府要加大财政投入，加快组建中小企业贷款担保公司或基金，缓解中小企业贷款难问题。

（五）强化人才激励机制，大力培养高素质人才队伍

积极推进人才培养，鼓励湖南境内高校根据湖南超级产业——工程机械产业发展需要及时调整专业结构；充分开发多层次的人力资源；鼓励高校与工程机械企业联合建立技术开发、人才培训中心；继续选派科技股干和企业经营管理者到国外培训，培养复合型人才。另外，强化人才激励机制。鼓励企业实行产权多元化、知识产权化，通过技术入股、管理入股、员工持股经营和股票期权、创业股等多种分配、奖励形式以及建立相应的制度，形成有利于技术与经济结合、收益共享、风险分担的激励机制和选优、用优的用人机制。

（六）加快技术创新体系建设，推进企业自主创新

一方面，推动企业成为技术创新的主体。强化企业技术创新机制和能力建设，加强以重点企业为依托的工程机械研究开发中心建设，鼓励和支持有条件的大型企业和企业集团建立高层次、综合性的国家级和省级工程机械技术开发中心，抢占行业技术制高点。另一方面，进一步推进产学研相结合。要引导大学及科研机构与产业集群内企业建立密切的联系，把产业集群内的科研机构作为推动产业集群内企业产品创新的"孵化器"。这种"孵化器"的首选就是大学和科研机构，湖南拥有众多的高校和科研机构，特别是长沙，这里拥有中南大学、湖南大学、国防科技大学、湖南师范大学、湖南农业大学、长沙理工大学等高校，同时拥有许多科研机构，政府要引导大学和科研机构与企业之间建立密切的联系。

结论：在呼应中部崛起中实现湖南又好又快发展是一种跨越式发展战略，是创造竞争优势，发挥后发优势，实现工业化反梯度推移发展的一种赶超战略。本文认为在全球化和信息化条件下一国或地区在国际竞争中的基石不再是一般意义上的产业，而是超级产业的竞争。这是湖南实行新型工业化带动战略的重中之重，是能否真正跨越式发展关键。

附件3 关于湖南农业工业化战略的思路与对策

目前，湖南及我国农业正处于向现代农业深度转型的要害时期，农业小部门化与农民大量化的逆向结构，以及由此导致的农业小规模生产与现代大市场不适应、土地高投入与农业低产出不适应、农民低收入与国民经济高增长不适应等矛盾，使"三农"问题表现得更为集中、更为尖锐。因此，湖南作为一个传统农业大省应把现代农业的发展作为新型工业化的重要内容，全面推进工业与农业的产业融合，走农业工业化的路子。

农业工业化是指运用工业化的生产经营方式和管理模式来谋划农业产业发展，在农业生产过程（产前—产中—产后）中推动一系列基要生产函数连续高度化的演进，实现农业与工业的高级形态的产业整合，即农业生产过程的工业化、农业生产结果的工业化和农业产业经营管理的现代化，最终形成工业化的新型现代农业生产方式。以充分达到农业增值、农民增加就业和提高收入水平的目的。

农业工业化应采取"市场开发—工业组织—农业生产"的模式，实施"优质—特色—转化—加工—营销"的十字战略，以工业"加工"为核心环节，以市场"营销"为出发点和落脚点，进而构成农业工业化的现代生产体系。就湖南而言，农业工业化十字战略的重点对策主要包括四个方面：

一、专业化基地农业

指围绕龙头企业和市场建立的连接众多农户而形成的某种主导产业的专业区域和组织形式。它将农业的生产、加工、运输、销售环节衔接起来，使农业再生产过程的产前、产中、产后连接为一个完整的系统，从而形成一种新的经营形式。具体来说由农产品生产基地、加工基地和销售基地组成。专业化基地农业的核心是生产专业化，即按照农产品的不同种类、生产过程的不同环节，在地区之间或农业企业之间进行分工协作，向专门化、集中化、基地化方向发展的过程，它是社会分工深化和经济联系加强的必然结果，是现代农业生产发展的必由之路。农业生产专业化包括"三化"：一是农产品生产的系列化，即农业生产者专门从事某些农产品的生产，形成专业户、专业场、专业村、专业公司，提高生产的效率。二是农业作业专业化，指农产品生产过程中的各项作业由专门的生产者或生产单位来分别完成。三是农业生产区域化，即农业在空间的合理布局与分工，调整农业资源在空间分布上的不平衡。

从湖南省现况来看，专业化的基地农业的发展要抓住"三大重点"：即重点建设洞庭湖区、邵阳等国家级大型商品粮生产基地，实施42个基地县、1 200万亩超级稻等优质粮食产业工程；重点抓好生猪、柑橘、草食动物、淡水产品等10大优势农产品产业带建设，发展壮大粮油棉麻、肉奶水产、果蔬茶、竹木林纸和烟草五大产业链，建立完善生产加工、储藏运输、市场营销的产业体系；重点培育产业化龙头企业，围绕农产品加工增值，培育农产品加工大县和农产品加工园区，着力扶持辐射范围广、带动能力强、有竞争实力的 100 个过亿元的优质农产品加工龙头企业，力争到 2010 年全省农产品加工转化率达到 50%。

二、标准化品牌农业

指运用"统一、简化、协调、优选"原则，把先进的技术和成熟的经验组装成农业标准，并通过标准的制定和实施，对农业产前、产中、产后各个环节进行标准化生产和标准化管理，进而把先进的科学技术和经验转化为先进的生产力，使农产品和农业制成品达到优质、高产、高效、安全的目标，在此基础上形成向消费者传递产品信息以及生产经营者信誉的独特的品牌标记。农产品市场竞争，归根到底是农产品科技含量的竞争、质量的竞争、品牌的竞争。只有通过标准的制定和实施，确保农产品和农业制成品的质量和安全，才能以质量创名牌，获得国际竞争力。所以，推进农业标准化，推出品牌产品，打造名牌产品，对于湖南发展农业工业化，建设现代农业具有十分重要的意义。

湖南标准化品牌农业已有了一个好的基础，但总体水平仍不高。按照农业工业化的要求，今后总的发展目标应围绕创建省、市、县三级无公害农产品、绿色食品生产基地开展标准化品牌农业的生产，力争在五年左右全省产地环境检测、评价面积要达到 6 000 万亩以上；认证无公害农产品（含绿色食品）数量全省累计要突破2 500 个，争取达到 3 000 个；无公害农产品、绿色食品、有机食品的标准化生产基地地面积要突破 4 000 万亩；优势农产品和特色农产品生产标准化率达到 90% 以上；示范基地标准入户率达到 100%，地市级龙头企业全部实现标准化生产。同时要注重树立品牌意识，加快农产品商标的注册和绿色产品的申报，强力发展品牌农业，不断推出市场前景好、经济效益高的农产品。

三、工厂化制成品农业

指工厂化农业与农产品工业再制造的产业融合。工厂化农业是现代生物技术、现代信息技术、现代环境控制技术和现代材料不断创新和在农业上广泛应用的结果。主要是指在相对可控环境下，采用现代工业的生产方式进行农业生产的方式，也就是说农业生产需要有标准、生产工艺、生产车间、而且是常年不间断生产，生产出来的产品需要有品牌、商标、标准、包装。工厂化农业是规模化、集约化的生产，它的发展必须建立在现代综合技术高度集成的基础之上，它与农副产品初级加工的概念不可同日而语，是把原来广义农业中的"农林牧副渔加"中的"加"独立为一个新型的以农副产品为加工对象的工业制造产业。工厂化制成品农业最显著的内在性特征是现代工业的技术装备和生产经营管理方式应用于农业生产全过程。其一是工业化的设施装备，工厂化制成品农业的设施装备体现了现代工业技术或产品的集成；其二是工业化的生产手段，使农业生产有了固定的生产车间（温室）、产成品加工车间、生产设施和工具装备；其三是工业化的生产过程，每个生产单元都有生产计划、生产工艺、生产和产品技术标准，按工业化作业流程组织生产；其四是工业化的组织与管理方式，在单个生产企业内部有产、供、销系统和独立的成本核算制度。

近几年，湖南围绕农业增效和农民增收，以发展农产品加工业为重点，取得了一定的成绩和经验，也形成了自己的特色。但总体上还处于一般性农产品加工的低水平阶段，设施农业仅仅是零星发展，尚未真正达到工厂化批量生产程度，尤其是定制式的工厂化农业制成品生产尚未起步，在生产过程的科学化管理方面，与发达国家和地区的现代农业相比，还有不小的距离。因此，湖南省还需要大力推进工厂化制成品农业的进程。总的思路是：从湖南实际出发，建设优势产业带，围绕优势产业带发展设施农业和精深加工，建设好六大制成品农业产业链，即粮食制成品产业链、蔬菜制成品产业链、食用油制成品产业链、畜禽水产制成品和乳制品产业链、茶果制成品产业链、竹木林纸制成品产业链。可考虑在长沙、湘潭、株洲地区和岳阳、常德、益阳洞庭湖区域重点打造米制品、油制品、肉制成品等三大农业工业化产业集群；在湘西南地区建设果制品和林制品产业集群；同时，在"长株潭"核心城市群地区重点发展以蔬菜为主体的设施农业。

四、农业工业化技术创新

在市场机制作用下工业和农业相综合，用工业生产的方式对农业生产要素进行整合的一种经济行为选择。在这里，现代农业生产要素主要是先进的生产技术和科学管理技术。因此，农业技术创新和推广应用是农业工业化发展的关键。农业工业化技术创新过程，实质是技术开发与市场需求的双向互动过程。

针对湖南农业产业发展状况和农业工业的要求，在技术创新发展过程中，要坚决摒弃以往那种小而全的发展思路，改变过去以鲜食型农产品研发为主体的传统农业技术创新模式，建立以工业加工型农产品技术研发为主攻体的农业技术和产品创新系统，推进湖南农产品的精深加工工业的发展，逐步实现湖南省农业高科技产业化。因此，湖南农业工业化技术创新的重点，应围绕专业化基地农业、标准化品牌农业、工厂化制成品农业来进行，紧紧抓住种苗产业技术、农化产业技术、农机产业技术、农产品精深加工产业技术、设施农业产业技术、食用菌和酶产业技术、农业信息产业技术、生态循环农业产业技术八大农业工业化高新技术创新和技术推广的关键领域。总的来看要抓住五个重点：一是政府应加大投入的力度，保证农业基础和高新技术研究以及技术产业化的资金需要，建立农业技术产业发展和建设的基金，扩大农业技术贷款规模，支持发展；二是鼓励企业和社会团体投资农业技术产业；三是积极引进利用外资，争取国际科技合作与社会团体投资农业技术产业；四是建立农业技术产业化技术保险制度，以分散农业技术产业化的风险。五是建设好农业科技示范园。全省可考虑分三个层次进行农业科技示范园建设，即在长株潭三市地区建设湖南农业高新技术示范区，在湘北洞庭湖区和湘东、湘中的丘陵山岗地区建高效农产品生产技术集成区，在湘西等山区建设森林资源开发与生态环境整合区。

总之，农业工业化是农业产业的一场革命，是对农业产业化经营在新形势下的深化。农业工业化作为当前湖南省新型工业化的重要方面，是全面解决农业小部门化时期的"三农"矛盾，统筹城乡经济社会关系，建设社会主义新农村，实现中国特色农业现代化的必由之路，同时也是建设湖南新型工业化的战略举措。

4. 湖南进入持续快速发展阶段后在转方式中应高度重视消费品工业发展的建议

——2010 年 3 月 18 日参加中共湖南省委加快湖南经济发展方式转变座谈会的发言

（本文是 2010 年 3 月 18 日笔者参加时任中共湖南省委书记张春贤主持的"湖南加快经济发展方式转变"座谈会的发言，被湖南省"十二五"规划正式采纳。）

目前世界主要经济体的经济已企稳向好，进入了后危机时代。总的看来，后危机时代制约经济发展的主要矛盾是需求创造，即由以往的资本创造转化为需求创造。这种需求创造受制于消费者潜在的、多元化的消费欲望，于是只有大量地、更高层次地运用先进的科技知识去创造新产品、新产业和新的消费模式，才能刺激消费者潜在的消费欲望，以增加购买，提高消费水平，进而带动产业结构的现代化和高度化。根据《湖南省统计公报》的数据分析，2009 年推动湖南经济发展的三大因素中，投资的贡献率为 64.7%，消费贡献率为 36.8%，出口的贡献率为 -1.5%。在这里，消费贡献率比投资低了 28 个百分点，比全国消费贡献率 52.5% 低了 15.7 个百分点。所以，我们认为，湖南经济持续快速发展的本质要求是消费拉动。在出口贡献率上升到 15% 左右的情况下，消费贡献率要上升到 45% ~ 50%。从经济学来分析，由投资拉动为主到消费拉动为主，这实际上是一场结构变革，主要是分配结构、技术结构和产业结构的战略性调整。分配结构中又主要是初次分配结构调整，目标是增加就业和提高劳动工资收入水平；而技术结构和产业结构调整则是适应劳动工资收入水平提高而转向技术创新以提高产品竞争力，适应收入水平提高后消费多元化、个性化、高质化而进行需求创造。这里既要解决经济持续快速发展的有效需求不足的问题，又要解决有效供给不足的问题，后者更为关键，是问题的核心所在。

一、湖南消费品工业运行的基本状态

湖南目前正处于由重化工业所主导的工业化中期。2009 年全省工业增加值中，以资本品工业为主体的重工业增加值为 2 855.54 亿元，同比增长 20.9%，比 2005 年增长 143.88%；以消费品工业为主体的轻工业增加值为 1 144.54 亿元，同比增长 21.5%，比 2005 年增长 111.54%。轻重工业比例为 32.05∶67.95，与 2005 年的 35.23∶64.77，重工业比重上升了 3.17 个百分点。从工业增加值的结构来看，重化工业占了整个工业增加值总量的 2/3 还多，消费品工业不足 1/3，这说明湖南发展消费品工业潜力大、市场大，大有可为。

近年来湖南消费品工业优势产业的发展速度较快，增长率高于总体水平。如医药生物工业 2008 年增加值同比增长 32.4%，比全省消费品工业增加值的增长率高出 11 个百分点。食品工业总产值的同比增长率为 42.2%，其中谷物磨制加工、肉类加工、饲料加工、食用植物油加工和水产品加工等传统优势农副产品加工业同比增长更高达 46.4%。同时，经济效益状态也比较好，2008 年全省消费品工业企业实现利税 498.10 亿元，平均每万元增加值提供利税 4 352 元，比重工业的 2 364 元高 84.1%；其中每万元消费品工业增加值实现纯利 1 526 元，比重工业的 908 元也要高 68.1%。

但由于消费品工业起源于手工业和城乡集体经济，而湖南又是一个小农经济生产方式历史悠久的传统农业地区，生产分工协作的程度很低，致使消费品工业长期处于作坊式小生产状态。初加工居多，深加工很少，农副产品由一般加工升华到工业制造就更少，全省食品工业（除烟草工业）的 2/3 是处于一般性的原料初级加工的低端化状态，而发达国家和地区目前食品制造业占整个食品工业总产值的比重则高达 80%。绝大部分企业处于低技术生产状态，工艺陈旧，设备老化，且自主品牌少，产品单一，花色品种少，产品质量不高，产品难以适应国内外市场需求的变化和国际技术发展趋势。

二、湖南消费品工业发展的战略目标

总的发展目标是，全省消费品工业增加值（含乘用汽车工业）在 2008 年 1 222.3 亿元的基础上，2010 年预计达到 1 890 亿元，预计"十二五"期间年均以 19% 的增长率发展，到 2015 年预计达到 4 500 亿元，轻重工业比例即消费品工业与资本品工业之比调整为 40∶60，消费品工业所占比例预计比 2008 年提高 8 个百分点，其总量规模在 2008 年的基础上扩大近 3 倍。为实现这个目标，在战略思路上我们建议，立足于工业化反梯度推移这个主轴，实现资源深度开发与需求有效创造这两个车轮同步运行，走产业化、信息化和低碳化的发展路子，突破和实现四大关键工程，即农产品加工向农产品制造深化的升级工程、乘用汽车工业向百万辆规模发展的腾飞工程、现代生物医药产业大发展的创造工程和以电冰箱为主体的家电复兴工程，即"一轴两轮三化四突破"战略。

三、湖南消费品工业发展的主要措施

基于以上发展目标，建议湖南省委和省政府采取以下几个措施：

首先，要理顺管理体制，解决多头管理、各自为政的问题。消费品工业的宏观管理涉及到经委、农业、商贸等多个部门，在工业内部还涉及到食品、轻工、纺织、医药、烟草等行业管理部门，职能交叉重叠，管理和决策的主体不明确，难以形成合力，特别是产业发展中的各项配套政策难以落实。为此，建议湖南省政府成立全省消费品工业发展领导小组，由一位副省长持帅，相关职能部门领导参加，专门负责全省消费品工业发展的战略指导和统筹规划，协调解决发展中的重大问题，提高政府服务意识和水平，优化产业发展环境。

其次，要制订好产业发展规划和政策。建议湖南省委、省政府专门就湖南消费品工业发展问题作出一个带纲领性的决定，明确湖南省消费品工业发展的中长期目标、重点、方针和重大政策。对优先发展和重点发展的产品，制订税收激励、融资支持、基地建设支持、品牌建设鼓励等整套优惠政策；而对于限制发展和需要淘汰的产品，则要有十分明确的和规制力很强的政策，给予应有的限制和处罚。在产业政策制订中，要特别注意体现低碳经济的理念和原则，鼓励和促进节能减排，制订具体和强刺激力的政策，促进低碳化的绿色消费品的生产，坚决淘汰高耗能高污染的产品。

最后，是要增加对消费品工业发展的财政投入。湖南省市级财政要设立专项资金，每年都应安排相当数量的资金，通过贷款贴息、无偿补助以及政府投资等形式，扶持消费品工业的发展。特别是加大对重点项目、重点品牌、重点企业、重点园区和产业集群公共平台建设的支持力度，以促进湖南消费品工业结构的优化升级，实现集约化、规模化、高端化的赶超发展，带动湖南经济在新一轮经济发展周期中实现可持续的跨越式发展。

5. 培育发展战略性新兴产业的几点建议

——2010 年 7 月 15 日参加中共湖南省委加快培育和
发展战略性新兴产业座谈会的发言

（本文是笔者 2010 年 7 月 15 日参加时任中共湖南省委书记周强主持的"加快培育和发展战略性新兴产业座谈会"的发言稿，为湖南省委省政府出台发展战略性新兴产业的决定提供了参考。）

关于培育发展湖南省的战略性新兴产业，2010 年 4 月和 6 月时任湖南省委副书记梅克保召开了两次座谈会，在会上我谈了自己的一些看法和建议。经过反复研讨和修改，纲要、决定、规划已基本上成熟。为进一步完善，想提几点建议：

一、湖南经济"十二五"时期的发展阶段及地位

湖南经济从宏观上来看，要搞清楚湖南经济发展进入"十二五"时期的发展阶段及地位。我认为，"十二五"和"十二五"之后，湖南经济发展应该定位在工业化起飞的中后期。这个阶段要解决的关键问题是，依靠什么产业来实现持续的高速增长。我以为应该要定位在我们现在讨论的战略性新兴产业，作为一个支撑，作为一个支柱，立足这样的分析来培育战略性新兴产业。什么是战略性新兴产业？必须要注意两点，首先战略性是指对未来一个时期的经济发展能够产生主导性作用的产业；其次新兴产业应该是立足于技术创新的成长性产业。这就是说战略性新兴产业必须是依靠新的技术、新的技能发展起来的、在未来能起支柱性和主导性的产业。下一个周期湖南经济发展应该是定位在这个方面，依靠这样的产业作为支撑，实现可持续快速发展，保持 10% 以上的增长速度。我认为整个湖南省委的决定、纲要里面必须明确这个思路。

二、对战略性新兴产业的发展进行分类指导

现在湖南省决定纲要提出的八大产业，我觉得面很宽，八个部门都要挤进来的心理可以理解，湖南资源只有这么多，不可能面面俱到，我建议对八类产业可以提，但是必须分类，建议分三大类，一类就是新兴的超级产业，2008 年 7 月 12 日我向湖南省委省政府建议提出超级产业这个概念，当时我们提出超级产业是运用七个指标衡量，即产业产值、产业影响力、产业效益、科技进步率、收入弹性系数等，当时选出了五大超级产业的后备，最后建议首先推进工程机械，"十二五"以后我们的超级产业是什么？工程机械之后是轨道交通吗？是节源汽车制造吗？这个就要定下来。超级产业不能多，超级产业就是那么一两个，多了就不叫超级产业，也没有那么多资源。第二类新兴优势产业，有些产业有优势但不一定能够成为超级，但是有市场的优势、资源的优势、人才的优势，又是新兴的，可以进行选择；第三类新兴的配套产业，湖南现在的发展一个很大的障碍就是本地配套率太低，上次到长沙经济开发区调查长丰汽车，它的本地配套率只有 20% 多一点，很大部分从国外进口。本土产业链的拉动，链条很短，现在新兴产业里面应高度关注新兴配套产业的发展，把我们的配套率提高到 40% 甚至提高到 60%，把产业链条拉长。八大产业要进行分类指导，不能太笼统。八大产业几千种产品，这么多行当，没有这么多资源，一定要突出重点。

三、新兴产业的发展要选择合适的组织形式

从我国和湖南的情况来看，新兴产业发展的组织形式必须突出三种组织形式：一是市场化，新兴产业必须靠政府推动，但是政府不能包办一切，今天是搞市场经济，不能搞政府万能，还必须要突出市场。比如八大产业的重点，市场需求在哪里？市场在哪里？资金在哪里？技术在哪里？人才在哪里？要靠市场来解决，不是我们坐着靠政府设计，这个有问题。二是集群化组织。现在很多纲要、决定都讲集聚化，这个提法已经落后了，这个集聚化是相对园区而言的，最近看了很多园区，有的园区做得很好，有的园区就是一个标准厂房一设，没有投资人来。所以这个集聚化的提法已经落后了，今天是信息化时代，已经由产业与产业之间的分工深化到产业内部的分工了，那就是产业集群。三是模块化组织，实现产业集群，把产业做大做成超级产业，而且突破湖南的空间界限。我觉得作为一个省委的决定，一个纲要必须要高瞻远瞩，这样的产业组织形式我建议必须突出市场化的组织形式，集群化的组织形式，模块化的组织形式。

四、明确战略性新兴产业发展的三大主体

关于战略性新兴产业的发展主体是谁？我建议在湖南省委的决定和我们的纲要里面必须突出三大家，包括人才培养、人才吸引、人才基地，现在决定和纲要只突出了一家，就是科技创新，当然这是起决定性作用的，毫无疑问必须要突出它，战略性新兴产业没有科技的创新那不行，但是你还必须要有风险投资家，新兴技术是有风险的，谁来投资？风险投资家在哪里？我们怎么培育？没有风险投资家，核心技术不可能孵化也不可能产业化，这一点相当重要，弄得不好就走掉了。第三家就是企业家，纲要和决定突出的不够，企业家相当重要，因为最终要靠我们的企业家一个产品一个产品，一个环节一个环节做出来。经营管理最重要的是企业家，决定和纲要要突出三家，科技创新家、风险投资家、经营企业家，缺了哪一家都不行。

五、扶植战略性新兴产业发展的政策建议

决定和纲要的政策包括具体规划的政策要分类，不能够笼笼统统，要有操作性。这个政策也是分三个方面，首先是战略性新兴产业的结构性的政策必须明确。你的配套产业是什么？你的后续产业是什么？这个结构性的政策必须搞清楚，我想这个才有操作性。比如动漫，上次对动漫进行了调研，湖南的动漫配套全国第四位，动漫的生产环节几万分钟，但是播出环节有限，衍生产品跟不上去，政府的补贴政策只补贴在研发和生产环节，播出环节没有政策，没有给予扶持，衍生产品也没有政策，所以动漫产业链不能够形成，而且是一种浅层次的生产，不能够深度开

发，结构性的政策没有跟上来，由第一位退到第四位，要引起省委省政府的高度警觉。其次政策就是要素激励性的政策，资本、土地、人才、技术方方面面的要素，作为一级政府怎么安排？湖南省委的决定里面讲了那么几项奖励，我觉得还不够。因为要素激励政策设置到方方面面。最后一个就是市场机制的政策，土地产权、资本产权、人力资本的产权都需要通过市场来配置市场机制的政策设置要更明确些，同时要大力支持科技咨询业等中介组织的发展。总之，产业推进政策要分门别类把它具体化，具有可操作性和推动性。

6. 关于加快湖南经济发展方式转变的建议
——2010 年 7 月 28 日参加中共湖南省委、省政府转方式"决定"座谈会的发言

（本文是笔者 2010 年 7 月 28 日参加时任中共湖南省委书记周强主持的"湖南省委省政府转方式'决定'"座谈会的发言，为湖南省委省政府出台转变经济发展方式的决定提供了参考。）

湖南省委省政府拟就湖南省加快经济发展方式转变作出决定，这是湖南省经济社会转型重要关头的一个重大事件，必将对后金融危机时期湖南经济社会又好又快发展产生深刻的影响。目前"决定"的征求意见稿经过 N 次锤炼已比较成熟了，目标明确，思路科学，战略到位，对策得力，符合湖南的现实和后危机时期世界和我国经济发展的趋势，较为全面和深刻阐明了湖南为什么要转方式、转什么方式和如何转方式的问题。当然，"征求意见稿"似乎显得"平"了一点，战略的重点还不是太突出。为此，从进一步完善的角度，特提出以下几点建议：

一、从总体战略上，湖南转方式要首先明确湖南在后金融危机时期经济发展阶段的定位及本质要求

中华人民共和国成立 60 多年来湖南经济发展方式也一直处于演变发展的过程之中。1978 年改革开放前，湖南经济处于以传统农业为主导的发展阶段，属于粗放式手工技术发展方式；1978 年改革开放以后到 2005 年湖南经济发展处于起飞准备阶段，农业化学化、机械化和电气化启动，工业化和城镇化起步，属于粗放式低技术发展方式；2005 年后实施新型工业化带动战略，到 2009 年全省地区生产总值突破万亿元大关达到 13 000 多元亿元，工业对经济增长的贡献率达 50.3%，超过了 50%，同时城市群大发展，经济增长极基本形成，重化工业以集群的方式快速发展，这说明湖南经济特别是工业化已全面进入起飞阶段，属于常规制造技术集约式发展方式，这是一个在经济总量上非常了不起的历史性跨越。2010 年后也即世

界后金融危机时期，湖南经济社会将进入持续快速发展阶段即经济起飞的中后期，由常规技术主导的数量经济将进入由高新技术主导的结构经济阶段。按照经济发展阶段性的规律，当经济起飞进入到中后期阶段后其发展的本质是保持持续（好的表征，快的前提）快速发展，然而要做到这一点就必须进行结构调整和变革，主要是分配结构、技术结构和产业结构的战略性调整。基于此，湖南转方式的宏观战略思路便应考虑围绕"新型工业化（内含新型城市化、农业现代化和信息化）"推行"集约化、集群化、集聚化"的战略，即湖南后危机时期的"一化三集"战略，以对湖南工业化起飞时期"一化三基"战略的深化和提升。在这里，集约化是技术的进步，立足于技术创新和集约而形成湖南独立的技术体系；集群化是产业的组织，以产业价值链的分工与协作为主体来打造湖南新时期的超级支柱产业；集聚化是要素的聚集，形成大规模高效率的空间经济增长极，实现工业化的反梯度推移（跨越式发展）。

二、从产业结构上，湖南转方式要赋予"两型"产业在新时期湖南战略性新兴主导产业的地位

我一直认为"两型"社会建设的核心和基础是"两型"产业，而"两型"产业在本原上就是低碳化的战略性新兴产业。这是转方式中产业结构调整的关键，也是产业结构高度化的目标。湖南经济进入工业化起飞的中后期后，依靠什么产业来实现持续快速发展？我以为应该是"两型化"的战略性新兴产业，是湖南新一轮经济发展周期保持10%以上增长速度的产业支柱和支撑。为此，建议"加快经济发展方式转变的决定"还要更加突出这个重点。如何发展"两型化"战略性新兴产业？我建议首先是分三大类来组织：一类是新兴的超级产业，这是产业集群的概念即在分工配套的基础上形成巨大空间、巨大投入、巨大规模、巨大效益的支柱产业。2008年7月12日我向湖南省委省政府建议提出超级产业这个概念，当时我们提出超级产业是运用五大指标，选出了五大超级产业的后备，最后建议首先搞工程机械。"十二五"以后我们的超级产业是什么？我建议在继续做大做强工程机械的基础上抓节能和新能源汽车；第二类是新兴优势产业，有些新兴产业不一定能成为超级，但有资源、人才、技术和一定的市场优势，应有步骤地着力开发，如新能源、新材料、文化创意产业等；第三类是新兴配套产业，湖南制造现在一个很大的障碍就是本地配套率太低。据调查，本地配套率只有20%多一点，很大部分零部件从国外进口或省外购进。因此湖南省战略性新兴产业的发展要高度关注新兴配套产业特别是低碳化核心零部件的发展，把我们的配套率提高到40%甚至提高到60%，把产业链条拉长，提高超级产业及支柱产业的带动力。另外，"两型化"战略性新兴产业的发展要突出"三家"：一是科技创新家，战略性新兴产业没有科技创新不行的，是起决定性作用的，这是实现产业集约化的前提；二是风险投资家，新兴技术

是有风险的，如果没有风险投资家，核心技术就不可能孵化，也不可能产业化，这一点相当重要；三是企业经营家，企业家相当重要，因为"两型化"战略性新兴产业最终要靠我们的企业家一个产品一个产品，一个环节一个环节作出来。总之，科技创新家、风险投资家、经营企业家在"决定"中应有比较突出的分量和位置。

三、从空间经济上，湖南转方式要打造以超级特大城市为牵引的长株潭"3+5"大都市区

产业集群和要素集聚都要以城市产依托和载体。根据后危机时期世界经济的发展趋势，应提升长株潭经济一体化和城市群的内涵，建议提长株潭"3+5"大都市区化。以城市群为构架的大都市区一般是为创造一个系统经济体相互作用的场效应，包括经济区位效应、产业关联效应、规模经济效应和潜在市场效应等，通过城市群网络自身的能量、动量和质量在一定条件下和实物的相互转化，进而产生强大的极化能力，形成集聚的空间经济体系，实现城市与农村以及核心区与边缘区的统筹。这里，首先要考虑长株潭城市群"两型"社会建设实验区的区域定位问题。我认为应站在国家层面来思考。中央把武汉城市群和长株潭城市群同作"两型"社会建设实验区，是作为长江中部的一个大都市经济区来考虑和安排的。目前，长江经济带的头——上海"舞"起来了，而尾——重庆也"摆"起来了，但腰部还比较软。长江经济腰部要硬起来，武汉城市群和长株潭城市群联合组成长江中部的一个大都市区就十分关键。如果这个判断成立的话，那么处于武汉城市群和长株潭城市群中间的岳阳在长江腰部经济就占有重要地位。从湘阴进入洞庭湖到岳阳城陵矶至陆城一带，是湖南的大水面、大排放口、大码头、大交通口，也是湖南环境容量最大，唯一适宜于摆放大运量、大消耗、大进出的高端重化工业的一块宝地，也是长株潭城市群的腹地和联结武汉城市群的枢纽，可弥补长株潭城市群在这方面的功能缺陷。所以打造长株潭"3+5"大都市区要重点发展长株潭岳核心极区域。这里要特别重视做大做强长沙，把长沙打造成为高首位度的超级特大城市，远景目标是要形成都市区人口过千万、生产总值超万亿元的高首位度特大城市。为此，现长沙市区划要按"河西长沙创造，河东长沙制造"的大格局进行调整，将市内现有的四个行政区和两个产业区（指先导区和高开区）调整为大西区和大东区，以利于资源的整合和有效利用。

四、从城乡统筹上，湖南转方式要以农业工业化为抓手来实现城乡经济社会一体化

马克思早在一百多年前就曾指出，只有通过工业对农业的反作用，资本才能掌握农业，农业才能工业化，城乡差别才能消灭。可见，今天我们提出工业反哺农业，推进农业现代化，其实质就是，工业资本进入农业，工业技术装备进入农业，

工业生产方式进入农业。一句话，就是以工业化谋划农业和改造农业，搞农业工业化。对于湖南这样一个传统农业大省来说，这一点是具有重大战略意义的。在农业小部门化时期（即农业增加值占 CDP 总量的比重大幅度下降，而农业就业人员却未同步同比例下降），三农问题的要害是什么？我认为是产业发展，只有产业发展了才能增加就业，增加农民收入，改变农村面貌。而农业产业如何发展？作为小部化的农业其出路在于同工业整合，运用工业来改造它，实现农业生产过程的工业化、农业生产结果的工业化和农业产业经营管理的现代化，尤其是要全面提升农产品的精深加工，发展制成品农业。这至少要在湖南的农业主产区全面实现。特别是当代的城市化向都市区化的方向发展，都市区中既有工业又有现代农业，工业与农业相互交融整合，形成大都市连绵带，这其中农业工业化将发挥极为重要的作用。为此，我建议"决定"要明确提出在环洞庭湖地区建设专业化基地农业，标准化品牌农业和工厂化制成品农业，打造肉制品、米制品、油制品和果制品的农业工业化产业集群。

7. 后危机时代世界经济转型与湖南发展战略选择

——2013 年 12 月 20 日参加中共湖南省委经济工作务虚会议的大会发言

（本文是笔者 2013 年 12 月 20 日参加时任湖南省委书记徐守盛主持的湖南省委经济工作务虚会议以专家身份出席会议的大会发言，在这个发言中最早提出以"一带一部"战略抓手，着力突出创新驱动的战略思路的建议，已转化为湖南发展的总体战略。）

2008 年由美国次贷危机所引发的全球性金融危机，其实质是以大规模物质化要素投入和大规模同质化生产为主导的人类发展方式所造成的人与人、人与物、人与自然以及商品价值与使用价值全面对立的二元结构危机。为此，后危机时代人类发展必须解决这种不可持续的"瓶颈"性问题，向人文化、低碳化、协同化为特征的需求创造模式转换。在这个基本矛盾驱动下，世界经济在缓慢复苏的同时出现了向实体经济、绿色经济、数字经济和服务经济转型的四大发展趋势。我国在这个大趋势影响下，传统粗放增长方式已不可持续，战略性资源"瓶颈"凸显，蓝领劳动力红利渐失，发达地区经济增长明显回落，中国经济提前进入了 7% ~ 8% 的中速增长时期。我们认为，中速增长的本质就是由单纯的数量增长转入以质量提升为主导的获取结构增长红利的转型发展阶段。

湖南作为发展中地区在全国进入中速增长的大势下，经济下行压力也在不断增大，2013 年 1 ~ 11 月，湖南省规模工业增加值同比增长 11.6%，尽管比上半年和前三季度分别加快1.3个和0.2个百分点，但比去年的14.6%却下降了3个百分点，特别是专用设备制造业等支柱产业下滑较为明显。这说明在后危机时代，湖南发展也由数量增长为主进入到了结构增长为主的新阶段。2014年是全面深化改革的第一年，也是全面完成"十二五"规划并对"十三五"发展奠定重要基础的关键一年。我们认为，新的一年湖南发展在坚持"四化两型""四个湖南""两个加快""两个率先""三量齐升"和"五个发展"这个湖南发展战略体系的基础上，应以做好习近平总书记在湖南视察提出的"结合部"和"过渡带"区位优势为战略抓手，着力突出创新驱动，从发挥后发比较优势向发挥后发竞争优势转换，选择工业化反梯度推移的多元协同升级路径，实现无后遗症的健康快速发展，全面获取多元素系统间协同合作的结构增效红利。

一、以"2.0创新模式"为主导，推进创新驱动升级

后危机时代经济转型意味着发展的牵引力正在由要素驱动、效率驱动进入创新驱动阶段。在这里，创新驱动包括科技创新和制度创新，二者共同构成经济社会发展的强大动力和竞争优势。由于信息通信技术的融合和发展催生了信息社会和知识社会形态，普通公众不再仅仅是科技创新的被动接收，而是创新的主角，直接参与创新进程。这样就改变了过去以技术为单一出发点的"1.0创新模式"，形成了以人为出发点、以用户为中心、以企业为主体、以社会实践为舞台、以大众创新、共同创新、开放创新为特点的"2.0创新模式"。我们认为，长株潭城市群"两型"社会建设自主创新经验，就是这种"2.0创新模式"，应出台专门政策在全省推广，逐步实现由引进模仿向自主创新升级。其整体格局可考虑：长株潭城市群作为高端产业集群地区主攻原创性尖端技术如数字化技术、新型装备技术、新能源技术、新材料技术，普及清洁低碳技术；衡、岳、常、娄城区以发展集成技术为主；其他地区以适用技术研发应用为主。由于创新驱动的内核是人力资本和知识资本，所以我们建议通过培训、引进和激励等方式，充分发挥科技创新家、风险投资家、企业经营家和高级技工、职业农民等"三家两工"人力资本的作用，全面增强湖南发展的后劲和竞争力。

二、以园区集群发展为抓手，实现产业结构的调整升级

产业园区的基本功能是实现生产要素在空间的集中而获取规模效益和协作效益。"十二五"以来湖南省委省政府提出每个县市都要建一个省级工业集中区，使湖南产业园区的发展上了一个大台阶。但目前产业园区仍存在重"地"轻"产"的倾向，优势产业集群少，产业规模偏小且同质化现象较普遍。为此，我们建议推广长沙市宁乡县"项目立园，平台提质"的发展经验，做好四抓：第一，抓项目招商，做特色产业。项目是产业园区的生命线，要挖掘自身的特色和优势，进行中

高端招商,不搞同质化的恶性竞争,做专业做特色做品牌。第二,抓配套集群,做大产业链。鼓励重点企业、品牌企业在园区内以资金、技术、管理和信息等作支撑,聚集为自己配套生产和服务的中小企业,形成相对完整的产业链条和配套协作体系。第三,抓清洁生产,做循环经济。引导企业建立"轻型经济""循环经济""环保经济"机制,从产品生产源头实现节能降耗减排和资源再利用。推广宁乡"飞地产业园"模式,做大产业链的集群,鼓励高排放项目向大环境容量异地转移,促进县内乡镇工业集中生产营运。第四,抓产城融合,做服务平台。在空间布局上园区应与城镇配套,发展工业设计、金融保险、信息服务、科技服务、策划咨询、服务外包、第三方物流、文化创意、现代商贸等新兴服务业平台,以对产业结构调整升级发挥重大促进作用。

三、以湘北湘东开发为核心,全面融入中国经济新支撑带

在中国经济中速增长阶段,长江流域经济带将成为国家开发战略的重心。湖南北口现有163公里长江岸线,联通洞庭湖,而湘东则有从长三角到西三角的沪昆高速公路铁路、衡茶吉铁路和岳汝高速公路,其突出特点是江湖联结、东西交汇、南北缓冲,具有"大港口,大枢纽,大容量,大腹地"的经济地理优势。我们认为,湖南融入国家依托长江建设中国经济新支撑带战略,需要打通湘北湘东两口,加大开发长江岸线和东西路线的力度,大力发展低碳化的大综合物流业、大精细化工业、大装备制造业、大轻工食品业、大电子信息业、大旅游观光业和大宗农产品产业等七大产业集群,重点抓好四大工程:(1)高标准发展水陆综合的大物流产业,加快建设环洞庭湖高等级公路和流域沿岸港口码头,全面疏浚长江同湘资沅澧四水联通的航道,建成以岳阳城陵矶大港为主港、岳阳君山港和华容港(含塔市驿、洪山头、新沙州三个作业区)为配套港、常德津市港为副港的"一江一湖"带"四水"的水陆综合交通运输体系;(2)利用湖南省163公里长江岸线大港口、大环境容量优势,发展绿色化大化工、大制造、大能源工业,在岳阳云溪及以下66公里长江岸线,重点打造湖南及我国中部最大最先进的炼化一体精细化工循环生产基地;云溪以上近百公里长江岸线集中发展低碳环保的大能源工业、大制造工业和纺织服装工业,重点把华容打造成长江中游岸线最大的集煤电、风电、核电和生物质能电为一体的清洁能源生产基地、现代纺织服装生产基地和西洞庭湖长江黄金水道综合运输物流中心;(3)全面建设江湖港口及物流商贸设施,重点发展城陵矶港大型综合保税区,集保税区、出口加工区、保税物流区、港口的功能于一体,形成长江中下游大宗产品进出口的物流和商流集散交汇区,以承接和复制上海自贸区体制,建成湖南和我国中部重要的现代化立体口岸开放体系;(4)打开湖南省东大门,发挥株洲接东带西的路线枢纽作用和综合成本优势,打造株洲至醴陵城市发展新轴线,承接"长三角"城市群的转移辐射,并吸纳江西要素,做大做强省内

沪昆、京广路线两厢轨道交通、医药食品、服饰加工和现代陶瓷等产业。

四、以都市区化模式为目标，发展以人为核心的城镇化

推进城镇化是解决农业、农村、农民问题的重要途径，是推动区域协调发展的有力支撑，是扩大内需和促进产业升级的重要抓手。我们的研究表明，以破解二元结构为主导的城镇化，应以都市区化为发展目标。都市区化是指大的人口核心区与其具有高度社会经济一体化倾向的邻接社区如县乡镇的组合，建设多元城市联结、城市乡村一体、工业农业融合的城镇群网络体系。为此我们建议：（1）以县城和核心镇为破解二元结构的基础结点城镇，通过产业集中和转移人口市民化来实现提质扩容；（2）以各地级市为中介结点城市，联结县乡镇构织地方性城镇群；（3）以长株潭城市群为首位结点城市，根据融入长江经济带建设的需要实现向北延伸，与岳阳这个长江口岸性城镇群联姻，打造大长沙都市区，与长江中游城市群均势对接，形成现代大工业、大农业、大服务业、大资本、大市场的集聚集群中心；（4）通过"产业链网""交通链网"和"信息链网"三网联通全省地方性城镇群，最终形成能释放巨大内需潜力、吸纳农业剩余劳动力就业、提高劳动生产率、破解城乡二元结构、促进社会公平和共同富裕的湖南新型城镇化体系即"三结点三网链构架"。

五、以现代工业化生产方式，加快推进湖南农业现代化

湖南农业资源丰富，发展现代农业的潜力很大，对确保全国粮食和大宗农产品供给具有重要的战略地位。对此，我们建议推广长沙县"以新型农业经营者为主体，以现代农业标准化基地建设为载体，以现代工业技术、装备和大生产管理经验为支撑，以培育和完善现代市场商贸物流体系为前提，运用工业化大生产方式，打造具有市场竞争力的农业产业集群和龙头企业群体，建设特色鲜明的高效现代农业产业体系"的农业工业化经验，全方位转变农业发展方式，在全省农业主产地区激发新型农业经营主体积极性，推动土地有效流转，发展专业化基地农业、标准化品牌农业和工厂化制成品农业，实现农业生产过程的工业化（专业化、规模化、标准化和机械化等）、农业生产结果的工业化（农副产品精深加工）和农业产业经营管理的现代化，最终完成湖南农业现代化的历史进程。其具体设想是，"十三五"期间在湖南省洞庭湖地区和环长株潭地区建设国家级现代化大型商品粮、生猪、柑橘、草食动物、淡水产品等优势农产品生产基地，打造粮食制成品、蔬菜制成品、食用油制成品、畜禽水产制成品与乳制品、茶果制成品、竹木林纸制成品六大产业链，建成我国高标准的现代化农业主产区和社会主义新农村。

8. 实施"一带一部"战略，推进多层级
一体化集聚发展

——2015 年 7 月 23 日参加中共湖南省委湖南省
"十三五"规划专家座谈会的发言

（本文是 2015 年 7 月 23 日笔者参加时任中共湖南省委书记徐守盛主持召开的湖南省"十三五"规划专家座谈会的发言稿，创造性地提出发挥"一带一部"区位优势，重点建设以长株潭城市群为鹰首、岳阳与衡阳为两翼、以怀化为尾翼的"飞鹰形结构"重要增长极体系的建议，被湖南省"十三五"规划正式采纳。）

习近平总书记对湖南作出发挥"一带一部"区位优势的重要指示，将过渡带与结合部整合为一体，对湖南产业与空间配置结构进行优化升级，大大提升了湖南发展的战略坐标。这实际上是在全国顶层战略布局中对湖南经济地理进行重塑，把湖南放到国家全方位推进沿海沿江沿线开放的大格局中，扬弃以往"不东不西"的自然地理弱势，使湖南初步形成了我国内陆具有中枢功能的大通道区域。湖南正在经历一场新经济地理革命。为此建议，湖南省"十三五"规划应提高一个认识，把握五大优势，瞄准五大定位，推进五大主导产业集群，实现三个基本目标。

一、湖南已进入一体化集聚发展新经济地理时代

新经济地理是从市场与地理联系的角度，以交通运输成本引发聚集经济、规模经济和网络经济为基本因素，对企业和产业区位、经济增长极等进行战略性布局，以缩短区域距离，提高聚集度，获取报酬递增的密度经济效应。以往，我国纵向通道优势远大于横向通道，东西向互通水平较低，那时湖南空间经济布局一直按南北向分东、中、西三条纵线分散布局，由于三线之间缺乏横线联通，且水运又日渐衰退，所以无法形成湖南省区域空间经济的网圈集聚格局。进入 21 世纪以来，我国铁路、公路和航空交通快速发展，已形成横贯东西与纵贯南北的、由普通铁路、高速铁路、高速公路、现代航空和水运互联互通的新交通版图，特别是沪昆高铁全线贯通，彻底改变了湖南省东、中、西三线纵向分散布局的旧格局，通过京广线、包柳线、沪昆（成）线三大通道和长江黄金水道，形成了湖南省东西南北交集的水陆空互联互通大格局，大大拓展了湖南发展的战略空间，可实现湖南全域多层级一体化集聚发展。

二、湖南"一带一部"经济区位具有五大新优势

经济新常态下我国突出沿大江大河和陆路交通干线引领发展，整合国内和国际区域资源，积极培育新的区域经济带和增长极。在这个新的大棋局中湖南"一带一部"战略新定位的科学内涵就是要发挥经济地理密度经济效应的新优势，培育多中心的重要增长极体系，实现区域一体化集聚发展，打造内陆沿江沿河开放开发高地。这个新内涵集中表现为以下五大优势：

一是新空间经济结构优势。湖南"一带一部"水陆双联的大通道、大枢纽、大市场与省内湘、资、沅、澧四水互通达海的新定位，使湖南省全域交通网与全国联网并贯通全球，提升了结合部的功能，特别是长沙成为"一带一路"的结点城市，这使以往湖南在全国自然地理版图的中心空位转化成了我国新经济地理的中心枢纽，其意义之巨大对于湖南来说划时代的。

二是内陆大商圈市场优势。湖南已形成全国经济地理的中心，也是国内市场半径最短且交通最佳的中心区位。以湖南为中心的商圈市场规模庞大、增长潜力极为可观。湖南加上周边四省一市一区人口近4亿人，占全国人口的近1/3；"3小时高铁经济圈"覆盖的市场占全国总人口的一半，具有巨大的商圈辐射优势和产业投资的市场价值。

三是科技与人才资源优势。目前，湖南省的综合科技创新能力位于全国前10位、中部第1位。特别是长株潭地区已成为湖南乃至全国的科技创新高地，2014年长株潭获批国家自主创新示范区，为湖南的新发展装上创新"超级引擎"。另外，湖南还具有人才和劳动力资源优势，为"十三五"湖南省经济的转型创新发展提供了保障。

四是现代产业集群发展优势。以中联重科、三一重工为代表的中国工程机械，已成长为世界品牌企业，构筑了高起点国际平台。轨道交通装备在全球具有重要地位，汽车产业链已成长为我国的一个新的板块，南车株机、衡阳特变、湘电集团、铁建重工和泰富重工等企业正在从"单台产品供应商"向"成套设备供应商"和"服务供应商"转变。

五是生态环境及绿色资源优势。湖南省土地、森林、湖泊、河流、矿藏丰富，是我国绿色化发展的重地。不仅能保障城乡居民生活资料供给，满足轻工食品工业原材料的需要，也能为发展绿色的重化工业提供必要的土地和环境资源，同时还可为休闲旅游产业的大发展，实现产业结构升级提供优质资源。

三、以新经济地理观念提升湖南发展战略定位

综上所述，我们建议，湖南"十三五"规划期应着眼于建设长江流域重要中枢功能区域和南中国内陆开放中心，重点建设以长株潭城市群为鹰首、岳阳与

衡阳为两翼、以怀化为尾翼的"飞鹰形结构"重要增长极体系，高标准打造以农产品精深加工为主导的低碳消费品产业、以智能化制造为主导的高端装备制造业、以"互联网＋"为主导的电子信息产业、以经济服务化为主导的现代生产服务业、以创意经济为主导的文化及旅游业五大主导产业集群，实现以下五大战略定位和发展突破。

（一）打造国家空间经济新格局的战略要地

发挥湖南综合交通网络总规模 25 万公里的大通道功能，强化湖南 5 小时高铁经济圈覆盖全国 2/3 区域的大枢纽优势，打造长沙临空高铁快速交通体系，建设"一核三带四组团"即以长岳联姻为中心的长株潭岳大都市功能区和湖南境内的京广经济带、长江经济带、沪昆经济带，以及湘北、湘南、湘西、湘中都市区组团，实现湘江经济带同长江经济带结合并链接"一带一路"，使湖南成为我国中南部的重要枢纽和战略要地。

（二）打造国家长江经济带建设的重要支撑

高标准建设大湖生态经济区，提高洞庭湖调蓄长江洪水、维护湿地生态和水资源综合利用能力，以岳阳城陵矶港和长沙新港为龙头，以湖南省长江水系航道和环洞庭湖公路为载体，全面联通湘、资、沅、澧四水流域，建设水陆空综合交通体系，高效发展现代农业、消费品工业、绿色循环化工和清洁新能源产业，强力推动岳阳与长株潭联姻发展，提升长株潭岳地区的战略地位，发挥湖南在长江经济带和长江中游城市群建设中的重要支撑作用。

（三）打造中国内陆沿江沿河沿路开放高地

高起点建设衡阳、岳阳、湘潭综合保税区和郴州出口加工区，重点发展岳阳和长沙现代化口岸开放体系，打造湖南省外贸货物通江达海的高效平台，并推行"飞地经济"模式与发达地区深度互融。同时以长沙空港、高铁、江港一体化为载体，以文化创意、服务外包、供应链高速物流配送、跨境电子商务等为业态特色，申报中国湖南（长沙）自由贸易区，建设交通和信息网络发达、商业物流设施先进和服务质量及方式一流的国际性大商圈。

（四）打造中国高技术自主创新示范引领区

发挥长株潭三个国家高新区科技智力密集的优势，以打造高新技术产业国际竞争力为核心，主攻原创性高技术如数字化制造技术、环保产业技术、新能源技术、新材料技术等，掌控高新技术话语权，着力推行大众创新、共同创新、开放创新的创新 2.0 版，培育新经济增长点，建设国际一流的自主创新示范区，全面促进湖南产业结构优化升级，引领我国中西部地区技术创新发展。

（五）打造世界级装备产业智能化制造基地

以数字化、网络化、智能化技术为引领，以"互联网＋"为新的生产方式，以环长株潭地区国家级产业园和综合保税区为载体，以工程机械（含盾构装备、港口及海洋工程装备)、轨道交通机械和汽车整车及配件为支柱,整合通用航空、数控装备、电机电工、工业机器人、3D打印和工业系统设计等产业,完善智能制造的商业模式,打造具有全球竞争力的智造装备业集群基地,全面链接国家"一带一路"倡议,实现湖南智造装备业全球化。

总之,我们认为"十三五"时期湖南应实施"一带一部"战略,着力做好空间经济这篇大文章,运用新经济地理优势置换传统自然地理弱势,由"过道效应"转化为"同城效应",通过多层级一体化增长极体系,全面链接国家"一带一路"和长江经济带建设战略,推动湖南全域经济持续跨越式发展,全面实现"三量齐升",力争在"十三五"期末基本建成新型工业化社会、基本建成"两型"社会、基本建成"全面小康社会"。

9. 湖南面临的较大风险与对策建议

——2018年1月3日参加湖南省政府院士专家企业家《政府工作报告》征求意见座谈会的发言

(本文是2017年12月20日根据湖南省委副书记、省长许达哲出题撰写的研究报告,笔者于2018年1月3日参加许达哲省长主持的院士、专家、企业家《政府工作报告》征求意见座谈会,在会上发言,由湖南省政府研究室编辑的《院士专家咨询参考》2018年第1期刊登,并报送湖南省委、省政府领导参阅。)

当前我国和世界经济都处于第五个经济长周期的下行时期,"三去一降一补"的经济转型压力巨大。在这个背景下湖南省实施创新引领开放崛起战略,全面落实执行"十三五"规划,需坚持问题和风险导向,认识和理解湖南发展面临的主要风险,把控风险的大小和复杂程度,推动湖南省经济社会持续健康高质量发展。

一、湖南总体性风险处于中下等水平

按照全国的口径,我们把湖南面临的风险从总体性风险和结构性风险两个方面进行分析。基本结论是:目前影响全局的总体性风险处于中下等水平,而由风险传导引发的结构性风险则处于中上等水平,且正处在隐忧风险酝酿阶段,应密切关注和防范。

湖南面临的总体性风险主要包括:地方政府债务风险、房地产风险、产能过剩风险、地方财政风险、经济增速下滑风险、人口老龄化风险和重点整区域(洞庭湖)生态风险等。这些风险相互交织、相互影响,并通过各种风险传导路径,对全省经济增长和社会发展造成破坏性影响。根据湖南省政府发展研究中心2016年《对策研究报告》提供的数据分析,湖南省以上总体风险中地方政府债务风险、产能过剩风险和房地产风险较为突出，但经过近些年的防控目前都处在可控范围。

如地方政府债务风险，湖南省 2014 年末包括政府债务余额 6 599.3 亿元和政府或有债务 5 738.2 亿元在内的政府性债务总余额 12 337.5 亿元，与全省 GDP 之比为 45.6%，低于全国平均水平（56.5%）10 个百分点。通过近年努力到 2016 年已减少到 11 241 亿元，减债 8.89%。当然，县市区政府债务风险比较突出，全省有 25 个市县区综合债务率超过 150%，24 个市县区综合债务率在 100%～150% 之间，需要高度警惕由其传染形成的延伸风险如产业萎缩、非法集资等。

又如产能过剩风险，2016 年全省已退出煤炭产能 2 073 万吨，超额完成国家下达湖南省年度任务，省内 50 万吨钢铁过剩产能化解任务已完成，湖南省在江苏、广东两省的产能化解任务，按照属地负责原则已由当地政府组织实施。2017 年上半年全省煤炭、生铁、十种有色金属、水泥又分别同比减产 29.5%、4.2%、8.7% 和 3.6%。总的看，全省落后过剩产能风险已基本得到控制。但由于湖南省高能耗低技术传统产业占比较高，淘汰落后产能的任务和风险却是比较大的，这是湖南省结构性风险的主要方面。

再如房地产风险，截至 2015 年底，可售新建商品房代售面积达 1.09 亿平方米和已拿地未开工的待建商品房规模 1.9 亿平方米，房地产供给合计 2.99 亿平方米。到 2017 年 10 月，全省完成商品房销售 14 146 万平方米，占总供给量的 47.31%。特别是房地产风险比较集中的长沙市去年全年商品房销售面积 2 593.71 万平方米，占全省的 32.1%，同比增长 36.7%，房价已得到控制。但由于湖南是人口净流出省份，常住人口比户籍人口少 600 万左右，住房新增需求不大，除长沙以外的其他城市商品房库存压力较大，其风险不可小视。

总之，经过近些年的努力防控，湖南省总体性风险已在逐步化解，基本得到了有效控制。当然，不排除某些特殊风险的可能性，如重大安全生产事故、非法集资造成群众损失、环保失控造成生态破坏等，需要警钟长鸣，严厉防范。然而风险化解是有代价的，如化解地方政府债务和产能过剩风险就必须控制投资和产业类专项资金规模等，这就可能传导引发产业萎缩以至带来经济紧缩的风险。化解房地产风险也是一样，对那些过度依赖地产收入的市县有可能大幅度减少其财政收入，引发财经风险。据此分析判断，目前湖南面临的较大风险是以实体产业萎缩为主因的结构性风险，这是湖南实现创新引领、开放崛起的最大障碍。

二、工业增速放缓，发展后劲不足，是湖南最大的结构性风险

目前，湖南经济运行基本处在准合理区间，据湖南省统计局关于"前三季度全省经济运行情况分析"，2017 年前三个季度实现地区生产总值同比增长 7.5%，保持了稳中有进的态势。但经济下行压力很大，地区生产总值增长率由 2010 年最高的 14.5% 下滑到去年的 7.9%。特别是工业相对萎缩明显，2018 年 1～10 月，湖南省规模工业增加值同比增长 6.8%，比一季度和上半年分别回落 0.5 个和 0.3 个百分点。近几年来湖南省规模工业一直处于低位下行状态，由 2010 年的最高增长率 23% 下降到不足 7%，对地区生产总值的贡献率也由 56.1% 下降到 31.6%。由此，工业化率也呈现较大幅度的下降趋势，由 2010 年历史最高的 39.5% 下降到去年的 35.7%，萎缩近 4 个百分点。产业园区企业运行艰难，2017 年底省内国家级园区规模以上工业企业主营业务收入下降的占 35.7%，省级园区已建成投产的标准厂房中处于闲置状态占 42.8%。由于工业相对萎缩的拖累，湖南省服务业发展水平也明显落后于全国平均水平。这对于刚刚进入工业化中期的湖南来说，是较明显的"中等收入陷阱"。对此，决不可掉以轻心。

之所以出现这种状况，其关键因素就是传统支柱行业压缩过剩产能和新兴工业短板太短导致工业回升乏力。2017 年 1～10 月，湖南省专用设备、石油加工、有色金属和烟草行业增加值全面下降，钢铁、建材和化工行业增加值只有小幅增长。这 7 个大类行业又大多属于高能耗、高排放的资源密集型传统产业，综合能源消费量占全省规模工业企业的比重为 79.3%，从 2013 年到 2017 年 10 月始终维持在 78%～80%，尤其近两年占比较之前还有所上升。2017 年头十个月 7 个大类行业所提供的工业增加值占全省规模工业的 37.4%，但对规模工业增长的贡献率则为 -3.7%。而新兴工业增长点不多，高技术产业增加值只占全部规模工业的 11.2%。新兴工业之所以发展不快，又与全省投资增速持续下降且结构不合理很有关，2017 年 1～10 月，第三产业完成投资占全省投资的比重高达 60.8%，而工业投资占比只有 29.4%，仅增长 5.6%，低于全省投资平均增速，同比也低 2 个百分点。尤其是高新技术产业投资额只占全部投资的 7%，科技研发投入强度只有 1.5%，远低于全国平均水平。另外，湖南省银行存贷比处在 65% 左右，非金融企业贷款增速下降，信贷资金运用不足位。以上说明湖南经济发展后劲不足，工业相对萎缩已构成全省经济社会发展的最大风险。所以，必须下大功夫向更新、更密、更广的领域深入推进新型工业化。

三、化解结构性风险需强补新经济短板

湖南经济结构转型的"三去一降一补"，其关键是补新经济产业短板转化落后的过剩产能，实现高质量发展。新经济是由新一轮科技革命和工业革命所催生的新产业、新业态、新模式的综合，其核心是当代数字技术和低碳技术的产业化，这已成为牵引下一个世界经济长周期的"火车头"。湖南是"两型"社会建设、高新技术自主创新和"中国制造 2025"等三大国家级示范区，新科技有一定的基础，如超算技术、3D 打印技术、移动互联网技术、IGBT 技术、新材料技术、风电技术、太阳能技术等，有可能集中突破一批支撑新经济产业发展的关键共性技术、前沿引领技术、现代工程技术、颠覆性技术，抢占新经济制高点。因此，应抓住新科技革

命机会窗口，不受传统过剩产能所困，充分发挥已有优势，采取"围魏救赵"战略，把眼前调结构与未来新发展相结合，掌握新一轮工业革命技术路线，强补新经济短板，从根本上化解结构性风险。对此，我们主要建议：

（一）瞄准新科技革命大趋势狠抓高科技创新

提高湖南省高科技创新能力必须增加科技研发投入，由2016年的1.5%提高到2%以上，尤其是企业研发投入要提高到2%的基本生存线以上。以长株潭创新示范区为主体积极承接工业互联网、新药创制、核心电子器件、水体污染治理、人工智能等国家科技重大专项。调动科研人员积极性，引进和培育具有世界级水准的创新团队，整合企业、高校、院所等创新资源，建立技术创新战略联盟，实施重大产业技术、重大核心技术、关键共性技术的联合攻关，快速进入新经济技术体系。

（二）着力推进长株潭增长极新经济产业一体化发展

当前应该下决心解决三市行政分隔对产业集群的阻力，合力打造长株潭核心增长极新兴超级产业链，全面提高轨道交通、工程机械、节能与新能源汽车、航空航天装备、海洋工程、新能源装备、高档数控机床及机器人等高端装备产业链的"工业4.0"水平，延伸新材料产业价值链，发展"系统设计""流程再造"新业态，加快发展研发设计、工业软件、智能物流、绿色金融、技术咨询和大数据解决方案等现代生产服务业，建设世界级高端装备产业价值链。

（三）采取产业链重组和技术改造措施转换落后产能

在湖南省推广湘钢以市场为本进行技术创新去过剩产能的经验，改造有色金属、钢铁、石化、建材、食品等传统优势产业。以宁乡食品工业园为先进示范，推动现代食品、生物医药、家用电器等消费品工业的发展。同时以农产品精深加工为主体，推进一、二、三产业融合，突出地方特色品牌，做实做强县市产业园区，促进县域经济快速发展。

10. 以生产要素贸易为主打促进湖南开放崛起
——2018年9月5日参加湖南省政协国际经贸情势与应对圆桌对话会议的发言

（此文是笔者2018年9月5日在由湖南省政协主席李微微主持的省政协国际经贸情势与应对圆桌对话会议上的发言摘要，得到与会的湖南省领导和省直部门的高度认可，《湘声报》作了专题报道。）

2018年9月5日上午湖南省政协首次召开"国际经贸情势与应对"圆桌对话会议，由湖南省政协主席李微微主持，湖南省领导何报翔、赖明勇、胡旭晟、袁新华出席。笔者作为本省专家代表受邀参加会议，在大会发言中笔者首先提出，在中国成为世界第二大经济体的新时代，中美贸易摩擦将会成为常态，要作好打持久战的准备。那么，在这种情势下湖南的对外开放如何应对？建议如下：

第一，湖南外经外贸的定位要突出内陆开放高地的特点，不可照搬沿海地区货物贸易为主打的模式，应该在提高货物贸易质量的基础上以生产要素贸易为主，推进产能出口或企业出口，建立境外产业基地或经贸合作园区，扩大企业海外产品生产销售额，特别要高度重视"长株潭＋衡"新动能核心增长极走出去，借"一带一路"的国家战略平台大规模走向海外建立生产基地，化解以关税保护为主的国际贸易摩擦，拓展湖南产业产品的国际市场。

第二，着力提高湖南出口产品的质量和效益，彻底改变目前以代工贴牌生产加工为主打的局面，对具有湖南特色和优势的出口产品必须强化技术创新打造具有独立知识产权的国际品牌或商标。当然，湘南湘西承接产业转移示范区要办好，这对于发展中地区发展生产与增加就业是十分重要的，但是不能承接既没有市场需求且又有严重污染的落后产能，造成新的过剩和环境问题，必须要有选择性。

第三，深化改革强化海外关键技术和高端人才的引进，全面推广长沙金霞创办"海外人士外贸基地"的经验，引进海外人士、海外企业和海外机构来湘自主创业设立公司，以"引进来、带出去"的商通人和模式，优化海外高端生产要素（人才—技术—资本—企业）进入湖南释放新动能的国际产能转换生态圈，促进湖南开放崛起。

11. 关于加快发展湖南开放型经济的几点建议

——2011 年 3 月 15 日参加时任中共湖南省委、省政府关于加快 发展开放型经济两个政策文件座谈会的发言

（本文是笔者 2011 年 3 月 15 日在时任湖南省委副书记梅克保主持的关于加快发展开放型经济两个政策文件座谈会上的发言稿，其主要观点和建议被湖南省委省政府"文件"采纳。）

在发展开放经济的重要性和紧迫性上要突出以下三个问题：一是后危机时代以低碳技术为代表的新一轮科技革命其实是立足于科技创新的需求创造；二是湖南省粗放式生产方式和能源等战略性资料的紧缺面临巨大冲击和发展"瓶颈"；三是湖南作为发展中的地区"两型"社会建设是发挥后发优势的跨越发展，开放是其前提条件。

一、在指导思想或者总体要求上必须明确跨越式开放的思路

首先，今天我们是在全球化和信息化条件下扩大开放，应改变以往梯度开放承

接的思路如征求意见稿中"依据20世纪80年代对外开放与对内开放结合的提法而提出的所谓内地开放型经济新路：发展适合内地的外向型经济为主，以面向国内市场利用国内资源为主的思路"，而应充分利用全球化和信息化的外溢性，实行反梯度开放即立足于全球化跨时空的开放，而且今天的国内市场和国际市场大多是交织在一起的，利用国内市场也要眼看全球。

其次，湖南在全球化这个新形势下的开放，尽管外贸进出口还是一项十分重要的内容，但要逐步转移到国际新贸易的轨道上来，即基于国际横向分工一体化的产业重组与产业转移，积极主动地进入和参与国际产业链的分工与融合，也就是说要由过去的承接省际产业转移为主转变为承接国际产业转移和参与国际产业链分工为主。

再次，发展中地区"两型"社会建设的实质是跨越发展，表象上是"两型"产业的跨越，而本质上则是技术的赶超和跨越，所以开放作为对湖南"两型"社会建设的支撑首先是体现在技术引进上的，当然还有大型"两型"产业项目的引进，其实项目也是带技术和资本的。基于此，湖南在开放中要由以往承接产业为主逐步转变为承接技术特别是国际技术转移为主。

二、湖南发展开放经济要高度重视产业园区的开放发展

湖南产业园区开放发展是开放经济发展的重要增长点。目前要突出解决两用大问题，一是在指导思想上应该确立产业集群的战略，立足于分工协作，通过开放引技、引智、引资、引企，尤其要着力支持中小企业大发展，重点解决核心零部件配套问题，完善高端制造业产业配套及产业链条延伸，促进传统集中"归大堆式"的产业园区向现代集群"配套组合式"的产业园区转变。二是在园区生产方式上，要通过园区的开放全面促进加工贸易方式的转变，由过去三来一补型的贴牌生产向引进消化型的创新生产转化，打自己独立的品牌和技术体系。这里一方面是传统优势的轻纺、食品、化工和农产品加工等产业的升级，另一方面是医药生物、电子信息、新材料、节能环保等新兴产业的发展，应逐步成为园区的骨干产业。此外，产业园区也是物流产业的集聚区，物流产业在湖南具有优势，而且也是开放经济发展的一个重要途径。所以，建议在《决定》第四大条中列入物流产业及其园区的发展。

三、县域开放经济是湖南发展开放经济的不可或缺的基础

县域开放经济的发展应该充分利用农业资源，以农产品精深加工业的发展主体，创办产业园区，发展县域的中等城市。根据我们到湖南省的华容、沅江、湘阴、安乡、汉寿等地的调查，这些地方发展县域开放经济搞得十分成功，既有丰富的资源，又有广阔的市场，是大有可为的。它们的一个重要的经验，就是开放引

资、引技术、引项目、引人才，创办现代产业园区，利用县域丰富的农业资源，发展消费品工业，创造了十分可观的经济效益和社会效益。建议在《决定》中应突出明确这一点，把县域开放经济发展作为一个重大战略来抓。

12. 关于洞庭湖区"绿色工业化"战略的建议
——2012 年 2 月 22 日参加中共湖南省委、省政府洞庭湖生态经济规划座谈会的发言

（本文是系 2012 年 2 月 22 日参加时任湖南省委副书记梅克保主持召开的洞庭湖生态经济规划座谈会的发言，得到会议高度肯定，被湖南省政府《洞庭湖生态经济区规划》采纳。）

湖南省委省政府决定加快洞庭湖生态经济区的建设，这是一个非常重要的决策。这说明了湖南省委省政府的民主决策和科学决策的高水平，又说明这几年我们对洞庭湖区经济社会发展战略的研究产生了实际效果，现在已转化为湖南省委省政府的决策行为，我作为一个研究洞庭湖功发展战略的学者为此感到十分欣慰！

洞庭湖作为生态经济区这只是一种区域经济属性空间定位，而它的产业表达和发展战略定位是什么？这是洞庭湖生态经济区发展规划所需要认真研究的问题。对此，我认为应定位于与长株潭、大湘西、大湘南相对应的第四大板块来考虑其战略安排。从空间经济学的角度分析，洞庭湖区是长株潭城市群经济中心的重要腹地，相对于其他三大板块它的独特优势是湖泊生态经济，这对长株潭城市群经济中心是不可或缺的依托和补充。因此在制订洞庭湖区发展规划时，要以充分发挥湖泊生态经济总体优势为主轴，对接国家"十二五"发展规划和发展战略，从不同侧面实现"六个结合"建设"六个功能区"：与"两型"社会建设相结合，建成长株潭城市群的生态屏障区；与新型工业化发展相结合，建成低碳化消费品工业的产业集群区；与新型城市化发展相结合，建成长株潭城市群经济中心的腹地依托区；与中部地区崛起战略相结合，建成长江中游大都市群的经济延绵区；与新时期湖区治理相结合，建成世界级最具特色的湿地经济区；与现代农业发展相结合，最终建成国家级的现代农业示范区。在后危机时代世界经济呈现出低碳化绿色发展的大趋势背景下，上述"六个结合""六个功能区"综合起来就形成了一个主题战略：洞庭湖区绿色工业化。

一、新时期洞庭湖区必然构成湖南经济社会发展的第四大板块

洞庭湖是世界知名淡水湖，是中华母亲湖，是世界大湿地。2008 年举世瞩目的三峡工程建成，给洞庭湖区的生态环境带来了一系列深远的影响，洞庭湖与长江

之间旧的平衡被打破，江湖关系由此进入了一个全新的阶段。一方面三峡工程在很大程度上减轻了洞庭湖区洪涝灾害的危害，减缓了洞庭湖的萎缩速度，为湖区经济社会发展创造了一个相对稳健安全的水环境。另一方面三峡工程对洞庭湖区也带来了负面影响，主要是三峡建坝后其年径流量减少，洞庭湖的蓄水量随之相应减少，湖区部分地区常常发生严重干旱。但随着湖南新型工业化和城市化的发展，洞庭湖区又是长株潭城市群经济中心的重要腹地，对长株潭城市群以及长江中游城市群的发展具有极为重要的腹地支撑作用。

首先，洞庭湖区域本身就是长株潭城市群的外围结构地区，物产丰富，吞吐量大，对于长株潭城市群规模扩大和规模报酬递增，具有运输成本低和要素供给丰富（劳动力、土地、工业生产资源）的先决条件。同时人口密集，消费水平高，又是长株潭城市群工业产品销售的主体市场。以上对长株潭城市群经济中心的可持续快速发展是极为重要的依托。

其次，洞庭湖区域是长江流域经济带的腰部，承东启西，通江达海，而且又是联结长株潭城市群与武汉城市圈的纽带。现在龙头上海"昂"起来了，龙尾重庆也"舞"起来了，如果腰部的洞庭湖区域"不硬"，就会影响整个长江流域经济带的发展，也会极大地影响长株潭城市群与武汉城市圈"两型"社会的建设，特别是很不利于长江中游大都市经济区的发展。

最后，洞庭湖区域是我国现代农业的主产地区，粮、棉、油、猪的生产在全国具有重要地位，一方面对我国确保粮食安全和人民生活和谐影响巨大，另一方面对长株潭城市群食品工业、纺织工业、烟草工业等消费品工业的发展关系重大。在这里，洞庭湖区域经济能否又好又快地发展是关系到国家战略层面的大局问题（粮食安全、和谐社会、"两型"社会、新农村建设等）。

正是基于以上这些新的变化和洞庭湖区的腹地功能，洞庭湖区经济社会的发展就不能仅仅停留在以往一般性治理的阶段（尽管这很重要），而要由湖区治理升华到城市群经济中心腹地发展阶段，选择新的发展战略及其对策，实现和谐发展、科学发展和跨越发展。这对整个湖南经济乃至长江中部经济的可持续快速发展具有十分重大的意义，因此必然构成湖南经济社会发展的第四大重要板块。

二、洞庭湖区要基于大都市区建设高度着力发展腹地经济

传统的城市和城市群一般是单极化城市或者是"摊大饼式"的城市群，这不仅容易造成城乡分割，而且还易出现大城市病。而以城市群为构架的大都市区一般是多极的城市群网，是大、中、小城市的结合，也是城市与其腹地的结合，形成具有强大极化力（向心力）和辐射力（也可视为离心力）的多极化、网络化、一体化的空间经济体系，实现城市与农村、农业与非农产业以及核心区与边缘区的统筹发展。根据我的研究，湖南新型工业化的起飞和持续快速发展一般要经历"打造

经济中心"和"发展经济腹地"两个大的阶段。"十一五"期间湖南省推行"一化三基"战略，发展长株潭城市群，修道路，建园区，抓项目，造产业，这些都是为了打造湖南现代化的经济中心即经济增长极。随着城市群基础设施体系大体成形，经济中心的主体工程已开始进入后期发展阶段。因此，在"十二五"时期应配合经济中心的发展重点建设经济腹地，以利于长株潭城市群经济中心充分发挥其辐射和带动作用。

一般来说，经济腹地是一个与经济中心即经济增长极或中心城市相对应的概念，是形成较为合理的城市群体系的依托。其内涵是经济中心（经济增长极）的吸收和辐射能力能够达到并能促进其经济发展的地域范围。如果没有经济腹地，经济增长极也就失去了赖以存在的基础，而没有经济腹地，也就无所谓经济增长极。因此，区域经济发展的空间规律表明，在市场经济条件下，区域之间的经济联系主要是城市之间的经济联系，这种联系的区域空间现象，就是城市经济圈或城市群经济圈的出现，即经济腹地的形成。总之对于经济中心而言，经济腹地是产业链赖以形成的基础，二者唇齿相依。在这里，腹地意味着市场、物流、人流，意味着产业结构调整的回旋余地，也意味着劳动力的供给。

从经济地理的角度来看，长株潭城市群经济中心的经济腹地主要有两个，一是大湘南地区，这是多山区；二是洞庭湖区域，这是湖坪区。根据空间经济学关于规模报酬递增与运输成本之间的权衡关系理论以及自组织作用理论（经济中心规模自我强化扩大），洞庭湖区作为长株潭城市群经济中心的经济腹地，成本低、资源多、市场大，对长株潭城市群经济中心的大发展、快发展、好发展具有决定性作用。据我们调查研究具体表现在以下六个方面：一是农产品供给。为城市居民提供生活资料，也为工业生产提供原料。洞庭湖区是典型的鱼米之乡，物产丰饶。湖区以不到湖南省1/6的土地，每年生产出占全省总量20%以上的粮食、80%以上的棉花、30%以上的油料和40%以上的水产品，湖区还是全国重要的商品粮、棉、油、生猪生产基地。二是生产要素供给。湖区土地肥沃，劳动力丰富，农业较发达，能为长株潭城市群提供土地、劳动力等生产要素的支持。特别是湖区闲置土地、荒山、滩涂开发的潜力巨大，通过耕地跨区占补平衡政策，可解决长株潭城市群经济中心发展中土地资源"瓶颈"问题。三是资源供给。洞庭湖区域内有着丰富的自然资源。首先水资源相对丰富，年径流量3 001亿立方米，是鄱阳湖的3倍、黄河的5倍、太湖的4倍，地下水年平均36亿立方米。其次是芦苇资源丰富，仅益阳市其面积达3.6万公顷，年产芦苇50万吨，是造纸的主要原料。最后，区域内矿产资源富有，岳阳蕴藏矿产80余种，其中矿建材料储量占全省80%，常德有矿藏145种，金刚石、磷、石煤、石膏等矿储量为全省乃至全国之首，益阳具有"有色金属之乡"的美称，其中锑矿占全国的1/5。这些都为长株潭城市群经济中心的发展奠定了重要的资源条件。四是生态环境保障。城市群经济中心以工业为主导，其发展需要有相应的环境容量。洞庭湖区作为长株潭城市群经济中心的经济腹地首先是绿色腹地和生态腹地，其形象特征就是绿水湿地。洞庭湖区内天然湖泊加四水尾间河道共有天然水面积近 600 万亩，占全省水面积的 39%。同时又是我国七大湿地之一，仅东洞庭湖湿地面积就达 19 万公顷。绿水湿地形成了长株潭城市群经济中心发展的生态环境保障，这是一种特殊的生产力。五是承接产业转移和对接产业分工。随着长株潭城市群产业的升级换代，将会对土地和劳动力有较高要求的产业向腹部地区转移。另外，洞庭湖区产业基础较好，能够较快承接长株潭城市群的产业转移。经济腹地与经济中心产业之间将形成紧密的分工与合作关系，全面推进湖南工业化的转型升级。六是提供工业产品销售市场。当前由于原材料及劳动力成本上升以及贸易保护政策影响，外向型企业的出口水平不稳定，从而加剧了外向型企业的经营风险。所以，应该高度注意国内市场尤其是农村市场的开拓，以分散完全依赖出口的风险。洞庭湖区农业生产率较高，2007 年湖区农民人均纯收入 4 511 元，比全省平均水平 3 904 元高出 607 元。可见，湖区广阔的农村市场能为长株潭工业产品提供有力的市场支撑。

三、发挥洞庭湖生态经济优势应选择"绿色工业化"战略

总起来说，洞庭湖腹地的湖泊生态经济优势是水域经济、土地经济、生态农业经济、以农业资源为基础的轻纺食品经济和口岸物流贸易经济，且这些又都具有低碳经济的优势。而且上述五大优势能否充分发挥又直接涉及水利安全、粮食安全和生态安全的大局。所以，从区域经济学、空间经济学、产业经济学以及公共经济学的角度来看，以上优势及其发挥直接构成了洞庭湖区绿色生态消费品经济优势和直接关系社会公共安全的重要战略地位。正是基于这个分和判断，我们认为洞庭湖生态经济区在其发展战略和行动路径上，可以考虑定位于创建"洞庭湖国家级绿色工业化示范区"。

绿色是植物的颜色，在中国文化的语境中有生物、生态、生命和环境保护的含义。发生在 20 世纪 60 年代的"绿色革命"就是指运用先进技术提高粮食产量的农业革命。如果从更广义的角度来看，绿色革命则是指在生态学与环境科学基本理论的指导下，人类适应环境，与环境协同发展、和谐共进所创造的一切文化与活动。从物质生产的方面来看，就不只是农业的绿色革命，也包括工业和服务业的绿色革命即绿色工业化。因此，绿色工业化的本质就是产业活动与生态环境协同发展，既要金山灿烂，又要绿水长流，实现"资源－产品－再生资源"的循环发展。坚持走科技含量高、经济效益好、资源消耗低、环境污染少、人力资源优势得到充分发挥的新型绿色发展道路。对于洞庭湖区腹地经济发展而言，绿色工业化是洞庭湖区生态经济优势的产业表达。其内容包括三大方面：生态化工业、工业化农业、低碳化服务业。

"生态化工业"是发展低能耗、低排放、高就业、高效率的"两型"制造业。对于洞庭湖区其重点是对农业资源进行工业的精深加工，发展食品、轻纺、医药、家具等消费品工业。消费品工业既是直接满足人们生活消费需求的产品制造业，且又具有能源消耗水平较低的明显优势。据湖南省社科院经济所的研究，消费品工业产品的碳排放强度一般在 0.1 吨标煤/万元 GDP 以内，最高的也没有超过0.3 吨标煤/万元 GDP，如农副食品加工业 0.1335、食品制造业 0.2178、饮料制造业 0.1928、烟草制品业 0.0610、纺织服装鞋帽业 0.0890、木材加工及木竹藤棕草制品业 0.2354、家具制造业 0.0610、医药制造业 0.1860；而工业产品的碳排放强度普遍都在 0.5 吨标煤/万元以上，其中最高的黑色金属冶炼及压延加工业达到 1.4175，普遍比消费品工业的碳排放强度至少高一倍以上。而且洞庭湖区的消费品工业集群与长株潭的装备制造工业集群相互配套与协作，对湖南工业结构的优化是十分重要的。当然，还要合理运用洞庭湖区域环境容量大的优势，充分发挥岳阳 168 公里长江岸线大环境承载力的作用，建设现代绿色化工低碳产业基地。

"工业化农业"是运用工业化生产方式（含经营方式和管理模式）来改造传统的小农经济，实现农业生产过程的工业化、农业生产结果的工业化和农业产业经营管理的现代化，最终形成工业化的新型现代大农业生产方式。当然，农业工业化中所讲的工业化，不能与工业制造业直接等同，其内涵是指工业化生产方式如专业化、规模化、标准化、集约化、精细化和信息化等。所以，农业工业化绝不是以传统高投入、高能耗、高排放的工业生产模式来改造农业，搞破坏生物多样性及生态环境的化学农业和单一农业。而是运用现代新型工业化的大生产方式来改造传统落后的手工农业，发展节水、节土、节能和减排、去污、无毒的"两型"农业。特别是根据生物多样性和消费者需求的多元性来开发多品种、多功能、特性化和安全性的农产品和农业制成品，达到农民就业增加、收入增加、福利增加和城乡统筹发展。为此我建议，在洞庭湖区建设"专业化基地农业、标准化品牌农业、工厂化制成品农业、生态化旅游农业"，打造肉制品、米制品、油制品、果蔬茶制品的产业集群，建设我国高标准的现代农业示范区。

"低碳化服务业"是指改变以往分散的、小规模的、手工操作的传统模式，立足于现代技术创新与进步，实现服务业的信息化、品牌化、集聚化、低碳化，形成以专业服务为重要特征的现代服务产业集群。洞庭湖通江达海，交通便捷，水碧云天，风光秀美，湿地资源丰富，生物类别多样，而且物产丰富，人杰地灵，历史悠久，文化厚重。因此，洞庭湖区服务业发展的空间广阔，潜力巨大。应全面实施"六大战略"即大服务、软实力；大创意、高智慧；大平台、活组织；大品牌、新市场；大产业、好效益；大改革、强动力等战略举措，高标准地重点发展湖光旅游、湖乡文化、湖区商贸、湖泊交通等优势服务产业。同时结合湖区绿色制造业和农业工业化发展的需要，着力发展低碳化的信息、科技、金融、物流等生产性服务业。

　　总起来看，创建"洞庭湖国家级绿色工业化示范区"是一个系统工程，涉及经济、社会和文化等各个方面，涉及中央和地方以及多个政府部门，在涉农消费品工业内部还涉及农业、食品、轻工、纺织、医药、烟草等行业管理部门，职能交叉重叠，管理和决策的主体不明确，难以形成合力，特别是产业发展中的各项配套政策难以落实。为此，要理顺管理体制，解决多头管理、各自为政的问题。建议湖南省政府成立创建洞庭湖国家级绿色工业化示范区领导小组，由一位副省长挂帅，相关职能部门领导参加，专门负责洞庭湖区经济社会发展的战略指导和统筹规划，协调解决发展中的重大问题，提高政府服务意识和水平，促使洞庭湖腹地经济创新跨越发展，为长株潭城市群经济中心的更大更好更快地发展作出重大贡献，以全面推进湖南"两型"社会建设和新型工业化的加快发展。

13. 关于工业社会条件下湖南省县域经济发展的几点建议

——2012 年 8 月 20 日参加中共湖南省委、省政府湖南省加快县域经济发展政策文件征求意见座谈会的发言

　　（本文是笔者 2012 年 8 月 20 日参加时任湖南省委副书记梅克保、副省长徐明华主持召开的"湖南省加快县域经济发展政策文件征求意见座谈会"上的发言稿，主要建议被湖南省委省政府的"决定"采纳。）

　　湖南省委省政府拟出台《关于进一步加快县域经济发展的决定》（以下简称《决定》）和《县域经济考核实施办法》，这是新形势下加快发展湖南省县域经济的一个重要举措。总的来看，提供会议讨论的这两个文件稿已有很好的基础了，为使文件进一步完善，特提出以下几点建议：

一、建议《决定》深刻阐述加快县域经济发展的背景及根本目的

　　2005 年湖南省委省政府曾发过一个发展县域经济的意见，现在湖南省委省政府出台加快县域经济发展的决定，情况已有很大的变化，2005 年湖南省的工业化还处于初期，是工业化起飞前的准备阶段，而现在湖南的工业化已经起飞了，进入了工业化的中期并向后期转化的阶段，现在是在湖南进入工业社会的条件下即工业化后中期谈如何加快发展县域经济。在这种新的历史条件下县域经济加快发展的根本性目的就是要彻底转化二元结构，基本解决三农问题，推动湖南全面完成工业化的历史使命。换句话说，只有加快县域经济的发展，湖南才能最终实现工业化和

现代化。为什么？这是由县域经济在整个国民经济中的重要地位所决定的。总之，今天我们讲加快县域经济的发展，绝不是孤立发展县域经济，更不是从以往农业社会的视角搞县域经济的发展，而是从工业社会发展的需要来加快发展县域经济，以大城市群以及大都市区化的战略框架来加快发展县域经济，县域经济的加快发展从属于和作用于全面实现湖南的现代工业化和现代城市化。

二、深刻认识工业社会条件下加快县域经济发展的重大战略地位

我认为在工业社会，县域经济发展关系到工业化全面发展及其成败与否的这种重大战略性地位，集中表现为以下"五性"：一是本原性。工业社会县域经济发展的本质要求是消除城乡割锯的二元结构，从根本上解决农业—农民—农村问题。当然解决这个根本性问题要靠工业化和城市化的发展，但如果工业化和城市化的发展不以彻底解决三农问题为本原，那么工业化和城市化就无法最终取得成功，也不会有真正的现代化。二是基础性或基石性。县域经济是国民经济的基本单元、基本结构、基本层次，正是这三个基本就构成了整个国民经济社会的基石，过去、现在以至未来都是如此。在中文语境中基石是基础中的核心部分，是中坚力量。县域经济作为国民经济的基石，是因为它是整个国民经济的基本细胞。在生物学上基本细胞是具有真核细胞功能的，即进行原生质流动和变形运动，产生光合作用和氧化磷酸化作用，这才有生命运动，也才有生态和生态文明。过去传统的化石工业化是忽视生态文明的，而今天经济发展方式要转变，要实现绿色发展，工业化要生态化，县域经济的基石性作用对于国民经济现代化就具决定性了。三是枢纽性。湖南作为一个发展中的农业大省，全面实现工业化和现代化必须处理好宏观与微观、城市与农村、工业与农业、工人与农民这四大关系，才能真正消灭城乡差别。由于县和县域经济具有基础性和综合性，其立足于"三农"这个基础，联系着城市和工业，同时中央省市宏观层面经济流也要通过县级组配而流向企业、农户和有关产业。在这里，县域经济是各项经济活动相互协调与总体布局的组合体和关键性的中心环节。四是引领性。从工业化的发展过程分析，县域经济对国民经济特别是工业化的发展不仅具有支撑作用，还更具有领引和导向的作用，这里的动力就是土地革命。我们知道，土地是社会最基本也是最稀缺的生产资料，同时也是社会最基本的财产，是社会财富最主要的实体表征。这种生产资料和财富结构的变化，将引领和推动社会经济结构和产业结构的变化。中华人民共和国成立以来，我国已进行了两次土地革命即解放初期的"土改"和改革开放初期的"土包"（家庭联产承包），前者导向我国农业的大发展，解决和逐步满足城乡人民的生活需求，为社会主义改造和建设奠定基础；后者导向社会主义市场经济，通过土地资源配置格局的重大调整，引领我国工业化的起步和起飞。目前我国和湖南省已进入工业化后中期，同时要全面推进城市化，而这一切都需要进行第三次土地革命即

"土转"（土地确证依法流转），改变农村土地资源分散低效配置的格局，实现集约化高效配置，从而为全面完成工业化和城市化提供所需要的土地。五是生态性。县域是自然生态资源集聚地，其经济的本原是农业。因此，生态资源和农业光合作用使县域构成了城市的生态屏障和碳汇之库，担负着对城市生态环境的调节保护和地理环境生物净化的重要功能，对生态文明建设和经济绿色发展具有决定性意义。

三、新时期湖南县域经济加快发展的重点要突出抓战略性问题

县域经济发展的重点是指当前加快发展中最为关键的战略性问题，重点不宜过多，搞多了就没有重点了。我认为在目前湖南全面推进新型工业化和城市化的新时期，加快县域经济的发展重点要紧紧抓住以下"六个一"，第一是"一城"，即都市区发展中的新城区。在工业化全面推进的过程中，城镇化或城市群的发展随着产业集群式发展必然呈现出都市区化的趋势，特大城市、大城市、中等城市、小城市、核心镇等联结成网，城市与城市间的延绵地区既是农村也是城市郊区。因此，工业社会的县域经济既不是单一的农村经济也不是单一的城市经济，而是包容了农村和城市、农业和工业服务业的都市区经济，县域就是都市区，是都市区的基本圈层。在这里，县城要扩大，建成20万人口左右的初级中等城市并与县级以上大中城市联结，县以下的核心镇应建成5万～10万人口的小城市，以往农民自发交易形成的墟场可根据需要扩建为小集镇，这样构成大、中、小联结的都市区城市网络，能突出县城和核心镇的吸纳、集聚和辐射的作用。第二是"一区"，即新农村建设中的新社区。什么是社区？"社"是指相互有联系、有某些共同特征的人群，"区"是指一定的地域范围。所以，"社区"可以说是相互有联系、有某些共同特征的人群共同居住的一定的区域。具有以下一些特征：如有一定的地理区域，有一定数量的人口，居民之间有共同的意识和利益，并有着较密切的社会交往。可以说，社区就是地方社会或地域群体。社区发展的最大意义在于社区认同和社区互动，社区的居民以社区的名义与其他社区的居民沟通，并在自己的社区内互动。同时社区居民形成一种社区防卫系统，居民产生明确"归属感""社区情结"。由此可见，在新农村建设中发展农村新社区，改变传统小农经济分散居住的状况，不仅能提高农村居民的共同意识和合作力量，促进农村的精神文明建设，同时还能促进包括宅基地、承包地在内的农村土地的有效流转，发展集约化的大农业，并为县域工业化和城市化创造必要条件。第三是"一地"，即"两型"农业专业化生产基地。县域在新型的大都市区中应发挥生态屏障和碳汇库的作用，这首先就要求作为县域经济的本原——农业必须发展生态农业，建立资源节约和环境友好的"两型"农业生产方式。这种生产方式的基本要求是专业化、标准化、规模化，对于农业生产来说，只有达到了这三化，才能够提高劳动生产率，才有可能做到科学种田，于

是"两型"农业生产体系才能全面建立起来。国内外实践证明，农业的这三化不可能建立在分散生产的基础上，只有通过建立专业分工的大生产基地方能达到。所以这个"一地"，既是湖南省现代农业发展的重要基础，也是湖南省加快县域经济发展不可或缺的基地。第四是"一园"，即绿色消费品工业产业园。消费品工业约70%的行业、50%的产值涉及农副产品的深加工，是农业最重要的后续产业。因此发展食品加工、棉麻纺织、生物医药等消费品工业最能发挥县域经济的资源优势。另外，消费品工业还是能源消耗水平较低的低碳优势产业。据湖南省社科院经济所的研究，消费品工业的碳排放强度一般在 0.1 吨标煤/万元 GDP 以内，而资本品工业产品的碳排放强度普遍都在 0.5 吨标煤/万元以上，比消费品工业的碳排放强度至少高一倍以上。发展消费品工业符合县域作为城市群生态屏障区的要求。再从产业关联度来看，消费品工业属于最终产品，且资本有机构成又相对较低，具有强大的后向联系带动力，其就业吸纳能力也远高于资本品工业。当然，发展消费品工业不能搞以往那种小作坊式的农副产品加工，而是要搞规模化的精深加工，以县区为单位建设现代消费品工业产业园，突出特色，分工配套，实现产业集群式的生产。第五是"一库"，即自然生态和农业生态碳汇库。县域的生态资源和农业资源是一个巨大的"碳汇库"，在低碳发展中具有十分重要的地位。所谓碳汇一般是指从空气中清除二氧化碳的过程、活动、机制。它主要是指通过森林、草地、耕地和湿地植物吸收并储存二氧化碳，并将其固定在植被或土壤中，从而减少该气体在大气中的浓度。因此，森林、农地和湿地是陆地生态系统中最大的碳库，在降低大气中温室气体浓度、减缓全球气候变暖中，具有十分重要的独特作用。由此，湖南省森林覆盖率达到 57.13%，各类湿地面积 1 021 千公顷，全省初步形成了以南岭、雪峰、武陵和罗霄山脉为主体的生态屏障，经专业测评，全省森林储碳、放氧、蓄水、固土、保肥等主要生态效益价值达 8 628.17 亿元，同时湖南省还有农业耕地面积达到 3 789 千公顷，碳汇库的潜在经济价值巨大。所以，县域经济的发展要高度重视和运用《联合国气候变化框架公约》缔约国签订的《京都议定书》所形成的国际"炭排放权交易制度"（简称"碳汇"），在湖南省建立碳交易市场，发展碳汇金融即以县域植物所取得固碳成效以抵消相关国家碳减排份额的各种金融制度安排和金融交易活动，现阶段碳金融主要指依托碳交易的金融活动，包括金融机构绿色信贷、碳排放权及其衍生品的交易和投资、低碳项目开发的投融资及其他相关的金融活动。第六是"一场"，即产品营销的国际化市场。县域经济是在开放的条件下进行的，是市场经济的重要组成部分，因此要彻底打破封闭，全面改变自产自销的小生产、小商品、小交易的落后方式，建立相对完备的市场体系，特别是要扩大开放度，逐步建立国际化的市场，主动地进入和参与国际产业链的分工与融合，承接国际产业转移与承接国内产业转移并重，面向国际市场组织生产和经营，把县域生产的有特色的产品推向国际市场，并从国际市场引进外资、技术和项目，提高县域经济的国际化水平。只有这样，湖南加快县域经济发展才有大空间、大市场、大资本、大项目、大产业。

四、突出生态经济效益考核，建立绿色GDP的考核指标

现行统计GDP的最大缺陷是未能考核生产经营的生态效益和环境损失，在强调绿色发展、循环发展和低碳发展的今天，这种反映传统化石工业化和粗放生产的GDP考核制度势必要全面改革，建立绿色GDP的考核指标，即在现行统计GDP考核指标体系中加进生态效益和环境损失的指标，这一加（生态效益）一减（环境损失）就得出了一个地方的净GDP，也就是绿色GDP。对于以生态经济为主体特征的县域经济来说，进行绿色GDP考核是势在必行的。这才能反映县域经济的本质，这才是真正的调结构转方式。

14. 湖南城市新区建设的新思路和新对策
——2016年4月22日参加中共湖南省委城市工作座谈会的发言

（本文是笔者2016年4月22日参加时任湖南省委常委、省委秘书长许又声主持召开的"湖南决策咨询·城市工作"座谈会的专题发言，为湖南省委城市工作会议报告提供了参考，其主要建议被会议采纳，湖南省委政策研究室《送阅件》2016年第15期摘登。）

总的来说，城市新区是工业化推进的产物和必然选择。从空间经济学的视角来分析，工业产业和与之配套的服务业向有市场潜力的城市集聚形成城市即城市化现象，而城市化伴随经济、人口和用地规模的扩大，城市中出现了一系列经济问题、社会问题和环境问题即拥挤效应，基于产业成本的规律性作用，于是会推动一些产业与企业向成本相对低的郊区迁移，这样便形成了城市新区。其进一步的作用，又形成了多层级的城市群。

所以，城市新区的发展涉及四大基本因素，这就是人口（包括劳动力）、市场、产业、地理（土地、河流、湖海、道路、资源及生态等）。新区建设就是要科学合理地选择配置这四大要素，其经济目标是实现集聚发展，提高经济密度。实际就是提高全要素生产率。因为这里最基本的是技术创新和组织创新。正是基于这四大要素的组合，城市新区可分为两种类型：一类是战略型新区，承担国家和地区重大发展和改革开放战略任务的综合功能区，如上海浦东新区建设成为我国的国际经济中心、国际金融中心、国际贸易中心、国际航运中心及综合改革的试验区。天津滨海新区建设成为我国北方对外开放的门户、高水平的现代制造业和研发转化基

地、北方国际航运和物流中心；另一类是郊区化新区，在地域空间上处于老城区市郊范围且有相对明确的发展界限的城市区域，分担老城区的部分功能。

目前我国城市新区建设中存在的主要矛盾和难题是如何全面实现产城融合问题。现在有的新区产业化超前于城市建设，因配套设施缺乏，出现住房短缺、交通拥挤、资源短缺、环境污染等问题，制约产业化的发展。但更多的一些新区是缺乏必要的产业支撑，出现产业空心化或房地化，导致就业不足、收入差距扩大和经济萧条等问题。因此，产业化和城市化以及二者的互动，是城市新区健康发展的重要基础和必然要求。

综合以上分析，在调结构转方式的经济发展新常态下，城市新区建设首先要要合理规划，科学布局，优化发展环境，推动产业升级，带动周边发展。同时，处理好老城区和新城区的关系，处理好新城区发展与农业用地之间的关系，处理好新城区内生产与生活关系，还要创造水资源、能源、交通、防灾、环保等建设条件，并避开地下矿藏、地下文物古迹等。这些常规性的新区建设是必须要做到位的。在此基础上，还要根据目前我国经济地理重塑的新形势和新要求，采取新区建设的新思路和大战略，实现湖南城市新区建设高档次的大发展。对此，我的观点和建议是有以下几步：

一、城市新区建设大都市区化

都市区化是指城市人口核心区与其具有社会经济一体化倾向的邻接社区的组合，实现老城区与新城区、城市与乡村、农业与非农产业以及核心区与边缘区统筹发展。这是对城市新区建设的拓展和提升，即由产业集聚向产业集群发展，进而再向全产业链集群发展，这样推动城市核心区向外延伸拓展，最后形成多层级城市中心连接的大都市区。大都市区的形成和发展对中国城市化和现代经济的发展具有非常重要的意义：一是高效的大都市区是消费者密集的地方，可形成庞大的消费市场；二是大都市区拥有规模巨大的劳动力市场，劳动力有高度流动性，企业更容易降低成本；三是大都市区土地市场比较发达，为企业提供更多的区位选择机会；四是大都市区的各类市场高度融合，为企业提供更为充分的生产要素；五是大都市区是就业岗位最为集中的地区，就业岗位的选择和机会比其他地区要多；六是大都市区为居民生活提供更多的选择，能为各个阶层的居民提供更宽的居住选择面；七是从社会发展的角度来说，大都市区具有社会包容性，外来人口更容易在大都市区聚集，更加容易融入城市生活。此外，大都市区基础设施服务等公共服务实现规模效应的条件优越，特别是公共交通、环境保护以及区域性的基础设施更容易产生需求，大型港口、机场往往在大都市区产生。湖南城市新区建设应以推动大都市区化为目标。如长株潭城市群落（目前是地理接近的城市圈），随着以高端装备制造为主的产业集聚集群发展，三座城市各自都在向郊区扩展，然后进一步提升到产业的分工配套协同发展，形成装备制造超级产业链的集群，最终建成有支柱性产业链连接和支撑的、经济社会一体化的长株潭大都市区。湖南应围绕"一核三级四带多点"的区域格局，建设以长株潭为首的多级大都市区。

二、城市新区建设大功能区化

基于不同区域的地理区位条件、资源环境承载能力、现有开发密度和发展潜力等，按照区域资源、区位优势和产能基础组织发展起来的经济技术功能性空间单元。它往往跨越原有行政区划，打破了行政管辖的界限，实现各类生产要素与更大范围空间因素的最佳配置，以获取更大更高更优的效能，形成具有重要战略地位的城市群新区。对于湖南来说，这里的一个重大战略谋局是在国家长江经济带建设中，打造长株潭岳城市群功能新区，提升湖南的战略地位和竞争力。以长江中游城市群中的武汉城市圈同长株潭城市群的比较，长株潭城市群经济总量只占武汉城市圈的 70.83%，其经济实力和竞争力明显弱小。而处于长江经济带结点的北端洞庭湖生态经济区和长株潭城市群的地区生产总值则大于武汉城市圈总量的 12.59%。所以，长株潭城市群同岳阳这个长江口岸城市联姻组成一个战略性的大功能新区，可实现湘江同长江的零对接，形成大工业、大农业、大服务业、大资本、大市场的集聚中心。同时，长株潭城市群作为湖南省的核心增长极直接具有了通江达海的口岸，与长沙高铁、空港枢纽组合配套，形成我国内陆开放的战略地位高地，特别是全面对接上海自贸区，重点引进长三角地区的现代生产服务业和高端装备制造产业链，建设我国高端装备和新材料智能化制造强省。

三、城市新区建设产业园区化

从产业经济学和空间经济学的结合点上来看，城市新区的经济学意义就是经济增密，提高单位国土面积的有效产出率，而它的空间聚集运作形式就是产业园区。其基本功能是发挥产业集群的载体和平台作用，组织生产要素的空间集中和生产分工配套，通过共享资源、克服外部负效应，带动关联产业的发展，从而有效地获取规模效益、协作效益和范围效益。目前，湖南省 141 家各类经济开发区和产业园区，以占全省 0.42% 的国土面积产出了 47% 的规模工业增加值、55% 的税收，提供了 58% 的工业企业就业岗位，其经济增密的效果显著。但湖南省产业园区当前仍存在优势产业集群较少、技术水平较低、产业规模偏小、分工配套水平不高且同质化现象较普遍等问题。因此要把对全省现有 141 家产业园区的重组定位作为新区建设的重要抓手来抓，按"高新技术产业园区""先进制造业产业园区""工业加工业产业园区""现代服务业产业园区"四类进行分工配套集群式组合，科学合理配置资源和产能，着力引进高端研发和关键零部件生产企业，做强全产业链特别是延长价值链，彻底改变"归大堆"式的落后生产方式，打造专业化、特色化、规模化、信息化、绿色化的产业园新城区。

15. 关于湖南省第十次党代会报告有关"十二五"整体经济发展战略思路的建议

——2011年7月11日参加中共湖南省第十次党代会报告起草组经济专家座谈会的发言

（本文是笔者2011年7月11日参加"湖南省第十次党代会报告经济专家"座谈会的发言稿，根据新时期的新特点和新要求，对党代会报告起草和湖南省"十二五"时期的发展战略，提出由数量扩张的外延式发展转向以优化结构和提升质量为主导的内涵式发展，推行"集约化、集群化、集聚化"发展战略的对策建议。全文由中共湖南省委政策研究室《送阅件》2011年第59期刊发并报送全体省委、省政府领导参阅，主要观点和建议被湖南省党代会报告采纳。）

根据我承担的湖南省社科基金重大项目《加快推进湖南新型工业化与创建"两型"企业的对策研究》的研究成果，现对湖南省第十次党代会报告中关于"十二五"整体经济发展战略思路提出以下三点建议。

一、要强调湖南工业化中后期经济发展阶段定位及本质要求

2006年以来，湖南采取"一化三基"的新型工业化带动战略取得了巨大成就。据湖南省2010年国民经济和社会发展统计公报数据分析，2010年全省地区生产总值达到15 902亿元，增长14.5%；全部工业增加值完成6 275.1亿元，增长21.2%；规模工业完成增加值5 890.29亿元，增长23.4%，在全国排第7位；全部工业增加值占GDP比重达39.5%，工业对经济增长的贡献率达56.1%，超过了50%；霍夫曼比值（重化工业比值）0.48，重化工业产值为消费品工业产值的2.08倍。特别是长株潭城市群大发展，全省经济增长极基本形成，产业集群的水平大幅度提升。2010年，全省省级及以上产业园区规模工业实现增加值2 221.94亿元，占规模工业的37.7%，比重比上年提高3.7个百分点，增加值同比增长30.0%；七大产业主营业务收入超过千亿，比上年增加2个。这充分说明湖南已由传统农业社会进入到了工业社会，湖南的工业化已全面进入中期并向后期转化的阶段，经济总量和经济结构实现了历史性的大跨越。

按照经济发展阶段性的规律，经济起飞进入到后中期阶段的主要矛盾是如何继续保持经济可持续快速发展，防范"中等收入陷阱"，而解决这个问题的关键是彻底改变传统的高投资、高消耗拉动方式，实现由数量型的粗放经济向质量（或结构）型的集约经济转变，以适应消费多元化、个性化、高质化而着力进行需求创

造。从目前湖南的现实来看，推动湖南经济发展的三大因素中，权重最大的依然是总投资，占 2010 年湖南 GDP 的 56.8%，其次是总消费，占 GDP 的 46.3%，而净出口对经济呈现负向拉动，占 GDP 的逆向比重 3.1%。在这里，消费贡献率过低已成为新时期影响湖南经济持续快速发展的重要因素。同时，湖南经济发展中的高耗能高排放问题还十分严重。2010 年，规模工业六大高耗能行业增长 20.7%，比全国六大高耗能行业增速快 7.2 个百分点。高耗能行业对规模工业增长的贡献率高达 30.5%，拉动规模工业增长 7.1 个百分点。另外，湖南能源供需缺口巨大，能源自给能力不到 60%。据湖南省统计局能源处分析，仅从能源投入来分析，湖南省"十二五"期间煤炭缺口达 6 000 万吨，石油缺口达 2 600 万吨。

上述情况表明，"十二五"时期湖南经济实现可持续快速发展的本质要求，是从根本上改变高投入、高消耗、高污染的经济格局，着力调整三次产业结构和轻重工业结，加快发展低碳化的战略性新兴产业，切实提高资源利用率和资源环境承载力。基于这个本质要求，湖南新型工业化发展的根本内涵在以往信息化与工业化融合的一般意义上，要进一步定位于绿色化的"两型"产业，把其作为新时期湖南经济实现又好又快发展的主攻方向。

二、要突出湖南工业化中后期新型工业化发展战略的转型

根据以上分析，新时期湖南新型工业化的发展，应认真反思以往立足天然资源和劳动力比较优势为主导的梯度推移发展战略，突破传统粗放型工业化的一般发展程式，通过发挥自主创新型后发优势，特别是低碳技术及其制度的创新，建立以竞争优势为核心的"赶超"能力，选择一些先进产业、优势产业或带动力强的产业进行突进，以强大的竞争优势赶超发达地区，实现工业化的反梯度推移。基于此，笔者认为，对"十一五"时期湖南新型工业化所采取的偏重政府行为和基础条件的"抓基础产业、基础设施、基础工作"的三基战略，要根据新时期的新特点和新要求进行战略转型，突出"两型"产业这个内涵，由数量扩张的外延式发展转向以优化结构和提升质量为主导的内涵式发展，推行"集约化、集群化、集聚化"发展战略。

（一）集约化是指低碳技术创新，形成新型工业化的"两型"技术体系

低碳技术创新的实质是人类高质量生活需求的"两型"绿色技术创新，使产品从设计、制造、包装、运输、消费使用到报废处理的整个过程中，二氧化碳和工业废弃物排放极少，能源效率和其他资源利用率最高，企业和社会效益双重协调和优化。湖南低碳技术的亮点是电动车辆、混合动力客车、风电技术、生物质能技术、太阳能应用技术、电气牵引技术、绿色煤电技术和核电用泵技术等。此外，生物农业技术、有机农业技术、节水工程技术、农副产品保鲜及深加工技术和低碳物流技术也有一定基础和优势。由此，湖南应充分发挥这些优势，以节能和提高能源

自给率为主目标，进行低碳绿色技术的研发和应用，实现经济增量的低碳化，有步骤地建立低碳化的技术和产业体系。

（二）集群化是指产业有序自组织，打造新型工业化的"两型"产业体系

市场化条件下的产业集群是系统内关联性的企业按照相互默契的规则实现集中与协作，各尽其责而又自动形成的有序自组织结构。湖南在"十二五"时期实现新型工业化可持续快速发展的核心和基础是打造低碳化"两型"产业集群，要继续做大做强工程机械产业，并大力提高其高端先进制造的水平，在此基础上抓节能汽车和新能源汽车产业集群，力争形成总产值突破两千亿元的超级产业。同时大力发展生产性服务业，提高支柱产业集群的带动力和影响力。此外，要高度重视中低碳消费品工业的发展，抓好农产品加工向农产品制造深化的升级工程、乘用汽车工业向百万辆规模发展的腾飞工程、现代生物医药产业赶超发展的创造工程和以电冰箱为主体的家电复兴工程。作为一个农业大省，还要以工业化方式改造传统农业，集中发展专业化基地农业、标准化品牌农业、工厂化制成品农业，打造肉制品、米制品、油制品和果制品的农业工业化产业集群。

（三）集聚化是指先进生产要素的聚集，建设新型工业化的"两型"都市新区

从空间经济学权衡经济集聚规模报酬递增与产销运输成本关系的视角分析，湖南加快推进新型工业化，应提升长株潭城市群的内涵，建设环长株潭大都市区（或者直呼长沙大都市区），形成具有强大极化力（向心力）和辐射力（也可视为离心力）的多极城市群网络体系，实现城市与农村以及核心区与边缘区的统筹发展。由此，要站在打造长江中部特大型都市经济区的国家战略高度，重新考虑长株潭城市群"两型"社会建设实验区的区域定位问题，这里要高度重视处于武汉城市群和长株潭城市群中间的岳阳在长江中部特大型都市经济区的重要枢纽地位。因为从湘阴进入洞庭湖到岳阳城陵矶至陆城一带，是湖南的大水面、大排放口、大码头、大交通口，也是湖南环境容量最大，唯一适宜于摆放大运量、大消耗、大进出的高端制造产业的一块宝地，可弥补长株潭城市群的功能缺陷。所以要充分发挥岳阳大环境容量作用和洞庭湖区大腹地作用，建设湖南绿色精细化工产业基地。要素集聚化还要推动湖南省产业园区的提质升级，构建围绕集群核心企业的初加工、精加工、深加工配套协作体系，实现传统集中"归大堆式"的产业园区向现代集群"配套组合式"的产业园区转变。

三、要重视"两型"企业对加快新型工业化发展的主体作用

在市场经济条件下，企业既是社会产品生产和经营的主体，且也是耗费能源资源和产生环境污染的主要单位。对于湖南在工业化中后期实现可持续快速发展来说，探索资源节约、环境友好的内涵式现代企业发展模式，对加快企业降低能源资源消耗、减少污染排放，加快企业技术进步和产品结构调整升级，培育企业在后金融危机时代的综合竞争力，实现节约发展、清洁发展和高效发展等具有重要推动作用。同时企业也是工业化发展的生产载体和利益主体，在资源环境约束加剧的压力下，创建"两型"企业也是加快推进以"两型"产业为标志的新型工业化发展的重要抓手，对于实现湖南经济发展方式的根本转变具有决定性的意义。为此，湖南可采取以下七大对策来创建"两型"企业。

第一，立足市场需求创造。即以实现客户价值最大化为目标，对企业的存在方式、经济行为和生产要素以绿色理念进行新调整和新组合，形成完整的低碳化高效率的具有市场绿色竞争力的运行系统，提升企业"两型"产品的市场价值。

第二，建立清洁生产方式。形成清洁能源（开发节能技术，利用再生能源以及合理利用常规能源）、清洁生产过程（不用或少用有毒有害原料及其中间产品，并对原材料和中间产品进行回收）和清洁产品（以不危害人体健康和生态环境为主导因素来组织产品的制造过程以及使用之后的回收利用）三结合的生产经营模式，实现生产者、消费者、社会三方面利益的最大化。

第三，强化绿色技术创新。绿色技术是指根据环境价值并利用现代科技的全部潜力的无污染技术。"两型"企业进行绿色技术创新要增加研究与开发经费投入，一方面改造传统高耗能高排放技术，推行无污染技术和清洁生产技术；另一方面要进行需求创造过程中高新产品技术的研发和应用，开发出全新的绿色产品。

第四，推行现代企业组织。在信息化条件下，"两型"企业首先要注重产品价值链的横向分工协作，实现大中小企业的配套集群，以寻求企业组织的规模经济和范围经济效益。此外还要成立专门机构，有计划、有组织地在制造过程中开展精益生产管理工作，在企业生产经营的各个环节消除浪费、降低成本、减少排放。

第五，坚持人力资本主导。这里要着力突出科技创新家、风险投资家和企业经营家的作用，促进绿色技术创新和新技术的快速孵化，以最有效的生产经营方式把"两型"产品送到消费者手中。同时，采取多种形式进行员工培训，提高员工的"两型"素质和能力。

第六，评价企业"两型"绩效。借鉴国际做法和经验，根据"两型"社会建设和新型工业化发展的要求，建立全面、科学的企业"两型"绩效评价体系。并将各项指标分解落实到生产经营的各个环节，与权责利直接联系，奖优惩劣，发现问题及时改进。

第七，强化政府政策规制。各级政府对"两型"企业创建中符合条件的节能环保、清洁生产、资源综合利用等重大技术改造项目、科技创新项目要给予优先支持；在制定产业结构调整、进出口配额、政府采购等具体政策时，对"两型"企业及其产品予以优先考虑。对创建中反映出的问题要制定相应的办法及时化解。

16. 关于湖南经济发展阶段与发展战略的分析

——2011 年 9 月 14 日在中共湖南省委湖南省第十次党代会
报告起草组顾问座谈会上的发言

（本文是笔者 2011 年 9 月 14 日在时任湖南省委常委、省委秘书长杨泰波主持的"湖南省第十次党代会报告起草组顾问"座谈会上的发言，被湖南省党代会报告采纳。）

这次承蒙湖南省委领导的信任，我被聘请为湖南省第十次党代会报告起草组顾问，感到十分荣幸，这是湖南省委对专家和知识的尊重，同时这也说明湖南省委高度重视民主决策和科学决策。当然，我作为顾问，感到这不仅是一种很高的荣誉，更是一种重要的责任。下面我就党代会报告的起草，谈几点看法和建议：

首先，我认为党代会的报告应强调纲领性，它不是一般的工作报告，也不是政府工作报告，要具有思想性、创新性和主导性。它不是以往省委文件和决定的综合，而应该根据新的发展阶段的新的变化和新的情况，提出新的观点、新的思路、新的战略，来指导和引领全省经济社会的科学发展。因此，报告的思想性和创新性是极为重要的，这是报告是否能写出高水平的关键。

其次，关于党代会报告在经济社会发展方面的内容，2011 年 7 月 11 日在报告起草组召开的那次经济专家座谈会上我提了三点建议，这两个月我又进一步作了一些思考，现在上次建议的基础上再提出以下几个方面的看法和建议。

一、关于湖南经济的发展阶段及"十一五"时期发展的主要经验

湖南是一个传统的小农大省，经过这几十年的发展特别是改革开放以来的快速发展，现在已进入了工业社会。根据罗斯托经济增长阶段理论，我认为湖南经济发展阶段可以概括为：1978 年以前为传统农业发展阶段，整个社会的发展以传统农业为主导，属于粗放式手工技术发展方式；1978 年改革开放以后到 2005 年为湖南经济起飞前准备阶段，农业化学化、机械化和电气化启动，工业化和城镇化起步，是一种粗放式低技术发展方式；2006 ~ 2015 年为湖南工业化起飞阶段，属于常规制造技术为主的集约式发展方式；2016 ~ 2020 年为湖南工业化的成熟阶段，以信息化技术为主体，实现工业化的持续发展；2021 年后湖南有希望进入以服务产业为主体的后工业化阶段，由工业化社会进化到服务化社会。湖南工业化的完成如从改革开放的 1978 年算起，要经历 40 余年，如果从中华人民共和国成立算起则要经历 70 来年。这也大体符合罗斯托从传统社会到现代社会一般要经历 60 年的论点。

自 2006 年湖南省第九次党代会提出新型工业化带动战略，后又进一步提出围

绕推进新型工业化做好基础产业、基础工作、基础设施，统称为"一化三基"战略，到 2010 年这是整个"十一五"的发展时期，这五年是一个大的跨越，湖南全省地区生产总值突破 1 万亿元，2010 年达到 15 902 亿元，三次产业结构由 2005 年的 16.7∶39.6∶43.7，调整为 2010 年的 14.7∶46.0∶39.3，其中第一产业（农业）下降了 2 个百分点，第二产业上升了 6.4 个百分点；全部工业完成增加值 2010 年达到 6 275.1 亿元，增长 21.2%；规模工业完成增加值 5 890.29 亿元，增长 23.4%，在全国排第 7 位；工业增加值占 GDP 比重达 39.5%，比 2005 年的 33.3% 提高 6.2 个百分点；工业对经济增长的贡献率达 56.1%，超过了 50%，比 2005 年的 37.2% 提高 18.9 个百分点；霍夫曼比值（重化工业比值）0.48，重化工业产值为消费品工业产值的 2.08 倍。特别是产业集群的水平提升，支柱产业贡献突出。2010 年，全省省级及以上产业园区规模工业实现增加值 2 221.94 亿元，占规模工业的 37.7%，比重比上年提高 3.7 个百分点；增加值同比增长 30.0%，增速比全省平均水平快 6.6 个百分点。千亿元产业数量和总量再上新台阶，机械、石化、食品、冶金、有色金属、轻工、建材七大产业主营业务收入超过千亿元；城市化率由 2005 年的 37% 提高到 2010 年的 44.4%，城镇人口比 2005 年增加 500 多万人；工业化不仅只是在中心城市，而且已渗透到县域经济，如华容县的棉纺织工业、沅江的游艇工业，湘阴和沅江的农产品精深加工工业、汨罗的城市矿产工业等现代县域工业大发展。[①] 以上这些说明两个问题：一是湖南已由一个传统的农业社会进入到了工业社会，二是湖南的工业化已发展到工业化中期并向后期转化的阶段。

　　湖南在"十一五"时期实现了由农业社会向工业社会的转化，这是一个根本性的社会变革，是经济社会结构的革命性转换。我认为这种重大的变化和进步完全得益于新型工业化的发展和推进。回顾总结这五年湖南推进新型工业化的实践，之所以能取得如此巨大的成就，我认为其主要经验是以下五大制胜法宝。

　　一是思想制胜。2006 年前后，湖南全省解放思想，开放创新，较好地解决了封闭保守的小农经济意识和观念，特别是解决了长期就农业抓农业、就农业抓经济的传统观念，湖南省第九次党代会提出把新型工业化作为富民强省的第一推动力，这是一次思想的大解放、大飞跃，切中了湖南经济社会发展的要害（农业地区的传统农业是低端弱质性产业），也完全符合经济发展的客观规律（工业化是由传统到现代必然经历的一个客观阶段），大大解放了生产力，提高了生产力。

　　二是战略制胜。湖南省第九次党代会作出实施新型工业化带动战略的重大决策，这个战略立足于湖南省情，抓住了中部地区崛起和经济全球化与产业重组的机遇，集中力量做了三个方面的大事，即大抓基础设施的支撑作用、基础产业的带动作用和基础工作的保障作用。特别是基础设施的先行大发展，为新型工业化的快速

──────────
　　① 根据湖南省统计局：《2010 决策咨询报告》第 55 期资料整理。

发展提供了良好的生产条件和市场空间；实施超级产业的重大举措，狠抓千亿产业、千亿集群、千亿园区和千亿企业的"四千工程"（项目为王，支柱引领），成为湖南新型工业化的引擎，为湖南工业做大做强起到了关键作用；建设长株潭"3＋5"城市群，把它提升到了国家战略层面，为新型工业化大发展提供广阔的空间载体和市场需求，形成了湖南现代经济增长极。

三是科技制胜。科学技术是第一生产力，也是湖南新型工业化能够实现跨越发展的根本所在。这些年全省加强技术创新基地建设，特别是积极推动部省联动，创建国家级创新基地。在全国最早研究制订战略性新兴产业的规划和行动措施，同时加快建设以重点实验室为核心的知识创新基地，支持高校、企业和科研院所共建科技创新平台和成果转化平台等，一批关键核心技术取得重大突破，如世界最高臂架泵车、最快列车心脏（大功率交传电力机车）、最快运算速度计算机和最大功率海上风力发电机等都是"湖南制造"，高新技术产业群快速壮大，正成为新的经济增长点。

四是资本制胜。在湖南新型工业化快速发展中，如果说项目为王，那么资本则是王中之王。资本运营就是做杠杆，做规模，做速度，做品牌。这几年湖南对接市场、对接外企、对接央企招商引项引资成效斐然。全省固定资产年投资额由 2005 年的 2 564 亿增加到 2011 年的 9 821 亿元，增长 2.8 倍。"十一五"全省投资贡献率为 58.8%，比"十五"时期提高 8.2 个百分点。从工业投资来看，"十一五"期间湖南城镇工业累计完成投资 1.07 万亿元，是"十五"期间的 4.1 倍。其中高新技术产业项目投资年均增长 47.3%，高于一般工业投资年均增速 12 个百分点。[①]不仅引进来，三一和中联重科的资本还走出去了，在世界范围选择性组合优质资产，进军和占领世界市场。

五是组织制胜。社会主义市场经济是有政府指导和组织的，这是实现经济又好又快发展的重要保证。湖南新型工业化这些年之所以能取得如此巨大的成就，与湖南省委、省政府的正确领导以及省主管部门的有力组织是分不开的。湖南省新型工业化领导小组实施了强有力的行政领导、战略指导和政策引导，及时解决新型工业化推进中的重大问题。湖南省经济和信息化委员会等部门转变职能、提高效能，具体组织重大政策的实施和重要工作的落实，建立新型工业化考评体系；连续多年开展"企业服务年"活动，确保工业经济平稳高效运行；推行"两化融合"，提高工业经济的信息化水平；组织实施"两百""四千"工程，提高工业产业集群水平，为湖南省新型工业化的发展作出了重要贡献。同时，在企业组织方面湖南培育发展了中联重科、三一重工、南车时代等一批大企业以及长沙高新技术开发区、长沙经济开发区等一批产业园，形成了湖南新型工业化的航空母舰，具有强劲的竞争力和带动力。

---

① 根据湖南省统计局《2011 决策咨询报告》第 9 期资料整理。

"十二五"时期，湖南省新型工业化的快速发展仍面临许多困难，如能源短缺、人才缺乏、资本不足等，因此，实现经济可持续快速发展势必要继承以上这些宝贵经验，在"十二五"时期进一步发扬光大，科学决策，克服困难，开拓前行，使湖南新型工业化在新时期迈出更加坚实更加有效的步伐，带动整个湖南经济更好更快地发展，为"四化两型"建设作出新的重大贡献。

二、关于"十二五"时期湖南经济发展新阶段定位及发展目标

前面我已讲了湖南经济在"十二五"时期进入工业化中期并向后期转化的阶段，或称工业化起飞后期转入工业化成熟期的结点。这个阶段是一个非常关键的时期，之所以说关键是因为这个时期的主要矛盾已由总量规模扩大转变为结构调整，经济结构问题包括产业结构、技术结构、分配结构、投资结构、消费结构、区域结构和人才结构等。按照经济发展阶段性规律，经济起飞进入到中后期阶段的主要矛盾是防范因资源、资本、技术和制度"瓶颈"，经济增长方式转变受阻而出现经济不稳定甚至停滞的"中等收入陷阱"。一般来说发展中国家和地区的经济发展在突破人均 GDP 1 000 美元的"贫困陷阱"后，会很快奔向人均 GDP 1 000 美元至 3 000美元的"起飞阶段"；到人均 GDP 3 000 美元以后，快速发展中积聚的结构性矛盾集中爆发，自身体制与机制的更新进入到了一个临界点，这时有很多发展中国家和地区在这一阶段由于经济发展自身矛盾难以克服，发展战略失误或受外部冲击，陷入所谓"中等收入陷阱"阶段。其主要特征是粗放式的经济增长不可持续而出现回落或停滞，社会矛盾极为突出如贫富分化、腐败多发、社会公共服务短缺、就业困难、社会动荡、信仰缺失等。世界上曾有拉美地区和东南亚一些国家陷入"中等收入陷阱"而长期不能自拔。而解决这个问题的关键是深度推进经济结构调整，彻底改变传统的高投资、高消耗拉动方式，实现由数量型的粗放经济向质量（或结构）型的集约经济转变，以适应消费多元化、个性化、高质化而立足于新技术进行需求创造。

从湖南经济发展的现实来看，目前结构性的矛盾也是比较突出的，发展速度上去了，经济规模扩大了，并进入了全国十强，但经济发展质量较低，经济效益并不高。2010 年湖南人均 GDP 3 576 美元，在全国却排在第 21 位，比全国平均水平4 382美元少了806 美元。另外 GDP 质量在全国排位也较低，2011 年 7 月中国科学院发布的《中国科学发展报告 2011》，采用"经济质量、社会质量、环境质量、生活质量、管理质量"五大子系统指标对我国 GDP 质量进行评价，湖南仅得分0.388，排在全国的第 22 位，为全国 GDP 质量的后十位。这里，经济发展总量进入全国前十与经济发展质量的后十，前后相差 12 位，其反差悬殊，可见湖南经济结构问题的严峻性。问题还更在于湖南省这种粗放式的数量经济对资源高投入具有很强的惯性，在"十二五"期间已经难以为继，无论是资源、资本、人才、技术

和市场等方面都存在很大缺口,将严重影响湖南经济的可持续快速发展,"中等收入陷阱"很有可能出现,这是需要引起我们高度警惕的。

所以,湖南在"十二五"时期即工业化中后期经济发展的本质要求是防止滑入"中等收入陷阱",实现可持续快速发展。因此其发展目标是"加速度—调结构—可持续",要由以往的资本创造为主转化为需求创造为主,从高投入、高消耗、高排放的总量增长模式,逐步转向以经济结构转型、技术与制度创新、企业管理创新以及企业家创新精神等为特征的"熊彼特创新发展模式",特别是着力调整三次产业结构和轻重工业结构,加快发展低碳化的战略性新兴产业,切实提高资源利用率和资源环境承载力,使湖南工业化顺利进入成熟期。

三、关于"四化两型"建设的内涵和湖南经济发展战略转型的路径

关于新时期湖南经济社会发展的战略问题,湖南省委省政府从总体上提出了"四化两型"建设的大方向,我觉得要进一步搞清楚这个战略方向的内涵,明其战略重点和主攻方向。首先,我认为"四化"不是同一个层面的结构,具有三层结构。这其中信息化处于现代技术结构层面,新型工业化和农业产业化(现代化)属于现代产业层面,而城镇化则属于现代空间层面。在这个三层结构中,产业是现代生产力的主体层面,是经济运行的实体;技术是现代生产力的工具层面,空间是现代生产力的载体层面,这二者都是为生产力主体运行服务的,其实质就是推动产业结构的高度化和产业要素的集聚化,进而提高生产率和经济效率。所以"四化"的重点是产业的现代化,也就是要以新型工业化为主导。在这里,农业现代化或产业化的实质是以工业化的生产方式来改造传统农业,形成工业化的农业或农业工业化,因而它应属于新型工业化的重要内容。其次,"两型"即资源节约型和环境友好型,它是经济发展的要求,是"四化"在以低碳化为主要矛盾的后危机时代这个特殊阶段的特定属性。这个特定属性的现实针对性是,湖南工业化进入中期向后期转化以至过渡到工业化成熟期,实现可持续快速发展的根本要求。

基于"四化两型"建设的内涵,根据后发竞争优势理论,湖南经济发展应认真反思以往立足于天然资源和劳动力比较优势为主导的梯度推移发展战略,突破传统粗放型工业化的一般发展模式,通过发挥自主创新型后发优势,建立以竞争优势为核心的"赶超"能力,选择一些先进产业、优势产业或带动力强的产业进行突进,以强大的竞争优势赶超发达地区,实现工业化的反梯度推移。为此,我认为"十一五"时期湖南新型工业化所采取的偏重于政府行为和基础条件的"抓基础产业、基础设施、基础工作"的三基战略,从总体上看是一种以要素投入为主的库兹涅茨总量增长模式,尽管这对湖南新型工业化的起飞是一个必经的阶段和过程,而且在"十二五"时期在许多领域还要强调要素的投入,但新时期毕竟已进入结构增长阶段,经济结构调整升级已成为湖南新型工业化能否实现可持续快速发展的

决定性因素。所以，要根据新时期的这个新特点和新要求进行战略调整转型，实现发展路径的结构化、中观化和微观化，继续围绕新型工业化（内含新型城市化、农业现代化和信息化），推行熊彼特创新发展式的"集约化、集群化、集聚化"战略路径，也就是说由"一化三基"到"一化三集"，把基础设施、基础产业、基础工作的总量发展路径提升到内涵式的结构发展路径上来，从根本上满足和实现湖南在工业化中后期经济发展方式转变的本质要求。在这里，集约化是以低碳化为主的技术创新和技术进步，形成新型工业化"两型"技术体系，实现增量经济的低碳化；集群化是产业分工协作的有序自组织，打造新型工业化的"两型"产业体系，尤其是集中发展工程机械和低碳汽车的超级产业集群，实现工业结构转型即提高消费品工业的比重，发挥文化产业的优势并与旅游产业融合发展，突破现代生产服务业发展的瓶颈，主攻智能化物流业，发展工业化的农业等；集聚化是先进生产要素的聚集，建设新型工业化的"两型"都市新区，特别是重视岳阳在建设长江流域经济带和长江中游经济区的枢纽作用，创建洞庭湖国家级现代农业示范区，以提高长株潭城市群的腹地经济发展水平，建设环长株潭大都市区，最终完成工业化的历史使命，全面建成现代化的新湖南。综上，"一化三集"从深层次回答了"四化两型"建设在新的情形下如何科学运行的问题，是一种战略性的深化和提升。当然，"四化两型"建设要以改革为动力，包括产权制度、企业制度、土地制度、分配制度、政治体制和社会管理体制等方面的改革，扫清体制方面的障碍，充分调动人们的积极性，这是根本的根本。

后　　记

　　湖南历史上是一个由小农经济主导的农业地区，在信息化和全球化时代，湖南如何充分发挥后发优势，跳出传统农业经济的"低水平恶性循环"陷阱，实现工业化的跨越式发展，这是发展中的内陆地区必须认真解决的重大现实问题，也是区域经济发展战略研究的一个重要领域。本书就是我在这个领域的专题研究成果及应用效果的反映，也是一个经济学者、一个共产党员对社会责任的诠释。

　　1995 年 8 月笔者在中共湖南省委常委学习中心小组集中学习会上的理论辅导报告中，向省委建议湖南作为一个农业地区，为克服农业先天性弱质的障碍，应走高加工度化即工业化的路子，实现由传统农业大省向工业强省的转变。1999 年世纪之交之际我又针对后发地区的特性，运用"后起之益"理论，以社会主义市场经济改革和发展的视角，融合制度经济学、区域经济学、产业经济学、发展经济学、空间经济学和公共经济学的学理精髓，联系后发地区体制改革和经济发展的实际，创造性地研究和提出了湖南实现超越发展的"工业化反梯度推移发展"理论与战略，先后通过多种形式向湖南省委、省政府以及省相关部门建言献策，逐步被决策部门认可和采纳，特别是 2006 年湖南省委正式提出实施新型工业化带动战略，使湖南进入了一个持续赶超发展的快速成长期。据湖南省统计公报数据显示，2009 年湖南经济总量规模进入全国十强，到 2017 年已达到 3.46 万亿元，全国排名第九位，比 2000 年增长 8.37 倍；工业增加值达到 1.19 万亿元，比 2000 年增长 8.63 倍，"十二五"期间湖南工业对经济增长的年均贡献率上升到 46.1%。随着经济快速发展，地方财政收入也实现了同步增长，2017 年达到 2 757 亿元，比 2000 年增长 7.7 倍。这说明，湖南实现了重大的社会变革，已由传统农业社会进入到了现代工业社会。在这个历史性的社会变革中，人文社会科学特别是经济学发挥了重要的咨询作用。具体就工业化反梯度推移发展理论来说，它不仅得到了近 20 年实践的充分检验，且更为重要的是对湖南这样的发展中地区更新发展观念、优化发展战略、改革发展体制等起到了较大的指导作用。总之，本书是对我在这方面的研究和咨询成果所进行的全景式的实录和反映。

　　科学技术是第一生产力，我想自然也应该包括社会科学。这里的问题是社会科学作为软科学如何形成生产力？根据这些年做决策咨询课题研究的体验，我觉得解决这个问题有两个极为重要的内在环节和一个不可或缺的外部条件。作为内在环节来说，首先是理论研究尤其是经济学的理论研究要直面现实，紧密联系实际，直接为社会发展服务。而决不可远离现实，故弄玄虚，搞形式主义。其次是研究成果的二次转化，也就是要针对现实发展的新要求，进行再创造再研究，把系统性的研究成果转化为诊断性的对策咨询和政策建议，实际上这就是对研究成果的运用。我以为，这两个内部环节是缺一不可的。理论研究不联系实际的"空成果"不具备实际应用的价值，而具有应用价值的成果如果不再根据新的需要转化为对策咨询也不可能形成实际的生产力。当然成果转化为对策咨询需要有外部条件，对于经济和管理研究来说这就是全社会对社会科学的尊重，科学决策和民主决策的意识与氛围的形成，宏观决策者和微观决策者对"外脑"运用的强度提高。如果这个外部条件不具备，即便有应用价值很大的成果且也难以转化为实际的生产力。

古有"一言兴邦"之说。本书之所以取名为"策论"，就是要刻意强调上述社会科学转化为生产力的内在环节和外部条件的因素，发挥社会科学专家服务社会发展的作用，倡导社会科学研究的新范式，推进民主决策和科学决策的进程。目前，湖南经济跨越发展已进入实施"一带一部"战略，实现创新引领、开放崛起的新时期。在前进的道路上还会有许多新的困难和矛盾需要我们去克服和解决，本书的出版也许能为此提供一些有参考价值的理论观念和战略思路。

本书所列课题的研究工作，基本上是我在2006年5月直接从湖南师范大学商学院院长岗位上退下来后到现在的12年时间里主持完成的。社会的尊重、学界的信任、政界的重视，赋予了我信心、激情和动力，得以重新焕发青春活力，集一生学习研究之积能，继续为我国改革开放的深化、为现代经济建设和经济理论的发展尽一个老者的绵薄之力，也算是所谓老骥伏枥，发挥余热吧！在此，衷心感谢湖南省哲学社会科学规划办公室、湖南省发展和改革委员会规划处和湖南省长株潭"两型"社会建设示范区管委会的高度重视与信任！感谢在课题调研过程中给予帮助和支持的部门、企业及相关研究机构！本书所列课题在研究过程中参考和借鉴了有关部门及学者提供的资料与观点，主要参考文献已在篇末列出，如有漏列敬请谅解，在此特向所有参考文献作者表示感谢！最后，还要由衷地感谢本书课题研究团队：浙江师范大学刘励敏博士作为核心研究人员参加了本书大部分课题的研究工作，并协助我进行了全书的编纂；左宏处长、彭新宇博士、王辉博士、周栋良博士、曹虹剑博士、陈柏福博士、曹执令博士、喻建中博士、刘金科博士和周婷讲师参加了2006年后我所主持的相关课题的有关工作，周秋梅女士担负了课题组的行政事务，谢谢你们！

本书包括附录所列课题成果转化的研究时序始于1995年但集中于2006~2018年，前后经历了整整20多年时间，这20多年尤其是2006年以来是湖南工业化从进入上升到超越发展的时期，也是湖南经济追赶发展进入全国十强的时期，书中汇集的十大课题成果报告及附录的成果转化材料就是在服务这个发展过程中形成的。

为反映历史原貌,揭示"真"的过去,这次结集出版基本以原稿原貌入书,做到每个课题独立成篇。课题间对同类主题的分析在资料、观点和结论上前后呼应和相互引证,或从不同角度进行分析并提出对策建议,旨在体现战略对策研究的连贯性、发展性和创新性,以保持学理逻辑和大战略思路的内在联系,并一以贯之。

敬请学界同仁和读者不吝赐教。

刘茂松

2018 年 10 月 31 日于长沙韶山北路 1 号省委大院